应用型院校经济管理类核心基础课程规划教材
"互联网+"融媒体系列教材

证券投资实务

孙蕾蕾　周　超　主　编
李　良　郭　聪　贾盛皓　副主编

立信会计出版社
LIXIN ACCOUNTING PUBLISHING HOUSE

图书在版编目(CIP)数据

证券投资实务 / 孙蕾蕾,周超主编. —上海：立信会计出版社,2024.7
ISBN 978-7-5429-7622-2

Ⅰ.①证… Ⅱ.①孙… ②周… Ⅲ.①证券投资 Ⅳ.①F830.91

中国国家版本馆 CIP 数据核字(2024)第 092369 号

策划编辑　郭　光
责任编辑　郭　光　张忠秀
美术编辑　吴博闻

证券投资实务
ZHENGQUAN TOUZI SHIWU

出版发行	立信会计出版社
地　　址	上海市中山西路 2230 号　　邮政编码　200235
电　　话	(021)64411389　　传　　真　(021)64411325
网　　址	www.lixinaph.com　　电子邮箱　lixinaph2019@126.com
网上书店	http://lixin.jd.com　　http://lxkjcbs.tmall.com
经　　销	各地新华书店
印　　刷	上海华业装潢印刷有限公司
开　　本	787 毫米×1092 毫米　　1/16
印　　张	18.25
字　　数	445 千字
版　　次	2024 年 7 月第 1 版
印　　次	2024 年 7 月第 1 次
书　　号	ISBN 978-7-5429-7622-2/F
定　　价	49.00 元

如有印订差错,请与本社联系调换

前 言

党的二十大以来,全党全国各族人民迈上了全面建设社会主义现代化国家的新征程,向第二个百年奋斗目标进军。随着供给侧结构性改革的深化,我国证券市场高速发展,在促进国有企业改革、推动我国经济结构调整和技术进步方面发挥了突出的作用。随着我国证券市场规范化、市场化、国际化的发展,如北京证券交易所成立、科创板开板、注册制落地等,证券投资知识更新换代加快。财经类专业学生和证券投资者除了应掌握充分的证券投资知识,掌握专业的职业技能,更需要了解最新的法规、政策和证券市场的发展状况,理学、工学、农学、法学等专业学生也应具有一定的证券投资知识,从而适应经济发展的需要。

本书结合中国证券市场的现状,系统介绍了证券投资的各类工具与投资方法,揭示了证券市场运行规律,并阐述了证券投资的分析方法和技巧。按照突出实用性、应用性和实践性的原则,全书共分九章,引进了最新的证券市场案例和法律法规规定,逐一阐述了股票、债券、证券投资基金、金融衍生工具等证券投资工具的基本理论与投资分析方法,以及证券投资风险与投资策略、证券投资组合、证券投资监管等内容,知识点全面,难度适中。本书主要有以下特点:

(1) **突出重点——实用**。本书对内容结构有所创新和调整,市面大部分教材首先介绍各种证券投资工具的性质与概念,后分别介绍投资交易、证券投资价格与收益、证券投资分析等内容,针对性差。本书框架简单而完整,第二章与第三章介绍股票,包括股票的概念、特点、种类、交易方法、价格、收益、投资分析等知识点,之后依次介绍债券、证券投资基金等投资工具,并对证券投资风险、证券投资组合、证券市场监管进行一一阐述。学生在学期的黄金时期即可掌握股票、债券、基金等基础投资工具的所有知识点,投资者也可以对号入座,难度较低,容易理解,实用性强。

(2) **拓展案例——应用**。本书理论知识中穿插"知识拓展"模块,紧贴国家经济发展战略、政策和热点,将证券市场发展中出现的新思想、新内容、新技术等融入教材,延展面广,具有鲜明的时代感。

(3) **简化策略——致用**。本书对第七章证券投资风险进行了大胆尝试,除了系统地阐述风险,还介绍了投资策略、投资过程中的人性弱点、规避风险的可行操作等,语言简单有趣,学生较易接受,致用性强,促使学生和读者在投资中更理性、更安全。

(4) **思政课堂——用心**。本书每章设有"寓德于教"模块,引入思政元素,培养学生树立正确的人生观、价值观、民族观及文化观。

本书由常年从事证券投资教学和理论研究的高校教师和金融投资行业资深产业教授共

同编写而成，可作为应用型本科高校、高等职业院校、成人高校等层次财经商贸类专业及其他相关专业的教学用书，也可作为各类金融机构、个人投资者的培训教材及自学参考书，还可作为教师授课的参考用书。

本书由孙蕾蕾、周超担任主编，李良、郭聪、贾盛皓担任副主编，刘燕、李满林参与编写。在本书的编写过程中，编者参考和借鉴了同类教材的相关成果，得到了立信会计出版社郭光老师的大力支持，在此一并致以谢意。

由于作者水平有限，加之有些问题目前尚未形成公认的定论，本书可能存在疏漏错谬之处。欢迎读者批评指正，以便再版及时修订。

编　者

2024 年 5 月

目 录

第一章 证券投资概述 ·· 1
 第一节 证券与证券投资 ·· 2
 第二节 证券市场 ·· 6
 课堂章节测试 ·· 15

第二章 股票投资 ·· 17
 第一节 股票概述 ·· 18
 第二节 股票发行与交易 ·· 24
 第三节 股票价格与收益 ·· 43
 课堂章节测试 ·· 59

第三章 股票投资分析 ·· 61
 第一节 股票基本面分析 ·· 62
 第二节 股票技术分析 ·· 92
 课堂章节测试 ·· 119

第四章 债券投资与分析 ·· 121
 第一节 债券投资概述 ·· 122
 第二节 我国债券投资 ·· 126
 第三节 债券的发行和信用评级 ·· 140
 第四节 债券投资分析 ·· 150
 课堂章节测试 ·· 161

第五章 证券投资基金投资与分析 ·· 163
 第一节 证券投资基金概述 ·· 164
 第二节 证券投资基金的种类 ·· 168
 第三节 证券投资基金的运作、募集与交易 ·· 179
 第四节 证券投资基金投资分析 ·· 186
 课堂章节测试 ·· 195

第六章 金融衍生工具投资与分析 ·· 197
 第一节 金融衍生工具概述 ·· 198
 第二节 期货交易与分析 ·· 203

第三节　期权交易与分析 …………………………………………………… 224
　　课堂章节测试 ………………………………………………………………… 231

第七章　证券投资风险 …………………………………………………………… 233
　　第一节　证券投资风险概述 ………………………………………………… 234
　　第二节　投资收益与风险 …………………………………………………… 236
　　第三节　行为金融理论 ……………………………………………………… 238
　　课堂章节测试 ………………………………………………………………… 243

第八章　证券投资组合 …………………………………………………………… 245
　　第一节　证券投资组合理论概述 …………………………………………… 246
　　第二节　资本资产定价模型 ………………………………………………… 253
　　第三节　套利定价理论 ……………………………………………………… 257
　　第四节　有效市场理论 ……………………………………………………… 259
　　课堂章节测试 ………………………………………………………………… 263

第九章　证券市场监管 …………………………………………………………… 265
　　第一节　证券市场监管概述 ………………………………………………… 266
　　第二节　我国证券市场监管 ………………………………………………… 271
　　第三节　证券市场监管案例 ………………………………………………… 273
　　课堂章节测试 ………………………………………………………………… 285

第一章 证券投资概述

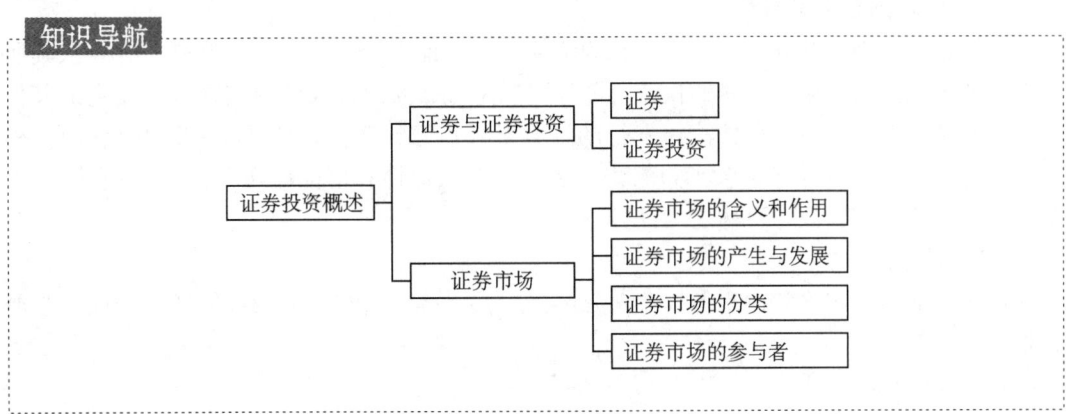

知识导航

学习目标

1. 熟悉证券的含义与分类
2. 了解投资、投机的概念与区别
3. 掌握证券市场的含义和作用
4. 了解各国证券市场的产生与发展
5. 掌握证券市场的分类
6. 了解证券市场的参与者

证券市场助力高质量发展

"党用伟大奋斗创造了百年伟业,也一定能用新的伟大奋斗创造新的伟业。"党的二十大描绘了以中国式现代化全面推进中华民族伟大复兴的宏伟蓝图,号召全党全军全国各族人民紧密团结在以习近平同志为核心的党中央周围,牢记空谈误国、实干兴邦,坚定信心、同心同德,埋头苦干、奋勇前进,为全面建设社会主义现代化国家、全面推进中华民族伟大复兴而团结奋斗。

其中,高质量发展是全面建设社会主义现代化国家的首要任务,这一目标有赖于资本市场的助力。历史经验显示,经济转型成败取决于资源配置是否高效,而资本市场,特别是证券市场正是经济社会中最为有效、最市场化的资源配置场所。

党的二十大报告指出,坚持扩大内需战略基点,深化供给侧结构性改革,加快建设全国统一大市场,促进各类生产要素充分流动,建设现代化产业体系,增强产业链、供应链的韧性和安全性,深度参与全球产业分工和合作,形成内外循环相互促进的新发展格局。在此过程中,证券市场将发挥不可忽视的重要作用。

思考:证券市场如何发挥作用为我国供给侧结构性改革提供助力?

第一节 证券与证券投资

一、证券

(一) 证券的含义和特征

证券是指各类记载并代表一定权利的法律凭证或证书。它用以证明持有人有权依其所持有凭证记载的内容取得应有的权益。证券可以采取纸面形式或证券监管机构规定的其他形式。凡是根据一国政府有关法律发行的证券都具有法律效力。股票、债券、基金、商业票据,甚至保单、存款单等都属于证券范畴。证券具有法律性和书面性两个特征,只有同时具备上述两个特征的凭证才可称之为证券。

(二) 证券的分类

广义的证券按用途和持有者权益划分,可分为无价证券和有价证券,狭义上的证券主要是指有价证券。

1. 无价证券

无价证券是指证券本身不能使持券人取得一定的收益,但能证明某一特定事实和持有者拥有某种私权的证券,包括证据证券和凭证证券。

证据证券是单纯证明事实的书面凭证,如证据、借据、收据、信用证、书面证明等。

凭证证券是指确认持证人是某种私权的合法权利者,是证明持证人所履行的义务的有效文件,如存款单、借据和收据等。

2. 有价证券

有价证券是指具有一定票面金额并能给它的持有人带来一定收益的所有权或债权凭证。它有两个特征:一是表示财产权,即券面上必须载明财产的内容和数量;二是证券所表示的财产权与证券自身不可分离。权利的享有或转移,必须以出示或交付证券为依据。有价证券又可分为商品证券、货币证券和资本证券三种。

(1) 商品证券是证明持有人有权领取商品的凭证。取得这种证券就等于取得这种商品的所有权或使用权,持有人对这种证券所代表的商品的所有权受法律保护,如提货单、运货单等。

(2) 货币证券是指证券本身能使持有人或第三者取得货币索取权的有价证券,如汇票、本票、支票等。货币证券的权利标的物是一定的货币额。货币证券主要包括两大类:一类是商业证券,如商业汇票、商业本票;另一类是银行证券,如银行支票、银行汇票、银行本票等。目前我国广泛使用的各种信用卡,也属于货币证券。

(3) 资本证券是由金融投资或与金融投资有直接联系的活动产生的证券,主要包括股权证券和债权证券。狭义的有价证券通常是指资本证券。本书中的证券、证券发行、证券交易、证券市场概念中提及的"证券"这个词,就是特指资本证券。资本证券是随着商品经济和社会化大生产的发展而产生和发展起来的。资本证券化已经成为现代经济发展的必然趋势。

二、证券投资

(一) 证券投资的含义

投资是指在一定时期内,期望能在未来产生收益而将现有资金变为资产的过程。证券投资就是指个人或机构购买股票、债券、基金等有价证券及这些有价证券的衍生品,以获取红利、利息及资本利得的投资行为和投资过程,是直接投资的重要形式。证券投资是投资者充分考虑了各种金融工具的风险与收益之后,运用资金进行的一种以盈利或者避险为目的的金融活动。证券投资的范围非常广泛,不能把证券投资单纯地理解为股票投资,除了投资股票,还包括债券、基金等一些能够带来收益,同时又具有一定风险的金融产品。

需要指出的是,证券投资和实物投资并不是互相排斥的,而是互补的。实物投资在其无法满足巨额资本的需求时,需要借助于证券投资来辅助。证券投资的资金来源主要是社会储蓄,这部分社会储蓄虽然没有直接投资于生产经营活动,而是通过证券市场间接投资于实物资产,但由于证券市场自身机制的作用,不但使资金在盈余部门和短缺部门之间重新配置,解决了资金不足的矛盾,还会促使社会资金流向经济效益好的部门和企业,提高资金利用效率和社会生产力水平。发达的证券投资使实物投资更为便捷,通过证券的发行筹集到实物投资所需的巨额资金。

(二) 证券投资的要素与过程

1. 证券投资的要素

在证券投资的过程中,投资者总是期望在最短的时间内以最小的代价来获取最大化的收益,因此,理性投资人在证券投资时,至少需要考虑时间、收益和风险三个基本要素。

(1) 时间是指投资者进行投资的期限。投资者进行投资的期限分为长期、中期和短期。一般来说,投资期限越长,可能获得的预期收益就越高,同时所伴随的风险也就越高。因此,投资者在进行投资选择的时候就需要根据自己的偏好来进行投资期限的选择。

(2) 收益是投资者进行证券投资的最终目的。股票的收益主要包括股利、资本利得以及分红等,债券主要是利息和资本利得。

(3) 风险是指投资过程中的不确定性。投资者在进行证券投资过程中,获得收益具有不稳定性,甚至可能招致损失。这种不稳定性就是风险。一般而言,风险越大,预期收益越高。

2. 证券投资的过程

证券投资的过程是指投资者进行投资决策并实施投资的过程。一个优秀的投资者的证券投资过程如下:

(1) 明确投资方向与目的。投资者在投资过程中的首要因素就是确定投资目的,然后根据投资目的制订投资计划。一般来说,普通股的平均回报率显著高于储蓄账户或债券的利息率,但是,回报较高的投资必须承担较高的风险。因此,投资计划应当包括有关收益要求和风险承受能力的具体目标。例如,某投资者对证券组合投资的要求是平均收益应当高于8%且损失不得超过10%。

制订投资计划时还应当考虑到:投资者目前的财务状况是怎样的,资金来源有哪些,在可以预见的未来时期能用来投资的收入有多少,在未来的不同时期需要花费的现金是多少,投资者能够承担的风险是多少,投资者更适合选择哪一种投资方式,以及投资的税收情况等。

(2) 了解投资环境和行市。确定了投资者的投资目标之后应该考虑适当的投资机会,证券投资分析是通过各种专业性的分析方法和分析手段对来自各个渠道的、能够对证券价格产生影响的各种信息进行综合分析,并判断其对证券价格发生作用的方向和力度。证券投资分析既要了解目前的市场投资环境、市场投资工具,更要了解不同投资工具本身的状况,以便在众多的投资工具中进行选择。总的来说,不同的投资工具具有不同的投资收益和风险,对不同投资工具的选择就是对不同的收益和风险进行权衡。权衡选择好投资工具后,应针对行市伺机而动。

(3) 制定合理的投资策略。投资策略即如何协调各种投资工具,使其与投资者的投资目的相适应。在制定策略时,有些投资者喜欢尽可能地回避风险,有些投资者则愿意冒风险,把他们所有的资金都投资于股票或衍生证券。但是,更多的投资是在两者之间权衡的过程。

(4) 投资策略实施与修正。这是对证券投资组合实施的过程,此时应根据市场行情的变动及政策、法律等外部因素的改变对证券组合进行合理的调整,以达到在同等风险水平下追求更高收益的投资目的。要想成功地实施资产配置策略必须突破几个难点:首先,要改变资产配置就要增加交易费用,交易费用增加会直接减少因改变资产配置而带来的期望收益;其次,经济和市场是不断发生变化的,投资者应根据市场风向不断调整策略;最后,投资者的目标和限制也在不断发生变化,如个人的需求或资金的变化都会要求资产重新配置。

(5) 监控及评价组合投资业绩。对证券投资组合业绩的评估是指投资者持有投资组合一段时间后,对投资所能获取的收益及这一期间证券价格波动的一个综合分析,为投资者以后的投资提供更多的信息,也是投资者对投资组合进行调整的一个依据。

(三) 证券投资与证券投机的关系

1. 证券投机的概念与作用

投机是指为了再出售(或再购买)而不是为了使用而买进(或出售)商品,以期从价格变化中获利。证券投机是指在证券交易市场上,利用证券价格在不同时间、不同空间的变动差异,在短期内买进或卖出证券,以获取利润的一种行为,如买空、卖空等。

人们常把证券投机与各种非法或不道德行为如欺诈、狡猾、赌博联系在一起,认为证券市场是投机者的乐园,是一个赌博与互相欺诈的场所。但是,只要有风险,就一定有投机。投机不仅是一种正当的交易行为,也是证券市场发展所不可缺少的,同时投机也有其不可避免的消极作用。

证券投机的积极作用主要体现在:一方面,投机活动可以促进证券交易的活跃,有助于提高市场流动性。投机者一般进行的是证券短期买卖行为,买卖数量巨大,这为市场提供了充足的资金与证券的供给和需求。另一方面,投机者的交易具有保持股市竞争性的功能,在一定程度上稳定了市场价格。当股市中存在相当多的投机性交易时,任何人企图对市场进行垄断性控制就显得非常困难,从而对垄断产生一定的抑制作用。

证券投机的负面影响主要是指投机者以追求买卖的短期差价为目标,为了攫取利润而不择手段,进行恶性竞争。例如,过度投机会造成证券有效需求萎缩,损害广大投资者的切身利益,对证券市场乃至整个国民经济产生一定冲击等。

2. 证券投机与证券投资的区别

对于如何区分投资与投机,学术界并没有一个统一的说法。一般来说,证券投资是指经过充分分析之后,能够合理地期望正收益率的证券交易活动;而证券投机一般是指利用市场价格波动,以谋取最大利润为目的的、短期的证券交易活动。在证券市场中,投机行为不可避免,有投资就必然会有投机。证券投资与证券投机的区别主要可以从以下几个角度分析:

(1) 从买卖动机来区分。投资者买卖证券的目的是获得稳定的收入;投机者进行证券买卖是为了获得短期内证券价格波动带来的收益,不太在乎利息、红利、股息的多少。

(2) 从证券投资分析来区分。投资者注重基本分析,即立足于对公司的业绩、宏观经济背景与行业发展前景等因素进行分析与评价,从而做出投资决策;而投机者注重于技术分析,着重于研究市场价格的变化规律,寻求买进与卖出的时机,投机者多是短线操作。

(3) 从投资期限来区分。投资者进行投资的期限相对比较长,一般在1年以上,追求的是长期收益。而投机者进行投资的期限相对比较短,一般是几个月、几个星期,甚至是几天,寻求快速买入卖出的差价收入。

(4) 从投资风险来区分。投资者一般投资于价格波动幅度较小的证券,其预期收入比较确定,本金相对安全,追求资产的保值和稳定的增值,风险较小。而投机者则主要投资于价格波动幅度较大的股票,其预期收入不确定,本金有损失的风险,甚至很多时候投资于市场中的一些劣质股票,风险较大。

总之,对于投资与投机的具体区别,不同的学者有不同的观点,两者很难明确区分。这两者的区别,关键在于人们如何看待收益和风险的相互关系。因为不管是投资者还是投机者,其最终目的都是逐利,在市场存在较大行情波动时,投资者会变成投机者,投机者也会变成投资者。

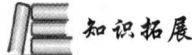知识拓展

"投机客"索罗斯

乔治·索罗斯,"量子基金"创始人,作为全球最具影响力的投资者之一,对市场具有强大的号召力和独特的投资风格。美国《华尔街日报》评价他为"全球金融界的坏孩子",英国《经济学人》则称他是"打垮了英格兰银行的人",马来西亚前总理马哈蒂尔则直接怒斥他为"亚洲金融危机的纵火犯"。

1992年,索罗斯动用其"量子基金"的100亿美元沽空英镑,而英国政府则动用近300亿美元的外汇储备予以反击以维持英镑汇率,结果英国政府惨败,被迫退出欧洲汇率体系。索罗斯不但获利近10亿美元,还在国际金融界声名大噪。此后,索罗斯旗下的"量子基金"屡屡故伎重演,大发"货币战争"之财。1997年,"量子基金"抛售泰铢,引发了东南亚金融危机。2012年,索罗斯成功判断日元大规模贬值,做空日元让其进账至少10亿美元。

以一己之力对抗一个"经济体"而大发"国难财",索罗斯的"成功"似乎总与危机相伴相生,而索罗斯却并不认为自己是大发"国难财",反而指出"国际金融制度存在着巨大的空隙可钻,看似固若金汤的国家金融防御体系其实不堪一击",并声称自己的投机只是为了赚钱,还为受到"狙击"的国家揭示了金融体系中的"漏洞"。

资料来源:谢玮.【人物】索罗斯退休 曾被斥为亚洲金融危机纵火犯[EB/OL]. (2015-02-03)[2015-02-03]. http://world.people.com.cn/n/2015/0203/c1002-26496936.html.

第二节 证券市场

一、证券市场的含义和作用

（一）证券市场的含义

证券市场是股票、债券、证券投资基金等有价证券发行和交易的场所，以及与此相联系的组织与管理体系的总称。证券市场是市场经济发展到一定阶段的产物，是为解决资本供求矛盾和流动性而产生的市场，是各国资本市场的主体和基础。与商品交易市场和资金借贷市场相比，证券市场具有自己的特点。在现代发达的市场经济中，证券市场是完整的市场体系的重要组成部分，它不仅反映和调节货币资金的运动，而且对整个经济的运行具有重要影响。

（二）证券市场的作用

证券市场较一般的货币借贷关系和货币市场来说，无疑是市场经济发展的一大进步。这种利用证券工具来筹集可供长期使用的巨额资金，变间接融资为直接融资的投资形式，具有非常突出的作用，主要表现在以下几个方面。

1. 证券市场具有集聚资本的作用

随着市场的不断发展和企业组织形式的不断变化，传统的间接融资已不能充分满足经济发展的需要，必须开拓新的筹资方式和渠道，即通过证券市场这种间接融资的方式来集聚资本。证券市场可以利用股票、债券等有价证券来筹集巨额的资本，其资金来源是本国的居民、企业和政府、国外经济主体等。这种筹资方式为资本的积聚提供了广阔的市场。尤其在技术创新日新月异的时代，通过证券市场积聚资金，注入新兴高科技的风险行业，对于推动新兴产业的发展以及社会的进步具有极为重要的现实意义。

2. 证券市场能够进行资源合理配置

随着证券市场的发展和成熟，证券市场对资源优化配置的作用越来越明显。投资者都愿意购买回报高、变现快的证券，如政府债券，高效企业、朝阳行业发行的股票等。一般而言，这些具有发展潜力的部门本身就具有对资源更优化使用的能力，投资者的这种偏好引导了社会资金流向符合社会利益的方向。通过证券市场筹集巨额资金，实现规模化经营生产本身就是对资源更合理、更有效使用的一种方式，所以证券市场的资金配置明显要比银行的资金配置具有更高的社会效率。

3. 证券市场是信息传递的场所

证券投资活动可以有效地增加社会经济信息的供给渠道，加速经济信息的传递。证券市场是证券交易的集中地，不同的投资者通过自己对各种信息的收集和理解，在市场上进行证券的买卖，同时投资者通过市场上证券价格的变动以及各种信息的公布，获取更多的资料。证券投资活动所形成的经济信息系统非常完善，信息流量极为庞大，信息内容十分全面和深入。利用和处理好证券投资过程中集中传递的经济信息，有助于人们对企业、行业、市场以及整个国民经济的发展态势进行及时的评估和判断，进而为进行各种决策提供重要的依据。

4. 证券市场是国家宏观调控的工具

各国中央银行通过证券市场资金"蓄水池"的功能来实现其对货币流通量的宏观调节，

实现货币政策目标。其主要手段是进行公开市场业务,一方面,中央银行通过在证券市场买卖证券可以控制货币的流通量,在经济过热的时候卖出证券紧缩银根,防止经济过热导致通货膨胀,在经济衰退的时候买入证券增加货币供给,刺激经济发展;另一方面,中央银行通过证券的买卖可以起到刺激市场交易活动的目的。因此,证券市场也是国家宏观调控的工具。

二、证券市场的产生与发展

(一)西方国家证券市场的产生与发展

纵观西方社会经济的发展史,证券市场已有很久的历史,社会化大生产的深化、商品经济的发展、股份公司的产生和信用制度的深化,都是证券市场形成的基础。西方证券市场的发展进程大致可分为五个阶段。

1. 萌芽阶段(16世纪)

证券市场的最初萌芽可以追溯到16世纪初资本原始积累时期的西欧。当时法国的里昂、比利时的安特卫普已经有了证券交易活动。最早进入证券市场交易的是国家债券。

2. 形成阶段(17世纪初至18世纪末)

17世纪初,随着新大陆的发现和海外贸易的发展,股份制公司、股票及股票市场诞生。荷兰东印度公司是世界上第一家公开发行股票的公司,它发行了当时价值650万荷兰盾的股票。随着海外贸易的发展,更多的股份公司兴起与发展,形成了当时的证券市场,证券市场既是股份制公司和现代化大工业发展的产物,又对股份制公司和现代化大工业的发展产生了巨大的推动。

知识拓展

各国第一家股票交易所

1602年,荷兰在阿姆斯特丹成立了世界上第一家股票交易所。

1773年,英国的第一家证券交易所在"乔纳森咖啡馆"成立,1802年获得英国政府的正式批准,这家证券交易所是伦敦证券交易所的前身。该交易所的交易品种最初是政府债券,后来,公司债券、矿山股票、运河股票也陆续进入交易所交易。

1790年,美国第一家证券交易所——费城证券交易所宣布成立,从事政府债券等有价证券的交易活动。1792年5月17日,24名经纪人在华尔街的一棵梧桐树下聚会,商议制定了《梧桐树协议》,约定每日在梧桐树下聚会从事证券交易,并确定了交易佣金的最低标准及其他交易条款。1793年,一家名为"汤迪"的咖啡馆在华尔街落成,露天的证券市场迁移到咖啡馆内。1817年,这些经纪人共同组成了"纽约证券交易会",1863年改名为"纽约证券交易所",这便是著名的纽约证券交易所的前身。

资料来源:邢天才,王玉霞.证券投资学[M].大连:东北财经大学出版社,2020.

3. 初步发展阶段(19世纪初至20世纪20年代)

19世纪初,主要的资本主义国家相继完成工业革命,机器制造业迅速发展,股份公司在机器制造业中普遍建立起来。金融公司、投资银行、信托投资公司、证券公司等证券经营机构也获得了极大的发展,有价证券发行量不断扩大,已初具规模。与此同时,有价证券的结构也发生了变化,在有价证券中占有主要地位的已不再是政府公债,而是公司股票和企业债券。

一些国家开始加强证券管理,引导证券市场规范化运行。例如,英国在1862年颁布了《股份公司条例》,德国在1892年通过了《有限责任公司法》,法国在1867年制定了《公司法》,日本在1894年实施了《证券交易法》等。

4. 曲折发展阶段(20世纪30年代至20世纪60年代)

20世纪30年代初,一场经济危机深刻地影响了证券市场,世界主要证券市场的股价一泻千里,市场崩溃,投资者损失惨重。第二次世界大战爆发后,虽然各交战国由于战争需要发行了大量公债,但整个证券市场仍处于不景气状态,证券市场的发展陷入前所未有的停滞之中。第二次世界大战结束之后至20世纪60年代,欧美各国与日本经济的恢复和发展及各国经济的增长,大大促进了证券市场的恢复和发展,公司证券发行数量增加,证券交易所开始复苏,证券市场规模不断扩大。这一时期,世界贸易和国际资本流动得到了一定程度的恢复和发展,但成效不大。

5. 加速发展阶段(20世纪70年代至今)

20世纪70年代以后,随着世界经济的飞速发展,信息化时代的到来,证券市场出现了前所未有的繁荣,证券市场的规模不断扩大,证券交易也日益活跃。这一时期证券市场的运行机制发生了深刻变化,出现了明显的新特点和新趋势。

(1) 证券市场更加多样。各种有价证券的发行种类、数量及范围不断扩大,交易方式日趋多样化,除了证券现货交易,还出现了期货交易、期权交易、股票价格指数期货交易、信用交易等多种方式。

(2) 证券市场的法治化管理。第二次世界大战后,西方国家更加重视证券市场的法治化管理,不断制定和修订证券法律、法规,不断推进证券市场的规范化运行。同时,还通过各种技术监督和管理活动,严格证券市场法规的执行,证券市场行情趋于稳定,证券市场的投机、操纵、欺诈行为逐渐减少。

(3) 证券市场的信息化发展。计算机系统从20世纪50年代开始在证券市场应用,目前世界上各主要证券市场基本上都已实现了电脑化,从而大大提高了证券市场的运行效率。在以计算机为基础的网络技术的推动下,证券市场的网络化迅速发展,突破了时空限制,投资者可以随时随地交易,成本更低,更方便。

(4) 证券市场趋向全球交易。随着电子计算机系统装置被运用于证券业务中,世界上主要证券市场的经纪人可以通过设在本国的电子计算机系统与国外的业务机构进行业务联系,世界上主要的证券交易所都成为国际性证券交易所,它们不仅在本国大量上市外国公司的证券,而且在国外设立分支机构,从事国际性的股票委托交易。证券投资国际化和全球一体化已成为证券市场发展的一个主要趋势。

(二)我国证券市场的产生与发展

我国证券市场从清朝末期开始发展,随着历史的跌宕起伏,呈现出150多年的中国证券发展的历史画卷,每个时期的证券业与证券市场均表现出了不同的特点。

1. 萌芽时期(1872—1948年)

晚清政府统治时期,以股票、债券筹资的形式已经出现。1872年,由洋务派大臣李鸿章策划,以股份公司形式建立了轮船招商局,其发行的股票是中国最早的股票。自此,官督商办、官商合办以及甲午战争后兴起的民营企业都以股票形式筹集资金,一度非常兴盛,到了民国时期,随着中国民族资本企业的蓬勃发展,股票成了企业的重要筹资手段。1914年,北洋政府颁布的《证券交易所法》推动了证券交易所的建立。1917年,北洋政府批准上海证券交易所开办证券经营业务。1918年夏天北平证券交易所成立,是中国人自己创办的第一家证券交易所。新民主主义革命时期,中国共产党及其领导下的人民民主政府,在1932年先后发行两期中华苏维埃共和国革命战争短期公债,第一期60万元,第二期120万元。

2. 曲折探索时期(1949—1977年)

中华人民共和国成立后不久,政府针对当时市场混乱的状况,成立了新的证券市场。1949年和1950年,天津证券交易所和北京证券交易所先后开业,然而,由于市场发展不成熟,后相继关闭。在此期间,政府也进行了发行国内公债等积极探索。1969年5月11日,《人民日报》宣布,中国成为世界上第一个"既无内债,也无外债"的国家,从而出现了一段无证券活动的历史时期。

3. 飞速发展时期(1978年至今)

以1978年12月中国共产党第十一届三中全会召开为标志,随着经济体制改革的推进,企业对资金的需求日益多样化,中国资本市场开始飞速发展。

1981年7月,我国重新开始发行国债。上海证券交易所和深圳证券交易所于1990年年底先后营业。1987年9月,中国第一家专业证券公司——深圳特区证券公司成立。1990年10月,郑州粮食批发市场开业并引入期货交易机制,成为中国期货交易的开端。1992年10月,国务院证券管理委员会(以下简称证券委)和中国证券监督管理委员会(以下简称中国证监会)成立。《中华人民共和国证券法》(以下简称《证券法》)于1998年12月颁布并于1999年7月实施,都见证了我国证券市场从无到有,从区域到全国的历程。

随着证券市场的不断发展,证券市场体现出开放性和全球性的特征。2019年6月13日,上海证券交易所设立了科创板并试点注册制。2019年6月12日,伦敦证券交易所正式宣布,"沪伦通"工作已经完成。MSCI、中国指数、富时全球股票指数等国际知名指数不断提高A股纳入比例,体现出全球投资者对中国资本市场的热情和信心日益增强。

综上,我国证券市场用30多年时间走过了成熟资本市场上百年才走完的路程。尽管经历了种种坎坷,但是,中国资本市场的规模不断壮大、制度不断完善,证券期货经营机构和投资者不断成熟,逐步成长为一个在法律制度、交易规则、监管体系等各方面与国际普遍公认原则基本相符的资本市场。

三、证券市场的分类

(一) 按照证券市场功能不同分类

按照证券市场功能的不同,证券市场可以分为证券发行市场和证券流通市场。

(1) 证券发行市场,又称一级市场或初级市场,是指各发行主体发行、推销各种新证券的市场。发行的证券的主体包括国内外各级政府、金融机构、企业等。

(2) 证券流通市场,又称二级市场、次级市场或证券交易市场,是已发行的有价证券交易与转让的市场。证券成功发行以后,可以在市场上重新出售,新投资者可以随时购买。证券交易市场是证券发行市场的保证,证券的变现能力以及所反映的资产流动性,是人们选择证券投资的重要标准之一。

(二) 按照证券工具的性质不同分类

按照交易的证券投资工具的性质不同,证券市场可分为股票市场、债券市场和基金市场等。

（1）股票市场是进行各种股票发行和买卖交易的场所。按照其职能的不同,我们还可以将股票市场细分为股票发行市场和股票交易市场。两者在职能上是互补的。发行市场是交易市场的前提,而交易市场又能促进发行市场的发展。股票市场是长期资金供求买卖市场。

（2）债券市场是进行各种债券发行和买卖的场所。债券市场按其职能可分为发行市场和交易市场。债券市场的发行主体主要是股份制公司、各级政府、银行以及各类工商企业。一般来说,它们规模庞大,有很强的经济实力作为筹集资金的资信和保证。而其发行的对象主要是社会企业、团体和个人。

（3）基金市场是各类基金发行和流通的场所。基金又可分为封闭式基金和开放式基金,封闭式基金主要通过交易市场流通,开放式基金可以向基金公司申购和赎回。基金本身也是一种投资工具,可以自由买卖或转让,从而形成了投资基金的交易市场。

（三）按照组织形式的不同分类

按照组织形式的不同,证券市场可分为交易所市场和场外交易市场。

（1）交易所市场,也称场内交易市场,是有组织、制度化的市场。场内交易市场的诞生是证券市场走向集中化交易的重要标志之一。一般而言,证券必须达到证券交易所规定的上市标准才能在场内交易。在证券交易所进行证券交易一般都规定了明确的交易时间。同时,证券交易所对证券交易过程进行严格的管理和监督,只有交易所会员经纪人才能在交易所从事证券交易活动,公众则通过经纪人进行证券交易。

（2）场外交易市场,也称柜台市场、店头市场或者第三市场、第四市场,是指证券交易所以外的证券交易市场的总称。柜台交易一般是通过证券交易商来进行的,采用协议价格成交。这种交易大多在交易商之间进行,有时也在交易商和证券投资者之间进行。场外交易市场没有证券集中交易地点,在这里交易的证券大多是未在证券交易所挂牌上市的证券。

四、证券市场的参与者

证券市场的参与者有证券发行人、证券投资者、证券市场中介机构、证券行业自律性组织和证券监管机构等。

（一）证券发行人

证券发行人是指为筹措资金而发行股票和债券的政府和政府机构、金融机构、公司和企业单位,是证券发行的主体。证券发行人委托证券承销商将证券推销给证券投资者,这一过程形成了证券的发行,发行人的数量和发行证券的数量、发行方式决定了发行市场的规模和发达程度。其特点如下：

（1）证券发行人主要包括我国各类公司企业。在我国,除了股份公司和有限责任公司,还存在非公司形式的企业。在证券市场上,只有股份公司才能发行股票,而有限责任公司和企业只能发行公司债券。股份公司发行股票筹集的资金属于公司的自有资本,而公司发行债券所筹集的资金属于借入资本,到期需要归还。

（2）政府和政府机构主要发行各类债券,包括短期政府债券和长期政府债券。短期政府债券筹集的资金主要解决短期性、临时性资金不足的问题;长期政府债券所筹集的资金则主要用于大型基础性项目建设的支出或者是用于弥补年度性的财政赤字。

（3）金融机构也是证券发行的主体。作为证券市场的发行主体，如果该金融机构是股份公司，其发行证券的品种可以是股票，也可以是债券。如果该金融机构采取非股份制的组织形式，其所发行的证券称为金融债券。

（二）证券投资者

证券投资者是证券发行市场的证券购买者和证券市场的资金供给者。证券投资者类型很多，投资的目的也各不相同。证券投资者主要包括机构投资者和个人投资者。

1. 机构投资者

机构投资者是指从事证券买卖的法人单位，主要有政府机构、企事业单位、金融机构、各类基金、合格的境外投资者等。机构投资者一般资金实力雄厚，收集和分析信息能力强，能够分散投资于多个证券来建立投资组合以降低风险，对整个市场影响力较大等。

（1）政府机构投资者，其投资的主要目的不是取得利息、股息等投资利益，而是调剂资金余缺和对国家宏观经济进行调控。

（2）企业和事业单位投资者，主要是企业用自己闲置的短期资金或积累资金进行股票投资，既可以赚取股票收益，也可以对其他企业控股或参股，实现企业规模的低成本扩张。

（3）金融机构投资者，是证券市场上重要的机构投资者。参与证券投资的金融机构主要有商业银行、证券经营机构、保险公司和各类投资公司等。

商业银行投资证券的主要目的是保持银行资产的流动性和分散风险，所以多投资于期限短、信用等级高的证券。证券经营机构，主要是指证券公司、基金管理公司等。它们既从事证券承销、证券经纪、资本管理等中介业务，也从事证券自营等业务，因此，也是证券市场的机构投资者，且是证券市场上最活跃的投资者。

（4）各类基金投资者，主要有证券投资基金、社会保障基金等。证券投资基金是一种利益共享、风险共担、专家理财的集合证券投资方式，即由基金单位集中投资者的资金，交托管人托管，由基金管理人管理和运用资金从事股票、债券等金融工具投资，并将投资收益按投资者投资比例进行分配的一种间接投资方式。社会保障基金包括社会保障基金和社会保险基金。社会保障基金的资金来源是国有股减持划入的资金和股权资产、中央财政拨入资金、经国务院批准以其他方式筹集的资金及其投资收益等。社会保险基金是社会保险制度规定的用于支付劳动者或公民在患病、年老伤残、生育、死亡、失业等情况下所享受的各种保险待遇的基金，其资金来源一般由企业等用人单位和劳动者个人缴纳的社会保险费及国家财政补贴组成。

（5）合格的境外机构投资者，是指经核准的合格境外机构投资者。其在一定规定和限制下汇入一定额度的外汇资金，并转换为当地货币，通过严格监管的专门账户投资于当地证券市场，其资本利得、股息等经审核后可转为外汇汇出。

2. 个人投资者

个人投资者是指从事证券投资的社会自然人，他们是证券市场上最广泛的投资者。由于社会是一个广泛的群体，个人投资者是证券市场上数量最多的投资者。个人投资者的投资资金来源是个人闲置的货币。在证券市场出现之前，个人暂时闲置的货币一般是存入银行，通过银行这个金融中介，间接投资于社会经济活动过程，取得利息收入。证券市场出现后，个人的这部分闲置货币可在证券市场上购买各种有价证券，直接参与企业投资,同企业建立起直接的经济利益关系,若购买上市公司的股票,则成为公司的股东,对公司拥有经营管理权。个人投资者投资的主要目的是追求盈利,谋求投资资金的保值和增长。

(三) 证券市场中介机构

证券市场中介机构是指为证券的发行与交易提供服务的各类机构。证券市场中介机构建立证券供应者和需求者之间的联系,从而起到证券投资者与筹资者之间的桥梁作用。证券市场中介机构不仅保证了证券的发行和交易活动的正常进行,还发挥了维持证券市场秩序的作用。按提供服务的内容不同,证券市场中介机构可分为证券经营机构、证券服务机构和证券登记结算机构三大类型。

1. 证券经营机构

证券经营机构是由证券主管机关依法批准设立的在证券市场上经营证券业务的金融机构,一般是指证券公司,美国称之为投资银行,英国称之为商人银行,以德国为代表的一些国家实行银行与证券混合经营,没有专门的证券经营机构,日本等一些国家与中国一样称之为证券公司。

证券公司是沟通资金盈余者和资金短缺者的桥梁。按它们从事证券业务的功能不同,可以分为主要从事证券发行业务的证券承销商、代客买卖证券的证券经纪商和为自己买卖证券并自担经营风险的证券自营商。实际上,证券经营机构往往同时从事多项业务,一个综合类的证券公司一般都设有若干业务部门,分别从事证券发行业务、经纪业务和自营业务,而且现在业务范围已扩展到兼并收购、基金管理、项目融资、风险投资、资产管理及投资咨询等。

我国的证券经营机构分为可以从事证券承销业务、证券经纪业务、证券自营业务及经证券监督管理机构核定的其他证券业务的综合类证券公司和只允许专门从事证券经纪业务的经纪类证券公司两种类型。

2. 证券服务机构

证券服务机构是指依法设立的在证券市场上从事证券服务业务的法人机构,主要包括会计师事务所、律师事务所、资产评估机构、证券投资顾问公司和证券信用评级机构等。它是证券市场上的中介性组织。

(1) 会计师事务所,是指依法独立承办注册会计师业务,实行自收自支、独立核算、依法纳税的中介服务机构。它是注册会计师执行业务的工作机构,而注册会计师审计是会计师事务所最主要的职能。注册会计师审计是指注册会计师以独立的第三者身份,客观、公正地审查企业的财务状况、经营成果和资金流动情况,并对企业会计报表的真实性、合法性提出审计报告。通过注册会计师的审计报告,为证券发行公司揭示公司会计报表的公信力,以便吸引更多的投资者,吸引更多的资金,求得公司稳步快速的发展。证券市场的管理者也要求注册会计师对公司的会计报表进行客观、公正的审查并提出报告,以便维护证券市场的正常秩序,保证证券市场的健康发展。可见,在证券市场上,注册会计师所执行的业务,已经不仅仅是对某个公司的投资者和债权人负责,而是面向社会,发挥维护社会公正的职能,履行国家所赋予的社会监督职责。

(2) 律师事务所,是指从事证券法律业务服务的公司。在我国,律师事务所从事证券法律业务的内容主要有以下三个方面:第一,为公开发行和上市股票的公司出具法律意见书,律师及所在事务所应对出具的法律意见书的真实性、准确性、完整性进行核查和验证,并承担相应的责任;第二,对招股说明内容进行验证并制作验证笔录,以保证招股说明书的真实性、准确性;第三,参与起草、审查、修改、制作股份公司的创立文件、证券发行文件、证券上市文件和证券承销协议等法律文件。

(3) 资产评估机构,是指组织专业人员依照国家有关规定和数据资料,按照特定的目的,遵循适当的原则、方法和计价标准,对资产价格进行评定估算的专门机构。资产评估机构在证券市场上发挥着重要的作用。首先,在股份公司设立时,对股东作为出资的实物、工业产权、非专利技术或土地使用权等,必须评估作价、核实财产、折成股份;其次,上市公司进行兼并收购等资产重组时要对有关资产进行评估才能确认其真实价值,在上市公司增发新股或配股时也需要进行资产评估;再次,当上市公司公布年度报告或中期报告时,如果公司资产价值发生非经营性的变动,也需要进行资产评估。此外,当企业出现资产拍卖转让、开办合资经营或合作经营业务、企业联营、企业租赁、企业清算、资产抵押及其他担保等情形时,也应当进行资产评估。为了保证股票发行及上市交易的公正性,对同一股票公开发行、上市交易的公司,其财务审计与资产评估工作不得由同一机构承担。

(4) 证券投资顾问公司,是为证券市场参与者提供专业性投资咨询的中介服务机构。证券投资顾问公司的客户可以是政府部门、证券管理机关和有关业务部门,也可以是拟发行证券的公司或是证券经营机构、机构投资者及个人投资者。目前,我国证券投资顾问公司主要有两种类型,一类是专门从事证券咨询业务的专营咨询机构,另一类是兼作证券投资咨询业务的兼营咨询机构。

(5) 证券信用评级机构,是由专门的经济、法律、财务专家组成的对证券发行人或证券的信用状况进行等级评定的中介机构。其在性质上具有独立性,以保证评级结果的公正性。信用评级的主要对象为各类公司债券和地方债券,有时也包括国际债券和优先股股票,对普通股股票一般不做评级。作为降低资本市场交易费用的一种重要工具,证券评级已成为金融制度中重要的组成部分。

3. 证券登记结算机构

证券登记结算机构是为证券交易提供集中的登记、托管与结算服务的专门机构。根据《证券法》规定,证券登记结算机构是不以盈利为目的的法人。

(四) 证券行业自律性组织

证券行业自律性组织是指通过自愿组织的行会、协会等形式,制定共同遵守的行业规则和管理制度,自我约束会员行为的一种管理组织。按照我国《证券法》的规定,我国证券行业自律性组织有证券业协会和证券交易所。

1. 证券业协会

证券业协会是证券业自律性组织,是社会团体法人。证券业协会的权力机构为全体会员组成的会员大会。根据我国《证券法》规定,证券公司应当加入证券业协会。证券业协会应当履行协助证券监督管理机构,组织会员执行有关法律,维护会员的合法权益,为会员提供信息服务,制定规则,组织培训和开展业务交流,调解纠纷,就证券业的发展开展研究,监督、检查会员行为的职责,以及证券监督管理机构赋予的其他职责。中国证券业协会正式成立于1991年8月28日,是依法注册的具有独立法人地位、由经营证券业务的金融机构自愿组成的行业性自律组织。

2. 证券交易所

证券交易所是为证券集中交易提供场所和设施,组织和监督证券交易,实行自律管理的法人。证券交易所的主要职责包括:提供交易场所与设施;制定交易规则;监管在该交易所上市的证券以及会员交易行为的合规性、合法性,确保市场的公开、公平和公正。

知识拓展

我国的证券交易所

(1) 上海证券交易所,是中华人民共和国成立以来大陆的第一家证券交易所。经过多年的可持续发展,上海证券交易所已成为中国领先的场内交易地点。

(2) 深圳证券交易所,是经中国证监会监督管理、国务院批准的国家证券交易所。

(3) 北京证券交易所,全称为北京证券交易所有限公司,是大陆第一家公司制的证券交易所。

(4) 香港证券交易所,全称为香港交易及结算所有限公司,是全球一大主要交易所集团,也是一家在香港上市的控股公司。

(5) 台湾证券交易所,全称是台湾证券交易所股份有限公司。

(五) 证券监管机构

证券监管机构是证券市场不可缺少的组成部分。它的主要职能是对证券发行、交易和证券经营机构实施全面监管,以保护投资者的利益。各国的证券监管机构主要有两种形式:独立机构监管和行政机构监管。

在我国,证券监督管理机构是指中国证监会及其派出机构。中国证监会成立于1997年11月,是国务院直属的证券监督管理机构。中国证监会的主要职责包括:负责行业性法规的起草,负责监督有关法律法规的执行,负责保护投资者的合法权益,对全国的证券发行、证券交易、中介机构的行为等依法实施全面监管,维持公平而有序的证券市场。

根据证券市场监管模式的不同,政府监管机构在各个国家有着不同的形式。美国证券市场由1934年成立的证券交易委员会统一管理,它是美国联邦政府的一个独立的金融管理机构。其下设公司管理局、市场管理局、投资银行管理局和司法执行局等若干职能部门,主要负责市场规章制度的制定、解释和执行,以及市场秩序的维护和信息的收集与传播。英国证券市场的监管体系相当完善,其自律体系由三个机构构成:证券交易商协会、收购与合并问题专家组和证券业理事会。三个机构与政府相对独立,在一定程度上进行非正式合作。证券交易所在政府有关部门的指导下实行自我监督和管理。

课堂章节测试

班级_____ 姓名_____ 学号_____ 日期_____ 平时分_____

一、单项选择题（共 6 题，每题 5 分）

1. (   )是由金融投资或与金融投资有直接联系的活动产生的证券，主要包括股权证券和债权证券。
   A. 资本证券　　　B. 商品证券　　　C. 金融证券　　　D. 货币证券

2. (   )是指在证券交易市场上，利用证券价格在不同时间、不同空间的变动差异，在短期内买进或卖出证券，以获取利润的一种行为。
   A. 证券交易　　　B. 证券投机　　　C. 证券投资　　　D. 证券发行

3. (   )是世界上第一家公开发行股票的公司。
   A. 荷兰东印度公司　　　　　　　B. 纽约梅隆银行
   C. 美国公路公司　　　　　　　　D. 英国贸易公司

4. (   )是指各发行主体发行、推销各种新证券的市场，发行的证券的主体包括国内外各级政府、金融机构、企业等。
   A. 证券交易市场　　　　　　　　B. 证券发行市场
   C. 交易所市场　　　　　　　　　D. 场外交易市场

5. (   )所筹集的资金主要用于大型基础性项目建设的支出或者是用于弥补年度性的财政赤字。
   A. 长期政府债券　　　　　　　　B. 长期金融债券
   C. 短期政府债券　　　　　　　　D. 短期金融债券

6. 中国证监会成立于(   )年 11 月，是国务院直属的证券监督管理机构。
   A. 1991　　　B. 1992　　　C. 1996　　　D. 1997

二、多项选择题（共 6 题，每题 5 分）

1. 证券经营机构的主要业务有(   )。
   A. 证券发行业务　　　　　　　　B. 基金管理
   C. 经纪业务　　　　　　　　　　D. 自营业务

2. 我国证券市场经历的时期有(   )。
   A. 萌芽时期(1872—1948 年)　　　B. 萌芽时期(1860—1948 年)
   C. 发展时期(1949—1977 年)　　　D. 飞速发展时期(1978 年至今)

3. 证券投资与投机的区别主要有(   )。
   A. 买卖动机不同　　　　　　　　B. 证券投资分析不同
   C. 投资期限不同　　　　　　　　D. 投资风险不同

4. 理性投资人在证券投资时，至少需要考虑(   )三个基本要素。
   A. 风险　　　B. 时间　　　C. 资金　　　D. 收益

5. 按照交易的证券投资工具的性质不同，证券市场可分为(   )。

A. 股票市场   B. 证券发行市场
C. 债券市场   D. 证券交易市场

6. 下列各项中,属于我国证券交易所的有(　　)。
A. 上海证券交易所   B. 深圳证券交易所
C. 北京证券交易所   D. 香港证券交易所

三、判断题(共 10 题,每题 3 分)

1. 在证券投资的过程中,投资者总是期望在最短的时间内以最小的代价来获取最大化的收益。（　　）

2. 一般来说,投资期限越短可能获得的预期收益就越高,同时所伴随的风险也就越高。（　　）

3. 普通股的平均回报率显著高于储蓄账户或债券的利息率,但是,回报较高的投资必须承担较高的风险。（　　）

4. 证券投资是指在证券交易市场上,利用证券价格在不同时间、不同空间的变动差异,在短期内买进或卖出证券,以获取利润的一种行为。（　　）

5. 各国中央银行通过证券市场资金"蓄水池"的功能来实现其对货币流通量的宏观调节,实现货币政策目标。（　　）

6. 场外交易市场,也称柜台市场、店头市场或者第二市场、第三市场,是指证券交易所以外的证券交易市场的总称。（　　）

7. 证券市场的参与者由证券发行人、证券投资者、证券市场中介机构、证券行业自律性组织和证券监管机构几个部分组成。（　　）

8. 证券业协会是证券业自律性组织,证券业协会的权力机构为全体会员组成的会员大会。（　　）

9. 在我国,证券监督管理机构是指中国证券监督管理委员会及其派出机构。（　　）

10. 证券发行人主要是公司、政府和政府机构、金融机构等。（　　）

四、简答题(共 1 题,10 分)

简述证券市场的作用。

第二章 股票投资

知识导航

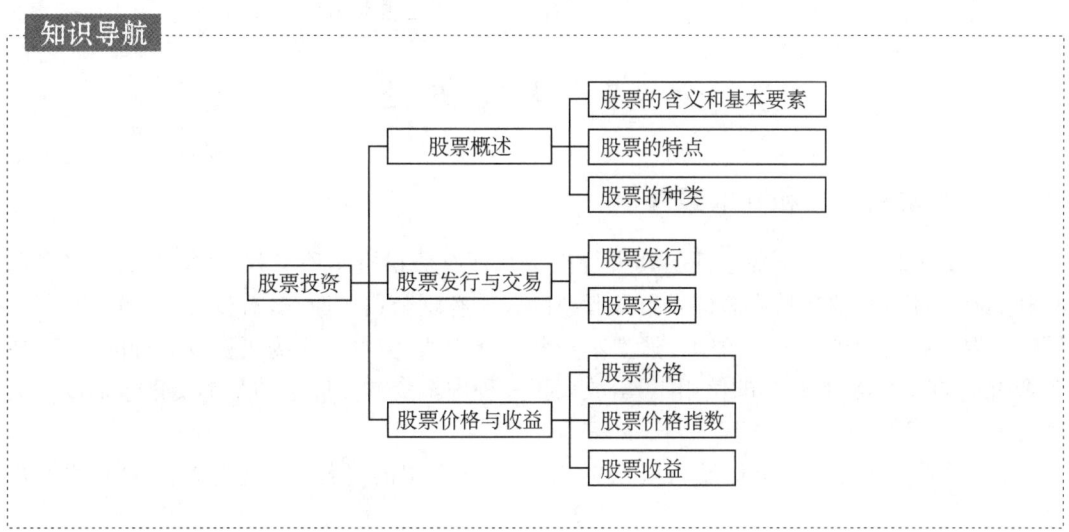

学习目标

1. 熟悉股票的含义与种类
2. 熟悉普通股和优先股的含义与内容
3. 了解股票发行的目的与类型
4. 了解我国股票发行制度和条件、发行方式与发行定价
5. 熟悉证券交易所市场的定义及概况
6. 掌握股票交易账户开立、委托、竞价与成交、清算与交收的方法
7. 熟悉股票价格的内涵与种类
8. 了解世界与我国的股票价格指数
9. 熟悉股票投资收益的构成与收益指标

 寓德于教

股票投资的"大势"

党的二十大是在全党全国各族人民迈上全面建设社会主义现代化国家新征程、向第二个百年奋斗目标进军的关键时刻召开的一次十分重要的大会,是一次高举旗帜、凝聚力量、团结奋进的大会。党的二十大报告阐明的最具震撼性的问题是:新时代十年实现了什么样的伟大变革、靠什么实现了伟大变革。

改革开放以来,我国始终将发展作为解决一切问题的基础和关键,从发展是硬道理到发展是执政兴国第一要务、从科学发展观到新发展理念,我们党的发展理念随着发展阶段、发展任务的变化,不断与时俱进、丰富创新。进入新时代,我国社会主要矛盾已经转化为人民日益增长的美好生活需要和不平衡不充分的发展之间的矛盾,发展中的矛盾和问题更多体现在发展质量上,而股票市场的发展是解决这一问题的助力之一。

在证券交易市场上我国做了很多有益探索,如科创板的开板、北京证券交易所的成立,正是释放资本市场活力、提升国际竞争力的信号,通过全面深化改革,发挥股票市场功效加速改革红利的释放。

思考:股票市场如何助力改革与发展?对我们进行股票投资有什么启示?

第一节 股票概述

一、股票的含义和基本要素

股票是股份公司发给股东证明其进行投资并拥有股份资本所有权,并据以取得股息和红利的有价证券。股票持有者即发行该股票的股份有限公司的股东,有权分享公司的利益,同时也要承担公司的责任和风险。股票本身并没有价值,但可以作为买卖或质押的对象,成为金融市场上主要的、长期的信用工具,故属于一种虚拟资本。股票的基本要素包括以下五个方面:

(1) 面值,是股份公司在发行股票的票面上所标明的金额,也就是人们常说的票面金额。

(2) 股权,是持有者所具有的与其拥有的股票比例相应的权益及承担一定责任的权利。

(3) 股息,是股份公司按股票的份额的一定的比例支付给股票的持有者的收入。

(4) 分红,是股份公司在盈利中每年按股票份额一定比例支付给股票持有者的红利。

(5) 市值,是股票的市场价值或市场价格,它包括股票的发行价格和交易的买卖价格。

二、股票的特点

股票作为有价证券,具有以下特点。

1. 收益性

收益性是股票的最基本特性。它是指股票可以为持有人带来收益,股票投资的目的即获得收益。股票的收益来源分为两类,一是股份公司向股东发放的股息、红利,根据公司经营状况和利润多少来发放;二是股票买卖差价,即市场波动产生的收益。

2. 决策性

股票是代表股份资本所有权的证书,是投资入股的凭证,股东通过行使各项权利参与公司的经营管理决策。就法律性质而言,普通股票每一股份所具有的权利原则上是相等的,股东参与公司经营管理的决策权取决于持有股份的多少,每一股份都代表着公司经营的权利,股东持有公司的股份越多,其参与经营决策的权利越大。股票的决策性体现为股东有权参加股东大会、听取董事会提出的工作报告和财务报告并提出自己的意见和建议、对公司的重大经营决策投票赞成或反对等,股东以此参与公司的经营管理决策。普通股股东可凭借其拥有的股份数选举和被选举为公司的董事或监事。

3. 永久性

永久性表示股东不能向发行股票的股份公司提出退证,股票投资人一旦出资购买了某个公司的股票,股份公司不对股东偿还本金。股票的有效期与股份公司的存续期联系,两者是并存的关系,而公司在破产、清偿或因故解散的情况下,股东依据法定程序获得的清偿也不等于投资的本金。股东若想收回投资,只能将股票转卖他人。对于股份公司来说,由于股东不能要求退股,通过发行股票可筹集到稳定的自有资本,有利于股份公司的长期稳定发展。

4. 流通性

股票是一种可以自由转让的投资工具。投资人购买公司股票后,虽不能退还股本,但股票可以在证券市场上转让,因此股票持有人在出现资金紧张时,可以通过出售股票来换取现金,也可将股票作为质押物向银行申请贷款。由于股票有极强的变现能力,弥补了股票期限上永久性的不足,股票被视作仅次于现金资产的流动性资产。这一特征也是股份公司能在社会公众中广泛募集资金的重要原因。

5. 风险性

通常股票是有票面价格的,但交易价格与其票面价格往往是不一致的,有时高于面值,有时低于面值,并且还处在经常变动之中。影响股票交易价格的因素有很多,如市场供需、政府政策、行业状况等,这些因素不断变化,导致股票的市场价格存在波动性。而波动的交易价格带来了股票投资的风险,投机者通过股票的转手交易,在其转移过程中获得股票的差价收益,反之也带来了投机损失。股票与债券相比具有较大的风险性,这是因为投机者的投机收入是没有保证的,受市场价格波动的影响,不确定性强。

三、股票的种类

在证券市场上,股票的形式和内容千变万化。按不同标准或从不同的角度,股票可分为不同的种类,理解股票的种类可以帮助投资者选择合适的投资品种。常见的股票分类如下。

(一) 按股东的风险与权益划分

按照股东承担的风险和享受的权益,股票可划分为普通股和优先股。

1. 普通股

普通股是一种代表股东对发行股票公司的股份享有所有权的证书,指在优先股的要求权得到满足后,在公司利润和资产分配方面给予股东无限权利的所有权凭证。

普通股是股票中最基本和最重要的一种形式,是构成股份有限公司资本基础的股份,也是风险最大的股票。普通股是股份公司发行量最大的股票种类,是股份公司筹集资本的基本工具。普通股的期限与公司相始终,普通股的利益与公司的利益相依存。普通股股东享有的权利包含投票表决权、收益分配权、资产分配权和优先认股权。

(1) 投票表决权,表示持有普通股的股东就是发行该股票公司的所有者之一。普通股股东有权参加股东大会,体现其作为公司所有者的地位,并参与公司的经营决策。普通股股东按照持有股数,对公司的重大决策具有投票表决权,通过投票表决,股东间接参与公司的经营管理。如果股东不能参加股东大会,可以委托代理人行使其投票权。绝大多数股份公司对普通股股票的投票方式采取"一股一票制",有少数股份公司对普通股票设置差异化表决权,即将普通股的投票权分为AB双层股权结构,如A类股票1股有1票投票权,B类股票1股有N票投票权。

> **知识拓展**
>
> **我国企业的 AB 双层股权**
>
> 　　差异化表决权,也就是"AB 双层股权",其中,A 类普通股通常由投资人与公众股东持有,B 类普通股通常由创始团队持有。设置 AB 股差异化表决权的目的就是防止恶意收购,因为企业的控制权事关一个企业的生死存亡。B 类决议权股,除表决权数量外在其他方面并无任何优先利益。
>
> 　　我国很多企业都做出了"AB 双层股权"的探索,如 2014 年 9 月,阿里巴巴采取双重股权结构以及合伙人制度的方式在纽约证券交易所上市。
>
> 　　阿里巴巴在纽交所上市后其股权分布状况出现了较大变化,马云在阿里巴巴的持股比例为 7%,是阿里巴巴的第三大股东,其创始团队掌握着 12.1% 的股份。倘若仍采取一股一权制度,那么创始团队显然难以实现对公司的有效控制,控制权势必会发生转移。而通过 AB 双重股权结构为核心的制度安排,阿里巴巴创始团队即便仅占较小股份,也可以凭借超级投票权决定公司的重大事项,至此最终实现了将公司控制权稳定地掌握在创始团队手中。此外,微博、58 同城等公司均以"AB 双层股权"结构在美国上市。
>
> 　　2019 年 1 月 30 日,中国证监会发布了《关于在上海证券交易所设立科创板并试点注册制的实施意见》。同时,上交所起草完成了《上海证券交易科创板股票发行上市审核规则》等配套规则。其中,上交所明确,尊重科创板企业公司治理实践选择,允许设置差异化表决权的企业上市。
>
> 资料来源:马一.股权稀释过程中公司控制权保持:法律途径与边界以双层股权结构和马云"中国合伙人制"为研究对象[J].中外法学,2014,26(03):714-729.

　　(2) 收益分配权,表示普通股股东有权要求从公司的净利润中分取股息和红利。普通股在公司盈利分配上位于优先股之后,普通股的股利完全取决于公司盈利情况及其分配政策。普通股股东收益的多少取决于公司的盈利,一般来说,公司盈利多,股利就高,反之则少,若公司亏损则可能没有收益,故普通股投资风险最大。

　　(3) 资产分配权,表示普通股股东可以在公司解散或清算时,对资产净额享有参与分配的权利,但其资产分配权后于公司债权人、债券持有人和优先股股东。如果资产所剩无几,可能就分不到剩余资产,在一般情况下,普通股股东对该权利不大感兴趣,因为投资者购买普通股看中的是公司的获利能力,而不是公司的剩余资产的清偿。

　　(4) 优先认股权,表示普通股股东在公司发行新股票时,有权按其原来的持股比例认购新股,以维持对公司权益的原有比例。优先认股权一方面保证了老股东的持股比例,维持其相关的权利,不削弱其对公司的控制程度,另一方面也是对老股东的一项补偿,即新股认购价往往低于市场价格。股东拥有新股优先认购权后,其处理权利的方式有三种:一是行使优先权,购买新股票;二是转让优先认股权;三是放弃这一权利,任其过期失效。

2. 优先股

　　优先股是指股东在公司分配利润、清理剩余资产时,享有优先分配权的股份凭证。优先股是相对普通股而言的,一般要在票面上注明"优先"或"优先股"字样。

　　优先股股东的优先权主要表现在优先领取股息和优先分配剩余资产。优先领取股息是指公司在分配股利时,在优先股股东的股息得到满足之后,才能分配给普通股股东。优先分配剩余资产即当公司破产时,优先股优先于普通股参加公司剩余资产的分配,但其分配顺序在债权人之后。

优先股的不利之处主要表现在股息固定、表决权受限和没有优先认股权。股息固定是指优先股的股息是事先确定的,不能随公司盈利的多少而增减。表决权受限是指优先股股东一般没有表决权。

优先股的种类很多,具体可分为以下几种:

(1) 累积优先股和非累积优先股。累积优先股是指在公司某一时期内的盈利不足以分配给股东固定的股息,股东有权在公司盈利丰厚时,要求公司把所欠股息累积起来予以补发的优先股票,而非累积性优先股是指按当年盈利分派股息,而不予补付的优先股。其中累积优先股是最为常见的优先股股票。

(2) 参加分配优先股和不参加分配优先股。参加分配优先股是指股东不仅按规定分配当年的定额股息,还有权与普通股股东一同参加利润分配的优先股股票。不参加分配的优先股指的是股东只按规定股息率取得股息,不得参加公司利润分配的一种优先股股票。其中不参加分配优先股是比较广泛的形式。

(3) 可转换优先股和不可转换优先股。可转换优先股股票指的是股票持有人可以在特定条件下把优先股转换成普通股或公司债券的优先股股票,反之称为不可转换优先股。可转换是一种权利,优先股是否转换由投资者决定。

(4) 可赎回优先股和不可赎回优先股。可赎回优先股是指公司可按一定价格收回的优先股票,即在发行时规定,公司将来不需用此项资金时,可以按照规定的条件将股份收回注销。赎回价格一般略高于股票的面值,以补偿股东可能因股票被赎回遭受的损失。反之称为不可赎回优先股。

(5) 股息率可调整优先股和股息率固定优先股。股息率可调整优先股是指股票发行后,股息率可以根据情况按规定进行调整,而股息率固定优先股,是指股息率不能调整的优先股股票。大多数优先股的股息率都是固定的。

(二) 按股票是否登记股东姓名划分

根据股票是否登记股东姓名、地址,股票可划分为记名股票和不记名股票。

(1) 记名股票是指在股票票面和股份公司的股东名册上要同时记载股东姓名的股票。记名股票若转让需要将受让人姓名及地址记载于股票票面和公司股东名册上,否则转让无效。记名股票不能私自转让,必须通过股份公司办理过户手续。《中华人民共和国公司法》(以下简称《公司法》)规定,股份公司向发起人、国家授权投资的机构、法人发行的股票,应当为记名股票。

(2) 不记名股票是指不记载股东姓名和地址的股票,只要是持有公司股票的人即为公司股东。对于不记名股票来说,凡是持有公司股票的人即为公司股东。

(三) 按股票是否有票面金额划分

根据股票是否有票面金额,股票可划分为有面额股票和无面额股票。

(1) 有面额股票也称有面值股票,是指股票票面上记载有每股金额的股票。每股金额即股票面值为公司资本的基本单位,是股东的基础出资额。我国《证券法》规定股份公司发行股票每股股票的票面金额为1元。

(2) 无面值股票也称比例股,是指股票票面上不载明金额,只注明在公司总股本中所占的比例的股票。其价值随公司的财产增减而变化,具有发行和转让价格较灵活,便于股票分割等优点,但其风险较大,影响公司资本的确定性,故大多数国家包括我国不允许发行。

(四)按股票表现形式划分

根据股票表现形式,股票可划分为实体股票、记账股票和电子股票。

1. 实体股票

实体股票是指股份公司向股东发放纸质的票券作为持有股份的表现形式。实体股票的票面内容包括正、反两面所载明的内容,其正面内容有:

(1) 公司的名称,所在地址。
(2) 批准发行股票的机构及批准日期。
(3) 股票的种类、股数及每股金额,发行日期。
(4) 股票的编号。
(5) 公司印章及董事长签名盖章。
(6) 股票章程有关条款。
(7) 防假暗记。

其背面的内容有:

(1) 股票持有人的姓名及证明身份的证件号码。
(2) 记载股票转让,过户信息的登记栏。
(3) 其他需要说明的事项。

2. 记账股票

记账股票是指不发行股票实体,只作股东名册登记的股票。记账股票仅限于记名股票使用。

3. 电子股票

电子股票是指借助计算机网络进行股份登记和股票交易的股票形式。在现代证券市场中,很多交易所都借助信息化网络和计算机进行交易,股票发行也不再采用纸质票券的形式。

(五)按投资主体的性质划分

我国的股票按投资主体的不同性质,可划分为国家股、法人股、公众股和外资股等。

(1) 国家股,一般是指有权代表国家投资的部门或机构以国有资产向公司投资形成的股份。从资金来源看,我国国家股的构成主要包括现有国有企业改组为股份公司所拥有的净资产、有权代表国家的政府部门、各类投资公司等机构对企业的投资所形成的股份等。国家控股程度,通常因企业与国计民生的关联程度不同而异。国家股股权的转让,应该按照国家的有关规定进行。

(2) 法人股又称企业股,是企业法人以其依法可支配的资产向股份公司投资形成的股份,或具有法人资格的事业单位和社会团体以国家允许经营的资产向股份公司投资形成的股份。我国目前的法人股份包括发起人股和社会法人股。发起人股是指股份公司的法人发起人认购公司第一次发行股份的一部分,成为公司的原始股东。社会法人股就是由社会法人所认购的公司公开发行的股票。目前我国法人股不能上市自由流通,且各种法人不得将持有的公有股份、认股权证和优先认股权转让给本法人单位的职工。

(3) 公众股即个人持有股,是指中国公民投资后所持有的股份,包含公司职工股和社会公众股。公司职工股是股份公司在公开发行股票时按发行价格发售给本单位职工的股份,公司职工股在本公司股票上市 6 个月后即可安排上市流通。社会公众股是指我国境内投资者以其合法财产向公司可上市流通股权的投资所形成的股份。

(4) 外资股,是指外国投资者和我国香港、澳门、台湾地区的投资者以购买人民币特种股票等形式向公司投资所形成的股份,股份公司主要面向这些投资者发行股票用以吸收外资。

(六) 按股票上市地点及投资者划分

我国的股票按上市地点及投资者不同,可划分为 A 股、B 股、H 股、红筹股等。

(1) A 股即人民币普通股票,是中国大陆注册、上市的普通股,境内投资者以人民币认购交易。

(2) B 股又称人民币特种股票,是以人民币标明股票面值,仅供境外投资者以外汇买卖的特种股票。B 股是在上海、深圳证券交易所上市交易的外资股。B 股公司的注册地和上市地都在中国境内。

(3) H 股,是指注册地在中国内地、上市地在中国香港的中资企业股票。H 股为实物股票,实行"T+0"交割制度,无涨跌幅限制。中国内地机构投资者和个人投资者均可以投资 H 股,但内地个人投资者证券账户和资金账户之和需超过 50 万元。1993 年 7 月,青岛啤酒成为第一家发行 H 股的国营企业。

(4) 红筹股,是指在中国境外注册、在中国香港上市的带有中国内地概念的股票。"带有中国内地概念"主要指中资控股和主要业务在中国内地。红筹股和 H 股同在香港上市,其根本区别是:红筹股在境外注册、管理,属于香港公司或者海外公司;H 股在内地注册、管理,属于中国内地公司。

(七) 按流通受限与否划分

我国股票按流通受限与否,可划分为限售股和不限售股。

1. 限售股

限售股又称有限售条件的股份,是指依照法律、法规规定或按承诺具有转让限制的股份,包括因股权分置改革而暂时锁定的股份(受限股)、内部职工股、董事监事等高级管理人员持有的股份等。具体来讲,我国目前的限售股主要有三大类:

(1) 第一类限售股是股权分置改革所产生的。根据中国证监会 2005 年 9 月 4 日颁布的《上市公司股权分置改革管理办法》,首次公开发行前股东持有股份超过 5% 的股份,在股改结束 12 个月后解禁流通量为 5%,24 个月内流通量不超过 10%,在其之后全部成为可上市流通股。该类股份被市场称为"大非"。股东持股数低于 5% 的称为"小非","小非"在股改完成后 12 个月即可上市流通。

(2) 第二类限售股是"新老划断"后的公司首次公开发行股票所产生的。"新老划断"是指对股改后首次公开发行股票的公司不再区分流通股和非流通股。此类受限股包括首次公开发行前公司持有的股份自发行人股票上市之日起 36 个月的锁定期内不得流通;战略投资者配售的股份自本次公开发行的股票上市之日起 12 个月内不得流通。

(3) 第三类限售股是上市公司非公开发行产生的,根据中国证监会 2006 年 5 月 6 日公布的《上市公司证券发行管理办法》规定,针对非公开发行受限股,本次发行的股份自发行结束之日起,12个月内不得转让;控股股东、实际控制人及其控制的企业认购的股份,36个月内不得转让。

2. 不限售股

不限售股又称无限售条件股份,是指流通转让不受限制的股份,包括公开发行的A股、B股、H股等。

(八)按照股票业绩划分

根据发行公司的地位和业绩、风险和收益上的不同,股票可具体分为以下几种:

(1)蓝筹股,是指由历史较长、信誉卓著、资金实力雄厚的大公司发行的股票。"蓝筹"一词源于西方赌场,在西方赌场中,有三种颜色的筹码,其中蓝色筹码最为值钱。蓝筹股一般具有稳定的收益,股价在长期呈上升趋势,市价较为稳定,波动较小,风险适中。蓝筹股一般为传统工业公司和金融行业机构,普遍受到投资者的欢迎,如美国的通用汽车公司,我国的中国石油、工商银行等。

(2)成长股又称潜力股,是指那些正处于高速发展阶段的公司发行的股票。发行这种股票的公司正处于上升阶段,其销售额和收益额的增长幅度高于其所在行业的增长水平,具有较大的发展空间,并能够长期为股东带来投资收益。这些公司需要大量资金来扩大再生产,往往将公司大部分盈余留作发展资金,特点是股息较低,甚至没有股息而以红利代替,但股价正稳步上升,使股东获得好处。

(3)收入股,是指股票收益不受经济周期的影响,相对比较稳定行业的股票。这些公司一般能发放较高股利,留存较少,股价变动较小,未来股价增长的可能性较小。收入股因其收益稳定且无须专业投资知识,认购者多为老年人、退休者及一些养老基金等法人团体。

(4)周期股,是指那些收益随经济周期波动的股票。这些股份公司的特点是在经济繁荣时,利润增加,股价上升;在经济萧条时,利润减少,股价下跌。投资这类股票要研究经济周期的变化,典型的周期性股票包括钢铁股、有色金属股、化工股、汽车股、房地产股、酿造业股、航空业股等。

(5)防守性股票,是指在经济波动的情况下收益相对比较稳定的股票。这种股票与周期股票正好相反,在商业条件恶化时,它的收益要比其他股票更优厚并且更稳定,如水、电和交通等公用事业公司发行的股票。

(6)投机股票,是指那些价格变化快、幅度大、公司前景不确定的股票。这种股票的投机性较大,风险较高,一旦成功能够获得巨额回报,能够吸引一些专门从事证券投机的人。

第二节 股票发行与交易

一、股票发行

(一)股票发行的目的

股票的发行主体是股份公司。股份公司向股东发行股票,主要基于以下考虑。

1. 公司设立筹集资本金

新设立股份公司需要通过发行股票来筹集资本,达到预定的资本规模,为公司开展经营活动提供必要的资金条件。股份公司的设立一般又分为发起设立和募集设立两种。发起设立是指由发起人认购公司应发行的全部股份而设立公司。募集设立是指由发起人认购公司应发行股份的一部分，其余股份向社会公开募集或者向特定对象募集而设立公司。

2. 扩大经营规模融资

股份公司在市场竞争中为了获得更高的市场份额和利润，往往扩大经营规模，需要大量资金支持，此时股份公司可以通过增发股票来进行融资。融资投向主要是扩大本公司的生产经营规模，扩充资本总量，以加强其市场竞争力。通常来说发行股票能够获得较长期的融资资本金。

3. 优化公司资本结构

资本结构是指企业长期资金中债务资本和自有资本的结构和比例关系，是反映企业财务风险的重要标志。例如，资产负债率通常反映股份公司的负债能力和经营的稳定性。股份公司可以通过发行新股提高自有资本的比率，降低负债率。同时，由于股份公司发行债券的额度是根据公司的净资产额确立的，增加自有资本还可以扩大公司债券的发行额度，为公司筹集到更多的资金用于拓展业务。

4. 其他目的

股份公司发行新股也可能是为了满足某些财务和经营活动的需求，主要有以下几种：

（1）公司兼并重组发行股票。为了维护公司经营支配权，防止被其他公司兼并而发行股票，或者以股权交换方式实现并购重组发行股票等。

（2）可转换证券行使权利。当可转换优先股股票或可转换公司债的转换请求权生效后，股份公司可发行新股票来注销原来的可转换优先股股票或可转换公司债。

（3）公积金转增股本。经营状况良好的股份公司可以将超过规定比例的法定公积金和任意公积金，全部或部分地转为资本金，并按增加的资本金额发行股票，无偿地交付股东，使股东从中受益。

（4）满足证券交易所的上市标准。各国证券交易所都对股票上市做出了严格的规定，如最低的股本数额、最低的公众持股比例、符合要求的业绩记录等。股份公司为了争取股票在证券交易所挂牌上市，往往通过发行新股票的办法来增加资本额，满足上市标准。

（二）股票发行的类型

根据不同的分类方法，股票发行可以做如下分类。

1. 公募发行和私募发行

根据股票发行的对象不同，股票的发行可分为公募发行和私募发行。

（1）公募发行又称公开发行，是指事先没有特定的发行对象，向社会广大投资者公开推销股票的方式。采用这种方式，可以扩大股东的范围，分散持股，防止囤积股票或被少数人操纵，有利于提高公司的社会性和知名度，为以后筹集更多的资金打下基础。此外，公开发行还可增加股票的适销性和流通性。

（2）私募发行又称非公开发行，是指发行者只对特定的发行对象推销股票的方式。通常在两种情况下采用：一是股东配股，这种新股发行价格往往低于市场价格，是对股东的一种优待，一般股东都乐于认购；二是私人配售，又称第三者分摊，即股份公司将新股票分售给股东以外的特定对象，如公司控股股东、实际控制人及其控制的企业、与公司业务有关的企业和往来银行、证券投资基金、证券公司、信托投资公司等金融机构、公司董事和员工等。这种方式一方面以优惠价格出售，另一方面在新股发行遇到困难时，将股票出售给特定对象，既能加强与关联方的联系又能解决困境。无论是股东配股还是私人配售,发行对象都是既定的。

根据我国上市公司证券发行管理办法的相关规定,上市公司非公开发行股票的特定对象必须符合股东大会决议规定的条件。例如,发行对象不超过 10 名;如果发行对象为境外战略投资者,应当经国务院相关部门事先批准;认购者自发行结束之日起,12 个月内不得转让;控股股东、实际控制人及其控制的企业认购的股份,36 个月内不得转让;非公开发行股票发行价格不低于定价基准日前 20 个交易日公司股票均价的 90%等。

2. 首次发行和增资发行

根据股份公司是否新发行股票,股票的发行可分为首次发行和增资发行。

(1) 首次发行又称初次发行,股份公司首次公开发行新股,即 IPO 发行。根据我国《公司法》和《证券法》的相关规定,股份有限公司设立时应向发起人或募资股东发行股票,此时发行的股票是公司的首次发行。如果股份有限公司达到证券交易所上市条件,向有关部门申请上市并获得核准或注册后,则可以通过证券承销机构,在证券交易所向社会公众首次公开发行股票并上市交易。通过首次公开发行,股份有限公司不仅募集到所需的资本金,而且完成了股份分散,成为上市公司。

(2) 增资发行,是公司设立后为扩大公司股权资本规模,依照法定程序增加公司资本和股份总数的行为。

3. 有偿增资发行、无偿增资发行和搭配增资发行

增资发行根据投资者认购股票时是否缴纳资金来划分,股票的增资发行可以分为有偿增资发行、无偿增资发行和搭配增资发行,其中有偿增资发行较为常见。

(1) 有偿增资发行,是指认购者必须先按股票的发行价格支付现款,方能获得股票的一种发行方式。一般公开发行的股票和私募中的股东配股、私人配售都采用有偿增资的方式。采用这种方式发行股票,可以直接从外界募集股本,增加股份公司的资本金,主要有配股、增发等形式。配股是按持股比例向公司原有老股东分配新股认股权,允许其优先认购股份的方式,配股价一般比市场价格低,这种增资方式有利于保护老股东的权益,特别是控股股东或者大股东对公司的控制权。增发是向社会不特定对象公开募集股份的增资方式。其目的是向社会公众筹集资金,扩大股东人数,分散股权,增强股票流通性,并可避免股份过分集中。公开增发股票的定价一般以市场价格为基础,是上市公司最常用的增资方式。

(2) 无偿增资发行,是指认购者不必向股份公司缴纳现金就可无偿获得新股的增资发行方式,发行对象只限于原股东。这种增资方式一方面可以增加公司的股本规模,调整公司的资本结构;另一方面,可以增强老股东对公司的信心,提高公司信誉。无偿增资发行包括公积金转增股本、发放股票股利和进行股票分割等方式。

公积金转增股本是将公司的资本公积金、盈余公积金转为资本金,按原有老股东的持股比例转股,使老股东持股数量得以增加的增资方式。发放股票股利又称红利增资或送股,是指公司向原有老股东发放股票作为现金股利的替代,从而增加公司股本的增资方式。股票分割是将公司发行的原面额较大的股票均等地分成若干小面额股票的行为,也称股票拆细。股票分割会增加公司股票的发行数量,但并不会增加公司的股本规模(金额),因此它本质上并不属于增资发行。

(3) 搭配增资发行,是指股份公司向原股东分摊新股时,仅让股东支付发行价格的一部

分就可获得一定数额股票的方式。例如,股东认购面额为 100 元的股票,只需支付其中的一部分,其余部分无偿发行,由公司的公积金充抵。这种发行方式是对原股东的一种优惠,同时公司也可以再征集部分资金,以期快速实现增资计划。

4. 直接发行和间接发行

根据是否有中介机构介入,股票的发行可分为直接发行与间接发行,其中间接发行最为广泛。

(1) 直接发行,是指股份公司直接向认购者推销出售股票的方式,在这种方式下,股份公司自己承担股票发行的一切事务和发行风险。在一般情况下,当股份公司因公开发行有困难时,往往采用直接发行的方式。对于资本雄厚的大型股份公司来说,本身具有发行股票的资质,或实力雄厚有把握实现巨额私募,也可以采用直接发行的方式。直接发行的优点是成本较低。

(2) 间接发行,是指发行者委托证券发行中介机构出售股票的方式。这些中介机构作为股票的推销者,办理一切发行事务,承担一定的发行风险并从中提取相应的收益。根据中介机构承销的方式不同,又可以分为代销、余额包销和全额包销。

代销是指承销机构只负责按照发行者的要求推销股票,在约定期限内能销售多少算多少,期满仍销售不出去的股票退还给发行者。余额包销是指股票发行者与证券发行中介机构签订承销合同,明确规定在约定期限内,如果中介机构实际推销的结果未能达到合同规定的发行数额,其差额部分由中介机构自己承购下来。全额包销是指由一家或数家证券承销机构与股份有限公司签订承购包销合同,由证券承销机构先用自己的资金一次性地把将要发行的股票全部买下,然后根据市场情况向社会公众出售股票,从中赚取差价作为承销费用的方式。

(三) 我国股票发行制度与条件

自我国证券市场建立以来,股票发行制度有几次大的变革,主要经历了从审批制到核准制,再到注册制的变化。

1. 审批制

审批制(1990—2000 年)是上市公司股票申请上市须经过审批的证券发行管理制度,是完全计划发行的模式,实行"额度控制"。拟发行公司在申请公开发行股票时,要经过地方政府或中央企业主管部门,向所属证券管理部门提出发行股票申请,经证券管理部门受理,审核同意转报证券监管机构核准发行额度后,可提出上市申请,经审核、复审,由中国证监会出具批准发行的有关文件,方可发行。

自 1990 年我国证券市场建立,直至 2000 年,我国股票发行制度一直实施的是行政审批制度。这种"审批制"是完全计划发行的模式,主要表现在:

(1) 额度管理。由国务院证券委会同国家计委制定年度或跨年度全国股票发行总额度,然后把总额度按条块分配给各地方政府和中央部委。

(2) 两级行政审批。企业首先向其所在地地方政府或主管中央部委提交额度申请,再报送中国证监会复审,形成第二级审批。中国证监会对企业的质量、前景进行实质审查,并对发行股票的规模、价格、发行方式、时间等作出安排。

(3) 价格限制。这种制度基本上采用定价发行方式,通过规定发行市盈率限制股票的发行价格。

2. 核准制

核准制(2000—2023年)是上市公司股票申请上市须经过核准的证券发行管理制度。发行人在申请发行股票时,不仅要充分公开企业的真实情况,而且必须符合有关法律和证券监管机构规定的必要条件。证券监管机构有权否决不符合规定条件的股票发行申请。证券监管机构不仅对申报文件的全面性、准确性、真实性和及时性作审查,还对发行人的营业性质、财务状况、经营能力、发展前景、发行数量和发行价格等条件进行实质性审查,并据此作出发行人是否符合发行条件的价值判断和是否核准申请的决定。2000年3月6日,我国《股票发行核准程序》颁布实施,标志着核准制的正式施行。

从2004年2月1日起,中国开始推行核准制下的保荐人制度。保荐人制度是指由保荐机构(证券公司)负责发行人的上市推荐和辅导,核实公司发行文件中所载资料的真实、准确和完整,协助发行人建立严格的信息披露制度。保荐人不仅承担上市后持续督导的责任,还将责任落实到个人。证券公司和责任人对其承销发行的股票,负有一定的持续性连带担保责任。保荐人依法对发行文件进行核查,向中国证监会出具保荐意见,上市后,保荐机构和保荐人仍负有持续督导责任。保荐机构和保荐代表人资格不是终身制的,已注册登记为保荐代表人的,应当持续符合相关要求,同时两年内至少担任一个证券发行项目的保荐代表人,否则将被除名,保荐代表人可以正常有序流动。

3. 注册制

注册制(2016年至今)是指发行人申请发行股票时,必须依法将公开的各种资料完全准确地向证券监管机构申报。证券监管机构的职责是对申报文件的全面性、准确性、真实性和及时性作形式审查,不对发行人的资质进行实质性审核和价值判断。发行公司股票的价格、交易交由市场决定。这类发行制度的代表是美国和日本。

2015年12月,国务院常务会议审议通过了拟提请全国人大常委会审议的《关于授权国务院在实施股票发行注册制改革中调整适用〈中华人民共和国证券法〉有关规定的决定(草案)》,于2016年3月起施行股票发行注册制。

注册制是目前成熟股票市场普遍采用的发行制度。注册制实行的公开管理原则,实质上是一种发行公司的财务公开制度,其本质是形式审核,而核准制是实质审核。

与核准制相比,注册制有以下四个基本特征:

(1) 股票发行的权利是法律赋予而非政府授予。

(2) 证券监管部门对发行人的申报材料只做形式审查。

(3) 注册制遵循公开公正原则。

(4) 注册制强调事后审查和处罚。

知识拓展

"注册制"与"核准制"模式下的公司上市条件

2023年2月1日,全面实行股票发行注册制改革正式启动。2023年2月17日,中国证监会发布全面实行股票发行注册制相关制度规则,自公布之日起施行。证券交易所、全国股转公司、中国结算、中证金融、证券业协会配套制度规则同步发布实施。

在核准制模式下,根据我国《公司法》《证券法》等相关法律法规的规定,股票的发行必须具备一定的发行资格和发行条件。股票发行人必须是具有股票发行资格的股份有限公司或经批准筹备设立的股份有限公司。以主板上市的公司首次公开发行股票为例,公司在主板首次公开发行股票并上市,除应当符合《公司法》第七十六条关于设立股份有限公司应具备的条件之外,作为拟上市公司,还应当符合以下条件:

(1) 主体资格。首次公开发行的发行人应当是依法设立并合法存续的股份有限公司;公司持续经营时间应在3年以上;公司注册资本已全额缴纳;生产经营合法;最近3年内主营业务、高级管理人员、实际控制人没有重大变化;股权清晰。

(2) 独立性。发行人应具有完整的业务体系和直接面向市场独立经营的能力;应具备资产完整人员独立、财务独立、机构独立、业务独立等方面的独立性;在独立性方面不得有其他严重缺陷。

(3) 规范运行。发行人已经依法建立健全股东大会董事会、监事会、独立董事、董事会秘书制度,相关机构和人员能够依法履行职责;发行人的董事、监事和高级管理人员已经了解与股票发行上市有关的法律法规,知悉上市公司及其董事、监事和高级管理人员的法定义务和责任;发行人的董事、监事和高级管理人员符合法律、法规和规章规定的任职资格;发行人的内部控制支付健全且被有效执行,能够合理保证财务报告的可靠性、生产经营的合法性、营运的效率与效果等。

(4) 财务指标。发行人的财务指标应满足以下要求:①最近3个会计年度净利润均为正数且累计超过人民币3000万元,净利润以扣除非经常性损益后较低者为计算依据;②最近3个会计年度经营活动产生的现金流量净额累计超过人民币5000万元,或者最近3个会计年度营业收入累计超过人民币3亿元;③发行前股本总额不少于人民币3000万元;④最近一期期末无形资产(扣除土地使用权、水面养殖权和采矿权等后)占净资产的比例不高于20%;⑤最近一期期末不存在未弥补亏损。

(5) 募资使用投向。公司公开发行股票所募集资金应当在招股说明书中列示明确的使用方向,并按招股说明书所列资金用途使用,原则上应当用于主营业务。除金融类企业外,募集资金使用项目不得为持有交易性金融资产和可供出售的金融资产、借予他人、或委托理财等财务性投资,不得直接或间接投资于以买卖有价证券为主要业务的公司;募集资金的规模和投资项目应当与发行人现有生产经营规模财务状况、技术水平和管理能力相适应;募集资金投资项目应当符合国家产业政策、投资管理、环境保护、土地管理以及其他法律法规和规章的规定。擅自改变用途或者未经股东大会认可的,不得公开发行新股。

而在注册制模式下,如创业板、科创板与主板市场相比,其公司IPO上市的要求较为宽松。例如,在财务条件方面,创业板、科创板都实行五套差异化上市条件,如表2-1所示。

表2-1　　　我国注册制模式下创业板、科创板公司IPO上市的财务条件

	创业板市场	科创板市场
一般盈利企业两套标准	最近两年年均盈利累计净利润不低于500万元	预计市值≥10亿元,最近两年净利润均为正且累计净利润不低于5000万元或最近一年净利润为正且营业收入不低于1亿元
	预计市值不低于1亿元,最近一年盈利且营业收入不低于1亿元	预计市值≥15亿元,最近一年营业收入不低于2亿元,且最近三年研发投入合计占营业收入的比例不低于15%

(续表)

	创业板市场	科创板市场
红筹和特殊股权结构企业两套标准	预计市值不低于10亿元,最近一年盈利	预计市值≥20亿元,最近一年营业收入不低于3亿元,且最近三年经营活动产生的现金流量净额累计不低于1亿元
	预计市值不低于5亿元,最近一年盈利且营业收入不低于5亿元	预计市值≥30亿元,最近一年营业收入不低于3亿元
未盈利企业一套标准	预计市值不低于50亿元,最近一年营业收入不低于3亿元	预计市值≥40亿元,主要业务或产品经国家有关部门批准,市场空间大,目前已取得阶段性成果,并获得知名投资机构一定金额的投资,具备明显技术优势并满足相应条件

资料来源:上海证券交易所.上海证券交易所股票发行上市审核规则[EB/OL]. http://www.sse.com.cn/lawandrules/sselawsrules/stocks/review/firstepisode/c/c_20230216_5716357.html.

(四) 我国股票的发行方式

我国现行的有关法律法规规定,我国股份公司首次公开发行股票和上市后向社会公开募集股份,采取对公众投资者网上公开发行和对机构投资者配售相结合的发行方式。

1. 网上公开发行

网上公开发行是指利用证券交易所的交易系统,主承销商将所承销的股票输入其证交所的股票专用账户,以发行价挂牌卖出。各地投资者在指定时间内通过证交所会员交易柜台指定的账户,根据发行价和限购数量缴足申购款后进行委托,申购结束后,由证交所的交易系统汇总有效申购总量和申购股数,并根据有效申购总量和申购股数确定申购者的认购股数。以上海证券交易所为例,根据2023年修订的《上海市场首次公开发行股票网上发行实施细则》,持有上海市场非限售A股股份和非限售存托凭证总市值(以下简称市值)10 000元以上(含10 000元)的投资者方可参与网上发行。投资者持有的市值以投资者为单位,按其T−2日(T日为发行公告确定的网上申购日,下同)前20个交易日(含T−2日)的日均持有市值计算。

根据投资者持有的市值确定其网上可申购额度,每5 000元市值可申购一个申购单位,不足5 000元的部分不计入申购额度。每一个新股申购单位为500股,申购数量应当为500股或其整数倍,但最高不得超过当次网上初始发行股数的1‰,且不得超过9 999.95万股,如超过则该笔申购无效。具体发行流程如下:

(1) T−1日,中国结算上海分公司将纳入投资者市值计算的证券账户T−2日前20个交易日(含T−2日)的日均持有市值及T−2日账户组对应关系数据发给上交所,上交所将据此计算投资者可申购额度数据,并发送至证券公司。

(2) T日,投资者可以通过其指定交易的证券公司查询其持有市值或可申购额度,并根据其持有的市值数据,在申购时间内通过指定交易的证券公司进行申购委托。T日,投资者有效申购数量经确认后,按照以下原则配售新股:

第一,当网上申购总量等于网上发行总量时,按投资者的实际申购量配售股票。

第二,当网上申购总量小于网上发行总量时,按投资者的实际申购量配售股票后,余额部分按照招股意向书和发行公告确定的方式处理。

第三，当网上申购总量大于网上发行总量时，上交所按照每500股配一个号的规则对有效申购进行统一连续配号。

上交所将于T日盘后向证券公司发送配号结果数据，各证券公司营业部应于T+1日向投资者发布配号结果。

(3) T+1日，主承销商公布中签率，并在有效申购总量大于网上发行总量时，在公证部门监督下根据总配号量和中签率组织摇号抽签，于T+2日公布中签结果。每一个中签号可认购500股新股。

上交所于T+1日盘后向证券公司发送中签结果数据，各证券公司营业部应于T+2日向投资者发布中签结果。

(4) T+1日，中国结算上海分公司根据中签结果进行新股认购中签清算，并在日终向各参与申购的结算参与人发送中签清算结果。结算参与人应据此要求投资者准备认购资金。

(5) T+2日日终，中签的投资者应确保其资金账户有足额的新股认购资金，不足部分视为放弃认购。结算参与人应于T+3日15:00前，将其放弃认购部分向中国结算上海分公司申报。

中国结算上海分公司于T+3日15:00—16:00，根据结算参与人申报的放弃认购数据，计算各结算参与人实际应缴纳的新股认购资金。

(6) T+3日16:00，中国结算上海分公司从结算参与人的资金交收账户中扣收实际应缴纳的新股认购资金，并于当日划至主承销商的资金交收账户。

截至T+3日16:00结算参与人资金交收账户资金不足以完成新股认购资金交收的，中国结算上海分公司进行无效认购处理，并将无效认购数据和结算参与人申报的放弃认购数据汇总结果提供给主承销商。主承销商于T+4日向市场公告网上发行结果。

(7) T+4日8:30后，主承销商可依据承销协议将新股认购资金扣除承销费用后划转到发行人指定的银行账户。中国结算上海分公司根据新股认购资金交收结果完成网上发行股份登记。

2. 向二级市场投资者网下配售发行

向二级市场投资者网下配售是指在首次公开发行股时将一定比例的新股向二级市场投资者配售，投资者根据其持有上市流通证券的市值和折算的申购限量，自愿申购新股。

根据中国证监会2023年修订的《证券发行与承销管理办法》的规定，首次公开发行证券采用询价方式的，应当向证券公司、基金管理公司、期货公司、信托公司、保险公司、财务公司、合格境外投资者和私募基金管理人等专业机构投资者，以及经中国证监会批准的证券交易所规则规定的其他投资者询价。上述询价对象统称网下投资者。

首次公开发行证券采用询价方式在主板上市的，公开发行后总股本在4亿股(份)以下的，网下初始发行比例不低于本次公开发行证券数量的60%；公开发行后总股本超过4亿股(份)或者发行人尚未盈利的，网下初始发行比例不低于本次公开发行证券数量的70%。

首次公开发行证券采用询价方式在科创板、创业板上市的，公开发行后总股本在4亿股(份)以下的，网下初始发行比例不低于本次公开发行证券数量的70%；公开发行后总股本超过4亿股(份)或者发行人尚未盈利的，网下初始发行比例不低于本次公开发行证券数量的80%。

首次公开发行证券的网下发行应当和网上发行同时进行，网下和网上投资者在申购时无需缴付申购资金。投资者应当自行选择参与网下或网上发行，不得同时参与。

知识拓展

我国的"绿鞋"和"回拨"机制

二次发售又称二次发行,是指公司的主要个人或机构持股人对公众发售其限制性股票。二次发售机制使发行机制更加灵活,更能适应新股发行供求关系的变化。在我国,二次发售机制是指"绿鞋"机制和"回拨"机制。

(1)绿鞋机制也称绿鞋期权,是指发行人授予主承销商的一项选择权,获此授权的主承销商按同一发行价格超额发售不超过包销数额15%的股份,从增发包销部分的股票上市之日起30日内,主承销商有权根据市场情况选择从集中竞价交易市场购买发行人股票,或者要求发行人增发股票,分配给对此超额发售部分提出认购申请的投资者。首次公开发行股票的数量在4亿股以上的,发行人和主承销商才可以在发行方案中采用超额配售选择权。例如,工商银行2006年发行新股时规定A股的"绿鞋"规模为不超过初始发行规模的15%,即不超过19.5亿股。"绿鞋"机制有效调剂了供求,发挥了稳定股价的作用。

绿鞋期权的名称来源于最初采用这种发行方式的公司名称。1963年,佩思韦伯公司为绿鞋公司发行股票时第一次采用了这种期权。中国证监会于2001年9月3日公布《超额配售选择权试点意见》,标志着绿鞋期权在我国开始试行。2006年9月17日,证监会在其发布的《证券发行与承销管理办法》中规定,首次公开发行股票数量在4亿股以上的,发行人及其主承销商可以在发行方案中采用超额配售选择权。超额配售选择权的实施应当遵守中国证监会、证券交易所和证券登记结算机构的规定。

(2)回拨机制,是指在同一次发行中采取两种发行方式组合时,先设定不同发行方式下的发行数量,然后根据认购结果,按照预先公布的规则在两种发行方式之间调整发行数量。回拨机制最直接的好处是能在机构投资者与一般投资者之间建立一种利益调节机制,在一定程度上改善供求关系。在中国证券市场史上,2001年中石化A股发行时首次采用了"回拨"机制。

资料来源:邢天才,王玉霞.证券投资学[M].大连:东北财经大学出版社,2020.

(五)股票发行价格

1. 股票发行价格的类别

股票的发行价格是股票在有偿发行时投资者实际支付的价格。股票发行价格的确定无论对于发行人还是投资者来说都尤为重要,在制定时既要考虑发行人的利益,又要考虑投资者的投资成本,还要考虑上市后的表现。一般来说,股票发行价格可分为以下几种:

(1)平价发行,是指股票的发行价格与股票的票面金额相等,如股票面额为1元,发行时价格也是1元。股票平价发行虽然较为简单,但缺乏灵活性,股票的发行价格不受股票市场价格的影响,也不存在溢价与额外的发行收益。

(2)溢价发行,是指股票的实际发行价格超过其票面金额,如面额1元的股票按10元的价格发行,多收的9元即为溢价,溢价带来的收益归该股份公司所有。股票溢价发行为发行公司带来了更多的收益,使公司能够筹集较多资本,溢价发行的前提是投资者预期该股票的收益率将大大高于同期银行存款或债券的利息率,愿意高价购买。

(3)折价发行,是指股票以低于面额的价格发行。折价发行往往体现公司发行股票的优惠政策,如公司为了充分体现对现有股东优惠而采取搭配增资方式时,新股票的发行价格通常为票面价格的某一折扣,不足股票面额的部分由公司公积金抵补。当股票市场行情不佳时,发行者与承销商也可以共同议定一个折扣率,以吸引投资者认购。但由于折价发行股票,会导致发行公司实收股本低于注册资本或章程中规定的已发行股票的金额,有悖于资本维持原则,对公司债权人非常不利。各国一般都规定发行价格不得低于股票面额,如我国《公司法》和《证券法》规定,股份公司发行股票,发行价格可以等于票面金额,也可以超过票面金额,但不得低于票面金额。

(4) 时价发行,是指以流通市场上现时的股票价格为基础确定发行价格。一般来说,时价要高于股票的面额,两者的差价即为溢价。时价发行与溢价发行的主要区别在于,前者既考虑资产增值,又考虑该股票在流通市场上的价格,后者只考虑资产增值。

(5) 中间价发行,是指股票的发行价格采取股票面额和市场价格的中间值。这种价格通常是在时价高于面额,公司既需要增资,又需要照顾原有股东的情况下采用。中间价发行一般面向公司老股东。

2. 股票发行的定价方式

股票发行的定价方式是指决定股票发行价格的制度安排,主要有协商定价方式、询价方式、上网竞价方式等。

(1) 协商定价方式,是指由发行人和主承销商协商议定公开的发行价格,并报证券监管部门批准的定价方式。这种方式一般在溢价发行情况下适用,发行人和主承销商也可商定参与网下询价投资者的条件、有效报价条件、配售原则、配售方式、承销价格等。承销价格与发行价格之差额即为承销商的报酬。发行人和主承销商在议定发行价格时,主要考虑二级市场股票价格的高低、市场利率水平、发行公司的未来发展前景、发行公司的风险水平和市场对新股的需求状况等因素。

(2) 询价方式又可分为普通询价方式和累计投标询价方式,是指发行人和主承销商事先确定发行量和发行价格区间,通过网下向机构投资者询价,从而确定发行价格的方式。普通询价方式即网下投资者报价后,发行人和主承销商剔除拟申购总量中报价最高的部分,剔除部分不得低于所有网下投资者拟申购总量的 10%,然后根据剩余报价及拟申购数量协商确定发行价格,以同一价格向机构投资者配售和对一般公众投资者上网发行。累计投标询价方式是指根据不同价格下投资者的认购意愿确定发行价格的定价方式。具体做法是主承销商确定并公布发行价格区间,投资者在此区间内按照不同的发行价格申报认购数量。通过累计计算,主承销商得出不同价格的累计申购量,并根据超额认购倍数确定发行价格。

(3) 上网竞价方式,是指利用证券交易所的交易系统,主承销商作为新股发行的唯一卖方,以发行人宣布的发行底价为最低价格,以新股发行量为总卖出数,由投资者在指定的时间内竞价委托申购,发行人和主承销商以价格优先的原则,将投资者的认购委托由高价位向低价位排队,并由高价位到低价位确认累计有效认购数量,当累计数量恰好达到或超过本次发行数量的价格,即为本次股票的发行价格。如果发行底价不能满足本次发行股票的数量,则底价为发行价。我国只有少数股票以上网竞价方式进行过试点。

3. 股票发行估价

无论采取哪种定价方式,发行人均应通过一定的方法估算发行底价或价格区间,股票发行价格的确定,应综合考虑股份公司的盈利水平、公司发展潜力、股票发行数量等因素,我国股票发行估价的方式有以下几种:

(1) 市盈率定价法,又称本益比(P/E)法,即根据股票的市盈率确定股票的发行价格。通过市盈率法确定股票发行价格,首先应根据注册会计师审核后的盈利预测计算出发行人的每股收益;其次根据二级市场的平均市盈率、发行人的行业情况、发行人的经营状况及其成长性等拟定发行市盈率;最后依据发行市盈率与每股收益的乘积决定发行价格。其计算公式如下:

$$股票发行价格 = 每股收益 \times 拟定的发行市盈率$$

【例 2-1】 某公司预测 3 年内公司的每股盈利分别为 0.90 元、1.10 元及 1.30 元。综合考虑公司未来的成长及市场上可以参考同行业公司的市盈率为 20~25 倍进行估值,该公司确定发行市盈率按 20 倍计算。

要求:计算该公司的发行价格。

解析:

$$股票发行价格 = 0.90 \times 20 = 18(元/股)$$

(2) 市净率定价法,又称净资产倍率(P/B)法,是指通过资产评估和相关会计手段确定发行人的每股净资产值,然后根据证券市场的状况将每股净资产乘以一定的倍率,以此确定股票发行价格的方法。其计算公式如下:

$$股票发行价格 = 每股净资产 \times 拟定的发行市净率$$

【例 2-2】 某公司账面每股净资产为 1.30 元。综合考虑公司未来的成长及证券市场上可以参考同行业公司的市净率为 5~10 倍进行估值,该公司确定发行市盈率按 7 倍计算。

要求:计算该公司的发行价格。

解析:

$$股票发行价格 = 1.30 \times 7 = 9.1(元/股)$$

净资产总额在会计上也称为股东权益。股票净资产越高,股东所持有的权益越大。公司净资产的多少是由股份公司的资产状况决定的,因此市净率指标能反映市场对公司净资产经营能力的溢价判断。市净率定价法在国外常用于银行、保险及房地产公司或资产现值重于商业利益的公司的股票发行,但在国内一直未被采用。

(3) 现金流量折现法,是指通过预测公司未来盈利能力,据此计算出公司净现值,并按一定的折扣率折算,从而确定股票发行价格的方法。该方法首先是用市场接受的会计手段预测公司每个项目未来若干年内每年的净现金流量,再按照市场公允的折现率,分别计算出每个项目未来的净现金流量的净现值。公司的净现值除以公司股份数,即为每股净现值。由于未来收益存在不确定性,发行价格通常要对上述每股净现值折让 20%~30%。在国际上,主要对新上市公路、港口、桥梁、电厂等基建公司股票的估值和发行定价采用现金流量折现法。

二、股票交易

(一) 股票交易市场

股票交易是指在二级市场上进行股票的买卖。股票交易市场是指为各类已发行的股票提供流通转让机会的市场。股票交易市场分两个层次,一是证券交易所,二是场外交易市场。本书股票交易主要围绕证券交易所交易进行学习。

1. 证券交易所的含义

证券交易所是为证券集中交易提供场所和设施,组织和监督证券交易,实行自律管理的法人。证券交易所是一个高度组织的、有固定场所的、集中进行证券交易的二级市场,是整个证券市场的核心。各类有价证券只要符合相关规定,都可以在证券交易所挂牌上市交易,证券交易所为证券投资者提供了一个稳定的、公开交易的高效率市场。

2. 证券交易所的分类

根据组织形式不同,证券交易所可分为营利性的公司制和非营利性的会员制两种。这两种证券交易所可以是政府或公共团体出资经营的,也可以是私人出资经营的,还可以是政府与私人共同出资经营的。

(1) 公司制证券交易所,是指以营利为目的,为证券商提供证券交易所需的场地、交易设备和服务人员,以便利证券商独立进行证券买卖的证券交易所形式。公司制证券交易所要收取发行公司的上市费用与证券成交的佣金。公司制证券交易所章程中明确规定了作为股东的证券经纪商和证券自营商的名额、资格和公司的存续期,还规定公司的股东、高级职员、雇员不得担任证券交易所的高级职员,以保证交易的公正性。另外,公司制证券交易所必须遵守本国公司法的规定,在政府证券主管机构的管理和监督下,吸收各类证券挂牌上市。我国的北京证券交易所属于公司制证券交易所。

(2) 会员制证券交易所,是指不以营利为目的,由会员自治自律、相互约束的证券交易所形式。参与经营的会员可以参加股票交易中的股票买卖与交割。会员制证券交易所的佣金和上市费用较低,从而在一定程度上可以防止上市股票的场外交易。但是,由于经营交易所的会员本身就是股票交易的参加者,在股票交易中难免出现不公正交易。同时,因为参与交易的买卖方只限于证券交易所的会员,新会员的加入一般要经过会员的一致同意,这就形成了一种事实上的垄断,不利于提高服务质量和降低收费标准。我国的上海证券交易所和深圳证券交易所均按会员制方式组建。会员制证券交易所的组织机构由会员大会、理事会、监察委员会、其他专门委员会、总经理及其他职能部门组成。根据我国《证券法》和《证券交易所管理办法》第十七条的规定,会员大会是证券交易所的最高权力机构。

3. 我国证券交易所的概况

目前我国内地有三家全国性的证券交易所,即上海证券交易所、深圳证券交易所和北京证券交易所。

(1) 上海证券交易所于1990年12月19日在上海黄浦路15号浦江饭店成立,后移址到上海证券大厦,是不以盈利为目的的法人团体,归属中国证监会直接管理。其主要职能包括:提供证券交易的场所和设施;制定证券交易所的业务规则;接受上市申请,安排证券上市;组织、监督证券交易;对会员、上市公司进行监管;管理和公布市场信息。上海证券交易所是国际证监会组织附属会员,是亚洲暨大洋洲交易所联合会以及世界交易所联合会的成员。经过多年的持续发展,上海证券市场已成为中国内地首屈一指的市场,上市公司数、上市股票数、市价总值、流通市值、证券成交总额、股票成交金额和国债成交金额等各项指标均居首位。

(2) 深圳证券交易所于1990年12月1日正式营业,位于深圳福田区,是为证券集中交易提供场所和设施,组织和监督证券交易,实行自律管理的法人,由中国证监会直接监督管理。深圳证券交易所致力于多层次证券市场的建设,主要职能包括:提供证券交易的场所和设施;制定本所业务规则;接受上市申请、安排证券上市;组织、监督证券交易;对会员和上市公司进行监管;管理和公布市场信息;中国证监会许可的其他职能。

(3) 北京证券交易所于2021年9月3日由习近平主席宣布注册成立,是经国务院批准设立的中国第一家公司制证券交易所,受中国证监会监督管理。北京证券交易所位于北京市西城区金融街,其经营范围为依法为证券集中交易提供场所和设施、组织和监督证券交易以及证券市场管理服务等业务。北京证券交易所目前已开设融资融券交易业务、股票做市交易业务等,并发布了股票价格指数。

4. 我国证券交易所的层次结构

我国证券交易所是多层次的板块结构,主要分为主板市场、中小企业板市场(已与主板合并)、创业板市场和科创板市场等。

(1) 主板市场又称一板市场,是指传统意义上的股票市场,是一个国家或地区证券发行、上市及交易的主要场所。在我国,主板市场主要包括上海证券交易所和深圳证券交易所。一般而言,各国的证券交易所代表着国内的主板市场。主板市场的功能定位主要是为国内乃至全球有影响的处于成熟期的大公司提供融资渠道。在主板市场上市的条件比较严格,一般要求企业已达到相当的规模,企业发展速度相对稳定,同时要求企业在上市前若干年连续盈利,投资者相对较认同。主板市场是资本市场中最重要的组成部分,很大程度上能够反映一国经济发展的状况,有"宏观经济晴雨表"之称。

(2) 中小企业板市场,是深圳证券交易所在主板市场内,经国务院批准,中国证监会批复同意而建立的。中小企业板是为了鼓励自主创新而专门设置的中小型公司聚集板块。板块内公司普遍具有收入增长快、盈利能力强的特点,而且股票流动性好,交易活跃。2021年4月,经中国证监会批准,深圳证券交易所主板和中小企业板合并。

(3) 创业板市场又称二板市场(第二股票交易市场),是专为暂时无法在主板市场上市的创业型企业提供融资途径和成长空间的证券交易市场。创业板是对主板市场的重要补充,在资本市场占有重要的位置。2009年10月23日,创业板在深圳证券交易所正式启动。2020年8月24日,创业板开始实行注册制,首批企业在深圳证券交易所挂牌上市,创业板上市公司股票代码以"30"开头。创业板与主板市场相比,上市要求往往更加宽松,主要体现在成立时间、资本规模、中长期业绩等的要求上。创业板市场最大的特点就是低门槛进入,严要求运作,有助于有潜力的中小企业获得融资机会。

(4) 科创板市场,是上海证券交易所设立的独立于主板市场的新设板块,并曾在该板块内进行注册制试点。2018年11月5日习近平主席在首届中国国际进口博览会开幕式上宣布设立科创板,主要服务于符合国家战略、突破关键核心技术、市场认可度高的科技创新企业,重点支持新一代信息技术、高端装备、新材料、新能源、节能环保及生物医药等高新技术产业和战略性新兴产业,推动互联网、大数据、云计算、人工智能和制造业深度融合,引领中高端消费,推动质量变革、效率变革、动力变革。2019年6月13日,科创板正式开板。

(二) 股票交易账户

投资者在证券交易所买卖已上市股票,需要经过股票账户的开立、证券买卖的委托、证券买卖的竞价、证券的清算与交收、办理证券的过户手续等步骤。股票交易账户包括证券账户和资金账户。开立证券账户和资金账户后,投资者买卖证券所涉及的证券、资金变化就会从相应的账户中得到反映。

1. 证券账户

证券账户用来记载投资者所持有的证券种类、数量和相应的变动情况。投资者需要选择证券公司为经纪人,并签订《证券交易委托代理协议》。如果采用网上委托方式,还要签订网上委托协议书,并在证券公司开户。

我国证券账户按用途划分,可以分为股票账户、债券账户和基金账户。在实际运用中,股票账户是目前我国用途最多、数量最多的一种通用型证券账户,它既可以买卖人民币普通股,又可以买卖债券和证券投资基金。证券账户按账户可交易的币种分为人民币普通股股票账户和人民币特种股票账户。

上海证券交易所实行中国证券登记结算有限公司上海分公司统一托管和证券公司法人集中托管,即投资者指定交易制度。投资者指定交易制度是指投资者必须在某一证券营业部办理证券账户的指定交易后,方可进行证券买卖或查询。投资者也有权随时解除指定交易。投资者如不办理指定交易,上海证券交易所电脑系统将自动拒绝其账户的交易申报指令。

深圳证券交易所实行中国证券登记结算有限公司深圳分公司统一托管和证券营业部分别托管的二级托管制度,即托管券商制度。托管券商制度是指投资者可以利用同一证券账户在国内任一证券营业部买入证券,证券托管是自动实现的;投资者也可将其托管股份从一个证券经营机构处转移到另一个证券经营机构处托管(转托管),即"自动托管,随处通买,哪买哪卖,转托不限"。

2. 资金账户

资金账户用来记载和反映投资者买卖证券的货币收付和结存数额。投资者在证券公司进行登记,开立资金账户,办理证券交易卡。证券公司为投资者提供代理、托管、出纳服务。

(三) 股票交易委托

1. 委托的流程

由于我国证券交易所实行会员制度,证券投资者在证券交易市场上买卖证券,不能直接进入交易所内从事买卖活动,必须委托交易所的经纪人来完成。在这种情况下,投资者向证券经纪商下达的买进或卖出证券的指令,称为委托。

证券经纪商接到投资者的委托指令后,要对投资者身份的真实性和合法性进行审查。审查合格后,证券经纪商要将投资者委托指令的内容传送到证券交易所进行撮合。这一过程称为委托的执行,也称申报或报盘。

2. 委托的方式

委托买卖的方式可以分为两类,即网上委托和其他委托。

(1) 网上委托是指证券公司通过互联网和移动通信网络的网上证券交易系统,向投资者提供用于下达证券交易指令、获取成交结果的一种服务方式。投资者可以使用电脑、手机等设备在证券公司提供的 App 或者网站上进行委托。

网上委托方便快捷,但也存在一定风险,如投资者账号密码泄露、客户身份被冒用、网络数据传输终端中断、病毒感染、重复买卖风险等。投资者在办理网上委托的同时,应当开通柜台委托、电话委托等其他委托方式,当证券公司网上证券委托系统出现网络中断、高峰或网上委托被冻结等异常情况时,投资者可以用其他委托方式下达委托指令。

(2) 其他委托是指投资者通过柜台、电话、设备等方式将委托交易信息直接传递给证券公司的委托方式。柜台委托是指投资者亲自或由代理人到证券营业柜台进行交易和委托。电话委托是指投资者使用电话进行交易和查询,投资者在接通证券营业部委托电话系统后,即可按语音提示进行操作。设备委托是指使用刷卡机、触摸屏等设备进行委托买卖的方式。其中,柜台委托较为安全,电话和设备委托便利且高效,而且不受投资人所处的空间、时间限制,一般证券公司也不另行收费。

3. 委托数量

在我国证券交易所进行股票交易,应遵循该证券交易所的交易规则,根据约定的证券交易单位进行委托。在证券交易所中按证券交易单位的倍数进行交易,这一交易单位即为"手"。在我国股票交易中,设定100股为"一手",投资者委托经纪人按整数进行交易,称为整数委托。如果证券投资者委托经纪人买卖不足一手的股票,称为零数委托。我国证券交易所规定允许卖出零数委托,不允许买入零数委托。我国证券交易所对买卖申报数量的限制如表2-2所示。

表2-2　　　　　　　　我国证券交易所股票交易委托数量规则

板块	买入股票	卖出股票
上海证券交易所(主板) 深圳证券交易所(主板、创业板)	100股(份)或其整数倍	100股(份)或其整数倍,余额不足100股(份)的部分一次申报卖出
上海证券交易所(科创板)	申报数量不小于200股,市价订单单笔申报限额5万股,限价订单申报限额10万股	
北京证券交易所(新三板)	单笔申报最低100股,可以1股为单位递增	

资料来源:根据各证券交易所规则整理。

4. 委托价格

委托价格根据确定方式不同,可以分为市价委托、限价委托和停止损失委托。

(1)市价委托是指证券投资者委托经纪人买卖证券时,一般只规定委托买卖证券的种类和数量,而并不指定买卖价格。经纪人接受委托后应立即在市场上按最有利于委托人的价格实施交易。市价委托便于迅速成交,尤其是在证券价格急剧波动、投资者急需卖出或买进证券时,为减少损失或增加收益,常以此方式报价成交。市价委托的缺点是委托执行后才知道实际的执行价格。

(2)限价委托是指证券投资者委托经纪人买卖证券时,指定卖出证券的最低价或买入证券的最高价。限价委托有可能按投资者希望的价格成交,但成交速度慢,可能错失良机。限价委托由于给出了证券买卖的具体价格,应设定委托的有效期,如委托当天有效等。我国沪深证券交易所规定,接受其会员的限价委托或市价委托,委托的期限为当日有效。例如,某股票市价为17.00元,投资者提交限价买入委托16.85元,即当日如果股价降至16.85元或以下,则实现成交。

(3)停止损失委托是指证券投资者制定一个证券价格的升降幅度,一旦证券价格达到这一幅度,经纪人应立即进行交易。这种委托是为了使证券投资者的利益不受损失。

在以上委托未成交之前,投资者有权撤销委托,成交的委托不予撤销。特别注意的是,投资者委托经纪人买卖股票时,委托价格根据市价、市盈率等具有一定的限制,如表2-3所示。

表 2-3　　　　　　　证券交易所股票交易委托价格规则

板块	市盈率限制	价格涨跌幅限制	临时停盘机制
主板	上市市盈率应不超过23倍,且不能超过同行业平均市盈率	上市首日最高涨幅不超过44%,最大跌幅不超过36%	无
		正常交易日涨跌幅限制10%,ST/*ST股票限制5%	
创业板	无	上市前5个交易日不设置涨跌幅限制,第6个交易日开始实施20%的价格涨跌幅限制	有
科创板	无		有
北京证券交易所	无	上市首日不设涨跌幅限制,从第2个交易日开始实行30%的价格涨跌幅限制	有

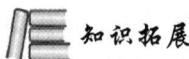

知识拓展

什么是 ST、*ST 股票

自 1998 年 4 月 22 日开始,上海证券交易所、深圳证券交易所对存在异常的股票实施风险警示。以上海证券交易所为例,根据 2024 年修订的《上海证券交易所股票上市规则》,上市公司出现财务状况异常情况或者其他异常情况,导致其股票存在被强制终止上市的风险,或者投资者难以判断公司前景,投资者权益可能受到损害,存在其他重大风险的,证券交易所对该公司股票实施风险警示。

风险警示分为警示存在强制终止上市风险的风险警示(以下简称退市风险警示)和警示存在其他重大风险的其他风险警示。上市公司股票被实施退市风险警示的,在公司股票简称前冠以"*ST"字样;上市公司股票被实施其他风险警示的,在公司股票简称前冠以"ST"字样;公司股票同时被实施退市风险警示和其他风险警示的,在公司股票简称前冠以"*ST"字样。

上市公司出现以下情形之一的,证券交易所对其股票实施其他风险警示。

(1) 公司被控股股东(无控股股东的,则为第一大股东)及其关联人非经营性占用资金,余额达到最近一期经审计净资产绝对值 5% 以上,或者金额超过 1 000 万元,未能在 1 个月内完成清偿或整改;或者公司违反规定决策程序对外提供担保(担保对象为上市公司合并报表范围内子公司的除外),余额达到最近一期经审计净资产绝对值 5% 以上,或者金额超过 1 000 万元,未能在 1 个月内完成清偿或整改。

(2) 董事会、股东大会无法正常召开会议并形成有效决议。

(3) 最近一个会计年度财务报告内部控制被出具无法表示意见或否定意见的审计报告,或未按照规定披露财务报告内部控制审计报告。

(4) 公司生产经营活动受到严重影响且预计在 3 个月内不能恢复正常。

(5) 主要银行账户被冻结。

(6) 最近连续 3 个会计年度扣除非经常性损益前后净利润孰低者均为负值,且最近一个会计年度财务会计报告的审计报告显示公司持续经营能力存在不确定性。

(7) 根据中国证监会行政处罚事先告知书载明的事实,公司披露的年度报告财务指标存在虚假记载,但未触及本规则第952条第一款规定情形,前述财务指标包括营业收入、利润总额、净利润、资产负债表中的资产或者负债科目。

(8) 最近一个会计年度净利润为正值且母公司报表年度末未分配利润为正值的公司,其最近三个会计年度累计现金分红总额低于最近三个会计年度年均净利润的30%,且最近三个会计年度累计现金分红金额低于5 000万元。

(9) 公司存在严重失信,或持续经营能力明显存在重大不确定性等投资者难以判断公司前景,导致投资者权益可能受到损害的其他情形。

资料来源:关于发布《上海证券交易所股票上市规则(2024年4月修订)》的通知.[EB/OL].(2024-04-30)[2024-06-25]. http://www.sse.com.cn/lawandrules/sselawsrules/bond/convertible/listing/c/c_20240430_5738772.shtml.

(四) 股票交易竞价

1. 竞价交易的原则

在证券交易所中,股票买卖的价格是通过竞价方式确定的。在经纪人以竞价方式成交时,往往会出现多个买方(或卖方)经纪人同时叫价的情形,此时,证券交易所内的股票交易按照竞价交易的原则竞价成交。各国(地区)证券市场均具有一定的竞价交易原则,主要有价格优先原则、时间优先原则、按比例分配原则、数量优先原则、客户优先原则、做市商优先原则和经纪商优先原则等。我国证券市场采用价格优先原则和时间优先原则。

(1) 价格优先原则,是指申报买进时,较高的价格优先于较低的价格;申报卖出时,较低的价格优先于较高的价格,市价优先于限价。

(2) 时间优先原则,是指同价位申报,依照申报时序确定优先顺序,即买卖方向、价格相同的,先申报者优先于后申报者。先后顺序按证券交易所交易电脑主机接受的申报时间来确定。

2. 竞价方式

在证券交易所中,股票买卖的价格是通过竞价方式确定的。目前的竞价方式有口头竞价、书面竞价和电脑竞价。

(1) 口头竞价是指证券商在规定的交易场所或规定的区域内相互以口头喊价的方法讨价还价直至达成交易。在这种竞价方式下,证券商接受委托后到指定区域内进行竞价,一般情况先对该证券进行询价,再确定申报价格,然后要按照委托人的要求进行喊价,并与其他证券商进行竞价,与其达成口头成交协议,并签字成交,最后及时通知委托人。

(2) 书面竞价是指证券买卖通过书面形式达成交易价格的一种方法。书面竞价要经过申报、撮合和最后成交等环节。

(3) 电脑竞价是指证券商利用计算机互联网系统进行证券交易达成交易价格的一种方法。电脑竞价要经过申报输入、成交和成交信息反馈等环节。利用计算机进行证券交易,大大提高了证券交易的效率,促进了证券市场向现代化方向发展。

3. 竞价规则

我国证券交易所交易使用集合竞价和连续竞价两种竞价规则。集合竞价确定开盘价和收盘价,连续竞价确定每笔成交的价格。

(1) 集合竞价,是指对一段时间内接受的买卖申报一次性集中撮合的竞价规则。上海、深圳、北京证券交易所的每个交易日的9:15—9:25为开盘集合竞价时间,上海、深圳、北京证券交易所每个交易日的14:57—15:00为收盘集合竞价时间。在集合竞价时间内接受的全部有效委托进行一次集中撮合，如深圳证券交易所收盘集合竞价的14:57—15:00的3分钟内，所有的有效委托集中撮合确定成交价格，成交价格的确定遵循以下原则：

第一，可实现最大成交量的价格。

第二，高于该价格的买入申报与低于该价格的卖出申报全部成交的价格。

第三，与该价格相同的买方或卖方至少有一方全部成交的价格。

如果符合集合竞价确定原则的价格有两个，取使未成交量最小的申报价格为成交价格。收盘集合竞价期间交易主机不接受撤销申报。

（2）连续竞价，是指对买卖申报逐笔连续撮合的竞价规则。

上海证券交易所的连续竞价交易时间是每周一至周五的9:30—11:30、13:00—15:00。深圳证券交易所、北京证券交易所的连续竞价交易时间均为每周一至周五的9:30—11:30、13:00—14:57。连续竞价时，成交价格的确定遵循以下原则：

第一，最高买入申报与最低卖出申报价格相同，以该价格为成交价。

第二，买入申报价格高于即时揭示的最低卖出申报价格时，以即时揭示的最低卖出申报价格为成交价。

第三，卖出申报价格低于即时揭示的最高买入申报价格时，以即时揭示的最高买入申报价格为成交价。

4．大宗交易竞价

大宗交易是指单笔交易规模远大于市场平均单笔交易规模的交易，针对大宗交易建立的不同于正常规模交易的交易制度称为大宗交易制度。大宗交易制度一般针对机构投资者。例如，上海证券交易所、深圳证券交易所规定，当A股单笔买卖申报数量不低于30万股，或者交易金额不低于200万元人民币时，可以采用大宗交易方式进行交易；北京证券交易所单笔申报数量不低于10万股或成交金额不低于100万元的，可以进行大宗交易。每个交易日的15:00—15:30为大宗交易的成交确认时间。大宗交易申报可以采用意向申报、成交申报、固定价格申报等方式。

5．盘后固定价格交易

盘后固定价格交易，是指在收盘集合竞价结束后，交易系统按照时间优先原则对收盘定价申报进行撮合，并以当日收盘价成交的交易方式。盘后固定价格交易主要应用于科创板、创业板。收盘定价申报为限价申报，若收盘价高于收盘定价买入申报限价，或者收盘价低于收盘定价卖出申报限价，则该笔申报无效。上海证券交易所、深圳证券交易所规定，每个交易日的15:05—15:30为盘后固定价格交易时间。

6．竞价结果

证券交易所交易系统接受申报后，要根据订单的成交规则进行撮合配对，符合成交条件的予以成交，不符合成交条件的继续等待成交，超过了委托时效的订单失效。通过集合竞价或连续竞价，竞价的结果有三种可能：全部成交、部分成交、不成交。

（1）全部成交，是指委托买卖全部成交，证券公司应及时通知委托人按规定的时间办理交割手续。

（2）部分成交，是指委托人的委托如果未能全部成交，证券公司在委托有效期内可继续执行，直到有效期结束。

(3)不成交,是指委托人的委托如果未能成交,证券公司在委托有效期内可继续执行,等待机会成交,直到有效期结束。对委托人失效的委托,证券公司须及时将冻结的资金或证券解冻。

(五)股票交易结算

股票交易结算包括清算和交收两个方面,在记名式股票的买卖中,还可能有登记过户的环节。

1. 清算

清算是指股票交易成交后,对买方在资金方面的应付额和在股票方面的应收种类和数量进行计算,同时也要对卖方在资金方面的应收额和在股票方面的应付种类和数量进行计算。清算包括资金清算和证券清算。

我国证券市场采用的是法人结算模式。法人结算模式是指由证券公司以法人名义在证券登记结算机构开立证券交收账户和资金交收账户,客户委托代理的证券交易的清算和交收,均通过此账户办理。证券公司与其客户之间的资金清算交收由证券公司自行负责完成。

2. 交收

交收是指卖方向买方支付证券,同时由买方向卖方支付价款的过程,包括证券商与客户之间和证券商之间交收两个阶段。股票的交收,根据时间可分为当日交收、次日交收、例行交割(成交后某个交易日办理)、特约交收(成交之日起15日内办理)等。目前,我国交易市场各类股票适用不同的清算与交收制度。

(1) A股实行"T+1"清算与交收制度。"T+1"交收是指交易双方在完成交易的第二个工作日完成与交易有关的证券和资金的兑付工作,买方收到证券、卖方收到款项。在操作上,投资者当天买入的股票将被暂时冻结,当日不能卖出,只有到下一个交易日方可卖出;当天卖出股票的投资者,其委托一旦成交,成交的资金将马上回到投资者的资金账户上,投资者即可再买入股票,而不用等到下一个交易日。但是,投资者想要从资金账户上提取当天卖出股票返回的资金,就必须等到下一个交易日才能办理。

(2) B股适用"T+3"清算与交收制度,并可实行"T+0"回转交易,即当天买入的证券最早可于下一交易日卖出;当天卖出证券所得资金,当天可用。

各地交易所的清算与交收制度不同,如中国香港和澳门、中国台湾、韩国等实行"T+2"清算与交收制度,美国、日本、加拿大等实行"T+3"清算与交收制度,英国、意大利等则实行"T+5"清算与交收制度。

3. 过户

股票的过户就是履行股东姓名的变更。只有办理了证券过户手续,改变了户头,股票的持有人才能成为公司的新股东,享有该公司股东所应享有的各种合法权益。对于记名证券而言,完成了清算和交收,还要完成登记过户。一般来说,证券过户并不是在证券交易完成之后就马上进行的,大多数情况下是在公司派息分红之前集中办理。

由于我国证券交易所的股票交易已经实现"无纸化"和实行股票集中托管制度,通过证券账户卡可实现电脑交易、清算、过户一体化,所有的交易流程手续都由证券交易所的电脑系统一次完成,无须投资者另外办理过户手续。在证券交易市场上进行股票交易,从委托开始,到清算交割完毕,并履行了过户手续,才算最终完成了它的整个交易过程。

知识拓展

我国证券交易所交易费用的收取

目前,我国上海、深圳、北京证券交易所对股票交易费用的收取,如表2-4所示。

表 2-4　　　　　　　我国证券交易所股票交易收费一览表

类型	佣金	印花税	过户费	结算费/经手费
上证A股	不高于成交金额的0.3%,起点5元	成交金额的0.1%(单边征收)	成交面额的0.1%,起点1元(双向征收)	
上证B股	成交金额的0.3%			成交金额的0.05%(双向征收)
深证A股	不高于成交金额的0.3%,起点5元			
深证B股	成交金额的0.3%,起点1美元			成交金额的0.05%(双向征收),上限500港元
北京证券交易所	不高于成交金额的0.3%		成交面额的0.1%(双向征收)	成交金额的0.025%(双向征收)

资料来源:根据各证券交易所收费整理。

第三节　股票价格与收益

一、股票价格

(一)股票价格的含义

股票价格有广义和狭义两种,广义的股票价格包括股票的理论价格、票面价格、账面价格、发行价格、清算价格、市场价格等;而狭义的股票价格则特指股票的交易价格,即股票行市。

股票是一种虚拟资本,它本身没有价值。股票之所以有价格,能够作为买卖对象,是因为股票能给它的持有者带来一定的收益。买卖股票实际上就是购买或转让一种资本所有权和收益权凭证。股票作为一种特殊商品,股票价格的基础是股票的基本投资价值,购买股票是一种投资行为,投资者购买股票是为了通过股票而取得收益。故收益性是股票的基本投资价值,是股票价格的基础。另外,股票还代表着某些权利,如对财产的所有权、参与经营权、股利分配权等,这些对股价的形成及变动也有影响。

(二)股票价格的种类

1. 理论价格

股票的理论价格是股票的内在投资价值,是根据未来收益的预期而计算出来的股票的价格。其计算公式如下:

$$股票理论价格 = \frac{预期股息收益}{市场利率}$$

其中,预期股息是投资者购买普通股票后未来每一年预计应派发的股息,市场利率是金融市场上不同期限、不同风险的金融工具在未来每一年的平均利率。

2. 票面价格

股票的票面价格又称股票的面值,是股份公司发行股票时所标明的票面金额。它是公司股本的基本构成单位,也是股东领取股息红利的依据,表示每股对公司总资本所占的比例。票面价格通常为1元、10元或100元,我国上市公司发行的人民币普通股为每股1元。股票票面价格的大小主要取决于公司发行股票的筹资总额、发行股票的数量等因素。

3. 账面价格

股票的账面价格又称股票的净值,是指股东持有的每一股份在账面上所代表公司财产的价值。股票的账面价格与市场价格并不一致,账面价格通过计算公司账面资产净值来计算,其计算公式如下:

$$普通股账面价格=\frac{公司的资产净值-优先股股票总额}{普通股总股数}$$

其中,公司的资产净值是公司的"股东权益",是公司总资产减掉各种债务后的净额。

4. 发行价格

股票的发行价格是指股份公司在发行股票时的出售价格。根据公司和发行市场的不同情况,股票的发行价格也不同,股票发行价格主要有平价发行、折价发行、溢价发行、中间价发行等情况。股票发行过程中采用哪种发行价格往往受各种因素的制约,具体内容详见本章第二小节"股票发行"。

5. 清算价格

清算价格是指公司破产清算时,每股股票所代表的真实资产净值。理论上清算价格与公司的资产净值相同,然而两者并不完全一致,由于存在清算费用等,每股的清算价格往往小于账面价格。

6. 市场价格

股票的市场价格一般是指股票在流通市场上买卖的价格,股票的市场价格由股票的理论价格,即内在价值决定,但同时受诸多因素的影响,如经济状况、供需状况等因素。由于影响股票价格的因素较为复杂,股票的市场价格呈现出不断波动的特征。在对股票市场价格进行分析时,可以通过开盘价、收盘价、最高价、最低价市场价格进行股价分析。

(1) 开盘价是指当日证券交易所开市后,某种股票的第一笔交易的成交价格。如果开市后半小时内无成交,则取前一日收盘价为当日开盘价;如果前一日或连续几日无成交价格,则由交易所经纪商根据客户对股票买卖的走势提出指导价格,促使成交后作为开盘价。

(2) 收盘价是指当日证券交易所收市前,某种股票的最后一笔交易的成交价格,如果当天无成交价格,可以采用最近一次成交价格作为收盘价。

(3) 最高价是指当日某种股票的最高成交价。

(4) 最低价是指当日某种股票的最低成交价。

7. 除息价与除权价

股票上市公司分配给股东的权利有派股息、送红股或配新股等。当上市公司派发股息时,要对股票进行除息,除息是股价中除去领取股息的权利。当送红股或配新股时,就要对股票进行除权,也即除去送股、配股的权利。

(1) 除息价是股票价格中除去领取股息权利后的价格。当股票进行收益分配,投资者领取股息后,这种分配权就不能再使用了,为了保证股票价格的连续性和公正性,对股价进行技术处理,在股价中去除派息数额,持股投资者从派息中得到补偿。其计算公式如下:

$$除息价 = 除息日前一天收盘价 - 现金股息$$

【例2-3】 A股票在股权登记日收盘价为12.73元/股,每股派息0.5元。
要求:计算次日除息报价。
解析:

$$除息价 = 12.73 - 0.5 = 12.23(元/股)$$

需要说明的是,除息价的计算仅仅是技术上的处理,并不是次日股价。如果次日股价上升,投资者便获得了因除息带来的实际好处,若股价恢复到除息前的价格,则称为填息。若股价反而下跌,则称贴息,表示投资者实际上受到了损失。

(2) 除权价是指在股份公司送红股或配股时,对股价进行修正后的价格。同样的,除权价的计算也仅仅是技术上的处理,并不是次日股价。除权后,若股价上升至除权前的价位,称为填权,否则称贴权。送股或配股除权价的计算公式如下:

$$送股除权价 = \frac{除权日前一日收盘价}{1 + 送股比率}$$

$$配股除权价 = \frac{除权日前一日收盘价 + 配股价 \times 配股比率}{1 + 配股比率}$$

【例2-4】 B股份公司本年度分配方案为每10股送5股,除权日前一日收盘价为12.73元/股。
要求:计算次日除权价。
解析:

$$送股除权价 = \frac{12.73}{1 + 0.5} = 8.49(元/股)$$

【例2-5】 C股份公司向现有股东按10股配2股比例进行配股,配股价为每股4.00元,除权日前一日收盘价为12.73元。
要求:计算次日除权价。
解析:

$$配股除权价 = \frac{12.73 + 4 \times 0.2}{1 + 0.2} = 11.28(元/股)$$

二、股票价格指数

(一) 股票价格指数的含义与计算方法

为了更好地反映股价的变化趋势,世界各大金融市场均编制或参考编制了股票价格指数。股票价格指数简称股价指数。股票价格指数是一个广义的概念,包括股价平均数和股价指数两类。

1. 股价平均数的含义与计算方法

股价平均数是反映多种股票价格变动的一般或平均水平,用具体的金额表示。通过将不同时期的股价平均数加以比较,可显示出多种股票一般股价水平的变动情况。股价平均数是编制股价指数的依据,主要有简单算术平均数、修正股价平均数、加权股价平均数等算法。

(1) 简单算术平均数是把采样股票的总价格平均分配到采样股票上,即将市场上每种采样股票的收盘价格相加,再除以采样股数。股价平均数一般计算当日股价平均数、6日股价平均数和10日股价平均数。其计算公式如下:

$$股价平均数 = \frac{采样股票价格之和}{采样股票数}$$

【例2-6】 某股价指数采样的股票为A、B、C、D、E五种,在某一交易日的收盘价分别为10元、15元、25元、30元、40元。

要求:计算该股价平均数。

解析:

$$股价平均数 = \frac{10+15+25+30+40}{5} = 24(元)$$

简单算术平均数的优点是简单,易于计算。其缺点是没考虑到股价的权数,即各类股票的发行量和成交量不同,股票对股市的影响也不同,当股票发生拆股等现象时,简单平均数的计算并不准确,因此往往需要计算修正股价平均数。

(2) 修正股价平均数是当股份公司发生拆股时,利用调整除数或调整股价的方法进行股价平均数的计算。其中调整除数的公式如下:

$$新的除数 = \frac{拆股后的价格总额}{拆股前的平均价格}$$

$$修正股价平均数 = \frac{拆股后的价格总额}{新的除数}$$

由以上两个公式可知,股价平均数即为拆股前的股价平均数。

【例2-7】 某股价指数采样的股票为A、B、C、D、E五种,在某一交易日的收盘价分别为10元、15元、25元、30元、40元,假设E股票1股拆为4股。

要求:计算该修正股价平均数。

解析:

$$拆股前平均价格 = \frac{10+15+25+30+40}{5} = 24(元)$$

$$新的除数 = \frac{10+15+25+30+10}{24} = 3.75$$

$$修正股价平均数 = \frac{10+15+25+30+10}{3.75} = 24(元)$$

此外,还可以用调整价格的方法进行计算,即将拆股后的股价还原成拆股前的股价,调整股价平均数的计算公式如下：

$$\text{调整股价平均数} = \frac{1}{n}[P_1 + P_2 + (1+R)P_3 + \cdots + P_n]$$

其中，$P_1, P_2, \cdots, P_n$ 表示各样本股票价格，n 表示股票样本数，R 表示拆股后每一股新增股票数。

【例2-8】 承[例2-7]，使用调整价格的方法计算。

要求：计算该修正股价平均数。

解析：

$$\text{调整股价平均数} = \frac{1}{5}[10 + 15 + 25 + 30 + (1+3) \times 10] = 24(元)$$

两者的计算结果是相同的。

(3) 加权股价平均数是以每种采样股票的发行量或交易量作为权数，加权计算的股价平均数，其计算公式如下：

$$\text{加权股价平均数} = \frac{\sum_{i=1}^{n} P_i W_i}{\sum_{i=1}^{n} W_i}$$

其中，P_i 表示第 i 种样本股票价格，W_i 表示第 i 种样本股票发行量或交易量的权数，n 表示股票样本数。

【例2-9】 某股价指数采样的股票为 A、B、C、D、E 五种，在某一交易日的收盘价分别为 10 元、15 元、25 元、30 元、40 元，其权数分别为 1 000、1 000、500、2 000、500。

要求：计算加权股价平均数。

解析：

$$\text{加权股价平均数} = \frac{10 \times 1\,000 + 15 \times 1\,000 + 25 \times 500 + 30 \times 2\,000 + 40 \times 500}{1\,000 + 1\,000 + 500 + 2\,000 + 500} = 23.5(元)$$

2. 股价指数的含义与计算方法

股价指数是反映股价变动趋势和程度的相对指标，它以两个时期的价格水平对比获得。作为对比基础的价格时期称为基期，与之进行对比的价格时期称为报告期。股价指数不仅可以反映出股票价格变动趋势，还可以反映出股票价格的涨跌幅度。其计算公式如下：

$$\text{股价指数} = \frac{\text{报告期股价平均水平}}{\text{基期股价平均水平}} \times \text{固定乘数}$$

股价指数能及时、全面地反映市场股票价格水平的变动，从它的上涨或下跌可以看出股票市场价格变化的趋势，同时也能侧面反映国家经济、政治的发展变化情况。股价指数的作用远超过一般统计数字，一般认为股价指数能反映国民经济总体情况。因此，认真研究股价指数，对于投资者进行股票投资，投资者、政府官员、研究人员研究一个国家经济发展现状和趋势，都具有很重要的意义。

计算股价指数的方法主要有四种：相对法、综合法、加权法、几何加权平均法。其中相对法和综合法计算的股价指数属于简单算术股价指数,加权综合法和几何加权平均法计算的股价指数属于加权股价指数。

(1) 相对法是指先计算采样股票的个别股价指数,再加总求平均数的计算方法。其计算公式如下:

$$股价指数 = \frac{1}{n}\sum_{i=1}^{n}\frac{P_{1i}}{P_{0i}} \times 固定乘数$$

其中,P_{0i} 表示第 i 种样本股票基期价格,P_{1i} 表示第 i 种样本股票报告期价格,n 表示股票样本数,固定乘数即基期设定股价指数,根据指数的不同设置,一般为 100 或 1 000。

【例 2-10】 某种股价指数的采样股票共 5 种,其固定乘数为 100,其基期与报告期的股价和交易量,如表 2-5 所示。

表 2-5　　　　　　　　　采样股票的股价与交易量数据

股票种类	股价(元)		交易量(万股)	
	基期(P_0)	报告期(P_1)	基期	报告期
A	10.00	20.00	2 000	4 000
B	12.00	18.00	3 000	2 000
C	8.00	18.00	2 000	3 000
D	20.00	40.00	1 000	2 000
E	10.00	25.00	1 000	1 500

要求:使用相对法计算股价指数。

解析:

$$股价指数 = \frac{1}{5} \times \left(\frac{20}{10} + \frac{18}{12} + \frac{18}{8} + \frac{40}{20} + \frac{25}{10}\right) \times 100 = 205$$

(2) 综合法是指将采样股票基期和报告期的股价相加,然后两者相比得出股价指数的计算方法。其计算公式如下:

$$股价指数 = \frac{\sum_{i=1}^{n}P_{1i}}{\sum_{i=1}^{n}P_{0i}} \times 固定乘数$$

其中,P_{0i} 表示第 i 种样本股票基期价格,P_{1i} 表示第 i 种样本股票报告期价格,n 表示股票样本数。

【例 2-11】 承[例 2-10]。

要求:使用综合法计算股价指数。

解析:

$$股价指数 = \left(\frac{20+18+18+40+25}{10+12+8+20+10}\right) \times 100 = 201.67$$

(3)加权法是指以采样股票的发行量或交易量作为权数计算股价指数的计算方法,可以分为基期加权和报告期加权。基期加权以基期成交量(或发行量)作为权数,又称拉斯拜尔指数或拉式指数。其计算公式如下:

$$报告期股价指数 = \frac{\sum_{i=1}^{n} P_{1i} Q_{0i}}{\sum_{i=1}^{n} P_{0i} Q_{0i}} \times 固定乘数$$

其中,P_{0i} 表示第 i 种样本股票基期价格,P_{1i} 表示第 i 种样本股票报告期价格,Q_{0i} 表示基期第 i 种样本股票的发行量或交易量,n 表示股票样本数。

【例 2-12】 承[例 2-10]。
要求:使用基期加权计算股价指数。
解析:

$$股价指数 = \left(\frac{20 \times 2\,000 + 18 \times 3\,000 + 18 \times 2\,000 + 40 \times 1\,000 + 25 \times 1\,000}{10 \times 2\,000 + 12 \times 3\,000 + 8 \times 2\,000 + 20 \times 1\,000 + 10 \times 1\,000}\right) \times 100$$
$$= 191.18$$

报告期加权以报告期成交量(或发行量)作为权数,又称派氏指数。派氏指数计算复杂,但其适用性较强,特别是在以发行量为权数计算股价指数,发生股票拆股等情况时更为精确,连续性强。目前世界上大多数股票指数均采用以发行量为权数的派氏指数。其计算公式如下:

$$报告期股价指数 = \frac{\sum_{i=1}^{n} P_{1i} Q_{1i}}{\sum_{i=1}^{n} P_{0i} Q_{1i}} \times 固定乘数$$

【例 2-13】 承[例 2-10]。
要求:使用报告期加权计算股价指数。
解析:

$$股价指数 = \left(\frac{20 \times 4\,000 + 18 \times 2\,000 + 18 \times 3\,000 + 40 \times 2\,000 + 25 \times 1\,500}{10 \times 4\,000 + 12 \times 2\,000 + 8 \times 3\,000 + 20 \times 2\,000 + 10 \times 1\,500}\right) \times 100$$
$$= 201.05$$

(4)几何加权平均法也称费雪理想公式,是对上述两种指数进行几何平均的计算方法。该方法较为复杂,且当样本股票增资除权时较难修正,因此在实际中较少采用。其计算公式如下:

$$几何加权股价指数 = \sqrt{\frac{\sum_{i=1}^{n} P_{1i} Q_{1i}}{\sum_{i=1}^{n} P_{0i} Q_{1i}} \times \frac{\sum_{i=1}^{n} P_{1i} Q_{0i}}{\sum_{i=1}^{n} P_{0i} Q_{0i}}} \times 固定乘数$$

【例 2-14】 承[例 2-10]。

要求:使用几何加权平均法计算股价指数。

解析:

$$几何加权股价指数 = \sqrt{1.9118 \times 2.0105} \times 100 = 196.05$$

3. 股价指数的编制步骤

世界各地的股票市场都有自己独特的价格指数,尽管这些股价指数各有特点,但其编制原理大致相同,主要都经过如下几个步骤:

(1) 选取样本股。在股价指数的计算过程中,样本股选择没有统一规定,可以选择全部上市公司股票,也可以选择部分上市公司股票。一方面采样股票应具有代表性,能够代表整个市场或某一行业的股价水平;另一方面采样股票应具有敏感性,即根据样本股票编制出来的指数能够及时迅速地反映整个市场或某一行业的股价变动。

(2) 确定股价指数的基期和基期指数值。选择某一有代表性的且股价相对稳定的日期作为基期,然后计算这一天的样本平均股价或市价总值。基期只有定得合理才有可比性。例如,道琼斯股价平均指数是以 1928 年 10 月 1 日为基期,基期的股票价格为 100。

(3) 采用一定的计算方法将选取的样本公司股票的市场价格加以平均化。计算股价平均数的方法应具有高度的适应性,能对不断变化的股市行情做出相应的调整和修正,使股票价格平均数具有较好的敏感性。如遇到样本公司拆股、除权等情况,为了保持计算的可靠性、连续性和可比性,需要对计算结果进行修正。

(4) 运用科学的计算公式将以后每期的平均价格都与基期平均价格进行比较,并乘以某一个固定乘数(通常为 100 或 1 000),就可求出股价指数。这样,就把以货币单位表示的平均股价或市价总值转化成了以点数为单位的股票价格指数。

(二) 世界股票价格指数

1. 道琼斯指数

道琼斯指数的全称为道琼斯股票价格平均指数,是世界上影响最大的股票价格指数。其最早是在 1884 年由道琼斯公司的创始人查尔斯·亨利·道编制的一种算术平均股价指数。道琼斯指数是世界上历史最为悠久的美国市场股票指数之一,自 1884 年 6 月开始编制并刊登在《每日通讯》上,1889 年 7 月开始刊登在《华尔街日报》上。

道琼斯指数最初是用简单算术平均法求得,当遇到股票的除权除息时,股票指数会发生不连续的现象。它以 1928 年 10 月 1 日为基期,并使基期的平均数为 100,通过和基期平均数的比较,算出以后各期的股价指数。为了使道琼斯指数能更好地反映出股票市场的实际情况,需要对组成平均数的一些股票经常进行调整,选用一些更具活力、更有代表性的公司股票代替那些失去代表性的公司股票。自 1928 年以来,几乎每两年就有一个新公司的股票代替老公司的股票。

1928 年后,道琼斯指数就改用新的计算方法,即在股票除权或除息时采用连接技术,以保证股票指数的连续,从而使股票指数得到了完善,并逐渐推广到全世界。其计算公式如下:

$$股票价格平均数 = \frac{采样股票的价格之和}{道指除数}$$

其中,道指除数受到拆股和公司整合的影响。

道琼斯指数共分四组:

(1) 道琼斯工业股票价格平均指数是选取美国最有影响的30家大工业公司的股票组成股价指数,也是通常使用的道琼斯指数,其用以计算的30种成分股是美国蓝筹股的代表,大致可以反映美国整个工商业股票的价格水平。

(2) 道琼斯运输业平均指数是选用20种具有代表性的运输公司的股票所计算的股价指数,其中包括8家铁路运输公司、8家航空公司和4家公路货运公司。这个指数大致能客观地反映出运输业股票价格行情变化情况。

(3) 道琼斯公用事业平均指数是选取了美国15家公用事业公司的上市股票计算的平均股价指数。

(4) 道琼斯股票平均价格综合指数是综合前三组股票价格平均指数65种股票而得出的综合指数,这一指标更能反映整个股票市场的变化情况。

2. 标准普尔股票价格指数

标准普尔股票价格指数是由美国最大的证券研究机构标准普尔公司在1923年开始编制发布的股价指数。其最初采选了230种股票,编制了两种股票价格指数。到1957年,这一股票价格指数的范围扩大到500种股票,分成95种组合。其中最重要的四种组合是工业股票组、铁路股票组、公用事业股票组和500种股票混合组。从1976年7月1日开始,改为400种工业股票,20种运输业股票,40种公用事业股票和40种金融业股票。标准普尔股票价格指数以1941—1943年抽样股票的平均市价为基期,以上市股票数为权数,按基期进行加权计算,其基点数为10。以股票市场价格乘以股票市场上发行的股票数量为分子,以基期的股票市场价格乘以基期股票数为分母,相除之数再乘以10就是标准普尔指数。

3. 纽约证券交易所普通股股票价格指数

纽约证券交易所普通股股票价格指数是由纽约证券交易所于1966年开始编制的,反映纽约证券交易所股价行情变动的股价指数。该指数的计算方法是把在纽约证券交易所交易的1 570种普通股股票按价格高低排列起来,然后分别计算工业、运输、公用事业和金融四种股票价格指数:

(1) 工业股票价格指数由1 093种工业股票组成。

(2) 运输业股票价格指数包括铁路、航空、轮船、汽车等公司的65种股票。

(3) 公用事业股票价格指数包括电报电话公司、煤气公司、电力公司、邮电公司等189种股票。

(4) 金融业股票价格指数由投资公司、储蓄贷款协会、分期付款融资公司、商业银行、保险公司、不动产等公司的223种股票组成。该指数以1965年12月31日为基期,基期指数值确定为50,每半小时计算和发布一次,采用加权平均法计算。该指数可以全面、及时地反映股票市场活动的综合情况,较受投资者欢迎。

4. 美国纳斯达克指数

纳斯达克指数是反映纳斯达克证券市场行情变化的股票价格指数。纳斯达克是美国全国证券交易商协会于1971年创建的自动报价系统的简称,是世界上第一个电子化证券市场,它利用现代电子计算机技术,将美国6 000多个证券商网点连接在一起,形成一个全美统一的场外二级市场,已经成为全球最大的证券交易市场。纳斯达克指数的编制方法是将所有在纳斯达克交易的股票进行加权指数,以1971年2月8日为基期,基期指数值设为100。

5. 富时100指数

富时100指数是由世界级的指数计算金融机构富时集团所编制,涵盖在伦敦证券交易所交易的、市值最大的100只股票,是伦敦股票市场最具权威的股票价格指数。这一指数覆盖伦敦证券交易所80%的市值,具有一定的代表性,是反映伦敦证券市场股票行情变化的重要尺度。该指数于1984年1月3日对外发布,以1983年12月30日为基期,基期指数值定为1 000。

6. 日经指数

日经股价指数,原称日经道琼斯平均股价指数,是日本经济新闻社股票平均价格指数的简称。其最早编于1950年9月,当时称为"东证修正平均股价"。1975年5月1日,日本经济新闻社向道琼斯公司买进商标,将名称改为"日经道琼斯股票价格平均数",10年合同到期后,其于1985年5月1日又改为"日经平均股价",简称"日经指数"。

该指数以1949年5月16日为基期,基期平均数为176.21日元,选用在东京证券交易所第一市场上市的225种股票,1982年1月4日又扩大为500种,现已成为日本有代表性的股价指数,利用该指数可以了解日本股市行情变化和经济运行状况及发展趋势。

7. MSCI指数

MSCI指数又译明晟指数,是由摩根士丹利资本国际公司(MSCI)收集全球市场中上市公司的数据并编制的全球股票市场指数。摩根士丹利资本国际公司是美国著名的指数编制公司,是一家股权、固定资产、对冲基金、股票市场指数的供应商,其旗下有多种指数。MSCI指数自1968年编制,涵盖不同的行业、国家以及区域,其编制方法是将上市公司按全球行业分类标准进行分类,在每一个行业以一定的标准选取60%市值的股票作为成分股。

MSCI在50多年的发展历程中,不断拓展其指数国际化范围及影响力,至今已形成了一整套"全球指数"体系,MSCI指数也已经成为投资界广泛使用的用于代表各国家、地区资本市场表现的参考指数,是全球投资组合经理最多采用的投资标的。

2001年5月,MSCI宣布,以"自由流通股数"权重计算方法编制指数。金融市场估计,MSCI这次史无前例的指数权重计算调整,引发了全球近6 300亿美元的资金流动,同时对以MSCI为标的操作的基金影响很大,金额达3.5兆美元。MSCI对全球金融市场的影响可见一斑。

知识拓展

A股四度叩关终入MSCI指数

2017年6月21日凌晨,MSCI发布了2017年度市场分类评审结果,将中国A股纳入MSCI新兴市场指数。至此A股四度叩关MSCI终获成功,A股纳入MSCI指数是一个标志性事件,其真正意义在于,我国在国内资本市场与全球金融市场的融合上迈出了重要一步。A股成功被纳入MSCI国际指数,是我国股市在获得全球投资者认可过程中最有重大意义的事件之一,A股市场已成为世界第二大市场,其纳入MSCI进一步提升了其国际影响力,从而能够推动人民币国际化的发展。

资料来源:彭艳. 四度闯关终告捷——A股获准纳入MSCI[EB/OL].(2017-06-21)[2017-06-21] http://www.p5w.net/live/huiyi/315xfzbh_2536/n.html.

(三) 我国主要股票价格指数

在中国证券市场的发展过程中,为了反映中国证券交易所主板、创业板、科创板等市场价格的变动情况,上海、深圳、北京证券交易所、科研院所、咨询机构、中央电视台等都编制了各类股价指数,建立了多层次指数体系。使用比较广泛的主要有以下几种。

1. 上证综合指数

上证综合指数简称上证综指,其样本股是在上海证券交易所全部上市股票,包括A股和B股,反映了上海证券交易所上市股票价格的变动情况。上证综合指数由上海证券交易所编制,是反映上海证券市场总体走势的最常用的指数。该指数的前身是上海静安指数。1990年上海证券交易所建立后,在上海静安指数基础上开始编制上海证券交易所综合股价指数。它以1990年12月19日为基期,基期指数为100,以股票发行量为权数编制。

2. 深证综合指数

深证综合指数是以在深圳证券交易所上市的全部股票为样本股,以发行量为权数的加权综合股价指数。深证综合指数由深圳证券交易所从1991年4月3日开始编制并公开发表,该指数规定以1991年4月3日为基期,基期指数为100。

3. 深证成分股指数

深证成分股指数是通过对所有在深圳证券交易所上市的公司进行考察,按一定标准选出40家有代表性的上市公司作为成分股,并以流通股为权数计算得出的加权股价指数。深证成分股指数由深圳证券交易所编制,综合反映深圳证券交易所上市A、B股的股价走势。深圳成分股指数以1994年7月20日为基期,基期指数为1 000,起始计算日为1995年1月25日。深圳证券交易所选取成分股的一般原则是有一定的上市交易时间,有一定的上市规模,交易活跃等。

4. 沪深300指数

沪深300指数是从上海和深圳证券市场中选取300只A股作为样本编制而成的成份股指数。沪深300指数由中证指数有限公司编制,该公司由上海证券交易所和深圳证券交易所共同出资成立,是一家从事指数编制、运营和服务的专业性公司。沪深300指数是沪深证券交易所第一次联合发布的反映A股市场整体走势的指数,样本覆盖了沪深市场60%的市值,具有良好的市场代表性,能够反映中国证券市场股票价格变动的概况,并能够作为投资业绩的评价标准,同时也为指数投资及指数衍生产品创新提供基础条件。

5. 沪深市场其他指数

(1) 上海证券交易所股价指数是反映上海证券交易所上市股票价格整体水平和变动趋势的指标。除了上证综合指数,还包括以上证50、上证180、上证380指数,以及上证国债、企业债和上证基金指数为核心的上证指数体系,并衍生出大量行业、主题、风格、策略指数。例如,上证成分股指数(也称上证180)是上海证券交易所对原上证30指数进行调整和更名产生的指数。上证成分股指数的样本股共有180只股票,选取规模较大、流动性较好且具有行业代表性的股票作为样本。从2002年7月1日起正式发布,基点为2002年6月28日上证 30 指数的收盘点数 3 299.05。

(2) 深圳证券交易所股价指数是反映深圳证券交易所上市股票价格整体水平和变动趋势的指标。除了前述深证综合指数、深证成份股指数,还有深证 100 指数、创业板指数、深证 A 股指数、深证 B 股指数、深证 300 价格指数等,并衍生出大量行业、主题、风格、策略指数。例如,深证分类指数包括农林牧渔指数、采掘业指数、制造业指数、水电煤气指数、建筑业指数、运输仓储指数、信息技术指数、批发零售指数、金融保险指数、房地产指数、社会服务指数、传播文化指数、综合类指数共 13 类。其中,制造业指数又分为 9 类。深证分类指数以 1991 年 4 月 3 日为基期,基期指数设为 1 000,起始计算日为 2001 年 7 月 2 日。

(3) 中证股价指数是中证指数有限公司依托沪深证券交易所的市场、信息、技术、服务等资源优势,实行市场化运作,在沪深 300 指数的基础上,为股指期货等金融衍生工具提供的指数,为投资者提供标尺指数和投资基准。例如,中证流通指数、中证规模指数等。

6. 恒生指数

恒生指数是由香港恒生银行全资附属的恒生指数服务有限公司从香港股票市场中选出有代表性的 50 家公司作为成分股样本编制的一种股票价格指数。该指数发布于 1969 年 11 月 24 日,最初成分股为 33 只股票,以 1964 年 7 月 31 日为基期,基期指数值为 100。后将基期改为 1984 年 1 月 13 日,并将该日收市指数的 975.47 定为新基期指数,计算方法为修正加权综合法。恒生指数是香港股票市场上历史最悠久的一种股票价格指数,也是反映香港政治、经济和社会状况最重要的指数。

恒生指数的成分股主要根据股票在市场上的重要程度、股票成交额、股票发行数量等因素选定。成分股中包括金融业 4 种、公用事业 6 种、地产业 9 种、其他工商业 14 种。这些股票分布在香港的主要行业,都是最具代表性的、实力雄厚的大公司。它们的市价总值要占香港所有上市股票市价总值的 70%。

恒生指数的成分股并不固定,自 1969 年以来,已作了多次调整,目前成分股为 50 只股票。2006 年 2 月提出改制后,H 股被纳入恒生指数成分股。2006 年,中国建设银行、中国石化、中国银行也被纳入成分股。近年来,国企股占港股总市值和成交额的比重不断上升,变动后的恒生指数更能全面反映市场状况,更具市场代表性。

7. 台湾加权股价指数

台湾加权股价指数是由台湾证券交易所编制的股价指数,是台湾最为常用的股票价格指数,能够反映台湾证券市场的股票价值变动。该指数以 1966 年为基期,基期指数设定为 100,计算方法为以上市股票市值为权数来计算的加权方法,采样股票为所有在台湾证券交易所挂牌交易的普通股。

三、股票收益

(一) 股票投资收益

股票的投资收益是指投资者从购入股票开始到出售股票为止,整个持有期间内的收入,包括股利收入、资本利得和公积金转增股本。

1. 股利收入

股利收入是指投资者以股东身份,按照持股额,从公司盈利分配中获得的收益。其表现为股息和红利,合称为股利。股息是指股票的利息,是公司按照票面金额的一个固定比率向股东支付的利息。红利则是在上市公司分派股息之后按持股比例向股东分配的剩余利润。从国际市场来看,股利收入根据派发股利的形式不同可以分为现金股利、股票股利、财产股利、负债股利和建业股利五种。

(1) 现金股利是指上市公司以货币形式支付的股息和红利,是最普通、最基本的股利形式。一般来说,股份有限公司只要有净利润,并有一定量的现金,一般都会派发现金股利。但是,现金股利派发的多少取决于董事会对影响公司发展的各种因素的权衡,并兼顾公司和股东的利益。对于股份公司来说,公司的财务状况和长远发展有赖于保留更多利润来获得更高的收益;而就股东自身而言,更注重股票的市价,而股价的涨跌本身与股息的高低有关,董事会在考虑公司长远利益和股东的现时收益后,权衡并制定现金股利发放政策。

(2) 股票股利是指上市公司用股票的形式向股东发放股利,以代替现金分派的股利,原则上是按公司现有股东持有股份的比例进行分配,也称"送红股"。采用送红股的形式发放股息、红利,实际上是将当年的留存收益资本化,即把应分给股东的现金留在企业作为发展再生产之用。从账面上来说,股票红利使股东手中的股票在名义上增加了,但与此同时,公司的注册资本增大了,股票的每股净资产含量减少了,而实际上股东手中股票的总资产含量不变。

但是发放股票股利无论对公司还是投资者都是有好处的。发放股票股利可以使股份公司有充分的资金开展业务;同时,能使股票数量增加,单股股价下降,有利于股票的流通。对投资者来说,持有股票股利在大多数西方发达国家都免征所得税,而且,投资者在二级市场上出售时,增加的股票也可以转化为现实的货币,有利于股东投资收益的实现。

(3) 财产股利是股份公司用现金以外的其他财产向股东分派股利,最常见的是公司持有的其他公司或子公司的股票或债券,也可以是实物。当公司现金不足时,分派财产股利,可以减少公司现金支出,满足公司对现金的需要,有利于公司的发展。公司把自己的产品以优惠价格充作股息发放给投资者时,可以扩大产品的销路;当公司把自己持有的其他公司的股票用作股息,以内部转移的方式分派给股东时,也可以继续维持其控股股东的地位。

(4) 负债股利是指股份公司用债券或者应付票据作为股利分派给股东。这些负债股利由公司通过建立负债进行分配,既给公司提供了充裕的现金,又支付了股利,满足了股东的获利需要。但是这种发放股利形式不利于维护公司的股价,董事会往往不愿意采纳。

(5) 建业股利是指经营铁路、港口、水电、机场等业务的股份有限公司,由于建设周期长,不可能在短期内开展业务并获得盈利,为了筹集所需的资金,在公司章程中明确规定并获得批准后,公司可以将一部分股本作为股息返还给股东。建业股利不同于其他股息,它不是来自公司的盈利,而是对公司未来盈利预期的分配,即公司未盈利却分配了股利。建业股利的发放有严格的法律限制,公司盈利后必须在分配盈余前扣抵或逐年扣抵冲销建业股利。

2. 资本利得

资本利得又称资本损益,是指股票买入价与卖出价之间的差额。当股票的卖出价大于买入价时为资本收益,当股票卖出价小于买入价时就是资本损失。投资者利用股票价格的波动,可以获取资本利得收入。资本利得具有很大的不确定性,能否获得主要取决于股份有限公司的经营业绩和股票市场的价格变化,同时与投资者的投资心态、投资经验、投资技巧也都有很大关系。虽然我国股票市场当前对资本利得不纳入征税范围,但在很多发达市场国家,买卖股票所实现的资本利得要纳入征税收入。

3. 公积金转增股本

公积金转增股本是指上市公司将公司的公积金转化为股本的形式赠送给股东的一种分配方式。公积金转增股本也采取送股的形式,但送股的资金不是来自当年可分配盈利,而是公司提取的公积金。公积金包含盈余公积和资本公积两类,公司提取的盈余公积金有法定盈余公积金和任意盈余公积金之分,每年从税后利润中按比例提取的称为法定盈余公积金,股东大会决议后提取的称为任意盈余公积金。资本公积金中的股票发行溢价收入是上市公司最常见、最主要的公积金来源,此外,还有接受的赠与、公司经过若干年经营后的资产重估增值、因合并而接受的其他公司资产净额等。

我国《公司法》规定,公司分配当年税后利润时应当提取利润的10%列入公司法定公积金。公司法定公积金累计额为公司注册资本的50%以上的,可以不再提取。股东大会决议将公积金转为资本时,按股东原有股份比例派送红股或增加每股面值。但法定公积金转为资本时,所留存的该项公积金不得少于转增前公司注册资本的25%。

(二) 股利分配过程

根据我国上市公司的信息披露管理条例,上市公司必须在每个会计年度结束的120天内公布年度财务报告,且在年度报告中公布利润分配预案。故公司的分红派息工作一般都集中在次年第二、第三季度进行。

普通股股利的来源是公司的税后净利润。公司从营业收入中扣除各项成本和费用支出、应缴纳的税金,余下的即为税后净利润。根据我国《公司法》规定,税后净利润的分配顺序,如表2-6所示。

表2-6　　　　　　　　公司税后利润分配顺序

顺序	1	2	3	4	5
规定	如有未弥补亏损时,用于弥补亏损	按当年税后净利润的10%提取法定公积金(公司法定公积金的累积额为注册资本的50%以上的,可不再提取)	如有优先股股票,按固定的股息率给优先股股东分配红利	经股东大会同意,可以提取任意公积金	根据情况给普通股股东分配红利

(三) 股票收益指标

股票的投资收益是投资者进行股票投资较为关注的问题,一般使用股票收益与购买价格的比值来计算。具体来说,衡量股票投资收益水平的指标主要有股利收益率、持有期收益率和拆股后持有期收益率等。

1. 股利收益率

股利收益率又称获利率,是分析股价与股利之间关系的指标,是指股份有限公司以现金的形式派发给股东的股息、红利与股票市场价格的比率。其计算公式如下:

$$股利收益率 = \frac{年现金股利}{本期股票价格} \times 100\%$$

【例2-15】 D股份公司上年股利为6.00元/股,现行市价为120元。

要求:计算股利收益率。

解析:

$$股利收益率 = \frac{6}{120} \times 100\% = 5\%$$

2. 持有期收益率

持有期收益率是指投资者持有股票期间的股利收入与买卖差价占购买价格的比率,它反映投资者在一定的持有期内的全部股息收入和资本利得占资本金的比率。其计算公式如下:

$$持有期收益率 = \frac{出售价格 - 购买价格 + 现金股利}{购买价格} \times 100\%$$

【例2-16】 某投资者在2023年1月1日以10.00元/股的价格购买E股票100股,7月1日又以12.10元/股出售,持有期间获得股利0.60元/股。不考虑交易费与税费。

要求:计算该投资者的持有期收益率。

解析:

$$持有期收益率 = \frac{12.1 - 10 + 0.6}{10} \times 100\% = 27\%$$

3. 拆股后持有期收益率

投资者在买入股票后,如果出现股份有限公司进行股票分割,即拆股的情况,会影响股票的市场价格和投资者的持股数量,出现股份增加和股价下降等,因此,有必要在拆股后做相应的调整,计算拆股后的持有期收益率。其计算公式如下:

$$拆股后持有期收益率 = \frac{调整后资本利得或损失 + 调整后的现金股利}{调整后的购买价格} \times 100\%$$

【例2-17】 某投资者在2023年1月1日以10.00元/股的价格购买E股票100股,7月1日又以12.10元/股出售,持有期间获得股利0.60元/股。此时公司宣布以1:2的比率拆股,拆股决定公布后,公司的股价为12.80元/股。不考虑交易费与税费。

要求:计算该投资者的拆股后持有期收益率。

解析:

$$拆股后持有期收益率 = \frac{12.8 \div 2 - 10 \div 2 + 0.6 \div 2}{10 \div 2} \times 100\% = 34\%$$

课堂章节测试

班级_____ 姓名_____ 学号_____ 日期_____ 平时分_____

一、单项选择题（共8题，每题5分）

1. 股份有限公司进行破产清算时，资产清偿的先后顺序是（　　）。
   A. 债权人、优先股东、普通股东　　B. 债权人、普通股东、优先股东
   C. 普通股东、优先股东、债权人　　D. 优先股东、普通股东、债权人

2. （　　）是指股票收益不受经济周期的影响，相对比较稳定行业的股票。
   A. 收入股　　B. 周期股　　C. 防守型股票　　D. 蓝筹股

3. 优先股相对于普通股而言，在（　　）方面有一定的优势。
   A. 投票表决权　　B. 优先认股权　　C. 收益分配权　　D. 经营决策权

4. （　　）是指发行人申请发行股票时，必须依法将公开的各种资料完全准确地向证券监管机构申报。
   A. 审批制　　B. 核准制　　C. 注册制　　D. 审核制

5. 有甲、乙、丙投资者三人，均申报买入同一股票，申报价格和申报时间分别为：甲的买入价11.30元，时间为10:25；乙的买入价为11.40元，时间为10:30；丙的买入价为11.40元，时间为10:25。那么，这三位投资者交易的优先顺序为（　　）。
   A. 乙、甲、丙　　B. 甲、丙、乙　　C. 甲、乙、丙　　D. 丙、乙、甲

6. 股票的（　　）是股票的内在投资价值，是未来收益的预期而计算出来的股票的价格。
   A. 理论价格　　B. 账面价格　　C. 票面价格　　D. 市场价格

7. 通常所说的道琼斯指数是指（　　）。
   A. 工业股价平均数　　B. 运输业股价平均数
   C. 公用事业股价平均数　　D. 股价综合平均数

8. 深圳证券交易所编制并公布的以全部上市股票为样本，以指数计算日的股份为权数进行加权平均计算的股价指数是（　　）。
   A. 上证综合指数　　B. 深证综合指数
   C. 上证180指数　　D. 深证成分股指数

二、多项选择题（共4题，每题5分）

1. 下列各项中，属于股票基本要素的有（　　）。
   A. 面值　　B. 股权　　C. 股息　　D. 分红

2. 我国股票的发行方式主要有（　　）。
   A. 公众投资者网上公开发行　　B. 公众投资者配售
   C. 对机构投资者配售　　D. 对机构投资者询价

3. 场外交易市场是（　　）。
   A. 高度组织化、制度化的市场　　B. 柜台市场
   C. 分散的无形市场　　D. 拥有众多证券种类的市场

4. 下列各项中,属于我国证券交易所职能的有( )。
A. 提供证券交易所的场所和设施　　B. 接受上市申请、安排证券上市
C. 对会员进行监管　　D. 管理和公布市场信息

三、判断题(共 5 题,每题 5 分)

1. 优先股股东的优先权主要表现在优先领取股息和优先行使投票权。　　( )
2. 绝大多数股份公司对普通股股票的投票方式采取"一股一票制",有少数股份公司对普通股票设置差异化表决权。　　( )
3. 我国《公司法》和《证券法》规定,股份公司发行股票,发行价格可以等于票面金额,也可以超过票面金额,但不得低于票面金额。　　( )
4. 账面价格是指股东持有的每一股份在账面上所代表公司财产的价值。　　( )
5. 绿鞋机制,也称绿鞋期权,是指主承销商授予发行人的一项选择权。　　( )

四、计算题(共 2 题,共 15 分)

1. (5 分)长江公司向现有股东按 10 股配 1 股的比例进行配股,配股价为每股 8.00 元,除权日前一日收盘价为 19 元。

要求:计算次日除权价。

2. (10 分)某股票价格指数包含 3 只股票种数,对应的基期和报告期的股价及交易量如表 2-7 所示,该股票价格指数的固定乘数为 100,请根据所学知识及表 2-7 内数据进行作答。

表 2-7　　　　　　　　　　　　股票信息

种类	股价(元)		交易量(万股)	
	基期 P_0	报告期 P_1	基期 Q_0	报告期 Q_1
A	5	10	100	150
B	3	12	50	80
C	10	15	60	100

要求:

(1) 如果该指数采用简单算术股价指数中的相对法编制,请计算其当前点数。

(2) 如果该指数采用加权法中的报告期加权法编制,请计算其当前点数。(计算结果保留小数点后两位)

第三章　股票投资分析

知识导航

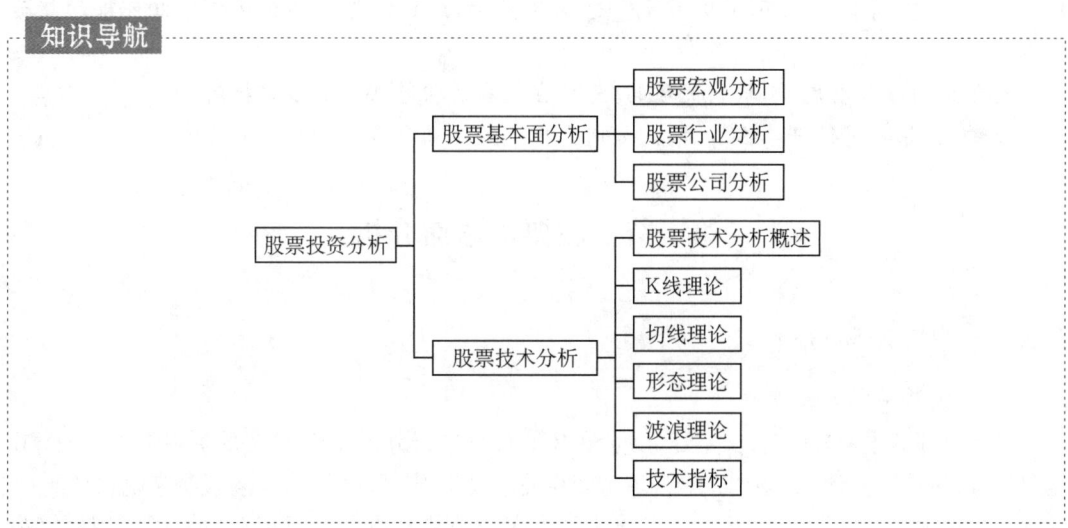

学习目标

1. 了解宏观经济分析及其指标
2. 掌握行业分析的主要内容
3. 掌握公司基本素质分析的内容
4. 了解公司财务状况分析的方法
5. 了解股票技术分析的基本假设和理论基础
6. 掌握K线理论的分析方法
7. 了解切线理论、形态理论、波浪理论
8. 掌握主要的指标分析方法

长线投资可口可乐的巴菲特

可口可乐公司是全球著名的饮料公司。据统计,全球每天有17亿人次的消费者在畅饮可口可乐公司的产品,大约每秒钟售出19 400瓶饮料。2020年可口可乐公司在《财富》全球最受赞赏公司榜单中排名第12位。

美国基金经理巴菲特早在1988年便开始购入可口可乐公司股票,随后的10个月,巴菲特共投资10.23亿美元。在之后的10年内,可口可乐一直是巴菲特的重仓股,1996年持仓更是高达43%。

可口可乐也给巴菲特带来巨大收益,买入10年后,公司市值从258亿美元上升到1 430亿美元,投资10.23亿美元股票的市值为116亿美元。到1998年年底,巴菲特持股市值为

134亿美元,10年涨了11倍,年化收益率是27%。

然而在接下来的1998年到2008年这10年里,可口可乐公司股票市值发生了逆转,由1998年年底的134亿美元跌至2008年年底的90.54亿美元,致使这只股票的复合回报率变成了-3.85%。巴菲特却始终持有该股票。

2018年,可口可乐每股分红1.56美元,巴菲特持仓分红6.24亿美元;2019年每股分红1.6元,巴菲特持仓分红6.4亿美元。这两年的分红收益就超过了他在可口可乐的投资成本。

巴菲特的投资思想是,找到优质的企业,在适当的价格买入并长期持有。

思考:巴菲特进行证券投资时,是如何选择优质企业和适当的投资时点的?

第一节 股票基本面分析

一、股票宏观分析

(一)宏观分析及其意义

在进行证券投资分析时,首先要对所处的宏观环境进行分析,国民经济的宏观走势对证券市场具有重要的影响,证券市场与宏观环境密切相关。因此,宏观分析对于证券投资来说意义重大。

(1)宏观分析有助于把握证券市场的总体变动趋势。投资者只有在把握了宏观经济发展大方向的前提下,才能对证券市场的总体变化趋势做出正确的判断。对于宏观经济指标、宏观经济政策等的分析,有助于投资者抓住证券投资的市场时机。

(2)宏观分析有助于判断证券市场的投资价值水平。整个国民经济增长的速度与质量,就是整个证券市场的投资价值的反映,作为证券市场的投资对象,企业的投资价值必然与宏观经济形势有内在关联,因此宏观经济分析是判断整个证券市场投资价值的关键。

(3)宏观分析有助于掌握宏观经济政策对证券市场的影响力度与方向。在市场经济条件下,国家通过实行宏观经济政策对整个国民经济进行调控,进而影响经济增长速度与企业经济效益,从而影响证券市场。投资者可以通过宏观经济政策分析,掌握其对证券市场的影响力度与方向,准确把握整个证券市场的运行趋势和不同证券品种的投资价值变动。

(二)宏观经济指标概述

宏观经济变动往往通过几个重要的综合经济指标展现,这些指标能反映一个国家或地区一定时期的经济形势,体现了该国在该时期内整个国民经济活动的成果。对于宏观经济指标的研究分析,可以借以考察国民经济生产、分配和使用的情况,并可对不同国家和不同时间进行对比,以区分出各国经济发展水平的高低和发展速度的快慢等。常用的宏观经济指标如表3-1所示。

表3-1 常用的宏观经济指标

经济指标分类	经济指标	常用指标
总体指标	国内生产总值	GDP、GNP
	失业率	失业率
	通货膨胀	通货膨胀率、CPI、PPI

(续表)

经济指标分类	经济指标	常用指标
单项指标	投资指标	全社会固定资产投资
	消费指标	社会消费品零售总额
	金融指标	货币供应量、利率、汇率
	国际收支	国际收支
	财政指标	财政收入、财政支出

1. 国民经济总体指标

1) 国内生产总值

国内生产总值(GDP)是指在一定时期一个国家的国土范围内，本国和外国居民所生产的最终商品和劳务的市场价值总和。国民生产总值(GNP)是指一个国家的国民在国内外所生产的最终商品和劳务的市场价值总和。

GDP是一国经济的根本反映。GDP的持续上升表明国民经济良性发展，制约经济的各种矛盾趋于或达到协调，经济发展预期良好；如果GDP非均衡增长，则表明国民经济发展存在制约，此时非均衡的发展可能激发各种矛盾，从而引发经济衰退。具体来说，有以下几种基本情况：

(1) 持续、稳定、高速的GDP增长。这种增长往往会带来证券市场利好的变化。一方面，随着经济总体增长，上市公司利润持续增加，股息不断增长，投资风险也越来越小，从而使公司的股票和债券得到全面的升值；另一方面，人们对经济的预期良好，个人收入不断提高，增加了对证券投资的需求，从而导致证券价格上涨。

(2) 高通货膨胀率下的GDP增长。高通货膨胀率的出现通常是因为社会总需求大大超过社会总供给，经济严重失衡，如果调控不当，极可能导致未来的"滞胀"，经济中的各种矛盾会逐渐显现，企业经营面临困境，居民收入降低，投资者对未来的悲观预期加重，必将导致证券市场行情下挫。

知识拓展

宏观经济中的"滞胀"

"滞胀"即停滞性通货膨胀，在宏观经济学中，特指经济停滞、失业及通货膨胀同时持续高涨的经济现象。通俗地说，"滞胀"就是指物价上升，但经济停滞不前。宏观经济学理论认为，通货膨胀与经济衰退不能并存，故人们广泛认为"滞胀"一旦开始就难以根治。

经济学家认为造成滞胀有两个主因：①经济产能因负面的供给震荡而减少。例如，石油危机造成石油价格上涨，生产成本上升及利润减少，引致商品价格上升、经济放缓。②不当的经济政策。例如，中央银行容许货币供应过度增长，政府在商品市场和劳动市场过度管制等。

资料来源：百度. 滞胀. [EB/OL]. https://answer.baidu.com/answer/land? params=mXHqCU4YjsAndMvrDYc％2Bvn68ICBsKsS5％2BOpV％2FgoM8l5gKqxRDT0Eju7SaI3Ds0TkJ7XBUZX％2FTv8rjSe％2BlRdbibEpmX％2B1L8vrct0giuaUn7bcmDl％2FIND9Yhuo％2BB％2BdNMyxktUkTd8yAJjvQqKkTUJuAjHBQOLqvjx61wLQAVJz34BJvyRw3L3XEKONE％2F03UVT8&from=dqa&lid=97017674000c5035&word=％E6％BB％9E％E8％83％80.

(3) 宏观调控下的GDP减速增长。为了调控生产总值的增长速度，政府往往对经济进行宏观调控，从而维持经济的稳定，使国内生产总值保持适度增长，而非负增长或者低增长。在此背景下，各种经济矛盾逐步缓解，人们对经济的发展将重新恢复信心，证券市场行情由此将平稳渐升。

(4) 转折性的GDP增长。当国内生产总值负增长速度逐渐减缓并呈现向正增长转变的趋势时，证券市场走势也将由下跌转为上升；当国内生产总值由低速增长转向高速增长时，证券市场亦将伴之以快速上涨之势。

需要注意的是，GDP是经济的宏观指标，股价指数是股市的宏观指标，两个指标之间理应存在一定的内在关联，但这种关联不是机械的对应。由于影响证券市场走势的因素很多，证券市场的涨跌与本国的GDP走势可能出现超前、同步或者背离等多种情况。

在实践中，一般采用GDP的增长率来表示经济增长速度。经济增长速度，也称经济增长率，是反映一定时期经济发展水平变化程度的动态指标，是反映一个国家经济是否具有活力的基本指标。增长速度为正值，表示增长程度；增长速度为负值，表示下降程度，也称负增长。我国近年GDP总量与经济增长的情况如表3-2所示。

表3-2　　　　　　　　我国2014—2023年GDP总量与经济增长

年份	GDP总量（万亿元）	经济增长率
2014年	64.13	—
2015年	68.60	6.97%
2016年	74.01	7.89%
2017年	82.08	10.90%
2018年	90.03	9.69%
2019年	99.09	10.06%
2020年	101.60	2.53%
2021年	114.92	13.11%
2022年	120.47	4.83%
2023年	126.06	4.64%

2) 失业率

失业率是指劳动人口中失业人数所占的百分比。通常所说的充分就业是指对劳动力的充分利用，但不是完全利用，因此在实际生活中不可能达到失业率为零的状态，在充分就业的情况下，也会存在一部分正常的失业，如劳动力的结构不能适应劳动力需求所致的结构性失业。一般而言，失业率达到一个较低的水平就可以认为达到了充分就业。

一直以来，失业率被视为资本市场的重要指标，属滞后指标，它是市场上最为敏感的月度经济指标。一般情况下，失业率下降，表示整体经济健康发展，然而持续下降也可能形成通货膨胀，政府往往采用紧缩的货币政策，减少货币投放；失业率上升，则表示经济发展放缓或衰退，政府往往采用宽松的货币政策用以刺激经济增长。

3) 通货膨胀

通货膨胀是指一个国家或地区内一般物价水平持续、普遍、明显的上涨。与通货膨胀相反的现象为通货紧缩,无通货膨胀或极低度通货膨胀称为稳定性物价。通货膨胀程度一般用价格指数的增长率来表示,常用指标主要有消费者物价指数(CPI)、生产者物价指数(PPI)等。

各种指标在衡量通货膨胀时各有优缺点,且所涉及商品和劳务的范围不同,计算口径不同,即使在同一国家的同一时期,各种指数所反映的通货膨胀程度也不尽相同。一般而言,在衡量通货膨胀时,消费者物价指数(CPI)使用得最多。CPI是反映一定时期内城乡居民所购买的生活消费品和服务项目价格变动趋势和程度的相对数,是反映与居民生活有关的消费品及服务价格水平的变动情况的重要宏观经济指标,也是宏观经济分析与决策以及国民经济核算的重要指标。

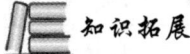

CPI 数据

CPI 数据由国家统计局通过新闻发布的形式统一公布,公布形式包括国务院统一安排的新闻发布会和国家统计局官方网站。国家统计局发布 CPI 数据的时间:CPI 月度数据一般在下个月的 13 日左右,CPI 季度、年度数据则延至下个月的 20 日左右。

公布 CPI 数据内容包括:①全国及各省(区、市)CPI;②36 个大中城市 CPI。国家统计局 CPI 月度新闻稿中含有总指数、大类指数及部分中类指数(如食品类中的粮食价格、油脂价格、肉禽及制品价格、鲜蛋价格、水产品价格、鲜菜价格、鲜果价格、调味品价格等)的变化描述。我国 2021 年 9 月份 CPI 数据情况如表 3-3 所示。

表 3-3　　　　　　　　　2021 年 9 月份 CPI 数据情况

项目	环比涨跌幅	同比涨跌幅	1~9月同比涨跌幅
居民消费价格	0	0.7%	0.6%
其中:城市	0	0.8%	0.7%
农村	0.1%	0.2%	0.4%
其中:食品	-0.7%	-5.2%	-1.6%
非食品	0.2%	2.0%	1.1%
其中:消费品	0	0.2%	0.6%
服务	0.1%	1.4%	0.7%
其中:不包括食品和能源	0.2%	1.2%	0.7%
按类别分			
一、食品烟酒	-0.4%	-2.8%	-0.5%
粮食	-0.1%	0.7%	1.0%
食用油	-0.1%	6.5%	7.0%
鲜菜	1.0%	-2.5%	1.3%
畜肉类	-2.3%	-28.5%	-15.4%

(续表)

项目	环比涨跌幅	同比涨跌幅	1~9月同比涨跌幅
其中:猪肉	−5.1%	−46.9%	−28%
牛肉	0.2%	1.4%	3.6%
羊肉	−0.2%	2.7%	6.5%
水产品	−2.5%	9.8%	9.8%
蛋类	−0.2%	12.6%	9.6%
奶类	−0.4%	1.6%	1.9%
鲜果	0	−0.8%	2.7%
卷烟	0.1%	1.5%	1.1%
酒类	−0.5%	2.1%	2.1%
二、衣着	**0.8%**	**0.5%**	**0.2%**
服装	0.8%	0.7%	0.3%
鞋类	0.7%	0.1%	−0.2%
三、居住	**0.2%**	**1.3%**	**0.6%**
租赁房房租	0	0.8%	0.3%
水电燃料	0.9%	2.6%	1%
四、生活用品及服务	**−0.1**	**0.5**	**0.2**
家用器具	0.1%	1.5%	0.6%
家庭服务	0.1%	2.9%	2.5%
五、交通通信	**−0.2%**	**5.8%**	**3.3%**
交通工具	0.5%	0.5%	−1%
交通工具用燃料	−0.4%	22.8%	13%
交通工具使用和维修	0.1%	1.3%	1.5%
通信工具	−0.7%	5.2%	5.7%
通信服务	0	−0.3%	−0.3%
邮递服务	0	−0.1%	−0.2%
……	……	……	……

资料来源:国家统计局. https://www.stats.gov.cn/.

通货膨胀使得各种商品价格具有很大的不确定性,也使得企业未来经营状况具有更大的不确定性,从而增加证券投资的风险。通货膨胀对证券市场的影响可以通过多方面实现,如通货膨胀往往促使政府使用宏观经济政策工具进行调控,这些政策必然对经济运行造成影响。通货膨胀不仅产生经济影响,还可能产生社会影响,并影响投资者的心理和预期,从而对股价产生影响。具体来说通货膨胀可以分为以下两类:

(1) 温和、稳定的通货膨胀对证券价格起到推高作用。这类通货膨胀往往是积极的经济政策的结果,在这种情况下,一些行业和上市公司因为得到政策的支持,其商品价格有明显的上升,销量和公司的收入也随之上升,促使其证券的价格上涨。然而与此同时仍有部分上市公司得不到政策的支持,导致证券的价格有一定程度的下降。总体来看,温和、稳定的通货膨胀,会促使证券市场与上市公司之间结构的调整,如果通货膨胀在一定的可容忍范围内持续,而经济处于扩张阶段,产量和就业都持续增长,那么证券市场价格将持续上升。

(2) 严重的通货膨胀的危险性较高。在这种情况下,经济被严重扭曲,货币加速贬值,资金流出证券市场,引起股票和债券价格下跌。企业一方面筹集不到必需的生产资金,另一方面原材料、劳务成本等价格飞涨,使企业经营严重受挫,并走向倒闭。政府需要运用宏观经济政策抑制通货膨胀,其结果往往带来证券价格的进一步下跌。

值得注意的是,在分析通货膨胀对证券市场的影响时,必须将它与经济增长的动态变化因素相联系,投资者如果能对通货膨胀的后果以及政府的宏观调控及时预测,并适时调整投资策略,就可以降低投资损失或者获得投资收益。通货膨胀对证券市场特别是个股的影响,没有永恒的定势,它完全可能同时产生相反方向的影响,对这些影响作具体分析和比较必须从该时期通胀的原因、通胀的程度、当时的经济结构和经济形势、政府可能采取的干预措施等分析入手。

2. 国民经济单项指标

1) 投资指标

投资规模是一个关系到国民经济全局的经济指标,投资规模过大或过小,都不利于国民经济的发展。投资规模过小,不利于为经济的进一步发展奠定物质技术基础;投资规模过大,超出了一定时期的人力、物力和财力,又会造成国民经济比例的失调,对国民经济造成的影响和损失更大。投资规模是否适度,是影响经济稳定与增长的一个决定因素。全社会固定资产投资是衡量投资规模的主要变量,具体包括国有经济单位投资、城乡集体经济单位投资、其他各种经济类型的单位投资和城乡居民个人投资等。

2) 消费指标

(1) 社会消费品零售总额。社会消费品零售总额的大小和增长速度能够反映出城乡居民与社会集团消费水平的高低和消费意愿的强弱,因此,它是研究国内零售市场变动情况、反映经济景气程度的重要指标。

(2) 城乡居民储蓄存款余额。城乡居民储蓄存款余额增加,意味着居民消费需求和投资需求减小,对经济发展的预测趋于谨慎,对证券市场产生反向影响;如果银行的存贷比不变,居民储蓄增加,银行的资金来源扩大,对企业的贷款投放放宽,又会扩大企业的投资需求。

3) 金融指标

(1) 货币供应量。货币供应量是指一国某一时点流通中的现金量和存款量之和。我国中央银行一般根据宏观监测和宏观调控的需要,根据流动性的大小将货币供应量划分为不同的层次。我国现行货币统计制度将货币供应量划分为三个层次:流通中现金($M0$),指银行体系外的公司、事业单位、组织部队、学校等单位库存现金和居民手持现金之和;狭义货币供应量($M1$),指 $M0$ 加上单位在银行的可开支票进行支付的活期存款;广义货币供应量($M2$),指 $M1$ 加上单位在银行的定期存款、城乡居民个人在银行的各项储蓄存款以及证券公司的客户保证金。通常所说的货币供应量,主要是指 M2。

(2) 利率。利率是指在借贷期内形成的利息额与本金的比率。利率是决定企业资金成本高低的重要因素,同时也是企业筹资、投资的决定性因素,对证券市场的分析需进行利率分析。一国各种不同的利率相互联系而构成的有机整体称为利率体系,主要包括中央银行利率、商业银行利率和市场利率三个层次。

利率水平的变化对宏观经济与证券市场的影响明显而直接,因此很多国家都把利率作为宏观经济调控的重要工具之一。在其他条件不变时,利率水平上浮会引起存款增加和贷款下降,一方面导致居民消费支出减少,另一方面使企业的生产成本增加,两方面同时抑制供给和需求,从而抑制过热的证券市场。反之,降低利率会引起需求和供给的双向扩大,从而促使证券价格的上升。当经济过热、通货膨胀率上升时,政府便提高利率,收紧信贷;当过热的经济和通货膨胀得到控制时,政府会适当调低利率。

(3) 汇率。汇率是指一国货币兑换另一国货币的比率,也就是以一种货币表示另一种货币的价格。国际收支及外汇储备、利率、通货膨胀和政治局势等因素都会影响一国汇率的波动。汇率的变动主要通过影响进出口贸易和国际资本的流动而影响证券市场。

首先,汇率的波动会影响一国进出口额的变化。例如,美元升值人民币贬值,将刺激中国商品的出口,同时制约外国商品的进口;反之,美元贬值而人民币升值,会大大刺激进口,减少出口。

其次,汇率的波动影响国际资本的流动。短期资本流动常常受到汇率的较大影响,在本币对外币贬值的趋势下,本国投资者和外国投资者就不愿意持有以本币计值的各种金融资产,并会将其转兑成外汇,发生资本外流现象。同时,由于纷纷转兑外汇,加剧外汇供求紧张,会促使本币汇率进一步下跌。反之,在本币对外升值的趋势下,本国投资者和外国投资者就力求持有以本币计值的各种金融资产,并引发资本的内流。同时,由于外汇纷纷转兑本币,外汇供过于求,会促使本币汇率进一步上升。但是长期资本的流动主要受利润和风险的影响,在利润有保证和风险较小的前提下,汇率变动不会直接引起资本巨大的流动。

4) 国际收支

国际收支是指一个国家在一定时期内由对外经济往来、对外债权债务清算而引起的所有货币收支。一国国际收支的状况主要取决于该国进出口贸易和资本流入流出状况。当一国国际收入等于国际支出时,称为国际收支平衡;当国际收入大于国际支出时,称为国际收支顺差;当国际支出大于国际收入时,称为国际收支逆差。过度的顺差或逆差都不利于一国经济发展的稳定,因此政府往往需要实施不同的宏观经济政策以弥补市场对国际收支平衡调节力度的不足。在证券投资分析中,投资者既要关注国际收支的变化对进出口企业、国际资本流动的影响,也要及时把握政府可能出台的调控政策,这两者都会影响证券市场的波动。

5) 财政指标

财政指标包括财政收入和财政支出。财政收入,是指国家财政参与社会产品分配所取得的收入总和,是实现国家职能的财力保证,财政收入主要包括各项税收、专项收入、其他收入、国有企业计划亏损补贴等。财政支出,是指在市场经济条件下,政府为提供公共产品和服务,满足社会共同需要而进行的财政资金的支付。财政支出的结构会改变消费需求和投资需求的结构,从而对证券市场产生影响。财政收入与财政支出的差额即为赤字(差值为负时)或结余(差值为正时)。

(三) 宏观经济运行对证券市场的影响

证券市场存在于国民经济之中,同时又服务于国民经济的发展,宏观经济运行态势是影响证券市场走势的最基本因素,从长期来看,也是唯一要素。宏观经济运行对证券市场的影响,既包括经济周期、GDP等经济因素,也包括政府宏观调控等政策因素。

1. 宏观经济运行对证券市场的影响途径

1) 上市公司经营效益

宏观经济运行是影响公司生存发展的基本因素,而上市公司的经营业绩是影响投资者决策的关键要素,公司的经营业绩会随着宏观经济运行周期、宏观经济政策、利率水平和物价水平等宏观经济因素的变动而变动。如果宏观经济运行较好,企业总体盈利水平较好,其证券市场的价值上涨;反之,如果宏观经济运行较差,企业因投资和经营受到抑制,盈利下降,其证券市值就有可能缩水。

2) 居民可支配收入

宏观经济运行良好,经济周期处于上升阶段时,居民收入提高,将会在一定程度上拉动消费需求,从而增加相关企业的经济效益,同时居民的可支配收入提高,也会直接增加对证券的投资需求,从而推高证券的价值。

3) 投资资金成本

政府的货币政策会影响投资者的资金成本。当贷款利率提高时,一方面增加了企业的成本,从而降低了利润;另一方面提高了投资者的投资机会成本,从而促使股票价格下跌。另外,政府实施消费信贷管制、加征所得税等政策时,上市公司、各类投资者和普通居民的资金成本将随之增加,进而会影响上市公司的业绩水平、证券投资的意愿和投资能力,最终可能会造成证券市场下行。

4) 投资者对价格的预期

当宏观经济运行良好时,投资者对股价预期较好,市场信心十足,从而推动市场价格走高;反之,当宏观经济运行不佳,投资者对证券市场信心下降,从而引起市场价格下跌。

2. 经济周期对证券市场的影响

宏观经济的走势具有一定的周期性,宏观经济的这种周期性波动,称为经济周期。一个完整的经济周期一般分为四个阶段,即复苏、繁荣、衰退、萧条阶段。与实体经济周期变化相对应,证券市场也会作为"经济的晴雨表",呈现出上升期、高涨期、下降期和停滞期的交替出现。经济周期对证券市场走势的影响可以从经济周期各个阶段的运行轨迹来分析:

(1) 复苏阶段,即萧条与繁荣的过渡阶段。在这一阶段,各项经济指标显示经济已开始回升,公司的经营转好,盈利水平提高,居民收入增加,市场预期转好。证券市场流入的资金开始增多,投资者对证券投资产品的需求增大,从而推动证券价格上扬。良好的获利效应使投资者对证券市场的信心增强,更多的居民投资证券市场,形成股价上扬的良性循环。

(2) 繁荣阶段,即整个经济处于良性上涨阶段。在这一阶段,信用扩张,投资增加,消费旺盛,生产高涨,就业充分,市场预期较好。证券投资者信心十足,交易活跃,成交额不断增长。当经济繁荣达到过热阶段时,政府为调控经济会采取紧缩性的政策,公司业绩会因成本上升收益减少而下降,证券价格上升动力衰竭,往往预示着证券市场向下一个阶段转变。

(3) 衰退阶段,即经济从过热转为萧条的过渡阶段。在这一阶段,经济中生产总值开始下降,市场价格由繁荣末期的缓慢下跌变成急速下跌,证券市场表现不佳,证券收益甚至低于存款利率,投资者从证券市场将资金撤出,证券市场进入漫长的熊市。

(4) 萧条阶段,即经济活动低于正常水平的阶段。在这一阶段,市场信用收缩,投资减少,消费萎缩,生产下降,社会失业严重,市场预期不佳。证券市场不景气,市场人气极度低迷,成交量萎缩,处于疲软的熊市。当经济处于萧条阶段一段时间后,公司开始积极筹划未来,政府为了刺激经济增长,出台宽松性的政策,经济开始朝复苏期转变。由于对经济复苏的预期,一些有远见的投资者开始默默吸纳股票,股价缓缓回升。

需要注意的是,证券市场与宏观经济之间所具有的显著相关性只有在成熟的证券市场条件下才能表现出来。在不成熟的证券市场上,宏观经济走势和证券市场往往出现相互分离的状况。例如,我国近年经济强劲向上,而证券市场却表现不佳,证券市场与宏观经济走势相互背离极为严重。其中的原因较为复杂,在我国,影响上市公司股价或股市变动的核心因素并不是宏观经济基本面或公司基本面,而是我国证券市场的非市场化因素,尤其是股市机制和结构问题,政府作为市场的管理者,同时也是一个特殊的主体介入市场活动中,通过行政机制和行政手段对证券市场进行全程的监管,这就决定了中国证券市场与经济发达国家不一样,它不可能完全通过市场引导资源配置,形成规范的市场行为。随着我国相关政策法规的出台,我国股市的规范化、国际化程度将会日益提高,从而促使我国证券市场更加成熟。届时,我国股市将迎来真正的理性投资时代,其作为宏观经济晴雨表的功能也将逐步得以实现。

3. 政府经济政策对证券市场的影响

1) 财政政策

财政政策是政府通过如国家投资、税收、转移支付、国债政策等手段对经济实施干预的一系列方针、准则和措施的总称。政府运用财政政策来影响国民经济,一方面可以调节社会供需,减轻经济波动;另一方面可以优化社会资源配置,实现物价基本稳定、国际收支平衡等目标。财政政策分为扩张性财政政策、紧缩性财政政策和中性财政政策。一般情况下,当总需求不足,物价持续走低,经济出现衰退时,政府往往会实施扩张性财政政策,即增加政府投资、加大财政赤字、减少税收、扩大减免税范围等来刺激需求;相反,当总需求过旺,经济过热,出现通货膨胀时,政府往往会实施紧缩性财政政策,即减少财政支出,增加税收,减少减免税范围来抑制需求。在证券市场上,扩张性财政政策旨在刺激经济发展,促使证券市场走强,而紧缩性财政政策旨在控制过热的经济,使证券市场趋于下跌。财政政策的实施主要通过国家预算、税收、国债、财政补贴等手段,这些手段可以单独使用也可以相互配合使用,共同起到调节宏观经济的作用。

(1) 国家预算。国家预算是财政政策的主要手段。国家预算对经济的调控作用主要表现在以下两个方面:

第一,通过调整国家预算收支之间的关系,可以调节社会供求总量平衡。当社会总需求大于社会总供给时,国家预算采用"收大于支"的结余政策,压缩财政支出,可以缩小社会总需求,从而使证券市场交易趋淡。当社会总供给大于总需求时,国家预算采用"支大于收"的赤字政策,能够扩大社会总需求,从而促使证券市场价格上涨。在社会供求总量大体平衡时,国家预算实行收支平衡的中性财政政策与之配合。

第二,通过调整国家预算支出结构,可以调节国民经济中的各种比例关系和经济结构,促使社会的总供求结构平衡。财政投资的多少和投资方向直接影响和制约国民经济的部门结构,因而既具有造就未来经济结构框架的功能,也有矫正当期结构失衡状态的功能。结构的调整往往带来证券市场上某一类证券价格的变化。

但国家预算手段调控能力的大小,与财政收入占国民收入的比重关系极大。这一比例愈高,国家预算调控力度就愈大;反之,比重愈低,国家预算调控的力度就愈小。

(2) 税收。税收是国家凭借政治权力参与社会产品分配的重要形式,具有强制性、无偿性和固定性的特征,税收既是筹集财政收入的主要工具,又因具有多重调节职能成为宏观经济调控的重要手段。税率的降低或免税将有助于证券价格上涨,反之,将抑制证券价格上涨。

首先,税收影响公司的利润。在其他条件不变的情况下,公司税的调整直接影响公司的净利润,并进一步影响公司扩大生产规模的能力和积极性,从而影响公司未来成长的潜力。

其次,税收影响个人消费需求。降低税收、扩大减免税范围,将直接影响居民个人的实际收入水平,并同时增加他们的投资和消费的需求,增加投资需求会直接引起证券市场价格上涨,而增加消费需求会带动社会整体需求增加,总需求增加反过来刺激投资需求,有利于证券价格上涨。

(3) 国债。国债是中央政府按照有偿信用原则筹集财政资金的一种重要形式,同时也是实现宏观调控的重要财政政策手段。政府运用国债这个财政政策工具,往往要考虑多因素的调节作用。具体来说,国债对证券市场的作用主要表现在以下几个方面:

第一,发行国债可以调节资金供求和货币流通。中央政府通过扩大或减少国债的发行,降低或提高国债利率或贴现率,直接调节货币供求和货币流通量,从而调节整个国民经济。

第二,中央政府通过发行国债筹集资金并将资金运用到社会效益高的项目上,从而增加政府支出,刺激国民经济增长,有利于证券价格上涨。

综上,实施扩张性财政政策,究竟是减少国债发行还是增加国债发行,往往要考虑很多的因素。从增加社会货币流通量的角度出发,应减少国债的发行,使流入证券市场的资金增加,带动证券价格上涨,但减少国债发行又会影响政府的支出,给国民经济及证券市场上涨带来负面影响。

(4) 政府支出。加大政府的财政支出与财政赤字,可以提高社会整体需求,扩大就业,刺激经济的增长,这样企业利润也将随之增加,进而推动证券价格上涨,特别是与政府购买和支出相关的企业将最先、最直接获益,其证券价格将率先上涨。另外,扩大政府购买力,如增加政府在道路、桥梁、港口等非竞争性领域的投资,可直接增加相关产业(如水泥、钢筋建材等产业)的产品需求,从而调整国民经济的结构。

(5) 转移支付制度。转移支付制度是指中央财政将集中的一部分财政资金,按一定标准拨付给地方财政的制度。它的主要功能是调整中央政府和地方政府之间的财政纵向不平衡,以及调整地区间的财政横向不平衡。提高政府转移支付水平,如增加社会福利费用、增加为维持农产品价格而对农民的拨款等,会使一部分人的收入水平得到提高,也间接促进了公司利润的增长,因此有利于证券市场价格的上涨。一般来说,提高政府转移支付水平会扩大社会总需求和刺激供给增加,对证券市场是利好的消息。

2) 货币政策

货币政策是指政府为实现一定的宏观经济目标所制定的关于货币供应和货币流通组织管理的基本方针和基本准则。根据货币政策的方向可以分为宽松性货币政策和紧缩性货币政策。总的来说,宽松性货币政策将促使证券市场走强,紧缩性货币政策则使其趋弱。我国中央银行常用的货币政策工具主要有法定存款准备金率、存贷款利率、再贴现率、公开市场业务等。近年来,中国人民银行连续多次调整银行存贷款利率和法定存款准备金率,充分发挥这两大工具的作用,逐步加强对货币供应量的调控能力。

(1) 法定存款准备金率。法定存款准备金率是指中央银行规定的金融机构为保证客户提取存款和资金结算而准备的在中央银行的存款占其存款总额的比例。法定存款准备金率的作用效果十分明显,它在很大程度上限制了商业银行体系创造派生存款的能力。提高法定存款准备金率,将使商业银行的可运用资金减少,贷款能力下降,市场货币流通量减少;降低法定存款准备金率,将使商业银行的可运用资金增多,贷款能力增强,市场货币流通量加大。此外,法定准备金率还可通过货币乘数效应,对货币供给总量产生更大的影响。因此法定存款准备金率是一种影响货币供应的强有力的工具。

(2) 存贷款利率。在货币政策工具中,利率的调整对股价的影响是十分直接的,一般来说,利率的变动与股价运动呈反方向变化,即降低利率将促使股票价格上涨。如果政府采用扩张性政策,降低存贷款利率,那么投资于证券市场的机会成本就会降低,从而直接吸引储蓄资金流入股市,导致股票需求增加,刺激股价长期走好。

(3) 再贴现率。中央银行根据市场资金供求状况确定再贴现率,能够影响商业银行借款成本,进而影响商业银行对社会的信用量,从而调节货币供应总量。中央银行提高再贴现率,商业银行向中央银行融资成本增高,商业银行就会提高对客户的贴现率或贷款利率,使商业银行信用量收缩,减少市场货币量供应。反之,中央银行降低再贴现率,商业银行向中央银行融资成本降低,商业银行会降低对客户的贴现率或贷款利率,增加市场货币供应。

(4) 公开市场业务。在政府倾向于实施宽松性货币政策时,中央银行利用公开市场业务操作可以从两个方面影响证券市场:一方面,中央银行大量购买有价证券,增加市场上的货币供应量,会推动利率下调,降低资金成本,从而激发企业和个人的投资热情和消费热情,有利于推动股价上涨;另一方面,中央银行的公开市场业务直接以国债为操作对象,买卖国债通过货币政策和财政政策的双重效应调节经济状况。

选择性政策工具包括直接信用控制和间接信用指导。直接信用控制是以行政命令或其他方式,直接对金融机构尤其是商业银行的信用活动进行控制。其具体手段包括:规定利率限额与信用配额、信用条件限制,规定金融机构流动性比率和直接干预等。间接信用指导是指中央银行通过道义劝告、窗口指导等办法来间接影响商业银行等金融机构行为的做法。直接信用控制和间接信用指导通常和产业政策、区域政策结合使用,对证券市场走势产生结构性影响。对于国家优先发展的产业、支柱产业及农业、能源、交通、通信等产业,政府如果放松对商业银行的信贷管制,相应板块的股票价格往往会领涨于其他板块。

知识拓展

我国央行的"定向降准"

2020年4月3日,中国人民银行(央行)宣布决定对中小银行"定向降准"1个百分点,并下调金融机构在央行超额存款准备金利率至0.35%。

央行表示,为支持实体经济发展,促进加大对中小微企业的支持力度,降低社会融资实际成本,决定对农村信用社、农村商业银行、农村合作银行、村镇银行和仅在省级行政区域内经营的城市商业银行定向下调存款准备金率1个百分点,于4月15日和5月15日分两次实施到位,每次下调0.5个百分点,共释放长期资金约4 000亿元。

这不是第一次"定向降准",近年央行多次降低存款准备金率。

2018年4月25日,央行下调大型商业银行、股份制商业银行、城市商业银行、非县域农村商业银行、外资银行人民币存款准备金率1个百分点。

2019年5月6日,央行对中小银行实行较低存款准备金率政策,定向降准将分3次落地,并明确了3次落地的规模,即5月15日、6月17日分别下调县域农商行人民币存款准备金率1个百分点,7月15日下调其存款准备金率至8%。

2019年9月6日,央行决定于2019年9月16日全面下调金融机构存款准备金率0.5个百分点。在此之外,为促进加大对小微、民营企业的支持力度,再额外对仅在省级行政区域内经营的城市商业银行定向下调存款准备金率1个百分点,于10月15日和11月15日分两次实施到位,每次下调0.5个百分点。

2020年3月16日,央行决定于实施普惠金融定向降准,对达到考核标准的银行定向降准0.5~1个百分点。在此之外,对符合条件的股份制商业银行再额外定向降准1个百分点,支持发放普惠金融领域贷款。以上定向降准共释放长期资金5 500亿元。

资料来源:人民日报.环球网[EB/OL].(2020-04-07)[2020-04-07]. https://baijiahao.baidu.com/s?id=16632740798872182301&wfr=spider&for=pc.

需要注意的是,受到各类经济因素以及投资者预期因素的影响,在政策调整的消息出台后,证券市场的表现有时与理论上的推导相一致,有时可能会有偏差,甚至反向运动,但财政政策与货币政策对股市的影响是十分深远的,它能在较长的时期内影响股价的运行趋势。因此,正确预测与把握国家的财政政策和货币政策,认真分析财政政策和货币政策对经济形势的综合影响,是进行证券投资决策必不可少的理论依据。

(四)其他宏观因素分析

宏观环境对证券市场的影响因素很复杂,除了宏观经济因素,还有政治因素、战争因素等其他因素。这就使得宏观环境影响证券市场的过程并不那么简单,其间充满了复杂性与多变性。

1. 政治因素

政治因素包括能够影响证券市场的政治事件以及政府的政策措施。例如,政局稳定对证券市场具有良好的影响,政局不稳是导致股票下跌的重要因素。国内政局的变化、政治风波等也会对股票产生重大影响。从外交关系来看,当今世界各国间经济的关联性越来越紧密,国际形势的风云变幻,会直接影响到企业的生产经营活动,随着经济全球化的日益加深,这种状况会表现得更加明显。此外,战争因素也会影响证券市场,因为经济的全球化效应是相互影响的,但是战争对不同行业的股票价格影响又不同,如战争使军需工业兴盛,凡是与军需工业相关的公司的股票价格必然上涨。

2. 市场自身因素

证券市场的变化也会受市场自身因素的影响,如投资者的心理与预期、证券行市自身特有的运行规则。特别在股票市场上,久涨必跌,久跌必涨,是一个普遍的规律。证券市场行情的起起落落,既是市场自身运行的规律,也反映了市场投资者的心理变化和对发行公司未来的价值判断。此外,人为操纵股价在股市上难以避免,尤其是在股票市场尚不成熟,市场监管制度又不够健全的情况下,其操纵情况更为常见,这些都是市场自身不可确定的因素。

3. 其他不确定因素

其他不确定因素不是证券价格波动的直接原因,但是由于与人们的经济生活相关,最终会在证券行市中表现出来。

(1) 自然灾害的影响。自然灾害并非政治或经济因素,但却影响到经济的健康发展和政治上的变化,对证券市场的价格有时起着决定性的影响。自然灾害是人类目前无法完全回避和消除的灾难,如干旱、洪涝、荒漠化等,它所造成的影响对社会经济的发展会形成重大打击,表现为设备受损、生产停顿、经济停滞、投资者预期较差等方面,使行市波动,投资价值下降。

(2) 重大疫情传播。一般情况下,随着疫情的发生,都会影响和降低疫情发生国的GDP的增幅,这种影响在证券市场上的表现是十分明显的。

二、股票行业分析

(一) 行业分析概述

行业是指生产同类产品或具有相同工艺过程或提供同类劳动服务的企业集合,如服装行业、通信行业、金融行业、电力行业、机械行业等。行业分析是介于宏观和微观之间的重要的经济因素,是证券投资基本分析的重要环节。在国民经济中,一些行业的增长率与国内生产总值的增长率保持同步,另一些行业的增长率高于国内生产总值的增长率,还有一些行业的增长率则低于国内生产总值的增长率。在一般情况下,某一企业的增长情况与其行业的增长方向是基本一致的。故投资者在投资过程中对行业的正确选择,分析竞争类型、生命周期和影响行业发展的有关因素就显得较为重要了。通过行业分析,投资者可以了解到处于各市场类型、各生命周期不同阶段上的行业的产品生产、竞争状况以及盈利能力等方面的信息,从而有利于正确地选择适当的行业进行有效的投资,进而筛选出具有投资价值的上市公司。

知识拓展

"行业"和"产业"

在证券投资分析中,常把行业与产业视为同义语,但严格来讲,行业与产业是有区别的,产业是指由利益相互联系的、具有不同分工的、由各个相关行业所组成的业态总称。世界各国对产业的划分不完全一致,但基本可划分为三大类:第一产业、第二产业和第三产业。

我国国民经济行业共分为20个门类,按三产业划分如下:

第一产业(1个门类),是指农、林、牧、渔业,包括农、林、牧、渔服务业。

第二产业(4个门类),包括:采矿业;制造业;电力、燃气及水的生产和供应业;建筑业。

第三产业(15个门类),是指除第一、第二产业以外的其他行业,包括:交通运输、仓储和邮政业;信息传输、计算机服务和软件业;批发和零售业;住宿和餐饮业;金融业;房地产;租赁和商务服务业;科学研究、技术服务和地质勘察业;水利、环境和公共设施管理业;居民服务和其他服务业;教育;卫生、社会保障和社会福利业;文化、体育和娱乐业;公共管理与社会组织;国际组织。

资料来源:百度百科. 产业[EB/OL]. https://baike.baidu.com/item/%E4%BA%A7%E4%B8%9A/2282595?fr=ge_ala.

(二) 行业分类

要进行行业投资分析就有必要对行业进行有效的分类。目前对行业的分类有多种方法,如联合国标准行业分类法、我国的国民经济行业分类法等。这里介绍传统的标准行业分类和证券市场的行业分类。

1. 传统的标准行业分类

(1) 联合国标准行业分类。为便于汇总各国的统计资料并进行互相对比,联合国经济和社会事务统计局于1971年制定了《全部经济活动国际标准行业分类》。它把国民经济划分为10个大门类,对每个门类再划分为大类、中类、小类。

(2) 我国国民经济行业分类。为适应社会主义市场经济的发展,正确反映国民经济内部的结构和发展状况,我国在1994年行业分类标准的基础上,于2002年又推出了新的国民经济行业分类国家标准。新修订的《国民经济行业分类》将标准名称由《国民经济行业分类与代码》改为《国民经济行业分类》,并对门类、大类、中类和小类进行了调整。新行业为20个门类、95个大类、396个中类、913个小类,与1994年的行业分类比较,门类增加了4个,大类增加了3个,中类增加了28个,小类增加了67个。新标准基本反映出了我国目前的行业结构状况。

传统的标准行业分类大类类目如表3-4所示。

表3-4　　　　　传统的标准行业分类大类类目一览表

传统标准行业分类	联合国标准行业分类	我国国民经济行业分类	
大类类目	(1) 农业、畜牧狩猎业、林业和渔业 (2) 采矿业及土、石采掘业 (3) 制造业 (4) 电、煤气和水 (5) 建筑业 (6) 批发和零售业。 (7) 运输、仓储和邮电通讯业 (8) 金融、保险、房地产和工商服务业 (9) 政府、社会和个人服务业 (10) 其他	A:农、林、牧渔业 B:采矿业 C:制造业 D:电力、燃气及水的生产和供应业 E:建筑业 F:交通运输、仓储和邮政业 G:信息传输、计算机服务和软件业 H:批发和零售业 I:住宿和餐饮业 J:金融业 K:房地产业 L:租赁和商务服务业	M:科学研究、技术服务和地质勘查业 N:水利、环境和公共设施管理业 O:居民服务和其他服务业 P:教育 Q:卫生、社会保障和社会福利业 R:文化、体育和娱乐业 S:公共管理和社会组织 T:国际组织

2. 证券市场行业分类

从证券投资的角度来看,一般的投资者关心的只是他们投资的证券是否能保值增值,因此,证券市场的行业分类要重点反映产业的盈利前景。产业的发展前景与许多因素有关,因此从证券市场角度进行产业的分类也有多重标准。

1) 我国上市公司行业分类

随着证券市场的发展,针对沪、深两交易所的上市公司行业分类问题,2001年4月4日,中国证监会公布了《上市公司行业分类指引》(以下简称《指引》)。《指引》是以我国国家统计局公布的《中华人民共和国国家标准(GB/T 4754—1994)》为主要依据,并在借鉴联合国国际标准产业分类、北美行业分类体系相关内容的基础上而制定的。

《指引》以在中国境内证券交易所挂牌交易的上市公司为基本分类单位,规定了上市公司分类的原则、编码方法、框架及其运行与维护制度等内容。《指引》以上市公司营业收入为分类标准,所采用的财务数据为经会计师事务所审计的合并报表数据。当公司某类业务的营业收入比重大于或等于50%,则将其划入该业务相对应的类别;当公司某类业务的营业收入比重比其他业务收入比重均高出30%,但该业务收入比重低于50%,则将该公司划入此类业务相对应的行业类别;否则,将其划入综合类。《指引》将上市公司的经济活动分为门类、大类两级,其下的中类作为支持性分类参考。上市公司被分成13个门类:农、林、牧、渔业;采掘业;制造业;电力、煤气及水的生产和供应业;建筑业;交通运输、仓储业;信息技术业;批发和零售贸易;金融、保险业;房地产;社会服务业;传播与文化产业;综合类。

2) 道琼斯指数行业分类

针对上市公司的行业分类,道琼斯分类法是最常用的分类法之一。道琼斯指数行业分类相对较为简单。道琼斯分类法将股票分为工业、运输业和公用事业三类,然后选取有代表性的股票。虽然入选的股票并不涵盖这类行业中的全部股票,但足以代表该行业的变动趋势,具有相当的代表性。在道琼斯指数中,工业类股票取自工业部门的30家公司,包括采掘业、制造业和商业;运输业类股票取自20家交通运输业公司,包括航空、铁路汽车运输与航运业;公用事业类股票取自6家公用事业公司,包括电话公司、煤气公司和电力公司等。

3) 根据行业的发展与国民经济周期性变化的关系分类

(1) 成长型行业。成长型行业的运动状态与经济活动总水平的周期及其振幅无关。这些行业销售收入和利润的增长速度不受宏观经济周期性变动的影响,特别是经济衰退的消极影响。它们依靠技术进步、推出新产品、提供更优质的服务及改善经营管理,可实现持续成长。例如,在过去的几十年内,计算机和打印机制造业就是典型的成长型行业。

(2) 周期型行业。周期型行业的运动状态直接与经济周期相关。当经济处于上升时期,这些行业会紧随其扩张;当经济衰退时,这些行业也相应跌落。产生这种现象的原因是,当经济上升时,对这些行业相关产品的购买被延迟到经济改善之后。例如,珠宝业、耐用品制造业及其他依赖于需求的具有收入弹性的行业就属于典型的周期性行业。

(3) 防御型行业。防御型行业的运动状态不受经济周期的影响。也就是说,无论宏观经济处在经济周期的哪个阶段,行业的销售收入和利润均呈缓慢增长态势或变化不大。正因如此,对防御型行业的投资属于收入投资,而非资本利得投资。例如,食品业和公用事业就属于防御型行业,因为社会需求对其产品的收入弹性较小,所以这些公司的收入相对稳定。

4) 根据行业未来可预期的发展前景分类

(1) 朝阳行业,是指未来发展前景看好的行业,如目前的信息行业。朝阳行业尽管发展前景一片光明,但在创立之初常常十分弱小,此时它又被称为幼稚行业。

(2) 夕阳行业,是指未来发展前景不乐观的行业,如目前的钢铁业、纺织业等。朝阳行业和夕阳行业的划分具有一定的相对性,一个国家或地区的夕阳行业在另一个国家或地区则可能是朝阳行业。

5) 按照行业所采用的技术先进程度分类

(1) 新兴行业,是指采用新兴技术进行生产,产品技术含量高的行业,如人工智能行业。

(2) 传统行业,是指采用传统技术进行生产,产品技术含量低的行业,如资源型行业。

由于技术的不断更新和发展,新兴行业和传统行业之间的区分是相对的。目前,两者之间的区分标准如下:以第三次技术革命为标的,以微电子技术、基因工程技术、海洋工程技术、太空技术等为技术基础的行业称为新兴行业,而以机械、电子等为技术基础的行业称为传统行业,新兴行业和传统行业内部也可进一步分类,一般来说,新兴行业多为朝阳行业,传统行业多为夕阳行业。

6) 按照行业的要素集约度分类

(1) 资本密集型行业是指需要大量资本投入的行业,通常情况下,资本是不可替代的短缺资源,因而资本密集型行业容易产生垄断。

(2) 技术密集型行业的技术含量较高,由于技术的不断更新,容易导致竞争。

(3) 劳动密集型行业主要依赖于劳动力,由于劳动是一种可替代性较强的生产要素,容易受到技术革新的冲击。

(三) 行业分析的主要内容

行业分析是对上市公司进行分析的前提,也是连接宏观经济分析和上市公司分析的桥梁,是基本分析的重要环节。行业分析是指利用经济学、统计学、计量经济学等分析工具对行业经济的运行状况、产品生产、销售、消费、技术、行业竞争力、市场竞争力、市场竞争格局、行业政策等要素进行分析,从而发现行业运行的内在经济规律,进而进一步预测未来行业发展趋势,选择投资方向。

1. 行业的市场类型

市场类型划分的标准是市场竞争或者垄断的程度,根据行业中企业数量、产品性质、价格的制定和其他一些因素,各行业基本上可分为以下四种市场类型。

1) 完全竞争市场

完全竞争是指众多生产者生产同质产品的市场情形,其特点如下:

(1) 生产者数量众多,各种生产资料可以完全流动。

(2) 市场上企业生产的产品是同质的、无差别的。

(3) 生产者不是价格的制定者,生产者的盈利基本上由市场对产品的供需状况来确定。

(4) 生产者和消费者对市场都非常了解,并可自由进入和退出这个市场。

从上述特点可以看出,完全竞争的实质在于所有的企业都无法控制市场的价格,产品无法差异化。完全竞争市场是一种理论上的假设,现实中较少出现绝对的完全竞争市场。

2) 垄断竞争市场

垄断竞争即不完全竞争,是指许多生产者生产同种、不同质产品的市场情形。市场上的企业既有一定的垄断力,也存在着激烈的竞争。在垄断竞争市场中,垄断现象是由产品差异引起的,竞争是由产品的可替代性带来的。制造业的市场类型一般都属于这种类型。其特点如下:

(1) 生产者众多,各种生产资料可以自由流动。

(2) 企业生产的产品是不同质的,即产品在质量、商标、包装、大小、服务等方面具有一定的差别。

(3) 由于产品差异性的存在,生产者可借以树立自己产品的品牌,从而对其产品的价格有一定的控制能力。

3) 寡头垄断市场

寡头垄断是指相对少量的生产者在某种产品的生产中占据很大市场份额的市场情形。在这个市场上通常存在着一个起领导作用的企业，其他的企业则随该企业的定价与经营方式的变化而相应地进行某些调整，处于领导地位的企业不是固定不变的，它随企业实力的变化而变化。资本密集型、技术密集型产品（如钢铁、汽车），以及少数储量集中的矿产品（如石油等）市场类型多属此类。其特点如下：

(1) 行业初始投入资本较大，组织了大量中、小企业的进入，生产者较少。

(2) 每个企业的经营方式和竞争策略都会对其他企业产生影响。

(3) 产品差别可有可无。

4) 完全垄断市场

完全垄断是指独家企业生产特质产品（没有或缺乏相近的替代品）的市场情形，完全垄断可分为政府完全垄断和私人完全垄断两种。在这种市场中，市场被独家企业所控制，但垄断者制定产品价格与生产数量的自由是受限制的，它要受到反垄断法和政府管制的约束。公用事业和某些资本、技术高度密集型或稀有资源的开采等行业属于这种完全垄断的市场类型。其特点如下：

(1) 一个行业仅有一个企业，这个垄断企业构成了一个行业，其他企业不可能进入该行业。

(2) 产品没有或缺少合适的替代品，因此垄断者能够根据市场的需求情况制定理想的价格和产量，在高价寡销和低价多销之间进行选择，以获取最大的利润。

2. 行业的生命周期

每个行业都要经历一个由成长到衰退的发展演变过程，这个过程就称为行业的生命周期。一般来说，行业的生命周期可分以下四个阶段。

1) 初创期

在新行业的初创期里，由于新行业刚刚诞生或创建不久，只有为数不多的创业公司投资这个新兴的行业。这些创业公司具有较高的研究和开发费用，而社会对其产品的认可度不高，因此财务上不但没有盈利，反而普遍亏损，同时也面临很大的投资风险。在初创期后段，随着行业生产技术的提高，生产成本的降低和市场需求的扩大，新行业逐步由高风险、低收益的初创期转向高风险、高收益的成长期。初创期的行业证券风险较高，投机性强，价格波动不可避免。

2) 成长期

成长期是行业发展的黄金时期。新行业生产的产品经过广泛的宣传和消费者的试用，逐渐以其自身的特点（如新用途，新设计等）赢得了广大消费者的欢迎，市场需求开始上升，新行业随之趋于繁荣。同时，由于市场前景看好，投资于新行业的厂商大量增加，产品也由单一、低质、高价逐步向多样、优质和低价的方向发展，因而新行业出现了生产厂商和产品相互竞争的局面。到了成长期的后期，在优胜劣汰的竞争规律作用下，市场上的生产厂商在大幅度下降之后便开始稳定下来。处于成长期的行业的证券是较好的投资对象，随着行业利润的上涨，其证券价格上涨具有长期性。例如，我国的电子、通信、电力、旅游、交通等行业。

3) 稳定期

稳定期是一个相对较长的时期。在这一时期，在竞争中生存下来的少数大厂商垄断了整个行业的市场，每个厂商都占有一定比例的市场份额，由于彼此势均力敌，市场份额比例发生变化的程度较小。行业的利润则由于一定程度的垄断,达到了很高的水平,而风险却因市场比例比较稳定、新企业难以与老企业相竞争而下降。由于技术创新、产业政策、经济全球化等,处于稳定期的行业也可能迎来新的增长。处于稳定期的行业的证券价格快速增长的可能性较小,但利润相对稳定,证券价格稳步攀升。目前,我国家电、钢铁、建材、化工、汽车等行业处于此阶段。

4) 衰退期

行业衰退是必然的。经过较长的稳定期后,由于新产品和大量替代品的出现,原行业的市场需求开始逐渐减少,产品的销量也开始下降,某些厂商开始向其他更有利可图的行业转移资金,因此该行业出现了厂商数目减少、利润下降的萧条景象。至此,整个行业便进入生命周期的最后阶段,即衰退期。

3. 影响行业兴衰的因素

行业的兴衰受到多种因素的影响,既包括政府的影响,也包括社会倾向的改变和技术因素的影响,以及相关行业变动因素的影响。在同一时期,一些行业与国民经济同步增长,一些行业可能领先于国民经济增长,还有一些行业可能随着国民经济的增长反而衰落甚至消失。

1) 技术进步

目前,人类社会正处于知识经济时代,不仅新兴学科不断涌现,而且理论科学朝实用技术的转化过程大大缩短,速度大大加快,这直接而有力地推动了经济的迅速发展。技术进步对行业的影响是巨大的,技术催生新行业的同时,也加速了旧行业进入衰退期。第二次世界大战后,工业发展的一个显著特点是新技术在不断地推出新行业的同时,也在不断地淘汰旧行业。例如,大规模集成电路计算机代替了一般的电子计算机,通信卫星代替了海底电缆等。这些新产品在定型和大批量生产后,市场价格大幅度地下降,从而很快就能被消费者所使用。又如,20世纪90年代以来信息技术实现巨大突破,特别是互联网和电子商务的发展,是一次前所未有的技术与制度创新,甚至使人们的思维方式发生了转变。新兴行业的创新特点使其能够很快地超过并代替旧行业,或严重地威胁原有行业的生存。

2) 政府的影响

政府在市场经济中的职能主要表现为制定经济规范与维护市场秩序、保持宏观经济稳定、提供公共物品、消除消极外部性、实现社会公平及创造有利于本国经济发展的国际环境。就行业而言,政府的影响从多方面体现出来。例如,对于关系国民经济发展全局和国家安全的行业,政府从经营范围、增长速度、价格政策、利润率等方面进行管控;对于一般竞争性行业,政府主要维护自由和公平竞争。

从手段上来看,政府对行业的影响和干预主要通过产业政策来实现,当政府鼓励某一行业的发展,就会相应增加该行业的优惠贷款量,限制该行业国外产品的进口,降低该行业的所得税,这些措施会刺激该行业的股价上涨。相反,如果政府要限制某一行业的发展,就会对该行业的融资进行限制,提高该行业的公司税收,并允许国外同类产品进口,该行业的股票价格便会下降。

3) 社会倾向的改变对行业的影响

随着人们生活水平和受教育水平的提高及社会文明程度的变化,人们的消费心理、消费习惯和社会责任感会逐渐改变,从而引起对某些商品的需求变化,继而影响到相关行业的兴衰。例如,在解决了基本温饱之后,人们会更注重生活质量,绿色食品和不受污染的纺织品

(如纯棉衣物)将备受青睐,在物质生活丰富后,人们更注重智力投资和丰富的精神生活,教育、旅游将成为新的消费热点等。

此外,在当今社会,消费者和政府越来越强调经济行业应承担的社会责任,即企业为社会所带来的种种影响。这种日益增强的社会意识或社会倾向对许多行业已经产生了明显的作用。例如,防止环境污染、保持生态平衡已成为工业化国家的一个重要发展趋势。

知识拓展

由社会倾向扭转劣势的鸿星尔克

鸿星尔克实业有限公司(以下简称鸿星尔克)创立于2000年6月,为集研发、生产、销售为一体的大型运动服饰企业。鸿星尔克在全世界拥有店铺7 000余家,在全球100多个国家拥有商标专有权,品牌价值突破219亿元,并于2005年11月在新加坡上市。

但在2020年,鸿星尔克亏损2.2亿元,并且由于财务问题,鸿星尔克的股票也处于退市阶段。2020年,鸿星尔克的全年营业收入为28.43亿元,仅为安踏355.1亿元年收入的1/12。鸿星尔克一直处于亏损状态,2020年上半年的亏损额达60万元。

2021年河南受灾后,鸿星尔克分别向郑州慈善总会和壹基金两家公益机构共计捐出5 000万元物资,捐款后由网友自发在互联网上口口相传,连续多日占据微博热搜,直播间火爆,线下门店也挤满了顾客,部分实体店销售额暴增10多倍。

资料来源:贝果财经.捐资5 000万元,引发网友野性消费,鸿星尔克爆火会是昙花一现吗?[EB/OL].(2021-07-28)[2023-06-20]. https://zhuanlan.zhihu.com/p/393668321.

4) 相关行业变动因素的影响

(1) 如果相关行业的产品是该行业生产的上游产品,那么相关行业产品价格变化与该行业的生产成本直接相关,相关价格上涨必然带来该行业成本上升,利润下降,导致证券价格下跌。例如,钢材价格上涨,可能会使生产汽车的公司股票价格下跌。

(2) 如果相关行业的产品是该行业产品的替代品,那么如果相关行业产品价格上涨,在其产品需求下降的同时,就会提高对该行业产品的市场需求,从而使市场销售量增加,公司盈利也因此提高,股价上升。例如,茶叶价格上升,可能对经营咖啡制品的公司股票价格带来利好影响。

(3) 如果相关行业的产品与该行业生产的产品是互补关系,那么相关行业产品价格上涨,对该行业内部的公司股票价格将产生不利影响。例如,1973年石油危机爆发后,美国消费者开始偏爱小型节油汽车,对美国传统汽车制造业造成相当大的打击,其股价大幅下跌。

三、股票公司分析

上市公司股票价格的变化,除了受宏观因素和公司所处行业的发展趋势影响,还受到公司内在因素的影响。投资者通过对影响公司股价变动的公司内部因素、公司经营策略、公司历史业绩和前景分析,可以判断出某个公司投资价格的高低及股价的可能变动趋势。

(一) 公司基本素质分析

公司基本素质分析主要针对上市公司的基本资料,综合考察公司的内部条件和外部环境,分析上市公司自身的优势和劣势、面临的挑战和机遇、发展的可行性和现实需要等。上市公司的基本资料信息,可以通过各种股票分析软件、各类网站、报刊、广播电视等媒体以及公司内部资料等渠道来搜集和整理。公司基本分析大致可以分为公司基本情况分析、公司经济区位分析、公司竞争地位分析和公司经营管理能力分析几类。

1. 公司基本情况分析

公司基本情况包括公司规模、背景和历史沿革、经营范围、所属行业、股权结构等多方面的内容。通过公司基本情况分析,我们能对公司有一个总体把握,对公司的现状和发展前景有一个初步的认识。下面就其中几个内容进行介绍:

(1) 公司所属行业。公司所属行业包括行业的发展历史沿革与发展前景、影响行业增长和盈利能力的关键因素、行业进入壁垒、来自行业内外的竞争、政府的产业支持或管制政策、上下游产业的市场前景和供需状况、国民经济波动对行业发展的影响等。

(2) 公司的背景和历史沿革。公司的背景和历史沿革,包括公司性质,集团及其关联企业、公司规模、股本、主要投资者、公司的中长期发展战略和发展方向的历史沿革等。公司的历史沿革体现了公司的成长历史。通过对公司历史沿革的分析,我们不仅能了解到公司的实际变化过程,而且能了解公司过去所发生的一切重大事项及管理层当时应对的态度和能力。考察公司历史应与当时的经济形势、同行业的动态等外部环境相联系,既要重视公司的成功经验,也要考察公司失败的教训。

(3) 公司的股权结构。股权结构是公司法人治理结构的基础。规范的股权结构需要满足三点:一是股权集中度适中,二是流通股权适度集中,三是股权流通性强。公司的管理机构分为董事会、经理层和职能部门三个层次,即决策层、管理层和操作层。决策层主要是对公司经营方向、筹资方式等重大方针做出决定;管理层主要是贯彻决策层的意图,完成既定的目标和计划,协调各部门的工作,进行日常的全局管理;职能部门则在管理层的指挥下各司其职,保证公司日常工作顺利进行。

2. 公司经济区位分析

公司经济区位是指地理范畴上的经济增长点及其辐射范围,公司所在资本、技术和其他经济要素高度集聚并且经济发展快速的地区,对于公司的发展具有较大的作用。上市公司的投资价值与经济区位的发展密切相关。

(1) 区位内的自然资源和基础设施。自然资源和基础设施包括矿产资源、水资源、能源、交通、通信设施等。如果上市公司的主营业务能够获得当地的自然资源和基础设施的有效支撑,则有利于公司的发展,否则就会成为公司发展的障碍。

(2) 区位内的产业政策。为了促进区位经济的发展,中央和地方政府一般都会制定区位经济发展规划和产业布局战略,确立优先发展和扶植的产业,并给予一定的财税、信贷、土地等多方面的优惠政策。如果区位内的上市公司的发展方向与区位经济发展战略要求相符,通常都会受惠于各种优惠政策,从而加快自身发展。

(3) 区位比较优势和特色。区位比较优势和特色是指区位内经济相对于区位外经济的比较优势,包括区位内的经济发展环境、条件与水平、经济发展现状等。区位优势可以使该区位内的相关上市公司,在同等条件下比其他区位主营业务相同的上市公司具有更大的竞争优势和发展空间。

3. 公司竞争地位分析

公司竞争地位分析的目的是判断公司在所处行业中的竞争地位。例如,是否是龙头企业,在价格上是否具有影响力,是否具有竞争优势等。在大多数行业中,总会有一些企业比其他企业具有更强的获利能力,企业的行业地位决定了其盈利是高于还是低于行业平均水平,决定了其在行业内的竞争地位。判断公司竞争地位应主要从以下三方面入手:公司产品分析、公司市场营销分析、公司技术创新能力分析。

(1) 公司产品分析。公司产品是公司赖以生存的基础,公司产品是否具有市场竞争能力取决于公司产品成本、产品质量和生产技术是否具有比较优势。产品的成本优势可以通过规模经济、专有技术、优惠的原材料价格、低廉的劳动力、科学的管理、发达的营销网络等来实现。

① 技术优势是指公司拥有的比同行业其他竞争对手更强的技术实力及研究开发新产品的能力。这种能力主要体现在市场的技术水平和产品的技术含量上。

② 质量优势是指公司的产品以高于其他公司同类产品的质量赢得市场,从而取得竞争优势。由于技术能力及管理等诸多因素的差别,不同公司间相同产品的质量是有差别的,消费者在进行购买选择时,产品的质量始终是影响他们购买倾向的一个重要因素。

市场占有率水平是分析公司产品情况的一个重要的参考依据,一家出色的企业往往历史悠久、客户稳定、信誉良好,其面临的商业风险相对较小。按照市场竞争的一般规律,只有竞争地位出众、市场占有率不断提高,特别是具有垄断优势的公司才能成为行业巨头,这些公司是投资者首选的投资品种。

(2) 公司市场营销分析。公司的市场营销情况包括公司的主要产品的市场需求弹性、产品销售的季节性或周期性波动特点、主要客户组成及与主要客户的关系、产品覆盖的地区与市场占有率、销售成本与费用控制、顾客购买力和满意度、主要竞争对手的市场占有率等。

(3) 公司技术创新能力分析。由于科技的不断进步,产品更新换代的速度越来越快,公司要想保持和巩固其市场地位,赢得竞争优势,就必须不断地开发新产品,应用新技术,引入新机制,否则迟早会被市场淘汰。分析一家上市公司产品开发、技术创新能力可以从以下几方面入手:

① 公司的研发现状,包括公司研发的重点项目、研发设施和研发人员的比例、研发费用支出占销售收入的比率、新产品开发频率与市场需求、生产规模和投资需求等。

② 人力资源状况,即公司是否拥有稳定的专业人才和技术骨干队伍,稳定人才的措施是否得力、到位。

③ 研究机构的设置状况。公司通过独立研究、委托研究、合作研究等方式将经济资产与科技资产结合、重组,从而奠定公司技术创新的基础。

④ 公司关于研发的战略状况。判断公司现有产品所处的生命周期阶段,及时制订和修订新产品开发计划,从人员、技术设备资金供应等方面保证新产品开发工作正常进行,并注意新产品对公司经济效益的影响。

4. 公司经营管理能力分析

公司的经营管理能力体现在多方面,如完备的多层次的管理机构,公司的生产能力或经营能力的利用程度,公司现有的厂房、设备、人员和资金等资源的利用率等。此外,一个具有较强经营管理能力的公司会经常进行产品市场调查,分析市场供需状况及消费者的新需求,组织新产品的研制和开发,不断设计、试制、试销新产品,保持公司产品的生命力,不断开拓新的市场,提高市场占有率等。

（1）公司主营业务状况。任何公司都有其特定的经营范围，公司在这一范围内通过组合生产经营要素来实现自己的盈利。上市公司一定要有鲜明的主业才能在激烈的市场竞争中取胜。如果公司没有进行过根本性的产业转移和多种经营，主营业务状况在相当程度上决定着公司经营状况与盈利能力，进而决定着投资者的投资回报。

① 公司的经营方式。经营方式分析主要考察公司是单一经营还是多元化经营。多元化经营的优点是风险相对分散，但容易导致公司经营管理缺乏针对性，造成主业不精，影响公司盈利增长；单一经营的缺点是风险相对集中，但如果其产品占有很大的市场份额，公司盈利也会很丰厚。

② 主营业务的盈利能力和主营业务利润占净利润的比重。主营业务的盈利能力是指主营业务利润占主营业务收入的比重，主营业务盈利能力越高，说明公司为实现一定的主营收入而实际付出的物化劳动和活劳动相对较少，或者意味着公司付出一定的物质消耗和劳动消耗实现的主营产出相对较多。该指标可以综合反映公司主营产品的科技含量和附加价值的大小、主营产品的竞争力和市场销售情况。

主营业务利润占净利润的比重可以衡量企业净利润的可信度和企业可持续发展能力的强弱。一般而言，一个优秀的企业，其主营业务利润占净利润总额的比重要达到70%以上；而那些利润的取得主要依赖于企业无法控制和具有较大偶然性的投资收益、财政补贴或者营业外净收入的企业，它们的经营业绩尽管也一时"惊人"，但因为基础不牢固，其业绩往往不稳定。

③ 主营业务规模的扩展情况。衡量一家上市公司主营业务规模的扩展情况，一方面要看该公司主营业务收入的增长情况；另一方面要看该公司主营利润的增长和主营收入的增长是否相适应。前者是从外延的角度对公司主营业务扩展的"量"的考察，后者是从内涵的角度对公司主营业务发展的"质"的考察。一个发展势头良好的企业，其主营业务的发展总是伴随着利润的相应增长。

（2）公司人才素质状况。企业竞争的焦点是人才的竞争，一个企业人才素质的好坏从根本上决定着企业的生存，特别是管理人员的素质与能力在公司经营能力分析中较为重要，没有高素质的人才，公司的经营管理能力便无从谈起。

① 公司管理层的素质。公司管理层人员包括公司的各级经理人员。公司管理层的素质在企业发展中起决定性作用，直接关系到公司的业绩表现。在我国，由于企业家的市场生成机制还不成熟，外部约束机制又很不健全，公司管理层的素质水平良莠不齐。

② 公司员工的素质。上市公司员工是公司经营的主体，他们的文化和业务素质对公司的发展起着至关重要的作用，公司员工应该具有以下素质：专业技术能力、对企业具有一定忠诚度、责任感、团队合作精神和创新能力等。反映劳动力素质的指标主要有劳动者平均受教育水平、高学历的人数构成、职工技术水平构成、劳动生产率等。

（3）公司的经营战略分析。公司经营战略是对公司经营范围的科学规定，也是制定公司规划的基础，它需要在符合和保证公司长期发展目标的同时，在充分利用环境中存在的各种机会的基础上确定公司同环境的关系，规定公司从事的经营范围、成长方向和竞争对策，合理调整公司结构和分配公司的资源。它从宏观上决定了公司的成长方向、成长速度和实现方式。

分析一个公司的经营战略，可以通过收集公开信息、到公司调查走访等途径实现。在此基础上考察和评估公司管理层的稳定性及其对公司经营战略的影响,分析公司的投资项目、公司的主要优劣势、薪酬激励制度、人力资源管理体制等,从而分析公司的经营战略是否恰当。

(二) 公司财务状况分析

1. 财务分析概述

公司财务分析,又称财务报表分析,是指上市公司的关注者以公司的财务报表为主要依据,采取一定的标准和系统科学的方法,综合分析和评价公司的财务状况和经营成果,以便为相关决策提供参考。公司财务报表提供了公司财务的基本信息,但不同的使用者在运用这些信息进行分析时的目的并不相同。

1) 财务分析的利益相关者

(1) 公司的投资者。公司的现有股东和潜在股东作为主要投资者,考虑最多的是以尽可能小的投资风险获取尽可能多的投资回报。因此,他们进行财务报表分析的目的在于估计公司的未来收益和风险水平,较多关注公司的盈利能力和市场竞争能力,以便决定是投资还是撤资。

(2) 公司的债权人。债权人最为关心的是上市公司是否具有偿还债务的能力,通过公司财务报表分析,判断公司的偿债能力,以决定是否撤回投资。短期债权人一般关心上市公司支付短期债务的能力,对上市公司的获利能力并不十分在意,而长期债权人的利息和本金是否能按期清偿,与上市公司是否具有长期获利能力、良好的现金流动性密切相关,因此他们比较关心上市公司的长期偿债能力。

(3) 公司管理者。公司管理者关注公司各方面的财务信息,包括偿债能力、盈利能力、营运能力和持续发展能力等。他们根据财务报表的数据,以及外部使用人无法获得的内部信息,能够了解公司最真实的经营状况,以便发现问题,采取对策改善经营决策。

(4) 政府管理部门。政府管理部门包括财政审计部门、工商税收部门、证券管理机构和社会保障部门等,他们分析公司的财务报表是为了履行职责,督促公司依法经营、依法纳税,以及履行必要的社会责任。

(5) 同行业竞争对手。竞争对手希望获取关于上市公司财务状况的会计信息及其他信息,借以判断上市公司的相对效率,同时,还可为未来可能出现的上市公司兼并提供信息。因此,竞争对手可能把上市公司作为关注目标,因而他们对上市公司财务状况的各个方面均感兴趣。

(6) 其他相关人员。其他相关人员包括专业的证券投资分析师、注册会计师、律师、公司雇员等。通过财务报表分析,证券投资分析师可以为客户提供专家意见和理财服务;注册会计师可以在完成自己的业务指标的同时为上市公司、有关管理机构和社会公众提供有价值的参考意见;律师可以为追查财务案件寻求帮助;公司雇员可以了解公司当前和未来的经营发展状况,有效维护个人的相关权益。

根据中国证监会的要求,上市公司必须遵守财务公开的原则。除了在证券募集说明书中披露的财务报告,上市公司应当定期披露年度财务报告、上半年中期财务报告和季度财务报告。

2) 财务报表的内容

财务报表是反映一个企业过去所取得的财务成果及其质量,以及当前财务状况的报告性文件。上市公司的财务报表是公司的财务状况、经营业绩和发展趋势的综合反映,是投资者了解公司、决定投资行为的最全面、最翔实、最可靠的第一手资料。其中最重要的是资产负债表、利润表和现金流量表。

(1) 资产负债表。资产负债表是反映企业某一特定日期资产、负债、所有者权益等财务状况的财务报表。它表明公司在某一特定日期所拥有的经济资源、所承担的经济义务和公司所有者对净资产的要求权,同时也反映了企业的规模和负债潜力等。资产负债表的平衡关系如下:

$$资产＝负债＋所有者权益$$

资产负债表的作用在于表明资产及其分布状况,反映企业所承担的债务及其偿还期限分布,反映净资产的持有状况,有助于判断企业财务状况的发展趋势。

(2) 利润表。利润表是反映上市公司某一会计期间财务成果的报表。它可以提供上市公司在月度、季度或年度内的净利润或亏损的形成情况。利润表由三部分组成:第一部分是营业收入或销售收入;第二部分是与营业收入有关的生产费用和其他费用;第三部分是利润及利润在股息与留存收益之间的分配。利润表各项目间的关系如下:

$$收入－费用＝利润$$

利润表的作用在于能够反映企业在一定期间内的经营成果,有助于评价企业的获利能力,帮助判断企业的价值,预测企业未来盈利变化的趋势。

(3) 现金流量表。现金流量表是反映上市公司在一定会计期间现金流入与现金流出情况的报表,表明企业获得现金和现金等价物的能力。现金流量表的核心内容是经营活动现金流量、投资活动现金流量、筹资活动现金流量三个部分。通过单独反映经营活动产生的现金流量,可以了解企业在不动用企业外部筹措资金的情况下,凭借经营活动产生的现金流量是否足以偿还负债、支付股利和对外投资。通过单独反映投资活动产生的现金流量,可以了解为获得未来收益和现金流量而导致资源转出的程度,以及以前资源转出带来的现金流入的信息。通过单独反映筹资活动产生的现金流量,可以帮助投资者和债权人预计对企业未来现金流量的要求,以及获得前期现金流入需付出的代价。

利润表列示了公司一定时期实现的净利润,但未揭示其与现金流量的关系;资产负债表提供了公司货币资金期末与期初的增减变化,但未揭示其变化的原因。现金流量表如同桥梁沟通了上述两表的会计信息,使公司的对外财务报表体系进一步完善,向股权投资者与债权人提供更全面、有用的信息。

3) 财务报表的分析方法

财务分析的基本方法主要有三种:比率分析法、比较分析法和趋势分析法。

(1) 比率分析法。比率分析法是将公司一个财务年度内的财务报表各项目之间进行比较,计算比率,判断年度内偿债能力、资本结构、经营效率、盈利能力等情况的一种方法。这是财务报表分析的主要方法,本书重点介绍此方法。

(2) 比较分析法。比较分析法是将公司同一经济指标在不同时期的执行结果进行对比、分析,以检验公司经营状况的一种方法。具体方法有三种:一是绝对数比较分析法,即将两期以上的同一指标的绝对数进行比较,分析绝对差异。二是相对数分析法,这是一种用百分比表示差异的分析方法。三是连环替代法,这种方法运用相关联的实际数与标准数的连续替代,分别计算和分析各因素的变化对分析指标的影响程度,以揭示影响经济活动变化的因素及其影响力度。

(3) 趋势分析法。趋势分析法是将两个或两个以上连续期的财务指标或财务数据进行排列对比,以揭示指标的增减变化趋势,分析所涉及经济活动的发展前景的一种方法。趋势分析法常常采用统计图表和比较财务报表的形式。

这里需要注意的是,运用财务报表分析时要坚持全面原则,将所有指标、比率综合在一起得出对公司的全面、客观的评价;另外要考虑个性原则,不要将公司简单地与同行业企业直接比较。

2. 基本的财务比率分析

1) 偿债能力分析

偿债能力是指企业偿还全部到期债务的能力和现金的保障程度。短期偿债能力是指企业以流动资产偿还流动负债的现金保障程度,是最能反映企业短期偿债能力的流动性比率,是建立在对企业流动资产和流动负债关系的分析之上的,主要有营运资本、流动比率、速动比率和现金比率等。

(1) 营运资本。营运资本是指流动资产总额减流动负债总额后的剩余部分,也称净营运资本,表示企业的流动资产在偿还全部流动负债后还有多少剩余,它是一个绝对数指标。其计算公式如下:

$$营运资本=流动资产-流动负债$$

如果流动资产高于流动负债,表示企业具有一定的短期偿付能力。该指标越高,表示企业可用于偿还流动负债的资金越充足,企业的短期偿付能力越强,企业所面临的短期流动性风险越小,债权人安全程度越高。

(2) 流动比率。流动比率是指企业的流动资产与流动负债的比率。它表明企业每单位流动负债有多少流动资产作为偿还的保证,反映企业动用可以在短期内产生或转换为现金的流动资产偿还到期流动负债的能力。其计算公式如下:

$$流动比率=\frac{流动资产}{流动负债}$$

其中,流动资产包括现金、有价证券、应收票据、应收账款和存货等;流动负债包括应付票据、应付账款、其他应付款、应交税费及一年内到期的非流动负债等。不少分析者认为,企业的流动比率指标越高,说明企业资产流动性越好,反映企业短期偿债能力越强,债权人的本息权益越有保障。一般认为,流动比率为2∶1比较适宜,此时企业的财务基础较为稳固。

(3) 速动比率。速动比率,也称酸性测试比率,是指企业的速动资产与流动负债的比率,表明企业每单位流动负债有多少速动资产可作为偿还的保证,反映企业动用可以在短期内迅速产生或转换为现金的流动资产偿还到期流动负债的能力。其计算公式如下:

$$速动比率=\frac{速动资产}{流动负债}$$

其中,速动资产是指几乎可以立即变现用来偿付流动负债的那些资产,一般包括货币资金、交易性金融资产、应收票据、应收账款、应收利息、应收股利、合同资产、其他应收款和其他流动资产。

(4) 现金比率。现金比率是指企业的现金类资产与流动负债的比率。它能够反映企业的立即偿债能力,但没有考虑流动资产和流动负债的再生性。财务分析者可将现金比率看作流动比率和速动比率的补充与延伸,是对企业短期资产的流动性、变现能力及偿债能力更为严格的计量,是比流动比率和速动比率更加直接、更为严格的指标。其计算公式如下:

$$现金比率 = \frac{货币资金}{流动负债} \times 100\%$$

(5) 现金流动负债比率。现金流动负债比率是指经营活动现金流量净额与平均流动负债的比率,用来衡量企业的流动负债用经营活动所产生的现金来支付的程度。其计算公式如下:

$$现金流动负债比率 = \frac{经营活动现金流量净额}{平均流动负债}$$

经营活动现金流量净额的大小反映企业某一会计期间经营活动产生现金的能力,是偿还企业到期债务的基本资金来源。该指标等于或大于1,表示企业有足够的能力以经营活动产生的现金来偿还其短期债务;该指标小于1,表示企业经营活动产生的现金不足以偿还到期债务,必须采取对外筹资或出售资产等其他方式才能偿还债务。

长期偿债能力是指企业偿还长期债务的现金保障程度。企业的长期债务是指偿还期在一年以上,或者超过一个营业周期的负债。

(6) 资产负债率。资产负债率是企业负债总额占企业资产总额的百分比。资产负债率是综合反映企业偿债能力的重要指标,该指标反映了在企业的全部资产中由债权人提供的资产所占比重的大小,反映了债权人向企业提供信贷资金的风险程度,也反映了企业举债经营的能力。其计算公式如下:

$$资产负债率 = \frac{负债总额}{资产总额} \times 100\%$$

资产负债率越大,说明企业的债务负担越重;反之,说明企业的债务负担越轻。资产负债率指标既可用于衡量企业利用债权人资金进行经营活动的能力,也可反映债权人发放贷款的安全程度。对债权人来说,该比率越低越好,因为企业的债务负担越轻,其总体偿债能力越强,债权人权益的保证程度越高。一般认为,资产负债率的适宜水平是40%~60%,如果这一比率超过100%,则表明企业已资不抵债,视为达到破产的警戒线。

(7) 股东权益比率。股东权益比率是股东权益总额同资产总额的比率,反映企业全部资产中所有者投入所占的比重。其计算公式如下:

$$股东权益比率 = \frac{股东权益总额}{资产总额} \times 100\% = 1 - 资产负债率$$

股东权益比率是表示长期偿债能力保证程度的重要指标,该指标越高,说明企业资产中由所有者投资所形成的资产越多,偿还债务的保证程度越大。

(8) 产权比率。产权比率是负债总额与股东权益总额的比率。该指标表明由债权人提供的和由投资者提供的资金来源的相对关系,反映企业基本财务结构是否稳定。其计算公式如下：

$$产权比率 = \frac{负债总额}{股东权益总额} \times 100\%$$

产权比率是反映债务负担与偿债保证程度相对关系的指标。产权比率和资产负债率、股东权益比率具有相同的经济意义，但该指标更直观地表示出了负债受到股东权益的保护程度。

2）盈利能力分析

盈利能力分析是指通过一定的分析方法，判断企业获取利润的能力，包括企业在一定会计期间内从事生产经营活动的盈利能力和企业在较长时期内稳定地获取利润的能力。

(1) 净资产收益率。反映资本经营盈利能力的基本指标是净资产收益率，即企业本期净利润与净资产平均余额的比率，其计算公式如下：

$$净资产收益率 = \frac{净利润}{净资产平均余额} \times 100\%$$

净资产收益率是反映盈利能力的核心指标。因为企业的根本目标是所有者权益或股东价值最大化，而净资产收益率既可直接反映资本的增值能力，又影响着企业股东价值的大小。该指标越高，反映企业盈利能力越好。评价标准通常包括社会平均利润率、行业平均利润率或资本成本率等。

(2) 净资产现金回收率。净资产现金回收率是经营活动净现金流量与平均净资产之间的比率。该指标是对净资产收益率的有效补充，对那些提前确认收益而长期未收现的公司，可以用净资产现金回收率与净资产收益率进行对比，从而可以补充观察净资产收益率的盈利质量。一般情况下，净资产现金回收率越大越好。其计算公式如下：

$$净资产现金回收率 = \frac{经营活动净现金流量}{净资产平均余额}$$

(3) 盈利现金比率。盈利现金比率，也称盈余现金保障倍数，这一比率反映公司本期经营活动产生的现金净流量与净利润之间的比率关系。其计算公式如下：

$$盈利现金比率 = \frac{经营活动净现金流量}{净利润}$$

一般情况下，盈利现金比率越大，公司盈利质量就越高。如果该比率小于1，说明本期净利润中存在尚未实现的现金收入。在这种情况下，即使公司盈利，也可能发生现金短缺。在进行盈利质量分析时，仅仅靠一年的数据未必能说明问题，需要进行连续的盈利现金比率的比较，若企业盈利现金比率一直小于1甚至为负数，则企业盈利质量相当低下，严重时会导致公司破产。

(4) 总资产报酬率。总资产报酬率即息税前利润与总资产平均余额之间的比率。其计算公式如下：

$$总资产报酬率 = \frac{利润总额 + 利息支出}{总资产平均余额} \times 100\%$$

$$总资产平均余额=\frac{期初资产总额+期末资产总额}{2}$$

总资产报酬率高,说明企业资产的运用效果好,也意味着企业的资产盈利能力强。在分析总资产报酬率时,需要与企业前期的比率、同行业其他企业的这一比率等进行比较,并进一步找出影响该指标的不利因素,以利于企业加强经营管理。

(5) 营业收入利润率。营业收入利润率是指营业利润与营业收入之间的比率。其计算公式如下:

$$营业收入利润率=\frac{营业利润}{营业收入}$$

收入利润率指标是正指标,指标值越高越好。分析时应根据分析的目的与要求,确定适当的标准值,如可用行业平均值、全国平均值、企业目标值等。

3) 营运能力分析

营运能力分析是指通过对反映企业资产营运效率和效益的指标进行计算与分析,评价企业的营运能力,为企业提高经济效益指明方向。

(1) 总资产周转率,亦称总资产周转率(次数)。总资产周转率从资产流动性方面反映总资产的利用效率。其计算方式如下:

$$总资产周转率=\frac{总周转额(营业收入)}{平均总资产}\times 100\%$$

在营业收入一定的情况下,一个会计期间内,企业运营占用资产规模越小,总资产周转率越高,企业资产的利用效率越高。

(2) 流动资产周转率。流动资产完成从货币到商品,再到货币这一循环过程,表明流动资产周转了一次,以产品实现销售为标志。表示销售实现的指标有两个,即营业收入和营业成本。一般说来,使用营业成本这一指标作为周转额是用来说明垫支的流动资产周转速度,反映流动资产的纯粹周转速度。如果使用营业收入这一指标,由于营业收入中包括垫支资金以外的部分,如税金和利润等,计算出来的流动资产周转速度是一种扩大形式的周转速度,既反映了流动资产的纯粹周转速度,又反映了流动资产利用的效益。流动资产周转速度指标的具体计算公式如下:

$$流动资产周转率=\frac{营业收入}{平均流动资产}$$

$$流动资产垫支周转率=\frac{营业成本}{平均流动资产}$$

(3) 存货周转率。存货周转速度通常用存货平均余额与营业成本的比率来表示,以反映企业存货规模是否合适,周转速度如何。其表示方式有以下两种:

$$存货周转率=\frac{营业成本}{平均存货}$$

$$存货周转期=\frac{平均存货\times 计算期天数}{营业成本}$$

存货周转速度偏高也不一定代表企业经营出色,当企业为了扩大销路而降价销售或大量赊销,则营业利润会受到影响或产生大量的应收账款。一个适度的存货周转率除了参考企业的历史水平,还应参考同行业的平均水平。

(4) 应收账款周转率。应收账款周转率是指企业一定时期赊销收入净额与应收账款平均余额的比率,用以反映应收账款的收款速度,一般以周转次数来表示。其计算公式如下:

$$应收账款周转率 = \frac{赊销收入}{平均应收账款}$$

应收账款是指因商品购销关系所产生的债权资产,而不是单指会计核算上的应收账款科目,一般包括应收账款和应收票据。应收账款周转率说明年度内应收账款转化为现金的平均次数,体现了应收账款的变现速度和企业的收账效率,一般认为周转率越高越有利。

4) 发展能力分析

企业发展能力分析是利用增长额进行分析,说明企业在某一方面的增减额度,即分析期的股东权益、利润、收入和资产相对于上一期的股东权益、利润、收入和资产的增长率,从而反映企业的发展能力。

(1) 股东权益增长率。股东权益增长率是本期股东权益增加额与股东权益期初余额之比,也称资本积累率,其计算公式如下:

$$股东权益增长率 = \frac{本期股东权益增加额}{股东权益期初余额} \times 100\%$$

股东权益增长率越高,表明企业本期股东权益增加得越多;反之,股东权益增长率越低,表明企业本期股东权益增加得越少。

(2) 净利润增长率。净利润是企业经营业绩的综合呈现,净利润的增长是企业成长性的基本表现,因此在实际中主要采用净利润增长率进行利润增长能力分析。净利润增长率是本期净利润增加额与上期净利润之比,其计算公式如下:

$$净利润增长率 = \frac{本期净利润增加额}{上期净利润} \times 100\%$$

需要说明的是,如果上期净利润为负值,则计算公式的分母应取其绝对值。该公式反映的是企业净利润的增长情况。净利润增长率为正数,则说明企业本期净利润增加,净利润增长率越大,说明企业收益增长得越多;净利润增长率为负数,则说明企业本期净利润减少,收益降低。

(3) 收入增长率。企业的销售情况越好说明其在市场所占份额越大,实现的营业收入也就越多,企业生存和发展的市场空间也就越大,因此可以用收入增长率来反映企业在销售方面的发展能力。收入增长率就是本期营业收入增加额与上期营业收入之比。其计算公式如下:

$$收入增长率 = \frac{本期营业收入增加额}{上期营业收入} \times 100\%$$

需要说明的是,如果上期营业收入为负值,则计算公式的分母应取其绝对值。该公式反映的是企业某期整体销售增长情况。收入增长率为正数,则说明企业本期销售规模扩大,收入增长率越大,则说明企业营业收入增长得越快,销售情况越好;收入增长率为负数,则说明企业销售规模缩小,销售出现负增长,销售情况较差。

5) 投资收益分析

投资收益分析是指根据企业的投资收益指标来指导股票投资的分析方法,从而反映企业的投资回报能力。

(1) 每股收益。每股收益是指每股发行在外的普通股所能分摊到的净收益额。这一指标与普通股股东的利益关系极大,他们往往根据该指标来进行投资决策。每股收益又分为基本每股收益与稀释每股收益。基本每股收益是指归属于普通股股东的当期净利润与发行在外的普通股加权平均数的比率。其计算公式如下:

$$基本每股收益 = \frac{净利润 - 优先股股利}{发行在外的普通股加权平均数(流通股数)}$$

【例 3-1】某上市公司 2021 年年初发行在外的普通股股数为 30 万股,同年 7 月 1 日又增发了 15 万股,并且公司该年内未发行其他股票,也无退股事项,采用简化的计算方法不会影响计算结果的合理性。

要求:计算该公司当年发行在外的普通股的加权平均数。

解析:该公司当年发行在外的普通股的加权平均数 $= 30 + 15 \times \frac{6}{12} = 37.5$(万股)

(2) 普通股权益报酬率。普通股权益报酬率是指净利润扣除应发放的优先股股利后的余额与普通股权益平均余额之比。其计算公式如下:

$$普通股权益报酬率 = \frac{净利润 - 优先股股利}{普通股权益平均余额}$$

普通股权益报酬率从普通股股东的角度反映企业的盈利能力。该指标值越高,说明企业的盈利能力越强,普通股股东可获得的收益越多。普通股权益报酬率应作为独立指标对企业盈利能力、投资收益水平进行分析。

(3) 股利发放率。股利发放率是普通股每股股利与每股收益的比值,反映普通股股东从每股收益中分得股利的多少,体现了公司的股利分配政策和股利支付能力。其计算公式如下:

$$股利发放率 = \frac{每股股利}{每股收益} \times 100\%$$

其中,每股股利是指企业实际发放给普通股股东的股利总额与流通在外的普通股股数的比值,它是反映企业每一普通股获得股利多少的指标。该指标值越大表明企业获利能力越强。

(4) 市盈率,又称价格收益比,反映普通股的市场价格与当期每股收益之间的关系,可用来判断企业股票与其他企业股票相比较所具有的潜在价值。其计算公式如下:

$$市盈率 = \frac{每股市价}{每股收益}$$

市盈率的数值能够表明企业盈利能力的稳定性,可在一定程度上反映企业管理部门的经营能力和企业盈利能力及潜在的成长能力。同时,该指标还可以反映此股票市价是否具有吸引力,把多个企业的股票价格与收益比率进行比较,并结合对其所属行业的经营前景的了解,可以作为选择投资目标的参考。

一般情况下,发展前景较好的企业通常都有较高的市盈率,发展前景不佳的企业,这个比率较低。但是必须注意,当全部资产利润率很低或企业发生亏损时,每股收益可能为零或为负数,此时市盈率可能很高或者为负数。在这一特殊情况下,仅利用这一指标来分析企业的盈利能力,常常会错误地估计企业的发展前景或者无法对企业的发展前景进行估计,所以还必须结合其他指标,予以综合考虑。

第二节 股票技术分析

一、股票技术分析概述

技术分析是以证券市场过去和现在的行为为分析对象,运用数学和逻辑的方法,探索出一些典型的规律,并据此预测证券市场的未来变化趋势的技术方法。股票投资技术分析作为一种常用的分析方法,其理论经过上百年的发展和完善,已经得到了实践的验证。股票技术分析的学习从股票这种投资工具出发,而这些技术分析的方法可以运用于各种证券投资工具的分析中。目前,其不仅应用于股票市场、债券市场等,还广泛地应用于外汇市场、期货市场和其他金融市场。由于它是以一定的假设为理论依据,以历史数据为信息基础,以经验总结而非缜密逻辑为分析思路,导致其在实际运用中可能出现一定的预测偏差,故技术分析具有一定的内在局限性,必须和基本分析结合使用,才能更好地用于指导投资实践。

(一)股票投资技术分析的基本假设

技术分析是基于三项基本假设而进行的分析,即市场行为涵盖一切信息、价格趋势性运行、历史会重演。

1. 市场行为涵盖一切信息

市场行为涵盖一切信息是进行技术分析的基础。技术分析者认为随着市场波动而不断变化的价格已经包容了所有信息,影响股票价格的每一个因素,无论是内在还是外在因素,都能够反映在市场行为中,而不必过多地关心影响股票价格的具体因素。

这条假设是有一定合理性的。任何一个因素对股票市场的影响最终都必然表现在股票价格的变动上。那些外在的、内在的、基础的、政策的和心理的因素,以及其他影响股票价格的因素,都已经在市场的行为中得到了反映。作为技术分析方法的应用者,不必关注具体导致股票价格变动的原因究竟是什么,只需关心股票价格的变动本身将带来的结果,即根据股票价格的变动来预测市场的走势。同样,技术分析在通过研究市场行为来预测市场价格变动的趋势时,也不关注市场行为形成的原因,只需关注市场行为会给价格带来怎样的影响。

2. 价格趋势性运行

这一假设是进行技术分析最根本、最核心的因素,技术分析归根结底都是为了分析市场价格的变化趋势。技术分析者认为股票价格的变动是有一定规律的,股票价格有保持原来方向运动的惯性。而证券价格的运动方向是由供求关系决定的,证券价格的变动反映了一定时期内供求关系的变化,一旦确立了供求关系,证券价格的变动趋势就会延续,只要供求关系不发生大的变化,证券价格的走势就不会发生反转。这一假设是有一定合理性的。因为供求关系决定价格这一客观规律普遍存在于市场经济中。只有运用各种方法发现和揭示这一规律,才能对证券投资活动进行有效的指导。

3. 历史会重演

技术分析者认为市场上进行具体买卖的是人,是由人来决定最终的操作行为。如果某个投资者在某种情况下,运用一种方法操作取得了成功,那么以后遇到相同或相似的情况,必然会采取同一方法进行操作。而即使上一次操作失败,在下一次操作中也往往犯同样的错误。价格的波动状况,在相同的环境背景下,往往与历史惊人的相似。在进行技术分析时,一旦遇到与过去相同或相似的情况,应与过去的结果进行比较,从而为预测未来提供参考。这一假设也是有一定的合理性的。因为投资者的心理因素会影响投资行为,进而影响证券价格的运行。

技术分析的三项基本假设有合理的一面。第一项肯定了研究市场行为就意味着全面考虑了影响股价的所有因素,第二项和第三项使得我们能够找到规律并将其应用于股票市场的实际操作之中。但是这三项基本假设也有其不尽合理的一面。例如,市场行为涵盖一切信息,但市场行为反映的信息只体现在股票价格的变动之中,同原始的信息毕竟有差异,信息的遗漏是必然的,所以市场行为涵盖一切信息也只是理想状态。正因如此,在进行技术分析的同时,还应进行基本面分析,以弥补技术分析的不足。同时,各类因素虽然会通过供求关系来影响证券价格和成交量,但是证券价格的内在价值是制约其变动的决定因素。另外,股票市场的影响因素错综复杂,市场行为千变万化,即使历史有相似之处,但绝不是简单的重复,差异总是存在的,不可能有完全相同的情况重复出现,即历史不一定会完全重演。

(二) 股票投资技术分析的要素

股票投资技术分析中的要素是价格、成交量、时间和空间,这四大要素的具体情况和相互关系是进行正确投资技术分析的基础。

1. 价格和成交量是市场行为最基本的表现

市场行为最基本的表现反映在价格和成交量上,价格和成交量是技术分析的基本要素。过去和现在的价格、成交量涵盖了过去和现在的市场行为。技术分析就是利用过去和现在的价格和成交量资料,以图形分析和指标分析工具来分析、预测未来的市场走势。在某一时点上的价格和成交量反映的是买卖双方在这一时点上共同的市场行为,是双方的暂时均势点。随着时间的变化,均势会随之不断变化,这就是价量关系的变化。

一般而言,买卖双方对价格的认同程度通过成交量的大小得到确认。认同程度大,分歧小,成交量小;认同程度小,分歧大,成交量大。双方的这种市场行为反映在价格和成交量上就往往呈现出这样一种趋势规律:价升量增,价跌量减。根据这一趋势规律,当价格上升时,成交量不再增加,意味着价格得不到买方的确认,价格上升的趋势就会减弱;反之,当价格下降时,成交量萎缩到一定程度不继续萎缩,意味着卖方不再认同价格继续下降,价格下降的趋势将有可能发生变化。价格和成交量的这种规律关系是技术分析的合理性所在。因此,价格和成交量是技术分析的基本要素,是市场行为的最基本的表现。

2. 时间和空间是市场潜在能量的表现

时间和空间在技术分析中同样具有不可或缺的作用,两者也是技术分析的基本要素。在技术分析中,时间通常是一个波段或一个升降周期所经过的时间。空间是指价格波动的范围。投资者对市场运行的分析,主要集中在证券价格有可能在何时出现上升或下降以及证券价格有可能会上升或下降到什么位置。

时间更多地与循环周期理论相联系,反映价格波动的内在规律以及事物发展周而复始的特点,体现了市场潜在能量由小变大及由大变小的过程。空间反映的是价格发生变动程度的范围,体现了市场潜在的上升或下降的能量的大小。当上升或下降的幅度越大的时候,市场潜在能量就越大;反之,当上升或下降的幅度越小的时候,市场潜在能量就越小。

(三) 股票投资技术分析的理论基础

道氏理论是股票投资技术分析的理论基础。这一理论的创始人是查尔斯·亨利·道,为了反映市场总体的变动趋势,他与爱德华·琼斯创立了著名的道琼斯平均价格指数,价格指数并不是用于预测股市,或者投资者投资指导,而是一种反映市场总体趋势的晴雨表。他在《华尔街日报》上发表的有关股票市场的文章,经过后人的整理,成为道氏理论。其主要思想体现在以下四个方面:

(1) 市场平均价格指数可以解释和反映众多投资者的综合市场行为。道氏理论创立了股票价格指数。目前,世界上主要的证券交易所都有自己的价格指数,其计算方法大同小异,目的都是反映市场总体的运行情况。

(2) 市场运行主要有三种趋势,即主要趋势、次级趋势和短期趋势。主要趋势是指持续时间在一年或一年以上的股价变动趋势;次级趋势主要是指持续时间在三周至三个月的股价变动趋势,是对主要趋势的调整;短期趋势是指持续时间不超过三周的股价变动趋势,其波动幅度很小。三种趋势的划分为后来的波浪理论奠定了基础。

(3) 成交量可以对基本趋势做出判断。趋势的反转特点是进行投资的关键,成交量所提供的信息有助于投资者做出正确的判断。

(4) 收盘价格是最重要的价格。该理论认为,在所有的价格中,收盘价最为重要,尤其是技术指标的公式多是采用收盘价。

道氏理论作为技术分析的理论基础,许多技术分析方法的基本思想都来自于该理论。但是该理论有一定的局限性:

(1) 该理论注重长期趋势,而对短暂趋势甚至是次要趋势的判断作用并不大。

(2) 该理论的信号太迟,可操作性较差。原因在于该理论的结论都落后于市场,信号滞后。

(3) 该理论反映的是市场总体行为。它认为股市指数的收盘价和波动情况反映了一切市场行为,股市指数代表了群众心态和市场行为的总和,在选择个股方面,其无法对投资者提供帮助。

虽然该理论有一定的局限性,但是后来市场上一些新的技术分析方法对该理论作出了必要且有益的补充。

(四)股票投资技术分析理论与方法的分类

本书的股票投资技术分析理论与方法主要包括以下三类。

1. K 线理论

K 线图是进行各种技术分析的最重要的图表。K 线的研究方法侧重于若干天的 K 线组合情况,推测股票市场中多空双方力量的对比,进而判断证券市场行情的方法。经过不断的经验总结,人们发现了一些对证券市场股票买卖有意义的 K 线组合,其研究结果也在不断地推陈出新。

2. 其他图形分析

其他图形分析主要包括切线理论、形态理论和波浪理论。

切线理论是按照一定的方法和原则,在根据股票价格数据所绘制的图表中画出一些直线,进而对股票价格的未来趋势做出判断和预测,为投资决策提供参考。

形态理论是根据价格图表中过去一段时间的运行轨迹来预测股票价格的未来趋势。其中价格运行轨迹的形态是市场行为的重要部分,是证券市场对一段时间的各种信息消化之后的具体表现。

波浪理论认为股票的价格运动遵循波浪起伏的规律,上升是五浪,下跌是三浪。数清楚波浪的数目就能准确地预测股价涨跌情况。波浪理论是公认的最难掌握的技术分析方法,原因在于,波浪形态往往大浪套小浪,较为复杂,难以寻求规律。但是该理论对市场运行进行事后验证具有较好的效果。

3. 技术指标

技术指标是根据市场行为的各个方面,运用数学的方法,建立一个计算公式,计算反映市场某方面内在实质的指标值。指标值反映的内容大多是无法从行情报表中直接观察到的,它可以为投资者的投资提供指导方向。常见的技术指标有移动平均线(MA)、平滑异同移动平均线(MACD)、能量潮(OBV)、相对强弱指标(RSI)等。

(五)股票投资技术分析应注意的问题

1. 技术分析具有片面性

技术分析必须与基本分析结合起来使用,才能提高其准确度,否则,单纯的技术分析是不全面的。

2. 多方面技术分析增强准确性

技术分析方法较为多样,应注意多种技术分析方法的综合运用,切忌片面使用某一种技术分析结果。

3. 技术分析常有误判

技术分析往往存在误判的情况,因此常常有错误信号发生或信号不灵敏。前人的结论和别人的结论要经过自己的实践验证后才能使用。

4. 技术分析可能失效

在特殊的大行情中,任何技术分析工具都可能失效。

二、K 线理论

(一)K 线理论概述

K 线又称蜡烛线、阴阳线,是目前使用最广泛的图形。K 线起源于日本古代的米市,主要用来记录米市的行情与价格波动,后被引用至股票市场,目前已经形成一整套K线分析理论,是专门用来研究K线的形状和组合的重要方法。

(二)K线的画法

K线由三部分组成:实体、上影线和下影线,并包含四个重要价格:开盘价、收盘价、最高价和最低价。开盘价和收盘价之间用长方形表示称为"实体"。当收盘价高于开盘价时,实体部分用红色(或空心)绘制,称为阳线;当收盘价低于开盘价时,实体部分用黑色(或涂黑)绘制,称为阴线。阳线中,实体上方最高价与开盘价之间的部分称为上影线;实体下方开盘价与最低价之间的部分称为下影线。阴线中,最高价与开盘价之间的部分称为上影线;收盘价与最低价之间称为下影线。K线的基本形状如图3-1所示。

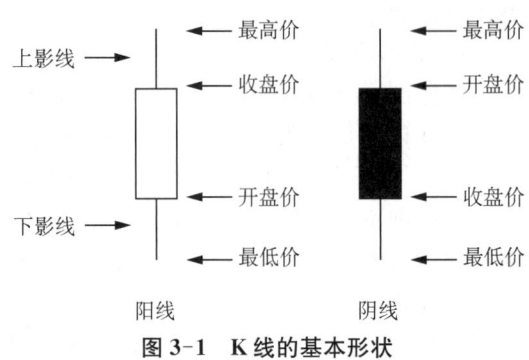

图3-1 K线的基本形状

一根K线记录的是某一只股票一天的价格变动情况,将每天的K线按时间顺序排列起来,就组成该只股票自上市以来每天的价格变动情况,称作日K线图。同样道理,根据不同的时间周期,可以画出5分钟K线、15分钟K线、30分钟K线、60分钟K线、周K线、月K线等。分时K线和日K线反映短期价格变动的趋势,周K线和月K线反映长期价格变动趋势。

K线代表买卖双方力量的对比,如果最高价和最低价相差悬殊,说明当时股票交易活跃,买卖双方争夺异常激烈。但是最高价和最低价容易被故意做市而脱离实际。为了避免被人为操纵,我国股市开盘价采用集合竞价的方式产生;收盘价作为最重要的价格,上海证券交易所采用最后1分钟的加权平均价,深圳、北京证券交易所采用最后3分钟的集合竞价。如果以阳线报收,说明买方力量占优;以阴线报收,说明卖方力量占优。

(三)K线的形状

根据K线四个价格的特殊取值,K线可以有多种形状,不同形状能够充分显示买卖双方力量的对比,股价趋势的强弱,从而预测未来的股价变动趋势。进行单根K线分析了解股价的变动,主要从阴线和阳线、实体和影线的长短等方面进行。一般而言,影线表现出买卖双方力量的博弈情况,指向一个方向的影线长,说明价格曾经偏离过实体部分很长,并被对方力量追平,则不利于股价今后向这个方向变动;当上下影线相对实体较短时,可忽略影线的存在。实体部分表示当日的买卖双方力量。阴线实体越长,越有利于下跌;阳线实体越长,越有利于上涨。

1. 光头光脚阳线

光头光脚阳线是没有上影线和下影线的阳线,即该证券当日交易一开盘就是最低价,而收盘收在最高价,如图3-2所示。如果实体部分较长,则称为大阳线。该K线形态经常出现在脱离底部的初期,回调结束后的再次上涨,及高位拉升阶段,有时也在严重超跌后的大力反弹中出现,买方占绝对优势,空方毫无抵抗;如果实体部分较短,则称为小阳线。该K线形态经常出现在上涨初期、回调结束或盘整的时候,表示买方力量逐步增加,买卖双方多头力量暂时略占优势。

2. 光头光脚阴线

光头光脚阴线是没有上影线和下影线的阴线,表示一日交易中,开盘价即为当日最高价,收盘价即为当日最低价,如图3-3所示。如果实体部分较长,则称为大阴线。该K线形态经常出现在头部开始下跌初期,反弹结束后或最后打压过程中,表示空方走势强劲,多方毫无抵抗;如果实体部分较短,则称为小阴线。该K线形态经常出现在下跌初期、横盘整理或反弹结束时,表示卖方力量有所增加,空方力量略占优势。

图3-2　光头光脚阳线　　　　图3-3　光头光脚阴线

3. 光脚阳线

光脚阳线是只有上影线的阳线,开盘价即为最低价,如图3-4所示。开盘后,买方占据明显优势,股票价格不断盘升,表示上升势头很强,但在高价位处多空双方有分歧,股价下跌,最终仍以阳线报收。实体部分越长,上影线越短,说明买方力量越强;实体部分越短,上影线越长,说明卖方具有一定的反击能力,但仍以失败告终。

4. 光脚阴线

光脚阴线是只有上影线的阴线,收盘价即为最低价,如图3-5所示。开盘后,买方稍占据优势,股票价格出现一定涨幅,但上档抛压沉重,空方趁势打压,使股价最终以阴线报收。实体部分越长,上影线越短,说明卖方力量越强;实体部分越短,上影线越长,说明买方虽然做出了反击,但仍以失败告终,但买卖双方进行过较量,结合前后K线,往往后市反转。

图3-4　光脚阳线　　　　图3-5　光脚阴线

5. 光头阳线

光头阳线是只有下影线的阳线,收盘价即为最高价,如图3-6所示。开盘后,卖方力量较大,但在低价位上受到买方的反抗,卖方受挫,价格向上推过开盘价,最终以最高价报收。实体部分越长,下影线越短,说明买方力量越强;实体部分越短,下影线越长,说明盘中卖方具有一定的反击能力,但仍以失败告终。

6. 光头阴线

光头阴线是只有下影线的阴线,开盘价即为最高价,如图3-7所示。开盘后卖方力量特别大,价位一路下跌,但在低价位上遇到买方的支撑,后市可能会反弹。实体部分越长,下影线越短,说明卖方力量越强;实体部分越短,下影线越长,说明盘中买方虽然做出了反击,但仍以失败告终。

图 3-6 光头阳线　　　　　　　图 3-7 光头阴线

7. 十字形

十字形是只有上下影线,没有实体的图形,如图 3-8 所示。开盘价即为收盘价,表示在交易中,股价出现高于或低于开盘价成交,但收盘价与开盘价相等。上影线越长,表示卖压越重;下影线越长,表示买方旺盛。通常在股价高位或低位出现十字线,可称为转机线,意味着出现反转。

8. 墓碑线

倒 T 字形,又称塔形或墓碑线,开盘价与收盘价相同,当日交易全部以开盘价以上价位成交,又以当日最低价(即开盘价)收盘,如图 3-9 所示。这种图形表示买方力量虽强,但已经无力再拉升,总体看卖方稍占优势,是市场转折的信号,具有较强的看跌意义。

图 3-8 十字形　　　　　　　图 3-9 墓碑线

9. T 字形

T 字形,又称蜻蜓线,因外观类似英文字母"T"而得名,指开盘价与收盘价相同,当日交易全部以开盘价以下价位成交,又以当日最高价收盘,如图 3-10 所示。这种图形表示卖方力量虽强,但买方实力更大,局势对买方有利,是市场转折的信号,有较强的看涨意义。

10. 一字线

一字线也称四值同价线,即当日开盘价、收盘价、最高价和最低价均为同一个价位,如图 3-11 所示。该图形说明该股成交量较少,即开盘就涨停或跌停,而且由于极度看涨或极度看空,导致单边买盘或卖盘,几乎找不到交易对手,常见于有突发消息的个股。

图 3-10 T 字形　　　　　　　图 3-11 一字线

(四) K 线组合

在进行技术分析的过程中,单根 K 线往往要同前后 K 线结合进行组合分析,提高分析的准确性。K 线组合形态有很多种,下面主要介绍几种常见的反转形态的 K 线组合。

1. 早晨之星

早晨之星,出现在行情下跌趋势的末端,当出现三根阴线形成下跌趋势,出现了一根带较短上下影线的阴线(也可能是小十字星)之后,即出现了跳空的阳线,阳线的开盘价比前一根小阴线的开盘价高,如图3-12所示。当日成交量严重萎缩,预示行情跌势将尽,大盘处于拉升的前夜,行情即将摆脱下跌的阴影,逐步走向光明,故称"早晨之星"。

2. 黄昏之星

黄昏之星,出现在行情上升趋势的末端,在一根小实体阳线(也可能是小十字星)之后,出现一根向下跳空的阴线,阴线的开盘价比前一根小阳线的开盘价低,如图3-13所示。小实体K线出现当日,成交量急剧放大,预示着行情涨势将尽,市场趋势已经见顶,行情即将急转直下,黑夜将至,故称"黄昏之星"。

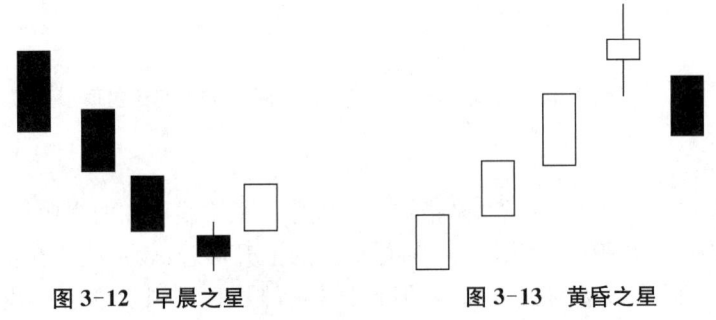

图3-12 早晨之星　　　　　图3-13 黄昏之星

3. 射击之星

射击之星通常出现在行情上升趋势的末端,在连续阳线上攻后,出现一根实体部分较短(阴线或阳线无关紧要)并且向上跳空的K线,没有下影线,只有较长上影线,其长度通常是实体的2～3倍,如图3-14所示。虽然市场以较高的价格收盘,但是上涨乏力,如果下一个交易日的开盘价低于射击之星实体,潜在的反转趋势可能形成。

4. 锤头

锤头通常出现在行情下跌趋势的末端,在连续的阴线或下跌后,出现一根实体部分较短(阴线或阳线无关紧要)的K线,没有上影线,只有较长下影线,其长度通常是实体的2～3倍,如图3-15所示,此时具有较强的趋势反转向上的信号。

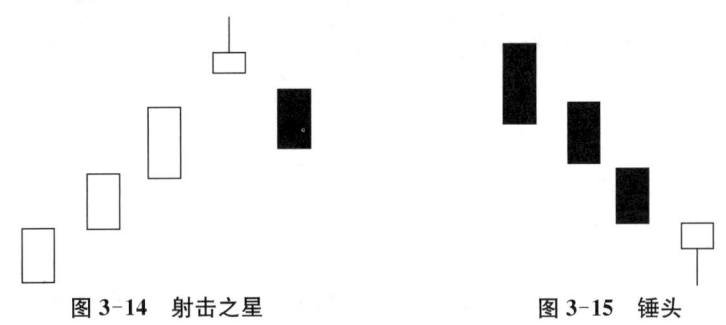

图3-14 射击之星　　　　　图3-15 锤头

5. 吊颈

吊颈通常出现在行情上升趋势的末端,在连续的阳线上攻后,出现一根实体部分较短(阴线或阳线无关紧要)的K线,没有上影线,只有较长下影线,其长度通常是实体的2～3倍,如图3-16所示,此时具有较强的趋势反转向下的信号。

6. 乌云盖顶

乌云盖顶的K线组合形态通常出现在行情上升趋势的末端，前一天的K线是光头光脚阳线，第二天的K线是光头光脚阴线，而且开盘价高于前一天的最高价，收盘价高于前一天的开盘价，但低于前一天K线实体的二分之一，如图3-17所示。此时预示着顶部已经形成，潜在的反转趋势即将到来。

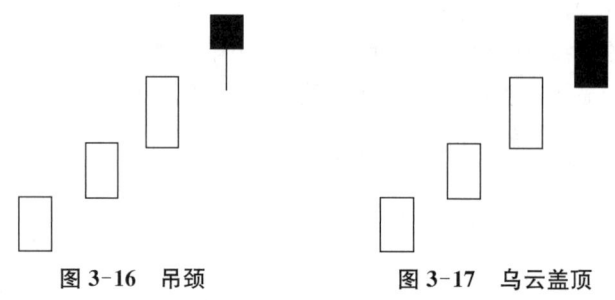

图3-16 吊颈　　　　　图3-17 乌云盖顶

7. 两阳夹一阴

两阳夹一阴属于上升中继形态，是指在上升途中一根阴线夹在两根阳线中间，主力震荡洗盘的图形，如图3-18所示。两阳夹一阴是常见的上升形态，表示股价在盘升过程中不断遭到卖方打压，但低价入场的买方较多，股价回档有限，且顽强上涨。短线投资者可趁势买入。

8. 两阴夹一阳

两阴夹一阳属下跌抵抗形态，是指在下跌途中一根阳线夹在两根阴线中间，主力震荡出货的图形，如图3-19所示。两阴夹一阳是常见的下跌形态，表示股价在下跌过程中不断受到买方抵抗，但逢高出货者众多，股价反弹高度有限，且跌势不止。短线投资者可适时卖出。

图3-18 两阳夹一阴　　　　　图3-19 两阴夹一阳

三、切线理论

(一) 趋势线

1. 趋势线的含义

趋势是股价波动的方向，或者说是证券市场运动的方向。如果确定了一段上升或者下降的趋势，股价的波动就会沿这个方向移动，并保持这种趋势。趋势线是在图形上每一个波浪顶部最高点，或每一个谷底最低点间的直切线。在上升趋势中，将两个低点连成一条直线，就得到上升趋势线；在下降趋势中，将两个高点连成一条直线，就得到下降趋势线。

2. 趋势线的画法

趋势线可以通过连接一段时间内价格波动的高点或低点画出。在上升趋势中,将相继出现的调整低点连接成一条直线,即构成上升趋势线,它位于相应的价格曲线的下部;在下降趋势中,将相继出现的高点连接成一条直线,就是下降趋势线,它一般位于相应的价格曲线的上部,如图 3-20 所示。

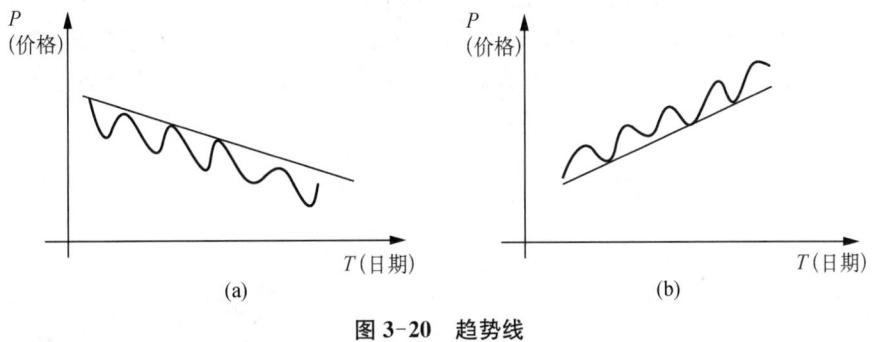

图 3-20　趋势线

要正确地画出趋势线,还需要注意以下三点:

(1) 找升降趋势。如果股价波动的峰和谷高于前一个峰和谷,那么行情正处于上升趋势;反之,处于下降趋势。

(2) 找高低点。找出两个明显的低(高)点,连成一条向上(下)倾斜的直线,如果该直线不能包含某一趋势段中的所有价位,那么有必要再去寻找低(高)点来尝试,直到包含了所有价位为止。

(3) 验证。用第三个低(高)点来验证它的有效性。如果随后出现的调整低(高)点出现在该趋势线的上(下)方,则说明该趋势的有效性得到印证。如果趋势线受到的试探次数越多,持续的时间越长,则有效性越高。

3. 趋势线的类型

按照趋势运行时间的长短和波动幅度的大小,将趋势分为三类:

(1) 主要趋势。主要趋势是趋势的主要方向,是投资者必须弄清楚的。主要趋势是股价波动的大方向,一般持续时间最长,波动幅度最大。

(2) 次要趋势。次要趋势是在主要趋势运行过程中的暂时调整。一般持续时间和波动幅度次于主要趋势。趋势不会一成不变,总有局部调整的过程。

(3) 短暂趋势。短暂趋势是在次要趋势运行过程中的暂时调整。一般持续时间最短,波动幅度最小。

根据趋势线的方向,将趋势分为三类:

(1) 上升方向,如果 K 线图中股价波动的峰和谷都高于前面的峰和谷,即股价低点逐步抬高,则称该趋势为上升方向。

(2) 下降方向,如果 K 线图中股价波动的峰和谷都低于前面的峰和谷,即股价高点逐步降低,则称该趋势为下降方向。

(3) 水平方向,如果 K 线图中股价波动的峰和谷都和前面的峰和谷基本处于水平位置,没有明显的高低之分,几乎呈水平延伸,则称该趋势为水平方向。

4. 趋势线的作用

(1) 价格波动的支撑(压力)。对价格今后的变动起约束作用,使价格总保持在这条趋势线的上方(上升趋势线)或下方(下降趋势线)。

(2) 趋势线被突破预示反转。趋势线一旦被突破,就说明价格下一步的走势将要向相反的方向运行。越重要越有效的趋势线被突破,其转势的信号越强烈。被突破的趋势线原来所起的支撑和压力作用,变为相反方向,即原来是支撑线的,现在将起压力作用,原来是压力线的现在将起支撑作用,如图3-21所示。由图中看出上升趋势线起支撑作用,下降趋势线起压力作用,也就是说,上升趋势线是支撑线的一种,下降趋势线是压力线的一种。

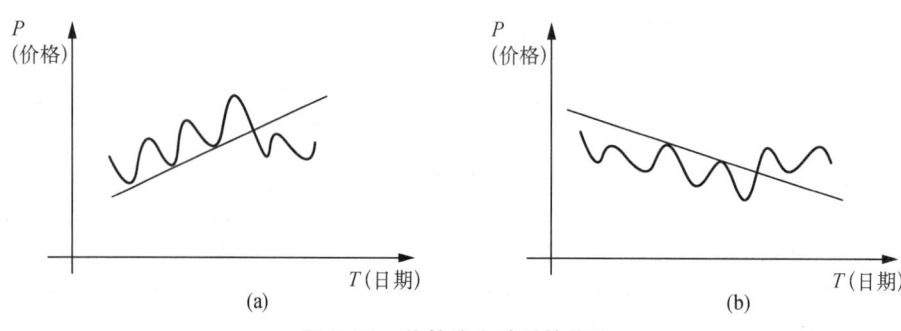

图3-21 趋势线突破后的作用

(二) 支撑线和压力线

1. 支撑线和压力线的含义

支撑线又称抵抗线,是指股价下降到某个价位附近时,会因为买方介入而使价格停止下跌,甚至有可能回升。支撑线起到了阻止股价继续下跌的作用,如图3-22所示的水平实线。

压力线又称阻力线,是指当股价上升到某价位附近时,会因为卖方的压力而使价格停止上涨甚至回落。压力线起到了阻止股价继续上升的作用,如图3-22所示的水平虚线。

支撑线和压力线的形成是由投资者的筹码分布、持仓成本以及投资者的心理因素所决定的。当股价下降到投资者的持仓成本附近,或股价从高位已经累计下降到一定程度,或股价下降到过去的最低价位区域时,会导致买盘大量增加,从而使股价在该位置形成支撑。当股价上升到某一个历史成交密集区,或当股价从低位上升到一定程度,或上升到过去的最高价位区域时,会导致大量卖方抛出,从而使股价在该位置形成压力。

2. 支撑线和压力线的作用

(1) 维持惯性方向。股票价格的变动是有趋势的,要维持这种趋势,保持原来的运动方向,就必须冲破阻止其继续向前运行的障碍。要维持上升趋势,就必须突破上升压力线的阻力和干扰,突破前期的高点,创造出新的高点;要维持下降趋势,就必须突破下降支撑线的阻力和干扰,突破前期的低点,创造出新的低点。由此可见,支撑线和压力线迟早会有被突破的可能,不足以长久地阻止股价保持原来的变动方向,只不过是暂时的停顿而已。支撑线突破后的作用如图3-23所示。

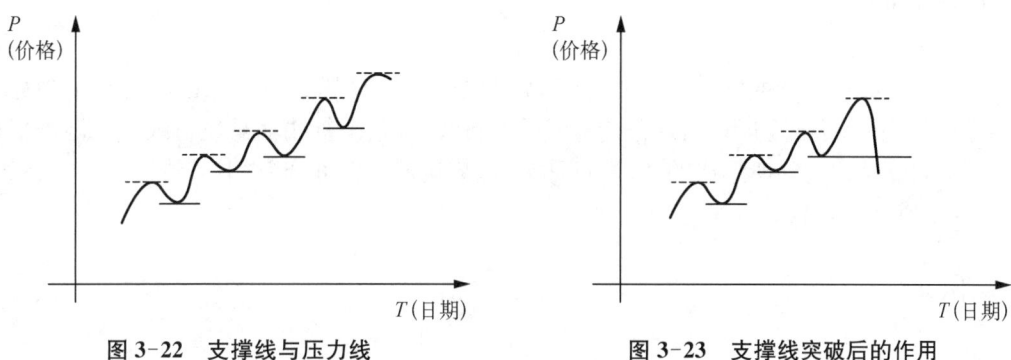

图 3-22 支撑线与压力线　　　　　图 3-23 支撑线突破后的作用

(2) 有趋势反转的预示作用。在趋势波动的过程中,支撑线和压力线就显得异常重要。例如,在上升趋势中,如果没有创造出新的高点,即行情未突破压力线,这个上升趋势就已经处于很关键的位置,如果下一步股价向下跌破上升趋势的支撑线,就产生了一个趋势改变的强烈警告信号,通常意味着,这一轮上升趋势已经结束,下一步的走向是向下跌的过程。又如,在下降趋势中,如果没有创造出新的低点,即行情未突破支撑线,这个下降趋势就已经处于很关键的位置,如果下一步股价向上突破下降趋势的压力线,就产生了一个下降趋势将要结束的强烈信号,股价下一步将是上升趋势。压力线的突破如图 3-24 所示。

3. 支撑线和压力线的相互转化

支撑线和压力线之所以能起支撑和压力作用,很大程度是因为心理因素方面的作用。证券市场中的投资者主要由多头、空头和观望者构成。观望的投资者可以持股,也可以持币。假设股价在一个区域停留了一段时间后突破压力线向上移动,多头和持股的观望者一方面是为持有股票获利而高兴,另一方面则是后悔没有买入更多股票。而空头和持币的观望者则会对投资决策失误而后悔,同时希望股票跌回原区域,从而买入股票,无论是这几种人中的哪一种,都有买入股票成为多头的愿望。此时,市场中的投资者都成为多头,伺机买入股票。这样只要股价回跌到原来的压力区域或者没有到压力区域,由于投资者大量买入股票,价格止跌回升,原来的压力线就转化为支撑线,如图 3-25 所示。同样道理,支撑线也会转化为压力线。

压力线一旦被突破,就转化为支撑线;支撑线一旦被突破,就转化为压力线。这说明支撑线和压力线是可以相互转化的,条件是它被有效的、伴有较大成交量的股价变动突破。

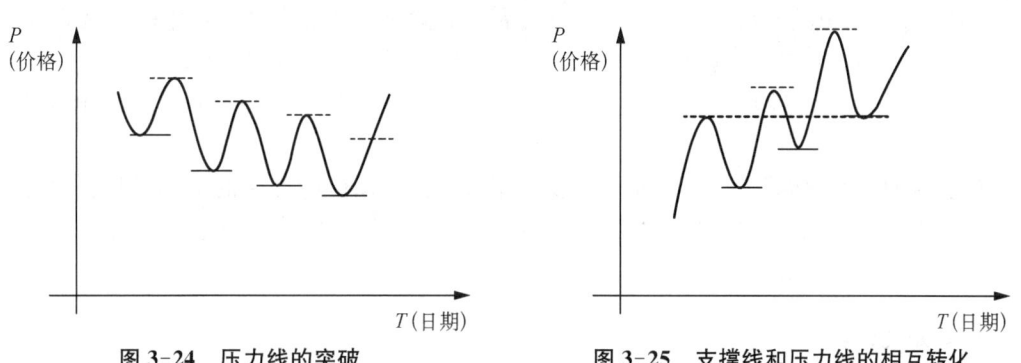

图 3-24 压力线的突破　　　　　图 3-25 支撑线和压力线的相互转化

(三)轨道线

1. 轨道线的含义

轨道线又称通道线或管道线,是基于趋势线的一种支撑压力线。在已经得到了趋势线后,通过第一个峰和谷可以作出这条趋势线的平行线,这条平行线就是轨道线。在两条平行的阻力线与支撑线之间所形成的范围,可称为"趋势轨道",也可分为"上升轨道"(上升趋势)与"下降轨道"(下降趋势),如图 3-26 所示。

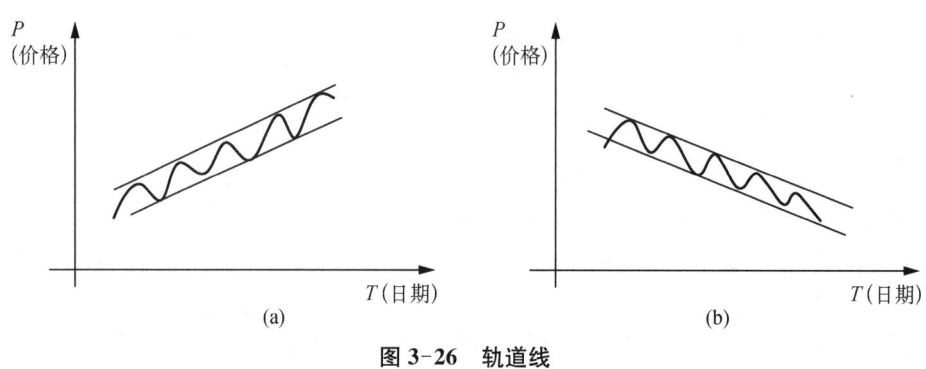

图 3-26 轨道线

2. 轨道线的画法

在上升趋势中,先画出上升趋势线,然后从第一个明显的高点出发,用虚线作出一条趋势线的平行线,两条线共同构成一条上升通道,这条通道线也叫上轨线。

在下降趋势中,先画出下降趋势线,然后从第一个明显的低点出发,用虚线作出一条趋势线的平行线,两条线共同构成一条下降通道,这条通道线也叫下轨线。

3. 轨道线的作用

利用趋势轨道可以决定买卖点:

(1) 无论是在上升或下降趋势轨道中,当股价触及上方的压力线时,就是卖出的时机;当股价触及下方的支撑线时,就是买进的时机。

(2) 若在上升趋势轨道中,发现股价突破上方的压力线时,证明新的上升趋势轨道即将产生。

(3) 若在下降趋势轨道中,发现股价突破下方的支撑线时,可能新的下降趋势轨道即将产生。

(4) 股价在上升行情时,一波的波峰会比前一波峰高,一波的波谷会比前一波谷高;而在下跌行情时,一波的波峰比前一波峰低,一波的波谷会比前一波谷低。

(5) 处于上升趋势轨道中,若发现股价无法触及上方的压力线时,即表示涨势趋弱了。

需要说明的是,切线理论为投资者提供了很多价格移动可能存在的支撑线和压力线,这些直线有很重要的作用。但是,支撑线、压力线有被突破的可能,它们的价位只是一种参考,并不是万能的分析工具。

四、形态理论

股价的移动是由多空双方力量大小和所占优势大小决定的。如果多方占优势,则股价将向上移动;反之,如果空方占优势,则股价将向下移动。根据多空双方力量对比可能发生的变化,股价的移动应遵循这样的规律:第一,股价应在多空双方取得均衡的位置上下来回波动;第二,原有的平衡被打破以后,股价将寻找新的平衡位置。

股价移动通常遵循如下规律:保持平衡,打破平衡,寻找新的平衡,再打破平衡,再寻找新的平衡,以此类推。股价移动就是按照这样的规律循环往复,不断进行的。股市中的胜利者的收益通常来源于原来的平衡快要打破之前或者是在打破的过程中采取行动。

股价的移动主要体现在打破平衡的突破以及保持平衡的持续整理的过程中,根据股价移动的规律,可以把股价移动的曲线形态分成两类:反转突破形态和持续整理形态。一般来说,反转突破形态体现为打破平衡,而持续整理形态体现为买卖双方的平衡。

(一)反转突破形态

反转突破形态是指股票价格改变原有的运行趋势所形成的运动轨迹。反转突破形态存在的前提是市场原先确有趋势出现,而经过横向运动后改变了原有的方向。反转突破形态的规模,包括空间和时间跨度,决定了随之而来的市场动作的规模,也就是说,形态的规模越大,新趋势的市场动作也越大。在底部区域,市场形成反转突破形态需要较长的时间,而在顶部区域,则经历的时间较短,但其波动性远大于底部形态。交易量是确认反转突破形态的重要指标,而在向上突破时,交易量更具参考价值。反转突破形态主要有头肩顶(底)形态、双重顶(底)形态、三重顶(底)形态、圆弧顶(底)形态等。

1. 头肩顶(底)形态

在市场运动中,头肩顶或头肩底形态是实际股价形态中的经典形态,是最可靠的反转突破形态,形成时间较长。通常情况下,形态越大,对市场的影响就越大。

1)头肩顶形态

头肩顶形态,即在上升途中出现了3个峰顶,这3个峰顶分别称为左肩、头部和右肩,如图3-27所示。从图形上看,中间的最高点比另外两个高点要高,即为头部,左右两个相对较低的最高点分别称为左肩和右肩;左肩和右肩最高点基本相同;股价在上冲失败向下回落时形成的两个低点又基本上处在同一水平线上。这同一水平线,即为颈线,是头肩顶形态中极为重要的直线,颈线被有效突破是头肩顶形态形成的最重要标志;头部顶点到颈线的垂直距离,即为头肩顶形态的形

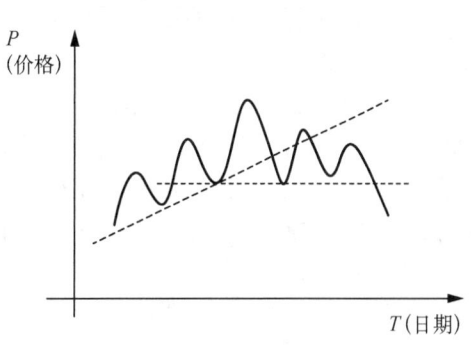

图3-27 头肩顶形态

态高度。当股价第三次上冲失败回落时,颈线就会被击破,即头肩顶正式宣告成立。通常来说,左肩的成交量最大,头部的成交量略小些,右肩的成交量最小。成交量呈递减现象,说明股价上升时追涨力量越来越弱,股价有涨到头的意味。

股价经过长期上升后,成交量大增,此时获利回吐压力也增加,导致股价回落,上升趋势逐渐失去能量,升幅渐缓,左肩形成。股价回升,突破左肩之顶点,成交量也可能因大换手而创纪录,使得投资者产生恐慌心理,相继抛售,股价回跌到前一低点附近,有时高些,有时低些,但是绝对低于左肩的顶点,头部形成;股价第三次上升,已不再出现过去庞大的

成交量,涨势也比较温和,股价到达头部顶点之前就下跌,右肩形成。最后第三次下跌时,股价急速向下突破颈线,再回升时,颈线成为压力线,股价遇阻下跌,头肩顶形态正式宣告完成。

需要注意的是,在头肩顶形态中,只要市场跌破了原有趋势线,即使头肩顶形态尚未完成,那么也可以先抛出一部分筹码,而当颈线被决定性地击穿时,再抛出剩余筹码,市场向上出现反扑是抛空的最后时机。

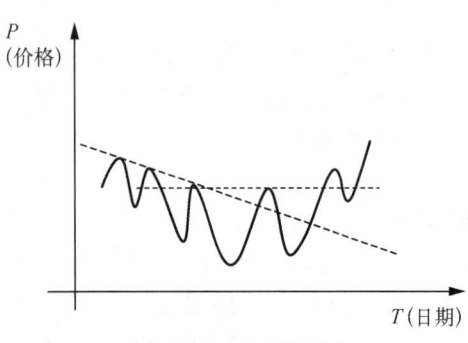

图 3-28　头肩底形态

2) 头肩底形态

头肩底形态是头肩顶形态的相反形态,是股价从长期下跌状态中反转上升的主要形态。头肩底形态与头肩顶形态的显著区别主要在于成交量的变化,其余大体上与头肩顶形态相同,只是方向正好相反,如图 3-28 所示。

需要说明的是,头肩顶形态和头肩底形态在成交量方面的最大区别是:头肩顶形态向下突破颈线时,成交量不一定放大;而头肩底形态向上突破颈线时,若没有大的成交量配合,可靠性将大大降低,甚至可能出现假的头肩底形态。

在运用头肩底形态指导操作时,同样要重视市场趋势线的阻力作用,由于头肩底形态的形成需要一段时间,那么可以利用其对重要趋势线的突破时机,完成部分建仓计划,而当颈线被决定性地向上突破时,加大仓位。

2. 双重顶(底)形态

双重顶形态和双重底形态因为形似英文字母 M 和 W,所以通常称为 M 头形态和 W 底形态,是一种极为重要的反转形态,在市场中出现非常频繁。

1) 双重顶形态

双重顶形态在股价上涨至一定阶段之后形成,形态出现两个顶峰,分别称为左峰、右峰。理论上,双重顶两个高点应基本相同,但实际 K 线走势中,左峰一般比右峰稍低一些,相差 3% 左右比较常见。另外,在第一个高峰(左锋)形成回落的低点,在这个位置画水平线,就形成了通常说的颈线,当股价再度冲高回落并跌破这根水平线(颈线)支撑,双重顶形态正式宣告形成。在双重顶形成的过程中,左峰成交量较大,右峰成交量次之。成交量呈现递减现象,说明股价在第二次反弹过程中资金追涨力度越来越弱,股价有上涨到尽头的意味。双重顶形态形成后,股价在下跌过程中往往会出现反抽走势,但是反弹力度不强,颈线位置构成强阻力,如图 3-29 所示。

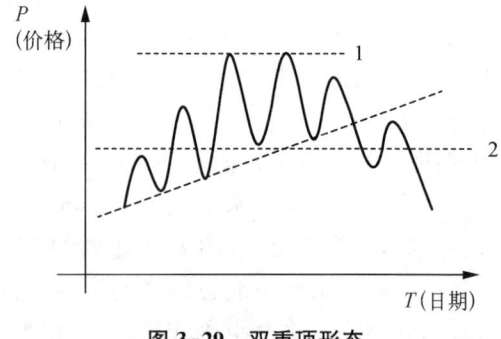

图 3-29　双重顶形态

需要说明的是,在双重顶形态中,只要市场跌破了原有趋势线,即使双重顶形态尚未完成,那么也可以先抛出一部分筹码,而当颈线被决定性地击穿时,再抛出剩余筹码,市场向上出现反扑是抛空的最后时机。

2）双重底形态

双重底形态与双重顶形态有完全相似或完全相同的结果。只要将对双重顶形态反过来描述即可,如图 3-30 所示。

需要说明的是,双重底形态在突破颈线时,必须有大的成交量的配合,否则,可能为无效突破。在运用双重底形态指导操作时,同样要重视市场趋势线的阻力作用,由于双重底形态的形成需要一段时间,那么可以利用其对重要趋势线的突破时机,完成部分建仓计划,而当颈线被决定性地向上突破时,加大仓位。

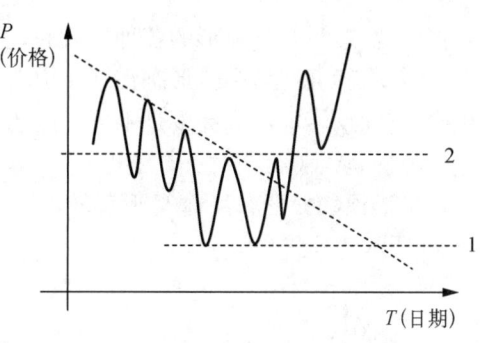

图 3-30 双重底形态

3. 三重顶(底)形态

三重顶(底)形态是头肩顶(底)形态的一种小的变形体,其峰顶与峰顶,或谷底与谷底的间隔距离与时间不必相等;三个顶点或三个谷底的股价不需相同,高低最大差距可达到 3%,不应苛求;三重顶的第三个顶,成交量非常小时,即显示出下跌征兆,而三重底在第三个底部完成而股价上升时,成交量大量增加,即表示股价将会突破颈线而上升,如图 3-31 所示。

三重顶(底)与头肩顶(底)的区别是头的价位回缩到与肩差不多相等的位置,有时甚至低于或高于肩部的位置。从这个意义上讲,三重顶(底)与双重顶(底)也有相似的地方,前者比后者多波动了一次。三重顶(底)的颈线差不多是水平的,三个顶(底)也是差不多相等高度的。

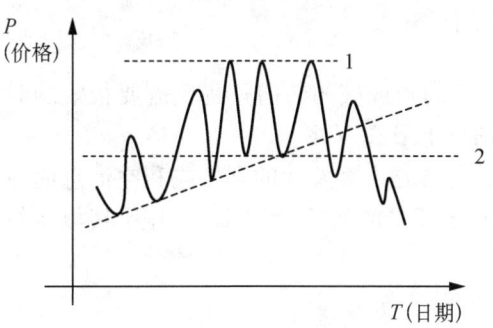

图 3-31 三重顶和三重底形态

需要说明的是,识别和应用三重顶(底)形态的方法主要是用识别和应用头肩顶(底)形态的方法。但是相对于头肩顶(底)形态而言,三重顶(底)形态更容易演变成矩形形态,而不是反转形态。因此,要特别重视成交量的作用,尤其是三重底形态,如果放量突破颈线,则反转的形态基本确立。

4. 圆弧顶(底)形态

圆弧顶(底)形态是指将股价在一段时间的顶部高点用折线连起来,每一个局部的高点都考虑到,我们有时可能得到一条类似圆弧的弧线,盖在股价之上;将每一个局部的低点连在一起也能得到一条弧线,托在股价之下。圆弧顶形态如图 3-32 所示。

圆弧形态完成后,行情多属暴发性的急涨或急跌,持续时间较短,中间极少出现回档或反弹。在圆弧形态形成的过程中,成交量呈现出两头多、中间少的特点,越靠近圆弧顶或底成交量越萎缩,在突破颈线后成交量急剧放大;圆弧形态的形成所需要的时间越长,突破后反转的力度越强。

圆弧的形成过程与头肩形中的复合头肩形有

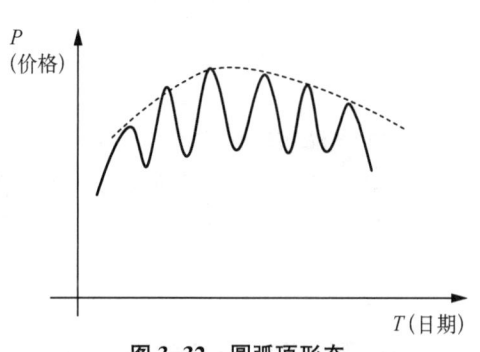

图 3-32 圆弧顶形态

相似的地方,只是圆弧形的各种顶或底,没有明显的主次区分。

需要说明的是,圆弧形态在现实中出现的机会较少,但一旦出现则是绝佳的卖出或买入机会,它的反转深度和高度是不可预测的。

5. V形顶(底)形态

V形顶(底)形态又称V形反转,是一种反转形态,通常出现在股价剧烈的波动中,如图3-33所示。

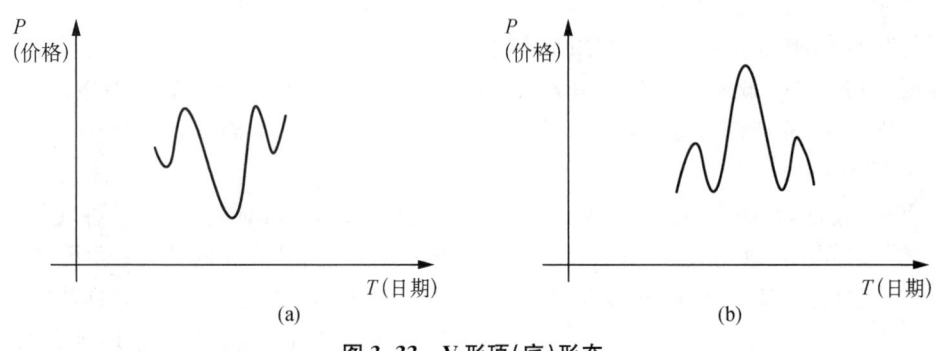

图3-33 V形顶(底)形态

V形顶或V形底没有一个明显的形成过程,关键的顶或底的转向过程仅需要很短的时间,转势点必须有大的成交量的配合,且成交量在图形上形成V形。

需要说明的是,V形反转一般事先无任何征兆,通常是由突发性的利好或利空消息而引起的。一般只能根据其他技术分析方法得到一些V形反转的信号,如支撑线、压力线以及技术分析指标等。

6. 喇叭形态

喇叭形态因为形状酷似一只喇叭而得名,这种形状也可以看成是一个对称三角形倒转过来的结果,所以也可以把它看作是三角形的一个变形体。喇叭形是一种重要的可靠的顶部反转形态,如图3-34所示。

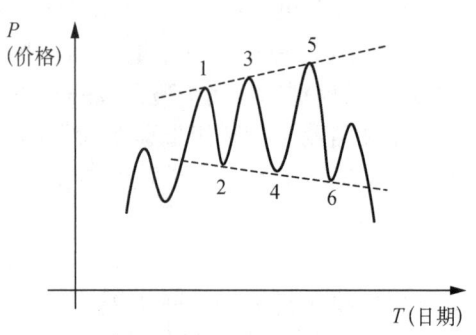

图3-34 喇叭形态

喇叭形态是一个顶部反转下跌的形态,喇叭形态成立的最重要标志是在行情的顶部区域,出现三个高点(1,3,5)和三个低点(2,4,6)。在形态形成过程中,成交量保持较大成交量,待反转下跌的幅度一般都会很大。喇叭形态的成因在于投资者的非理性,在分析上具有较强的信号作用。

(二) 持续整理形态

持续整理形态是指股价经过一段时间的快速变动后,只在一定区域内上下窄幅变动而不再前进,等时机成熟后沿着原来的趋势继续运动。持续整理形态主要有三角形、矩形、旗形和楔形等。

1. 三角形

三角形主要包括对称三角形、上升三角形和下降三角形。

(1) 对称三角形，又称等边三角形或正三角形，由一系列的价格波动所组成，波动幅度逐渐缩小，显示出三角形的特点，如图 3-35 所示。如从横的方向看价格变动领域，其上限为向下斜线，下限为向上倾线，把短期高点和低点，分别以直线连接起来，就可以形成一个对称的三角形。对称三角形上下两条边要求至少应有 4 个转折点，图 3-35 中的 1、2、3、4、5、6 都是转折点。因为每条边的确定需要两个点，正如趋势线的确认要求第三点验证一样，对称三角形一般应有 6 个转折点，这样，上下两条边的支撑压力作用才能得到验证。股价一般沿原方向突破，突破的位置一般应在三角形的横向宽度的二分之一到四分之三之间的某个点。突破颈线的幅度超过该股市价的 3% 以上，突破后维持至少两日，即为有效突破。从成交量看，愈向右边成交愈清淡，表示短线进出困难，无利可图，直到向上突破三角形区域，成交量才可能放大。

对称三角形的最少升幅量度方法是当股价往上突破时，从形态的第一个上升高点开始画一条和底部平行的直线，我们可以预期股价至少会上升到这条线才会遇上阻力；或者从突破点向上至少要达到的高度与对称三角形的底边高度相等。

需要说明的是，对称三角形如果向上无量突破，则有可能是假突破，从而转化成其他形态。另外，在上升趋势中，对称三角形也不是必然向上突破，在运行到接近对称三角形顶端，如果始终无量，也有可能向下突破。

(2) 上升三角形是对称三角形的变形体。对称三角形有上下两条直线，将上面的直线逐渐由向下倾斜变成水平方向运行，就得到上升三角形。除了上面的直线是水平的以外，上升三角形与对称三角形在形状上没有什么区别，如图 3-36 所示。

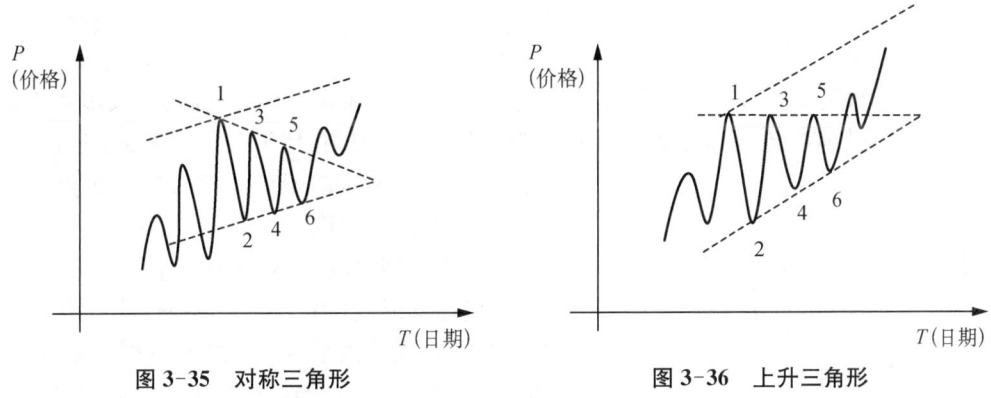

图 3-35　对称三角形　　　　　　图 3-36　上升三角形

需要说明的是，上升三角形中上面直线表示压力是水平的，始终都是一样，没有变化，而支撑却是越来越高。由此可见，上升三角形与对称三角形相比，有更强烈的上升意识，多方比空方更为积极，通常以三角形的向上突破作为这个持续过程终止的标志。

(3) 下降三角形。同理，下降三角形同上升三角形正好反向，是看跌的形态。它的基本内容同上升三角形完全相似，只是方向相反。

2. 矩形

矩形，又称箱形，是股价在两条水平的上下界限之间变动而形成的形态，也是一种典型的整理形态，股价在其范围之内上下波动，短期高点和低点分别以直线连接起来，可以给出一条平行通道，如图 3-37 所示。

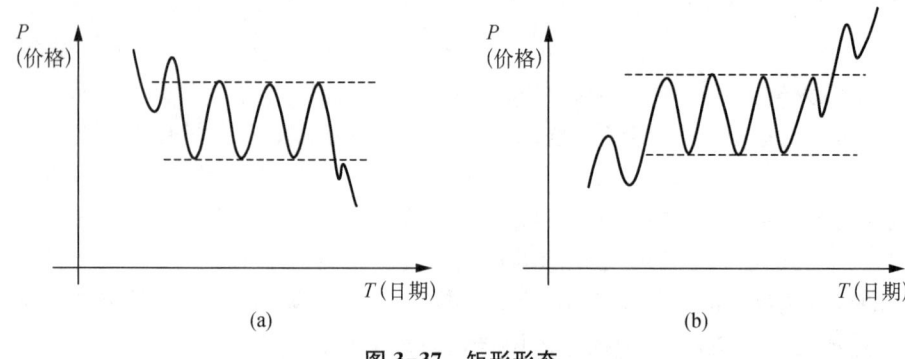

图 3-37 矩形形态

矩形三角形的股价在两条水平直线之间上下波动,上下两条水平直线起着压力和支撑的作用。如果原来的趋势是上升的,那么经过一段矩形整理后,会继续原来的趋势,股价向上突破;反之,如果原来是下降趋势,股价则向下突破。

矩形被突破后,也具有测算意义,形态高度就是矩形的高度,面对突破后股价的反扑,矩形的上下界线同样是具有阻止反扑的作用。需要说明的是,与其他大部分形态不同,矩形为我们提供了一些短线操作的机会。如果在矩形形成的初期能够预计到股价将进行矩形调整,那么就可以在矩形的下界线附近买入,在矩形的上界线附近卖出,高抛低吸,波段操作。另外,如果在股价经过大幅下跌以后,在底部区域矩形整理,一旦放量向上突破,则转化成底部反转形态,而且底部横向盘整的时间越长,向上的动能越强、空间越大。

3. 旗形

旗形的形状是上倾或下倾的平行四边形,就像一面挂在旗杆顶上的旗帜,大多发生在市场极度活跃,股价运行近乎于直线上升或下降的情况下。由于上升或下降得过于迅速,市场必然会有所休整,旗形就是完成这一休整过程的主要形式之一,如图 3-38 所示。

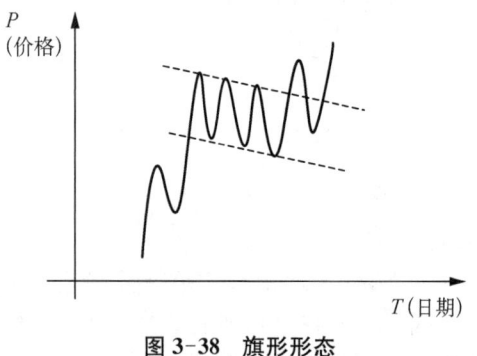

图 3-38 旗形形态

旗形出现之前,一般应有一个旗杆,这是价格做直线运动形成的;上下两条平行线起着压力和支撑作用,这两条平行线中的某一条被突破,是旗形完成的标志。旗形持续的时间不能太长,一般应该短于 3 周,如果持续时间较长,它保持原来趋势的能力将下降。旗形形成之前和被突破之后,成交量都很大。在旗形的形成过程中,成交量从左向右逐渐减少。

旗形有测算功能,旗形的形态高度是平行四边形左右两条边的长度,旗形被突破后,股价将至少要走到与形态高度相等的距离。

4. 楔形

楔形是股价介于两条收敛的直线中变动的形态。两条直线同时上倾或下倾,成交量变化和三角形一样向顶端递减,又可以分为上升楔形和下降楔形,其特征和旗形的特征基本相同,如图 3-39 所示。

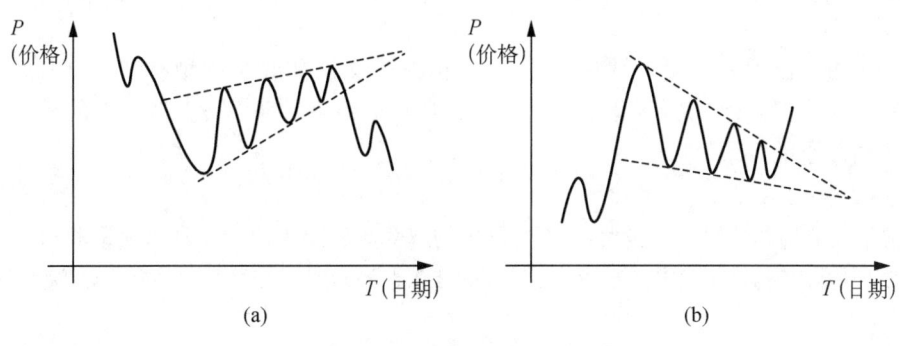

图 3-39　上升楔形和下降楔形

需要说明的是,楔形偶尔也可能出现在顶部或底部而作为反转形态。这种情况一定是发生在一个趋势经过了很长时间接近尾声的时候。此时,可以借助其他的技术分析方法,从时间上判断趋势是否可能接近尾声。

五、波浪理论

(一) 波浪理论的原理

波浪理论又称艾略特波浪理论,是美国技术分析大师艾略特经过对股票市场的长期研究提出的一种价格趋势分析理论,其核心是根据大海的潮汐及波浪的变化规律,来描述股票价格的波动规律及其走势。艾略特经过多年对美国道琼斯工业平均指数运动的形态、调整比率及时间周期的详尽统计,运用数学原理进行分析,力图客观地描述股价运动的基本规则,从而达到预测股市运动趋势的目的。这一理论以道氏理论为基础,又是对道氏理论的发展和完善,并且在精确度、可操作性方面大大超过了道氏理论。

(二) 波浪理论的基本形态

艾略特认为股票价格的波动具有一浪跟着一浪周期循环的规律性,任何波动都有迹可循,投资者可以根据波动的规律来预测未来价格的走势。波浪理论有三个重要的内容:波浪的形态、波幅比率和持续时间,其中最重要的是波浪的形态。波浪有两个基本的形态,推动浪和调整浪。波浪理论认为一个完整的价格循环周期由 8 个浪组成,即 5 个上升波浪,3 个下降波浪。上升波浪称为推动浪,以图 3-40 为例,第 1 浪、第 3 浪、第 5 浪称为推动浪,下降波浪称为调整浪,第 2 浪、第 4 浪是调整浪,由第 6 浪、第 7 浪、第 8 浪三浪组成的大浪是对由第 1 浪到第 5 浪组成的大浪的调整浪。在股价循环中,任何一级任何一浪都可以分为次一级的浪,反过来,任何一个 8 浪循环又构成上级波动的 2 个浪。波浪形态可以无穷伸展和压缩,但其基本形态永恒不变。

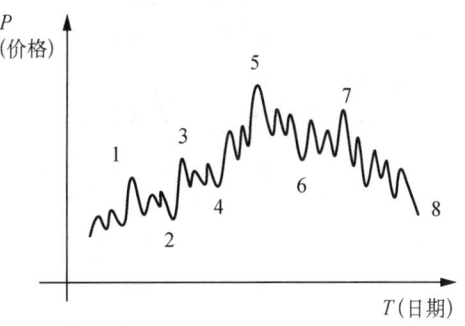

图 3-40　波浪理论的基本形态

(三) 波浪的特征

一般来说,在股价走势分析中,8 个浪分别具有以下重要特征。

1. 第1浪

第1浪通常出现在长期下跌盘整的末期,虽然成交量和股价均稍有增长,但缺乏人气,投资者尚未能认识到市场的变化,其后的第2浪调整幅度往往很大,第1浪的涨幅一般是五浪中涨幅最小的一浪。

2. 第2浪

通常第2浪的调整幅度相当大,长期下跌中的解套盘和第1浪的获利盘大量涌出,使第2浪几乎将第1浪的涨幅全部擦去。当股价下跌至第1浪起涨点时成交量开始萎缩,第2浪调整结束。

3. 第3浪

第3浪通常是涨势最足、涨幅最大、持续时间最长、最具有爆发力的上升浪。在这段行情过程中,投资者信心大增,常出现跳空缺口和延长波浪。一些重要的阻力线被轻易突破,特别是突破第1浪的高点时,是重要的买进信号。

4. 第4浪

第4浪的形态一般较为复杂,在第3浪强劲上升形成重要顶部的基础上,这一浪初步显露市场后继乏力的征兆。根据波浪理论的交替规则,这一浪的形态往往与第2浪不同,常出现三角形走势,它的最低点应高出第1浪的最高点。

5. 第5浪

第5浪的涨幅通常不及第3浪,在运动形态上也不十分复杂,有时甚至会出现低于第3浪高点的失败情况。在第5浪中,虽然涨幅已趋缓,投资者往往还会盲目乐观,追捧高价,第5浪往往是最长的一浪,并可能出现延伸浪。

6. 第6浪

市场中大多数投资者认为第6浪仅是上升行情的暂时回档,而没有认识到行情已经逆转,因此还会逢低吸纳,但实际上很多技术指标已显示背离状况,表明股市已濒临崩溃局面。

7. 第7浪

由于第7浪呈现上升趋势,常使投资者误认为是又一轮上升行情而投入更大资金,实际上这是一个"多头陷阱",应该是多翻空的好时机。通常,在中型级或更次级的第7浪中,成交量会减少,而基本级或更高级的第6浪中则可能伴随成交量放大甚至超过前面牛市的成交量。实际上,投资者可以从技术指标中发现市场转弱的征兆。

8. 第8浪

第8浪是跌势凶险、跌幅深、时间持久的下跌浪,伴随恐慌性抛盘涌出,具有第3推动浪的特征。推动浪运行过程中,有时会出现浪的放大或拉长的现象,即波浪的延伸。一般情况下,三个推动浪中有且仅有一个浪出现延伸。一般而言,在成熟的市场,延伸浪经常会出现在第3浪中;而在新兴市场中,第5浪往往也出现延伸的现象。

波浪理论只能用于分析预测整个市场的运行,不能运用于个股的选择上。最后,相对于其他技术分析方法,波浪理论运用起来更为困难。因为在某种程度上该理论是一种主观分析工具,面对同一个形态波浪往往可以有不同的数法,从而会得出不同的分析结论,这就要求不能机械地运用该理论,否则极易发生错误。

六、技术指标

技术指标分析是通过建立一个数学模型,给出数学上的计算公式,得到一个体现市场的某个方面内在关系的数字,即指标值,指标值的具体数值和相互关系直接反映了市场所处的状态。由于技术指标将某些对市场的定性分析进行量化,因此可以提高具体操作的精确度。

(一) 趋势型指标

1. 移动平均线

移动平均线(MA)是利用股票价格移动平均值将股价变动曲线化的分析方法,这一方法可省略不规则、偶然性因素对股票价格的影响,使股价曲线变得圆滑,从而清晰地显示股价变动的倾向,可用于对股价趋势进行中长期预测。移动平均线可以分为算术移动平均线(SMA)、加权移动平均线(WMA)和指数平滑移动平均线(EMA)三种。在实际应用中通常使用指数平滑移动平均线。其计算公式如下:

$$EMA(n) = \frac{2}{n+1} \times [P_t - 前一日\ EMA(n)] + 前一日\ EMA(n)$$
$$= 前一日\ EMA(n) \times \frac{n-1}{n+1} + P_t \times \frac{2}{n+1}$$

其中,P_t 为计算期中第 t 日的收盘价;n 为期数。

以时间长短分类,移动平均线可以分为短期、中期和长期移动平均线。其中,短期移动平均线有5日线、10日线、15日线,也称快速移动平均线;中期移动平均线有20日线、30日线、60日线;长期移动平均线有150日线、200日线、290日线,也称慢速移动平均线。

移动平均线具有以下特点:

(1) 趋势性。移动平均线能够表示股价的趋势方向,并延续这个趋势,不会轻易放弃。如果从股价的图表中能够找出上升或下降趋势线,那么移动平均线能够沿着这种趋势延伸。

(2) 滞后性。移动平均线不轻易往上往下,只有股价涨势真正明朗了,移动平均线才会向上延伸;股价开始回落时,移动平均线仍然是向上的,等到股价跌势显著时,移动平均线才下行,这是移动平均线的一个极大的弱点。

(3) 稳定性。短期移动平均线,平滑效果较差,稳定性较小;长期移动平均线,平滑效果较好,稳定性较强,波动的幅度、速度都比较小,但经常与实际价格存在较大的差距。

(4) 助涨助跌性。当移动平均线被有效突破,意味着原来的移动平均线趋势已经失效,从而引起投资者的信心发生变化,因此涨或跌的势头要延续更长一段时间才会止住,从而产生了助涨助跌的效果。

(5) 支撑压力性。由于上述特征,使得移动平均线在价格走势中起支撑线和压力线的作用。移动平均线的突破实际上是支撑线和压力线的突破。

知识拓展

葛兰维尔移动平均线八大法则

关于移动平均线的应用最为经典的是葛兰维尔移动平均线八大法则,它是由美国著名的证券投资专家葛兰维尔于1960年在《每日股票市场获最大利益之战略》一书中首先应用的,可作为判断买卖时机的依据。其中包括四条买入法则和四条卖出法则,如图3-41所示。

(1) 1a为第一买入点。当移动平均线从持续下降转为平衡或上升状态,而股价从移动平均线下方突破并向上延伸时,宜买进。

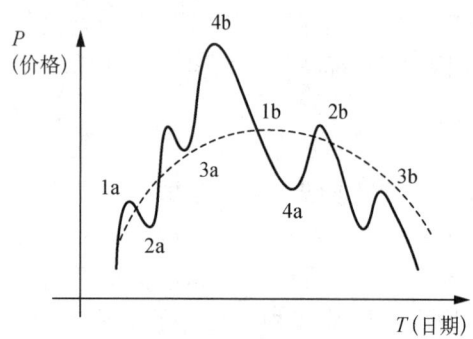

图 3-41 葛兰维尔移动平均线八个点

(2) 2a 为第二买入点。移动平均线呈上升状态,而股价跌至平均线以下时,宜买进。

(3) 3a 为第三买入点。股价在移动平均线之上,且向移动平均线靠近,在尚未跌破平均线又再度上升时,宜买进。

(4) 4a 为第四买入点。当移动平均线下降,但股价在移动平均线以下大幅下降时,宜买进。

(5) 1b 为第一卖出点。移动平均线上升后转为平移或下降状态,而股价跌至移动平均线之下时,说明股价将继续下跌,宜卖出。

(6) 2b 为第二卖出点。移动平均线持续下降,而股价在突破平均线上升后又回落到平均线以下时,说明股价大势趋跌,宜卖出。

(7) 3b 为第三卖出点。股价在移动平均线之下,并朝着移动平均线方向上升,但未到达移动平均线时又开始下跌,说明股价疲软,宜卖出。

(8) 4b 为第四卖出点。移动平均线呈上升状态,而股价线在其上方突然暴涨至远离平均线时,往往表明股价离高峰已相差不远,股价极可能出现回跌,宜卖出。

2. 平滑异同移动平均线

平滑异同移动平均线(MACD)是利用短期移动平均线和中长期移动平均线之间不断聚合和分离的特征,加以双重平滑运算后用以研判买卖时机和信号的方法,是一种极为常用的技术分析方法。

平滑异同移动平均线在应用上应先行计算出快速指数平滑移动平均数值与慢速的指数平滑移动平均数值。以这两个数值作为测量快速与慢速线之间"离差值"的依据。"离差值"(DIF),即快速 EMA 数值减去慢速 EMA 数值。因此,在持续的涨势中快速 EMA 在慢速 EMA 之上,其间的正离差值会越来越大。反之在跌势中,离差值可能变负,也越来越大。

在平滑异同移动平均线的指数平滑移动平均线计算公式中,都分别加重最近一日的权数,以参数 12 和 26 为例,其计算公式如下:

$$EMA(12) = 前一日\,EMA(12) \times \frac{11}{13} + P_t \times \frac{2}{13}$$

$$EMA(26) = 前一日\,EMA(26) \times \frac{25}{27} + P_t \times \frac{2}{27}$$

$$DIF = EMA(12) - EMA(26)$$

其中,P_t 为当日收盘价。

再根据离差值计算其 9 日的 DEA,即"离差平均值",其计算公式如下:

$$DEA(MACD) = 前一日\,DEA \times \frac{8}{10} + 今日\,DIF \times \frac{2}{10}$$

平滑异同移动平均线的应用法则如下:

(1) DIF 与 DEA 为正值,表示市场是上涨行情;DIF 与 DEA 为负值,表示市场为下跌行情。当 DIF 从负值向上转变为正值,宜买入;当 DIF 从正值跌破 0 转变为负值,表示 EMA(12)与 EMA(26)发生交叉,宜卖出。

(2) DIF 从下向上穿过 DEA，宜买入；DIF 从上向下跌破 DEA 时，宜卖出。

(3) 背离信号。当 K 线图上出现渐次上升的头部，而 DIF 与 DEA 却渐次下降，是比较可靠的下跌信号，反之则为可靠的上升信号。

需要说明的是，平滑异同移动平均线指标剔除了移动平均线产生的频繁出现买入与卖出信号，避免一部分假信号的出现，比移动平均线的准确性更高。但与移动平均线相同，在股市没有明显趋势而进入盘整时，用该指标失误的时候较多。另外其对未来股价的上升和下降的深度不能提供有帮助的建议。

(二) 市场动量指标

1. 相对强弱指标

相对强弱指标（RSI）是通过计算某一时间内买卖力量的对比值来反映市场的状态，以一特定时期内股价的变动情况推测价格未来的变动方向，并根据股价涨跌幅度显示市场的强弱。其计算公式如下：

$$RSI = \frac{RS}{1+RS} \times 100\%$$

$$RS = \frac{14\text{日内收盘价上涨数之和的均值}}{14\text{日内收盘价下跌数之和的均值}}$$

通常情况下，日数较短的相对强弱指标，其波动过于敏感；日数较长的相对强弱指标，其波动过于迟钝，两者都会对分析股票价格变动趋势产生较大的误差。因此，计算周期的确定一般应根据某一股票价格波动的特性而定。

相对强弱指标的应用法则如下：

(1) 参数小的相对强弱指标为短期相对强弱指标，参数大的相对强弱指标为长期相对强弱指标。如果短期相对强弱指标大于长期相对强弱指标，则属多头市场。如果短期相对强弱指标小于长期相对强弱指标，则属空头市场。

(2) 将相对强弱指标的取值 0～100 分成四个区域，表 3-5 中对强弱分界线的划分不是固定不变的，根据具体情况，可做适当调整。

表 3-5　　　　　　　　　　RSI 取值区域

RSI 值	市场特征	投资操作
80～100	极强（超买）	卖出
50～80	强	买入
20～50	弱	卖出
0～20	极弱（超卖）	买入

(3) 考虑相对强弱指标与价格的背离。相对强弱指标处于高位，并形成一峰比一峰低的两个峰，此时股价却对应的是一峰比一峰高，即为顶背离，是较强烈的卖出信号；与上述情形相反即为底背离，是可以考虑建仓的信号。利用相对强弱指标运行的形态或趋势，结合形态理论和趋势理论也可以对市场运行做出判断。

2. 威廉指标

威廉指标（WMS）是利用摆动点来量度股市的超买超卖现象，分析循环周期内的高点和低

点,以此作为预测市场短期行情走势并提出有效信号的一种技术分析指标。其计算公式如下:

$$WMS(n) = \frac{H_n - C}{H_n - L_n} \times 100\%$$

其中,n 为指标参数;C 为当天收盘价;H_n 和 L_n 为最近 n 日内(包括当天)出现的最高价和最低价。

威廉指标的应用法则如下:

(1) 威廉指标的取值在 0 到 100 之间,当威廉指标高于 80,股价处于超卖状态,表示行情即将见底为买入时机;当威廉指标低于 20,股价处于超买状态,表示行情即将见顶为卖出时机。

(2) 如果威廉指标接近 0 或 100 就是股价到顶或者到底,或局部形成双重或多重顶(底),即为卖出或买入的信号。

(3) 在威廉指标进入低数值区域,一般要调头向下,如果这时股价还继续上升,即顶背离,是卖出的信号;在威廉指标进入高数值区域,一般要调头向上,如果这时股价还继续下降,即底背离,是买入的信号。

3. 能量潮

能量潮(OBV)又称成交量净额,即通过成交量的增减关系,真实反映出大盘及个股多空力量博弈的情况。其计算公式如下:

$$今日\ OBV = 前一日\ OBV + \text{sgn} \times 今日的成交量$$

其中,sgn 是符号函数,如果今日收盘价大于或等于前一日收盘价,则 sgn=1;如果今日收盘价小于前一日收盘价,则 sgn=-1。OBV 的初始值一般取 0。

能量潮的应用法则如下:

(1) 能量潮必须与价格曲线相结合才能发挥作用,不能单独使用。

(2) 计算能量潮有一个选择最初值的问题,最初值可由使用的人自行确定一个数值。

(3) 能量潮曲线的变化对当前价格变动趋势的确认具有重要作用。当价格上升或下降,而能量潮也相应地上升或下降,则可以更确信当前的趋势。当价格上升或下降,而能量潮并未相应的上升或下降,即发生了背离,意味着当前的趋势动力不足,有反转的可能。

(4) 对别的技术指标适用的形态理论和切线理论的内容同样适用于能量潮曲线。

(5) 在股价进入大盘整区后,能量潮曲线会率先显露出脱离盘整的信号,向上或向下突破,有较大的成功率。

(三) 市场大盘指标

市场大盘指标是对整个市场的多空状况进行描述,它只能用于研判市场整体形势,不能应用于个股。

1. 腾落指数

腾落指数(ADL)是利用每天股票上涨家数和下降家数作为计算与观察的对象,以了解股市人气的盛衰,探测大势内在的动量是强势还是弱势,用以研判股市未来动向的技术性指标。其计算公式如下:

$$今日\ ADL = 前一日\ ADL + NA - ND$$

其中,NA 表示今日市场中上涨家数;ND 表示今日市场中下跌家数;ADL 的初始值一般取 0。

腾落指数的应用法则如下：

（1）如果腾落指数与价格指数同步上升或下降，则可以验证大盘的趋势在短期内反转的可能性不大。

（2）如果腾落指数连续上涨或下跌了几天，而价格指数却向相反方向运行了几天，即出现背离现象，可以考虑买进或卖出，至少有短线机会。

2. 涨跌比

涨跌比（ADR）是利用一段时间内股票上涨家数之和与下降家数之和的比率，并据此推测股票市场多空力量的对比，用以研判股票市场的实际运行状况的技术性指标。其计算公式如下：

$$ADR(n)=\frac{P_1}{P_2}$$

其中，P_1 表示 n 日内每天上涨家数之和；P_2 表示 n 日内每天下降家数之和；n 表示选择的天数，是 ADR 的参数。

涨跌比的应用法则如下：

（1）涨跌比的取值在 0.5 到 1.5 之间，说明多空双方处于平衡状态；涨跌比的取值超过了这个区间的上下限，是采取行动的信号，超过上限考虑卖出，低于下限考虑买进。

（2）涨跌比与价格指数同步上升或下降，则价格指数将继续当前的趋势，在短期内反转的可能性不大。涨跌比与价格指数运行方向相反，则出现了背离现象，价格指数现有趋势的动力不足，有发生反转的可能。

3. 超买超卖指标

超买超卖指标（OBOS）是运用一段时间内上涨股票家数和下跌股票家数的累积差关系，来测量大盘买卖气势的强弱及未来走向，用以研判股市呈现超买或超卖区的参考指标。其计算公式如下：

$$OBOS(n)=P_1-P_2$$

其中，P_1 表示 n 日内每天上涨家数之和；P_2 表示 n 日内每天下降家数之和；n 是 OBOS 的参数。

超买超卖指标的应用法则如下：

（1）超买超卖指标的取值应围绕 0 上下波动，当超买超卖指标为正数时，属于多头市场，离 0 越远，势头越强劲；当超买超卖指标为负数时，属于空头市场，离 0 越远，势头越强劲。

（2）如果超买超卖指标在高位，高点逐步降低，而对应的价格指数继续上升，即顶背离，应考虑卖出；如果超买超卖指标在低位，低点逐步抬高，而对应的价格指数继续下降，即底背离，应考虑买进。

（3）如果超买超卖指标在高位或低位形成双顶或双底，应考虑卖出或买进。

（四）市场人气指标

1. 乖离率

乖离率（BIAS）是移动平均原理派生出来的一项技术指标，其功能主要是通过测算股价在波动过程中与移动平均线出现偏离的程度，从而得出股价在剧烈波动时因偏离移动平均

趋势而造成可能的回档或反弹,以及股价在正常波动范围内移动而形成继续原有势头的可信度。其计算公式如下:

$$BIAS(n) = \frac{[C - MA(n)]}{MA(n)} \times 100\%$$

其中,C 是收盘价;$MA(n)$ 是参数为 n 的移动平均数。

乖离率的应用法则如下:

(1) 乖离率分为正乖离和负乖离。当股价在移动平均线之上时,其乖离率为正,反之为负。当股价与移动平均线一致时,乖离率为 0。

(2) 通常来说,正乖离率涨至某一百分比时,表示短期内多方获利回吐可能性大,是卖出信号,负乖离率跌至某一百分比时,表示空方回补的可能性大,是买入信号。

2. 心理线

心理线(PSY)是建立在投资者心理趋向基础上,将一定时期内投资者倾向买方或卖方的心理事实转化为数值,形成测度人气,用以研判股价未来趋势的技术指标。其计算公式如下:

$$PSY(n) = \frac{A}{n} \times 100\%$$

其中,n 表示天数,是心理线的参数;A 表示在 n 中价格上涨的天数。

心理线的应用法则如下:

(1) 心理线的取值超过 75 或低于 25 时,市场出现超买或超卖,价位下跌或回升的可能性较大,可以采取卖出或买入行动。心理线(PSY)取值区域如表 3-6 所示。

表 3-6   PSY 取值区域

PSY 值	市场特征	投资操作
90～100	极强(超买)	卖出
75～100	超买	卖出
25～75		观望
10～25	超卖	买入
0～10	极弱(超卖)	买入

(2) 一段上升行情展开前,超卖的低点通常会出现两次,同样,一段下跌行情展开前,超买的高点会出现两次。第二次出现超卖的低点或超买的高点往往是买入或卖出的良机。

(3) 当百分比降至 10 或 10 以下时,是很强的超买超卖,此时是短线抢反弹的机会。

(4) 当心理线在常态分布时,应持观望态度。

(5) 高点密集出现两次是卖出信号,低点密集出现两次是买入信号。

需要注意的是,技术指标是一种分析工具,而每种工具都有自己的适用范围和适用的环境。同时,每一个技术指标在预测行情方面的能力大小和准确程度也会有所差别。因此,在使用技术指标时,一方面,不能机械地照搬结论,而不管这些结论成立的条件;另一方面,不能盲目地绝对相信技术指标,从而过多地、频繁地使用技术指标,要学会技术指标与其他技术分析工具有机地结合使用。通常说来,应该同时以 4、5 个技术指标为主,而技术指标的选择因人而异。

课堂章节测试

班级_____ 姓名_____ 学号_____ 日期_____ 平时分_____

一、单项选择题（共10题，每题5分）

1. （　　）是指在一定时期一个国家的国土范围内，本国和外国居民所生产的最终商品和劳务的市场价值总和。
   A. 国内生产总值　　　　　　B. 货币供应量
   C. 国民生产总值　　　　　　D. 产值

2. 一般而言，能够刺激经济发展并导致证券市场走强的财政政策是（　　）。
   A. 弹性财政政策　　　　　　B. 扩张性的财政政策
   C. 中性财政政策　　　　　　D. 紧缩性的财政政策

3. （　　）是中央银行对商业银行用持有的未到期票据向中央银行融资所做的政策规定。
   A. 存贷款利率政策　　　　　B. 再贴现政策
   C. 选择性政策工具　　　　　D. 公开市场业务

4. （　　）是指企业的现金类资产与流动负债的比率。
   A. 流动比率　　B. 速动比率　　C. 现金比率　　D. 流动性比率

5. 下列各项中，属于技术分析的理论基础的是（　　）。
   A. 道氏理论　　B. 切线理论　　C. 波浪理论　　D. 混沌理论

6. 十字形K线出现的条件是（　　）。
   A. 收盘价等于最高价，并且不等于最低价
   B. 收盘价等于开盘价，并且不等于最高价和最低价
   C. 收盘价等于最低价，并且不等于最高价
   D. 收盘价等于最高价，并且开盘价等于最低价

7. 下列K线形状中，表示卖方力量虽强，但买方实力更大，局势对买方有利，有较强的看涨意义的是（　　）。
   A. T字形　　B. 十字形　　C. 一字线　　D. 墓碑线

8. 当日收盘价正好与当日最低价相等的K线的名称是（　　）。
   A. 光头阳线　　B. 光头阴线　　C. 光脚阳线　　D. 光脚阴线

9. T字形K线出现的条件是（　　）。
   A. 收盘价等于最高价，同时开盘价等于最低价
   B. 收盘价、开盘价均等于最高价，同时高于最低价
   C. 收盘价等于最低价，同时开盘价和最高价相等
   D. 收盘价和开盘价都等于最低价

10. 在上升趋势中，要画出上升趋势线，正确的做法是（　　）。
    A. 将两个低点连成一条直线

B. 将两个高点连成一条直线
C. 将一个低点和一个高点连成一条直线
D. 将两个低点和一个高点连成一条直线

二、多项选择题(共 5 题,每题 5 分)

1. 下列各项中,属于宏观经济指标的有( )。
   A. GDP   B. PPI   C. 通货膨胀率   D. 国际收支
2. 受经济周期影响较为明显的行业有( )。
   A. 耐用消费品   B. 钢铁   C. 生活必需品   D. 公用事业
3. 衡量公司行业竞争地位的主要指标包括( )。
   A. 行业综合排序   B. 产品的市场占有率
   C. 公司的法人治理结构   D. 公司的经营战略
4. 按道氏理论的分类,股价变动趋势可被分为若干类型,它们包括( )。
   A. 主要趋势   B. 次要趋势   C. 短暂趋势   D. 水平趋势
5. 出现光脚阳线,就当日股价变动情况而言,它所反映的信息包括( )。
   A. 多方占优势   B. 空方占优势
   C. 多方遇到空方的抵抗   D. 股价先涨后跌

三、判断题(共 5 题,每题 5 分)

1. 温和、稳定的通货膨胀对证券价格起到推高作用。 ( )
2. 美元升值,人民币贬值将会大大刺激进口,减少出口。 ( )
3. 一个完整的经济周期一般分为三个阶段,即复苏、繁荣、萧条阶段。 ( )
4. 一般情况下,盈利现金比率越大,公司盈利质量就越高。 ( )
5. 支撑线和压力线的形成是由投资者的筹码分布、持仓成本以及投资者的心理因素所决定的。 ( )

四、分析题(共 1 题,20 分)

一只股票近 5 日的 K 线图如下:

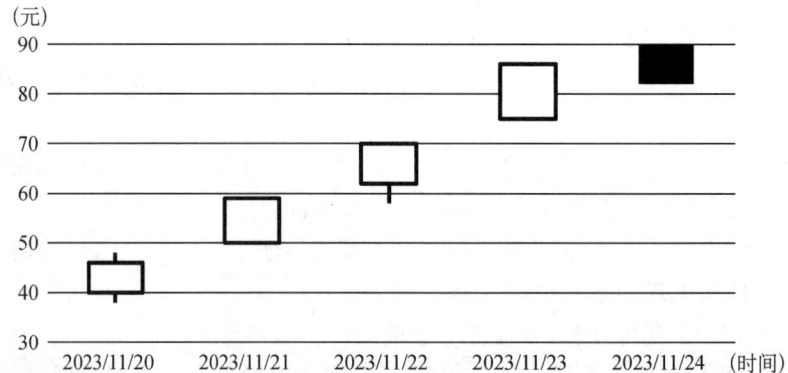

(1) 请写出 2023 年 11 月 20 日的开盘价、收盘价、最高价、最低价。
(2) 请写出图中阴线的开盘价、收盘价、最高价、最低价。
(3) 这 5 日间的 K 线组合属于哪一种形态? 这种组合预示着什么结果?

第四章 债券投资与分析

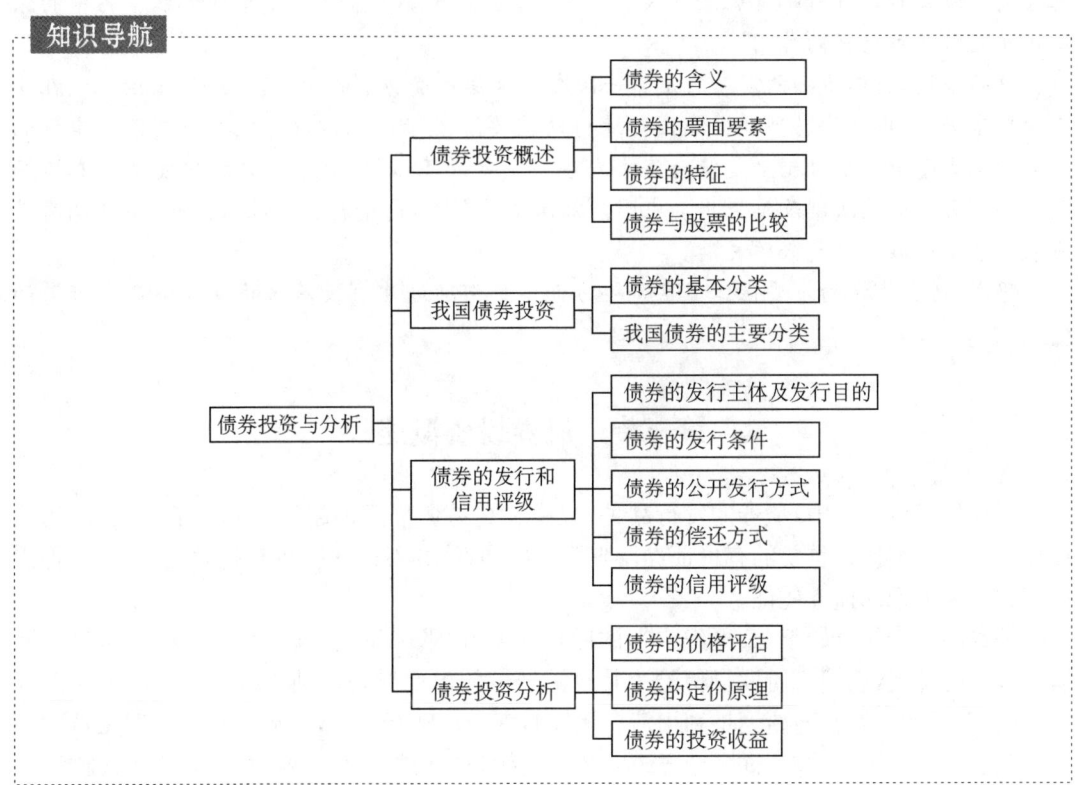

学习目标

1. 熟悉债券的含义与票面要素
2. 熟悉债券的特征
3. 了解我国债券市场
4. 了解债券的评级和定价方法
5. 掌握债券的定价原理
6. 掌握债券的投资收益的计算方法

债券市场的重要作用

一个国家金融系统的融资功能、保险功能、信息功能的实现，很大程度上依赖于各类金融合约和金融机构。债券是企业经营与经济发展中最主要的外部融资工具，债券融资不仅从融资规模的角度促进着经济增长，也从债券结构方面深刻影响经济发展的质量。债券等直接融资方式不仅为企业提供了更广泛的资金来源，还缓解了企业面临的抵押品约束问题。

同时，从经济周期的角度来看，相比于依赖房地产等抵押资产的贷款，以企业内在价值作为抵押资产的债券融资可以减少传统银行系统对房地产部门的过度依赖，缓解系统性金融风险。即便出现系统性金融风险，在银行贷款随着抵押资产价值缩水而下降时，依赖于企业内在价值的债券受影响相对较小，可以成为银行贷款的有效替代。

此外，从抵押品的角度来看，债券也是金融市场中最合适的抵押品之一。相比于债券，基于股票做抵押的杠杆融资风险更大。正因如此，发展债券市场对于降低金融市场中的风险水平起着不可忽视的作用。

总的来说，债券市场的发展决定着一国在全球金融市场中的地位。当前，中国正处在完善金融市场、实现经济转型和提高国际地位的重要阶段，因此，建设并完善中国债券市场的重要性不言而喻。金融制度是社会经济发展中重要的基础性制度，也是构建发达债券市场的重要因素。通过法制改革来推动中国金融体系的变革，是跨越中等收入陷阱、实现高质量发展和中华民族伟大复兴的关键。

思考：债券市场的重要性体现在哪些方面？如何通过法制改革来推动我国债券市场的建设？

第一节　债券投资概述

在现代经济社会中，债券的发行品种、规模和交易量都远远超过了其他证券，其成为除股票之外另一类比较重要的有价证券。与股票不同，债券不是一种所有权凭证，而是一种表明债权债务关系的债务凭证。

债券的发行最早始于12世纪末期的威尼斯共和国。18世纪以后，西方国家市场经济有了较大的发展，它们纷纷发行债券为其政治经济的需要融资。到19世纪末，以公司形式出现的商业组织猛增，开始大量利用债券来筹集资金。延至今天，世界几乎所有国家特别是工业发达国家的国家政府、许多地方政府及绝大部分公司都发行债券，债券已成为筹措资金的重要手段。

债券有以下基本性质：

(1) 债券反映了筹资者和投资者之间的债权债务关系。债券发行人通过发行债券筹得资金，取得了在一定期限内的资金使用权，但资金的所有权仍为债权人所有，到期必须归还债权人的本金。此外，债券发行人必须为取得资金使用权而支付一定的代价，即资金利息。因此，在发行人出具的债务凭证上应当明确规定借贷双方的权责关系（即借贷金额、借贷利息等），这种双方的权责关系受到法律的保护，在发行人不履行其义务时，持券人有权向法庭起诉来主张自己的权利。

(2) 债券是一种有价证券。首先，债券的有价性体现在两个方面：一是债券反映和代表一定的价值，债券本身有一定的面值，它是债券投资者投入资金的量化表现，持有者在债券到期时可取回与面额等值的资金；二是持有债券可按期取得利息，利息也是债券投资者收益的价值表现。其次，债券与其代表的权利联系在一起，拥有债券也就拥有了债券所代表的权利，转让债券也就将债券所代表的权利一并转移了。

(3) 债券是一种虚拟资本。债券的本质是证明债权债务关系的证书，在债权债务关系建立时所投入的资金已被债务人占用，因此，债券是经济运行中实际运用的真实资本的证书。债券的流动代表债权债务关系的转移,并不意味着它所代表的实际资本也同样流动。因此,债券独立于实际资本之外,是一种虚拟资本。

一、债券的含义

债券是社会各类经济主体为筹集资金而向债券投资者出具的、承诺按一定利率定期支付利息并到期偿还本金的债权债务关系凭证。债券属于确定请求权有价证券。

在现实生活中,书面债务凭证很多,但它们不一定都是债券。通常,要使一张书面债务凭证成为债券,必须具备以下三个条件:

(1) 可以按照同一权益和同一票面记载事项,同时向众多的投资者发行。
(2) 在一定期限内偿还本金,并定期支付利息。
(3) 在国家金融政策允许的条件下,能够按照持券人的需要自由转让。

二、债券的票面要素

债券作为证明债权债务关系的凭证,一般都要求以一定格式的票面形式明确记载一些事项。通常,债券票面上有四个基本要素。

(一) 债券的票面价值

债券的票面价值是债券票面标明的货币价值,是债券发行人承诺在债券到期日偿还给债券持有人的金额。

在债券的票面价值中,首先要规定票面价值的币种,即以何种货币作为债券价值的计量标准。确定币种主要考虑债券的发行对象。一般来说,在本国发行的债券通常以本国货币作为面值的计量单位;在国际金融市场筹资,则通常以债券发行地所在国家的货币或以国际通用货币为计量标准。此外,确定币种还应考虑债券发行者本身对币种的需要。币种确定后,则要规定债券的票面金额。票面金额大小不同,可以适应不同的投资对象,同时也会产生不同的发行成本。票面金额定得较小,有利于小额投资者购买,持有者分布面广,但债券本身的印刷及发行工作量大,费用可能较高;票面金额定得较大,有利于少数大额投资者认购,且印刷费用等也会相应减少,但使小额投资者无法参与。因此,债券票面金额的确定也要根据债券的发行对象、市场资金供给情况等因素综合考虑。

(二) 债券的到期期限

债券的到期期限是指债券从发行之日起至偿清本息之日止的时间,也是债券发行人承诺履行合同义务的全部时间。

各种债券有不同的偿还期限,短则几个月,长则几十年,一般有短期债券、中期债券和长期债券之分。发行人在确定债券期限时,要考虑多种因素的影响,主要如下。

1. 资金使用方向

债务人借入资金可能是为了弥补临时性资金周转之短缺,也可能是为了满足对长期资金的需求。在前者情况下可以发行短期债券,在后者情况下可以发行中、长期债券。这样安排的好处是既能保证发行人的资金需要,又不因占用资金时间过长而增加利息负担。

2. 市场利率变化

债券偿还期限的确定应根据对市场利率的预期相应选择有助于减少发行者筹资成本的期限。一般来说,当未来市场利率趋于下降时,应选择发行期限较短的债券,以避免市场利率下跌后仍须支付较高的利息;而当未来市场利率趋于上升时,应选择发行期限较长的债券,这样能在市场利率趋高的情况下保持较低的利息负担。

3. 债券的变现能力

债券的变现能力与债券流通市场发育程度有关。如果流通市场发达,债券容易变现,长期债券较能被投资者接受;如果流通市场不发达,投资者买了长期债券而又急需资金时不易变现。

(三) 债券的票面利率

债券的票面利率又称名义利率,是债券年利息与债券票面价值的比率,通常年利率用百分数表示。利率是债券票面要素中不可缺少的内容。在实际经济生活中,债券利率有多种形式,如单利、复利和贴现利率等。债券利率亦受很多因素影响,主要有如下四种。

1. 借贷资金市场利率水平

市场利率较高时,债券的票面利率也相应较高,否则投资者会选择其他金融资产投资而舍弃债券;反之,市场利率较低时,债券的票面利率也相应较低。

2. 筹资者的资信水平

如果债券发行人的资信状况好,债券信用等级高,投资者的风险小,债券票面利率可以定得比其他条件相同的债券低一些;如果债券发行人的资信状况差,债券信用等级低,投资者的风险大,债券票面利率就需要定得高一些。此时的利率差异反映了信用风险的大小,高利率是对高风险的补偿。

3. 债券期限长短

一般来说,期限较长的债券流动性差,风险相对较大,票面利率应该定得高一些;而期限较短的债券流动性强,风险相对较小,票面利率就可以定得低一些。但是,债券票面利率与期限的关系较复杂,它们还受其他因素的影响。所以有时也会出现短期债券票面利率高而长期债券票面利率低的现象。

(四) 债券发行者名称

债券发行者的名称指明了该债券的债务主体,既明确了债券发行人应履行对债权人偿还本息的义务,也为债权人到期追索本金和利息提供了依据。

需要说明的是,以上四个要素虽然是债券票面的基本要素,但它们并非一定在债券票面上印制出来。在许多情况下,债券发行者是以公布条例或公告形式向社会公开宣布某债券的期限与利率,只要发行人具备良好的信誉,投资者也会认可接受。

此外,债券票面上有时还包含一些其他要素,如有的债券具有分期偿还的特征,在债券的票面上或发行公告中附有分期偿还时间表;有的债券附有一定的选择权,即发行契约中赋予债券发行人或持有人具有某种选择的权利,包括附有赎回选择权条款的债券、附有出售选择权条款的债券、附有可转换条款的债券、附有交换条款的债券、附有新股认购权条款的债券等。

附有赎回选择权条款的债券表明债券发行人具有在到期日之前买回全部或部分债券的权利;附有出售选择权条款的债券表明债券持有人具有在指定的日期内以票面价值将债券卖回给发行人的权利;附有可转换条款的债券表明债券持有人具有按约定条件将债券转换成发行公司普通股股票的选择权;附有交换条款的债券是指债券持有人具有按约定条件将债券与债券发行公司以外的其他公司的普通股股票交换的选择权;附有新股认

购权条款的债券表明债券持有人具有按约定条件购买债券发行公司新发行的普通股股票的选择权。

三、债券的特征

债券作为一种重要的融资手段和投资对象,主要表现出如下特征。

(一) 债券的偿还性

偿还性是指债券有规定的偿还期限,债务人必须按期向债权人支付利息和偿还本金。债券的偿还性使资金筹措者不能无限期地占用债券购买者的资金,换言之,他们之间的借贷经济关系将随偿还期结束、随付息手续完毕而不复存在。因而债券具有到期偿还的特性,而股票的存续期是永久,二者是有区别的。在历史上,债券的偿还性也有例外。曾有国家发行过无期公债或永久性公债。这种公债无固定偿还期,持券者不能要求政府清偿,只能按期取息。当然,这只能视为特例,不能因此而否定债券具有偿还性的一般特性。

(二) 债券的安全性

与其他有价证券相比,债券的安全系数更高,投资者遭受损失的可能性小。这是因为,首先,除浮动利率债券以外,债券在发行时利率就已基本确定,从而几乎不受市场利率变动的影响,可见债券收益与企业绩效没有直接联系,收益比较稳定;其次,债券本息的偿还和支付有法律上的保障,有的还有相应的资产抵押或公司担保;再次,债券的发行必须具备一定的条件,而且要经过严格的审查,对发行量也有严格的限制;最后,与股票相比,在企业破产时,债券持有者享有优先于股票持有者的对企业剩余资产的索取权。

当然,债券投资也具有风险性,这种风险主要来自三个方面:①因债务人破产不能全部收回债券本息所遭受的损失;②当市场利率上升导致债券价格下降所遭受的损失;③由于债券利率固定,在出现通货膨胀时,实际利息收入将下降,即面临通货膨胀风险。但与股票投资相比,债券投资风险仍然较低。

(三) 债券的流通性

债券一般都可以在流通市场上自由转让,当投资者在债券到期前由于各种原因需要资金时,就可以随时在证券市场上变现提前收回本金。流动性首先取决于市场转让的便利程度;其次表现为债券在迅速转变为货币时是否在以货币计算的价值上蒙受损失。

(四) 债券的收益性

收益性是指债券能为投资者带来一定的收入,即债权投资的报酬。在实际经济活动中,债券收益可以表现为三种形式:一是利息收入,即债权人在持有债券期间按约定的条件分期、分次取得利息或者到期一次取得利息。二是资本损益,即债权人到期收回的本金与买入债券或中途卖出债券与买入债券之间的价差收入。从理论上说,如果市场利率在持有债券期间一直不变,这一价差就是自买入债券或是自上次付息至卖出债券这段时间的利息收益表现形式。但是,由于市场利率会不断变化,债券在市场上的转让价格将随市场利率的升降而上下波动。债券持有者能否获得转让价差、转让价差的多少,要视市场情况而定。三是再投资收益,即投资债券所获现金流量再投资的利息收入,它受市场收益率变化的影响。

四、债券与股票的比较

债券与股票一样,都属于有价证券,都是虚拟资本。它们本身无价值,但又都是真实资本的代表。两者都是企业筹措资金的手段,但两者却存在着以下不同点。

(一)经济利益关系不同

债券和股票实质上是两种性质不同的有价证券,两者反映着不同的经济利益关系。债券所表示的只是对公司的一种债权,而股票所表示的则是对公司的所有权。权属关系不同就决定了债券持有者没有参与公司经营管理的权利,而股票持有者则有权直接或间接参与公司的经营管理。

(二)发行主体和目的不同

股票的发行主体只能是股份有限公司,目的是创办企业和增加资本,并且将筹措的资金列入公司资本。而由于债券代表一种债权债务关系,其发行主体范围比较广,可以是政府、金融机构、公司、企业等。发行债券是债务人追加资金的需要,它属于公司的负债而不是资本。

(三)期限不同

股票通常是不能偿还的,没有到期日,股东把资本交给公司后,资本即归公司支配,非到停业清理或解散,资本是不能退还给股东的,因此股票是一种无期投资或永久投资。债券有到期日,期满时债务人必须按时归还本金,因此债券是一种有期投资。

(四)收益稳定性不同

从收益方面看,债券在购买之前利率已定,到期就可以获得固定利息,不受公司经营状况的影响,收益比较有保障。股票的收益作为公司的一项分配,随着公司的经营业绩、鼓励政策等不同而变化,而公司经营业绩又受经济形势、行业走势、公司经营情况等因素的影响,股票的收益不确定性较大。

(五)风险性不同

股票风险较大,债券风险相对较小。股票的股息、红利是公司利润的一部分,公司有盈利才能支付,且排在债券利息支付和纳税之后。债券利息是公司固定支出,属于费用范围,在上缴所得税之前支付,比较有保证。倘若公司破产清算,资产有余额偿还时,债券偿付在前,股票偿付在后。在二级市场上,股票无固定的期限和利率,受各种宏观因素和微观因素的影响,市场价格波动频繁,涨跌幅度较大,投机性很强。而债券因其利率固定、期限固定,市场价格也比较稳定,投机性较小。

第二节 我国债券投资

债券是一种重要的筹资工具,由于它的发行不受发行单位经济性质的限制,加之适应了债券投资者的需要,因此债券的种类非常多。

一、债券的基本分类

债券不仅种类繁多,并且在不同国家、不同地区其分类方法也不一致。其基本分类方法主要有以下几种。

(一) 按发行主体分类

债券根据发行主体的不同,可分为政府债券、金融债券、公司债券和国际债券几大类。

1. 政府债券

政府债券是政府或政府代理机构为弥补预算赤字、筹集建设资金及归还旧债本息等发行的债券。它可具体分为国家债券、政府机构债券、地方债券等。

(1) 国家债券。国家债券即国债,是指由中央政府或财政部门发行的债券。它是政府筹集资金的一种方式,是国家信用的主要形式。国债由中央政府承担还本付息义务,具有期限短、风险小、流动性强、安全性高、收益稳定、享受免税待遇的特征。国债的发行量和交易量往往在债券市场上占较大的比重,在货币市场和资本市场中起着重要的融资作用。特别是短期国库券,作为货币市场的重要融资工具,具有"准货币"之称,是国家实施宏观经济政策、进行宏观调控的工具,也是最受投资者欢迎的金融资产之一。根据举借国债对筹集资金使用方向的规定,国债可分为赤字国债、建设国债、战争国债和特种国债。

(2) 政府机构债券。政府机构债券是指各国政府有关机构发行的债券。它一般由中央政府担保,具有准国债的性质,有较高的信誉,如美国的联邦政府代理机构债券、日本的政府保证债券等,也是债券投资者的重要投资对象。

(3) 地方债券。地方债券又称市政债券,是指由市、县、镇等地方公共机关为进行当地经济开发、公共设施建设等发行的债券,如美国的市政府债券、日本的地方债券、英国的地方当局债券等。地方债券一般以地方财政作担保,其安全性与国家债券差不多。但由于其地方性,流通区域有限,因此不易转让,证券市场的流通量也较小。地方政府债券也享有免税待遇。

2. 金融债券

金融债券是银行或非银行金融机构为筹措中长期信用资金向社会发行的一种债务凭证,如日本的附息金融债券、贴现金融债券,美国的国民银行从属债券等,它是银行或非银行金融机构除通过发行股票、发行大额可转让存单等方式吸收资金外,经过特别批准的又一种资金筹措方式,也是银行资产负债管理的重要手段,其利率往往介于国家债券和公司债券两种债券利率之间,也是很受欢迎的一种投资工具。

金融债券又可具体分为全国性金融债券和地方性金融债券。全国性金融债券是由全国性金融机构在全国范围内发行的金融债券,其安全性较强,也有较好的流动性。地方性金融债券是由地方性金融机构在本地区范围内发行的金融债券,其安全性和流动性均低于全国性金融债券。

3. 公司债券

公司债券,是公司依照法定程序发行的、约定在一定期限还本付息的有价证券。公司发行债券多为筹集长期资金、扩大经营规模,因此,公司债券多为长期债券,同政府公债相比,其风险性较大,利率也较高。通常,国家为保护投资者利益,对公司债券在发行数额、发行时间、债券期限、利率等方面都有较严格的规定。公司对公众发行债券,要经有关部门审查批准。

公司债券按发行对象又可具体分为公司债券和非公司债券两大类。

非公司债券是指不具有独立法人地位的非公司企业发行的债券。通常,具有法人地位的公司企业,是指那些依法成立,以营利为目的的社团法人;而那些不具备此特征的独资企业或合伙企业,则被称为非公司企业。非公司企业发行的债券与公司企业发行的债券没有很大的区别,只是在发行程序上有不同的要求。

在各国的实践中,曾创造出许多种类的公司债券,现列举主要的几个品种:

(1) 信用公司债券又称无抵押公司债券,是指仅以债券发行单位的信用作保证而发行的,没有抵押品或担保人作担保的公司债券。由于无抵押品担保,发行这种债券的企业须具有较好的声誉,并且必须遵守一系列的规定和限制,以提高债券的可靠性,如企业不得随意增加其债务,在信用债券未清偿前股东分红须有限制等。

(2) 抵押公司债券,是指本金和利息的支付有抵押品作保证的债券。它又具体分为不动产抵押公司债券、证券抵押信托公司债券。不动产抵押公司债券是指为保证本金的偿还,将土地、设备、房屋等不动产作为抵押品而发行的。当债券发行单位不能履行还本付息义务时,债券持有人有权变卖抵押品来抵付。在现代公司债券中,抵押公司债券占很大的比重。抵押公司债券所提供的抵押品多为整个企业或全部机器设备,使债权人感到安全可靠。当同一抵押品价值很大时,可以设定若干个抵押权,并按债权人受偿的先后次序,分为第一抵押权、第二抵押权、第三抵押权等。当抵押品被拍卖后,所得的价款按次序清偿,直至价款用完,如有剩余应退还抵押人。

证券抵押信托公司债券(质押债券)是以自己拥有的其他单位债券或股票等证券作为抵押品而发行的债券。通常,发行这种债券须将作为担保品的证券交给作为受托人的信托机构,当债券发行单位到期不能清偿时,即由受托人处理抵押的证券,并代为偿债。发行抵押信托债券的目的是保障投资者财产的安全,吸引投资者。

(3) 保证公司债券(担保债券),是指债务的偿还由第三者作担保而发行的一种债券。发行这种债券的担保人可以是政府、银行、母公司、其他企业等。担保人在其背面"背书",或担保全部本息,或仅担保利息。它可以提高债券信誉、扩大销路、减轻发行单位的利息负担。一般来说,投资者比较愿意购买保证公司债券,因为一旦公司不能偿还债务,担保人将负清偿之责。实践中,保证行为常见于母子公司之间。

(4) 收益公司债券,是一种具有特殊性质的债券,它与一般债券相似,有到期日,清偿时债权排列顺序先于股票。但另一方面它又与一般债券不同,发行公司虽然承担偿还本金的义务,但是否支付利息则完全根据公司盈亏情况而定,即有盈余就付利息、无盈余就不付利息。一般在公司重新整顿时,为减轻债务负担,通常都要求债权人将原来的公司债券换成收益公司债券。

(5) 参加公司债券(分红公司债券),是指在债券发行时规定,债权人除可得到债券利息收入外,当公司盈余超过应付利息时,还可以参加公司红利分配的债券。一般这种债券与其他债券相比,利率较低,但在分红时,可望获得更多的收益。公司发行这种债券一般是因其信誉不好、经营不善而导致发行困难,只能以股东们放弃部分红利为条件吸引投资者。这类债券在美国不普遍,在欧洲却被广泛利用。

(6) 通知公司债券又称可提前偿还的公司债,是指发行公司可以在债券到期之前随时通知偿还债券的一部分或全部的公司债券。如果是一部分,通常用抽签方法来确定。当发行者决定提前偿还时,必须在一定时间之前通知债权人,通常是30～60天。

(7) 附新股认购权债券,是指发行单位规定,认购此种债券即可享有公司新股认购权的债券,又有分离型和非分离型两种。分离型的要在本债券之外另外发行新股认购权证券,非分离型的可作为证券独立转让,不允许单独转让新股认购权。

(8) 可转换债券,是指债券发行单位在发行债券时规定,在特定条件下,可请求将其兑换成某种股票或其他债券,或可以继续持有,在到期日偿还本息。可转换债券具有二重性,它既是固定利率债券,又是潜在的股本。购买这种债券多付出的代价是这种债券与无转换权债券在同等条件下的收益额。附新股认购权债券与可转换债券的区别是债券本身是否存在,可转换债券的转换权行使以后,债券就变成了股票,债券本身就消失了。

4. 国际债券

国际债券一般是各主权国家政府、金融机构、信誉好的大公司及国际机构等,在本国以外的国际金融市场上发行的债券。发行国际债券主要是为了弥补发行国政府的国际收支逆差;弥补发行国政府的国内预算赤字;实施国际金融组织的经济开发计划;增加大型工商企业或跨国公司的营运资金,扩大经营范围。其主要特点是:发行者属于某一国家,发行地点属于另一国家,并且债券面额不以发行国货币为面值,而是以外国货币或其他货币为面值。

国际债券是一种跨越国界发行的债券,涉及两个或两个以上的国家。同国内债券相比具有以下特点:第一,国际债券资金来源更广,发行规模更大;第二,发行国际债券筹集到的资金是外国货币,汇率一旦发生波动,发行人和投资者都有可能蒙受意外损失或获取意外收益,所以,汇率风险是国际债券的重要风险;第三,在国际上发行债券,有时可以得到一个主权国家政府最终偿债的承诺保证,这也使得国际债券市场具有较高的安全性;第四,以自由兑换的货币作为计量货币,主要是美元,其次为英镑、欧元、日元和瑞士法郎等,这样发行人筹集到的资金是一种可通用的自由兑换的外汇资金。国际债券依所用货币与发行地点的不同,又可具体分为外国债券和欧洲债券等。

(1) 外国债券,是指某一国借款人在本国以外的某个国家发行以发行所在地国家货币为面值并还本付息的债券。它的特点是债券发行人属于一个国家,债券的面值货币和发行市场则属于另一个国家。

外国债券是一种传统的国际债券,主要有美国、瑞士、德国和日本四大市场。在美国发行的外国债券被称为扬基债券(Yankee Bonds),是由非美国居民在美国市场发行的,以美元为面值并还本付息,吸引美国资金的债券。在日本发行的外国债券称为武士债券(Samurai Bonds),是非日本居民在日本债券市场发行的,以日元为面值并还本付息,吸引日本资金的债券。熊猫债券(Panda Bonds)是指国际多边金融组织在中国发行的人民币债券。2005年10月14日,亚洲开发银行与国际金融公司在银行间债券市场正式推出熊猫债券,发行额度10亿元人民币,期限10年,票面利率采用簿记建档方式确定,募集资金用于满足普通业务的需要,特别是中国的融资项目。中银国际是熊猫债券的主承销商。2006年11月15日,国际金融公司又成功发行了8.7亿元熊猫债券。

(2) 欧洲债券,是指某一国借款人在本国境外市场发行的,不以发行市场所在国货币为面值,而是以另一种货币为面值并还本付息的债券。它的特点是债券发行者、债券发行地点和债券面值所使用的货币可以分别属于不同的国家。由于它不以发行市场所在国的货币为面值,故也称无国籍债券。欧洲债券除可以用单独货币发行外,还可以用复合货币单位发行,如特别提款权。欧洲债券一般不记名,可以通过国际债券市场上的经纪人或包销商来出售,而不必在任何特定的国内资金市场上注册或者销售。因此,欧洲债券无须像外国债券那样受发行所在地国家有关法规的限制。欧洲债券是在20世纪60年代初期随着欧洲货币市场的形成而出现和发展起来的,到80年代,欧洲债券发行规模已超过国际债券发行总额的50%。目前,欧洲债券仍是各经济体在国际资本市场上筹措资金的重要手段。

(3)龙债券亦称小龙债券,是一种国际性债券,它是指在除日本以外的亚洲地区发行的一种以非亚洲国家和地区的货币标价(多数以美元标价,也有用加拿大元、澳元和日元标价的)的债券。龙债券的发行人来自亚洲、欧洲、北美洲和南美洲,投资者则主要来自亚洲主要国家。龙债券最少要在三个亚洲金融中心(中国香港、新加坡及中国台北)中的两个上市,并在亚洲地区买卖。龙债券的期限一般都在3到10年之间,尤以3年、5年居多,一般属一次到期还本、每年付息一次的长期固定利率债券,或者是以美元计价,以伦敦银行间同业拆放利率为基准,每一季或每半年重新确定一次利率的浮动利率债券。1993年10月,我国财政部首次发行龙债券,受到了投资者的欢迎。

(二)按债券的期限分类

债券根据其偿还期限的长短,可分为短期债券、中期债券和长期债券。

1. 短期债券

短期债券是指偿还本金的期限在1年以下的债券,通常有3个月、6个月、9个月、12个月等。例如,美国的短期国库券期限通常为3个月、6个月,最长不超过1年,英国的国库券通常为3个月,日本的短期国债为2个月等。

2. 中期债券

中期债券是指本金偿还期限在1年以上、10年以下的债券。例如,美国联邦政府债券中的1~10年期的债券;日本的中期附息国家债券的期限为2~4年,贴现国家债券的期限为5年;中国发行的国库券的期限大多为3~5年等。

3. 长期债券

长期债券是指本金偿还期限在10年以上的债券。例如,美国联邦政府债券中有10~30年期的国家债券;日本的长期附息国家债券的期限为10年;英国的长期金边债券期限为15年以上等。这里需要强调的是,有的长期债券不偿还本金,只是按期支付利息,除因发行公司破产或有重大债务不能履行其义务等情况外,一般不能要求偿还本金,也有人称这种债券为无期债券。

当然,现实生活中,由于不同国家、不同地区、不同性质的债券有不同的特点和划分习惯,其期限划分标志也不完全一致。

(三)按利息的支付方式分类

债券的利息支付方式与债券的形态、期限等有关,通常可分为贴现债券、附息票债券和息票累积债券。

1. 贴现债券

贴现债券,是指以面额为基础,将债券利息用贴现的方式先行扣除,采用低于面额的价格发行,到期后按面额偿还的债券。这种债券的利息是预先支付的,债券发行价格与其面额的差额即为利息。这种利息支付方式主要适用于中短期债券。

2. 附息票债券

附息票债券又称定息债券,是指债券上附有各期领取利息凭证,每年在付息日以息票领取利息的债券。附息票债券发行时规定的利率不变。在利息到期时,将息票剪下来,凭此领取本期的利息。息票一般要求必须有编号,并载有应付利息的日期和金额。这种利息支付方式主要适用于中长期债券。另外,息票本身也是一种有价证券,也可流通转让。

3. 息票累积债券

息票累积债券也称到期一次性还本付息债券,是指债券利息按票面利率计算,债券到期后一次还本付息的债券。这种利息支付方式一般适用于中短期债券,多数采取债券到期后一次偿还本金支付利息的方法,是现实生活中常见的债券形式。

(四) 按债券形态分类

债券按形态分类,可以分为实物债券、凭证式债券和记账式债券。

1. 实物债券

实物债券是一种具有标准格式实物券面的债券。在标准格式的债券券面上一般印有债券面额、债券利率、债券期限、债券发行人全称、还本付息方式等各种债券票面要素。有时候,债券利率、债券期限等要素也可以通过公告向社会公布,而不再在债券券面上注明。在我国现阶段的国债种类中,无记名国债就属于这种实物债券,它以实物券的形式记录债权、面值等,不记名、不挂失、可上市流通。实物债券是一般意义上的债券,很多国家通过法律或者法规对实物债券的格式予以明确规定。实物债券的一般特点是不记名、不挂失,可以上市流通。由于不记名、不挂失,其持有的安全性不如凭证式和记账式国库券,但购买手续简便。同时,由于可上市转让,流通性较好,上市转让价格随二级市场的供求状况而定,当市场因素发生变动时,其价格会有较大波动,因此具有获取较大利润的机会,同时也伴随着一定的风险。一般来说,实物债券更适合金融机构和投资意识较强的购买者。

2. 凭证式债券

凭证式债券是一种债权人认购债券的收款凭证,而不是债券发行人制定的标准格式的债券。我国 1994 年开始通过财政部国债服务部和银行系统发行凭证式国债,券面上不印制票面金额,而是根据认购者的认购额填写实际的缴款金额,是一种国家储蓄债券,可记名、挂失。以"凭证式国债收款凭证"记录债权,不能上市流通,从购买之日起计息。在持有期内,持券人如果遇到特殊情况需要提取现金,可以到购买网点提前兑换。提前兑取时,除偿还本金外,利息按实际持有天数及相应的利率档次计算,经办机构按兑付本金的 0.2% 收取手续费。因此,凭证式国债不失为一种既安全又灵活,且收益适中的理想的投资方式,是集国债和储蓄的优点于一体的投资品种。

3. 记账式债券

记账式国债是指没有实物形态的票券,它是利用证券账户通过电脑系统完成债券发行、交易及兑付的全过程。我国从 1994 年推出记账式国债这一品种,通过上海、深圳证券交易所的交易系统发行和交易。如果投资者进行记账式债券的买卖,就必须在证券交易所设立账户。所以,记账式国债又称无纸化债券。记账式国债可以记名、挂失,安全性较高,同时记账式国债发行和交易均无纸化,发行时间短、发行效率高、交易手续简便,具有成本低、收益好、安全性好、流通性强的特点。

(五) 按计息方式分类

按计息方式分类,债券可分为单利债券、复利债券和累进利率债券等。

1. 单利债券

单利债券是指在计算利息时,不论期限长短,仅按本金计息,所生利息不再加入本金计算下期利息的债券。

2. 复利债券

复利债券与单利债券相对应,是指计算利息时,按一定期限将所产生利息加入本金再计算利息,逐期滚动计算的债券。

3. 累进利率债券

累进利率债券是指以利率逐年累进方法计息的债券。与单利债券或复利债券利率在偿付期内固定不变不同,累进利率债券的利率随着时间的推移而递增,后期利率比前期利率高,呈累进状态。这种债券的期限往往是浮动的,但有最短持有期和最长持有期的规定。这种债券有利于调动投资者的投资积极性,刺激投资者长期持有债券,它一般适用于中长期债券。

(六) 按利率是否固定分类

按利率是否固定分类,债券可分为固定利率债券和浮动利率债券。

1. 固定利率债券

固定利率债券是在债券发行时就已经明确规定了在债券存续期内票面利率且固定不变的债券。这种债券在该偿还期内,无论市场利率如何变化,债券持有人只能按债券票面载明的利率获取债息。固定利率债券不考虑市场变化因素,因而其筹资成本和投资收益可以实现预期,不确定性较小,但债券发行人和投资者仍然必须承担市场利率波动的风险。当偿还期内的市场利率上升且超过债券票面利率时,新发行的债券成本增大,则原来发行的债券成本就显得相对较低,而债券持有人就要承担收益率相对降低的风险。当然,在偿还期内,如果利率下降且低于债券票面利率,发行人能以更低的利率发行新债券,则原来发行的债券成本就显得相对高昂,而债券投资者则获得了由于利率下降而带来的额外收益。

2. 浮动利率债券

浮动利率债券是在债券发行时规定其利率是在票面利率基础上参照预先确定的某一基准利率予以定期调整的债券。这种债券的利率与市场利率挂钩,一般高于市场利率的一定百分点。当市场利率上升时,债券的利率也相应上浮;反之,当市场利率下降时,债券的利率就相应下调,有的还规定浮动的上下限。这样,浮动利率债券就可以避开因市场利率波动而产生的债券的实际收益率与市场收益率之间的重大差异。它一般适用于中长期债券。但债券利率的这种浮动性,也给发行人的实际成本和投资者的实际收益带来了很大的不确定性,从而面临较高的风险。

(七) 按债券的信用形式分类

债券按其信用形式分为信用债券、抵押债券、担保债券三大类。在对公司债券的解释中,已有说明,不再赘述。

(八) 按是否记名分类

按是否需要记名,债券可分为记名债券、无记名债券和交换债券。

1. 记名债券

记名债券是券面需要记载债权人姓名的债券。这种债券在领取本息时,除需凭借债券本身外,还需凭持有人印鉴,转让时要重新登记,流动性较差。

2. 无记名债券

无记名债券是券面无须记载债权人姓名的债券。这种债券可凭债券本身或息票领取利息,转让时无须重新登记,流动性较好。

3. 交换债券

交换债券是指在公司同时发行记名债券和无记名债券时,债权人可随时提出将记名债券转换成无记名债券,或将无记名债券转换成记名债券的债券。

(九) 按债券募集方式分类

债券按其是否公开募集可分为私募债券和公募债券。

1. 私募债券

私募债券是指仅向发行单位内部或与发行单位有特殊关系的投资人发售的债券。私募债券发行的范围较小,不需要公开申报,债券的转让也受到一定限制,流动性较差。

2. 公募债券

公募债券是指向社会公开销售的债券。这种债券不是向指定的少数投资者出售,而是向社会所有可能的投资者出售。因此,必须遵守信息公开制度,以保护投资者利益。发行公募债券时要请有关部门审批,并需经公认的资信评价机构评级。

知识拓展

国家电力投资集团公司公开发行 2017 年公司债券(第二期)募集说明书(节选)

● 发行条款:

发行主体:国家电力投资集团公司。

本期债券名称:国家电力投资集团公司公开发行 2017 年公司债券(第二期)。

本次债券名称:国家电力投资集团公司公开发行 2017 年公司债券。

发行规模:本期债券发行基础规模为 20 亿元,可超额配售不超过 5 亿元。本期债券分 2 个品种,其中品种一基础发行规模为 10 亿元,品种二基础发行规模为 10 亿元。本期债券引入品种间回拨选择权,回拨比例不受限制,发行人和簿记管理人将根据本期债券发行申购情况,在总发行规模内,由发行人和簿记管理人协商一致,决定是否行使品种间回拨选择权。

超额配售选择权:发行人和主承销商根据网下面向机构投资者询价配售结果,决定是否行使超额配售选择权,即在基础发行规模 20 亿元的基础上,追加不超过 5 亿元的发行额度。

债券期限:本期债券分为 2 个品种。品种一为 3 年期固定利率债券,附第 2 年年末发行人调整票面利率选择权及投资者回售选择权;品种二为 5 年期固定利率债券,附第 3 年年末发行人调整票面利率选择权及投资者回售选择权。

债券利率及其确定方式:本期债券票面利率将根据网下面向机构投资者簿记询价,由公司与簿记管理人按照国家有关规定协商一致后在利率询价区间内确定。本期债券品种一的票面利率在存续期内前 2 年固定不变;在存续期的第 2 年年末,如发行人行使调整票面利率选择权,未被回售部分的债券票面利率为存续期内前 2 年票面利率加或减调整基点,在债券存续期后 1 年固定不变。本期债券品种二的票面利率在存续期内前 3 年固定不变;在存续期的第 3 年年末,如发行人行使调整票面利率选择权,未被回售部分的债券票面利率为存续期内前 3 年票面利率加或减调整基点,在债券存续期后 2 年固定不变。本期债券票面利率采用单利按年计息,不计复利。

发行人调整票面利率选择权:对于本期债券品种一,发行人有权决定在本期债券的存续期的第 2 年年末调整其后 1 年的票面利率,公司将于本期债券的第 2 个计息年度付息日前的第 30 个交易日刊登关于是否调整本期债券的票面利率以及调整幅度的公告。若公司未行使利率调整权,则本期债券的后续期限票面利率仍维持原有票面利率不变。对于本期债券品种二,发行人有权决定在本期债券的存续期的第 3 年年末调整其后 2 年的票面利率,公司将于本期债券的第 3 个计息年度付息日前的第 30 个交易日刊登关于是否调整本期债券的票面利率以及调整幅度的公告。若公司未行使利率调整权,则本期债券的后续期限票面利率仍维持原有票面利率不变。

投资者回售选择权:发行人发出关于是否调整本期债券品种一或品种二的票面利率及调整幅度的公告后,债券持有人有权选择在公告的投资者回售登记期内进行登记,将持有的本期债券按面值全部或部分回售给发行人;若债券持有人未做登记,则视为继续持有本期债券并接受上述调整。

回售登记期:自发行人发出关于是否调整本期债券品种一或品种二票面利率及调整幅度的公告之日起 3 个交易日内,债券持有人可通过指定的方式进行回售申报。债券持有人的回售申报经确认后不能撤销,相应的公司债券面值总额将被冻结交易;回售登记期不进行申报的,则视为放弃回售选择权,继续持有本期债券并接受上述关于是否调整本期债券票面利率及调整幅度的决定。

- 债券票面金额:本期债券票面金额为 100 元。
- 发行价格:本期债券按面值平价发行。
- 发行方式:本期债券发行采取网上面向社会公众投资者公开发行和网下面向机构投资者询价配售相结合的方式。网上认购按"时间优先"的原则,通过上海证券交易所交易系统实时成交;网下申购由发行人与主承销商根据网下簿记建档情况进行债券配售。本期债券基础发行规模 20 亿元,网上、网下预设的发行数量分别为 2 亿元和 18 亿元。发行人和主承销商根据网下面向机构投资者询价配售结果,决定是否行使超额配售选择权,即在基础发行规模 20 亿元的基础上,网下追加不超过 5 亿元的发行额度。发行人和簿记管理人将根据网上面向社会公众投资者公开发行情况及网下询价配售情况决定是否启动回拨机制:如网上发行数量获得全额认购,则不进行回拨;如网上发行数量认购不足,则将剩余部分全部回拨至网下发行。本期债券采取单向回拨,不进行网下向网上的回拨。
- 发行对象:

(1) 网上发行:持有登记公司开立的首位为 A、B、D、F 证券账户的社会公众投资者(国家法律、法规禁止购买者除外)。

(2) 网下发行:持有登记公司开立的合格证券账户的机构投资者(国家法律、法规禁止购买者除外)。

- 债券形式:实名制记账式公司债券。投资者认购的本期债券在登记机构开立的托管账户托管记载。本期债券发行结束后,债券认购人可按照有关主管机构的规定进行债券的转让、质押等操作。
- 还本付息的期限和方式:本期债券按年付息、到期一次还本。利息每年支付一次,最后一期利息随本金一起支付。本期债券本息支付将按照债券登记机构的有关规定统计债券持有人名单,本息支付的具体事项按照债券登记机构的相关规定办理。

起息日:2017 年 5 月 22 日。

付息日:品种一的付息日期为 2018 年至 2020 年每年的 5 月 22 日。若投资者行使回售选择权,则其回售部分债券的付息日为2018年至2019年每年的5月22日。品种二的付息日期为2018年至2022年每年的5月22日。若投资者行使回售选择权,则其回售部分债券的付息日为2018年至2020年每年的5月22日(如遇法定节假日或休息日延至其后的第1个工作日;顺延期间不另计利息)。

本金兑付日期:本期债券品种一的兑付日期为2020年5月22日;若投资者行使回售选择权,则其回售部分债券的兑付日为2019年5月22日。本期债券品种二的兑付日期为2022年5月22日;若投资者行使回售选择权,则其回售部分债券的兑付日为2020年5月22日(如遇法定节假日或休息日,则顺延至其后的第1个工作日)。

利息登记日:本期债券的利息登记日为每年付息日期之前的第1个工作日。在利息登记日当日收市后登记在册的本期债券持有人,均有权就所持本期债券获得该利息登记日所在计息年度的利息(最后一个计息年度的利息随本金一起支付)。

支付金额:本期债券于每年的付息日向投资者支付的利息金额为投资者截至利息登记日收市时所持有的本期债券票面总额与对应的票面利率的乘积;于兑付日向投资者支付的本息金额为投资者截至兑付债券登记日收市时所持有的本期债券最后一期利息及所持有的债券票面总额的本金。

付息、兑付方式:本期债券本息支付将按照债券登记机构的有关规定来统计债券持有人名单,本息支付的具体事项按照债券登记机构的相关规定办理。

担保人及担保方式:本期债券为无担保债券。

募集资金专项账户:公司将根据相关法律法规的规定指定募集资金专项账户,用于公司债券募集资金的接收、存储、划转与本息偿付。

● 信用级别及资信评级机构:经中诚信证券综合评定,发行人的主体信用等级为AAA,本期债券的信用等级为AAA。中诚信证券将在本期债券有效存续期间对发行人进行定期跟踪评级以及不定期跟踪评级。

● 向公司股东配售的安排:本期债券不向公司股东优先配售。

● 债券受托管理人:平安证券股份有限公司。

● 承销方式:本期债券由主承销商以余额包销的方式承销。

● 募集资金用途:公司拟将本期债券募集资金全部用于偿还本部及成员单位债务。

● 税务提示:根据国家有关税收法律、法规的规定,投资者投资本期债券所应缴纳的税款由投资者承担。

● 本期债券发行时间及上市安排:

(1)本期债券发行时间安排。

发行公告刊登的日期:2017年5月16日。

发行首日:2017年5月18日。

预计发行期限:2017年5月18日至2017年5月22日。

网上申购日:2017年5月18日。

网下发行期限:2017年5月18日至2017年5月22日。

(2)本期债券上市安排。

本期发行结束后,本公司将尽快向上海证券交易所提出关于本期债券上市交易的申请。具体上市时间将另行公告。

● 本期债券发行的有关机构：
(1) 发行人：国家电力投资集团公司。
(2) 主承销商：平安证券股份有限公司、光大证券股份有限公司、信达证券股份有限公司、广发证券股份有限公司、华泰联合证券有限责任公司、国泰君安证券股份有限公司。
(3) 发行人律师：北京市中咨律师事务所。
(4) 会计师事务所：瑞华会计师事务所（特殊普通合伙）。

资料来源：王玉霞.证券投资学[M].4版.大连：东北财经大学出版社,2020.

二、我国债券的主要分类

中华人民共和国成立后发行过许多债券，主要包括国家债券、国家代理机构债券、金融债券以及企业债券与公司债券、国际债券等。

（一）国家债券

我国国债的发行历史可以分为两个阶段。

1. 第一阶段

20世纪50年代至20世纪80年代，我国发行过两种国债：一种是1950年1月为弥补财政赤字、遏止通货膨胀而发行的"人民胜利折实公债"，实际发行额折合人民币2.6亿元，截至1956年11月30日，该债券已经全部还清本息。另一种是1954—1958年，我国进入第一个五年计划建设时期后，基于加速国家经济建设的考虑，中央政府决定为筹集建设资金每年发行一期"国家经济建设公债"，发行总额为35.44亿元，相当于同期国家预算经济建设支出总额862.24亿元的4.11%。1958年后，由于历史原因，国债的发行被终止。

2. 第二个阶段

20世纪80年代至今，随着改革开放的不断深入，我国国民收入分配格局发生了变化，政府财政收入占国民收入的比重逐步下降，部门、企业和个人占的比重上升，为了更好地利用国债进行经济调控，中央政府于1981年恢复发行国债。国债市场的发展又可细分为以下几个具体的阶段：

(1) 1981—1987年，国债年均发行规模仅为59.5亿元，且发行日也集中在每年的1月1日。这一期间尚不存在国债的一、二级市场，国债发行采取行政摊派形式，面向国营单位和个人，且存在利率差别，个人认购的国债年利率比单位认购的国债年利率高四个百分点。券种比较单一，除1987年发行了54亿元3年期重点建设债券外，均为5～9年的中长期国债。

(2) 1988—1993年，国债年发行规模扩大到284亿元，增设了国家建设债券、财政债券、特种国债、保值公债等新品种。1988年国家分两批在61个城市进行国债流通转让试点，初步形成了国债的场外交易市场。1990年后国债开始在交易所交易，形成国债的场内交易市场，当年国债交易额占证券交易总额120亿元的80%以上。1991年我国开始试行国债发行的承购包销，1993年10月和12月上海证券交易所正式推出了国债期货和回购两个创新品种。

(3) 1994年财政部首次发行了半年和一年的短期国债；1995年国债二级市场交易活跃，特别是期货交易量屡创纪录，但"327"事件和回购债务链问题等违规事件的频频出现，使得国债期货交易于5月被迫暂停。

(4) 1996年国债市场出现了一些新变化。一是财政部改革以往国债集中发行为按月滚动发行，增加了国债发行的频度；二是国债品种多样化，对短期国债首次实行了贴现发行，并新增了最短期限为 3 个月的国债,还首次发行了按年付息的 10 年期和 7 年期附息国债;三是在承购包销的基础上,对可上市的 8 期国债采取了以价格(收益率)或划款期为标的的招标发行方式;四是当年发行的国债以记账式国库券为主,逐步使国债走向无纸化。1996 年以后,国债市场交易量有所下降。同时,国债市场出现了从托管走向集中和银行间债券市场与非银行间债券市场相分离的情况,呈现出"三足鼎立"之势,即全国银行间债券交易市场、沪深证交所国债市场和场外国债市场。

（5）现在,我国发行的国债在实物形态上有记账式国债、凭证式国债和储蓄国债(电子式)。其中记账式国债的发行分为证券交易所市场发行、银行间债券市场发行以及同时在银行间债券市场和证券交易所市场发行(又称为跨市场发行)三种情况。记账式国债、凭证式国债已经在债券分类中阐述,下面介绍一下储蓄国债。

储蓄国债(电子式)是指财政部面向中国境内公民的储蓄类资金发行的、以电子方式记录债权的不可流通人民币债券。企事业单位、行政机关等机构投资者不能购买这种国债。储蓄国债自发行之日起计息,付息方式分为利随本清和定期付息两种。此类国债以 100 元为赎买单位,并按单期国债设个人国债账户最低、最高购买限制额,以区别于居民储蓄。此类国债的利息免征所得税,到期后,承办银行自动将投资者应收本金和利息转入其资金账户。这类国债是 2006 年 6 月 20 日推出的国债新品种。

（二）国家代理机构债券

1988 年,国务院决定由国家能源投资公司、国家交通投资公司、国家原材料投资公司及铁道部、石油工业部发行"基本建设债券"80 亿元,发行对象为各专业银行,期限 5 年,年利率 7.5%,到期一次性还本付息。1989 年又发行基本建设债券 14.59 亿元,期限 3 年,利率为银行 3 年期定期储蓄存款利率加保值补贴率并外加 1 个百分点,到期由财政部一次还本付息。1992 年,该债券与重点企业债券合并成为国家投资公司债券。这些债券的发行目的主要是为国家筹集建设资金。

（三）金融债券

1982 年 1 月,中国国际信托投资公司首次在国际市场上发行金融债。1985 年,工行、农行开始在国内发行金融债。随后,中国建设银行、中国银行、交通银行陆续发行了人民币金融债。债券筹集的资金用于国家规定的专门项目,称为特种贷款。这是我国经济体制改革以后国内发行金融债的开端。1993 年,中国投资银行被批准在境内发行外币金融债,这是我国首次发行境内外币金融债。1994 年,随着政策性银行的成立,政策性金融债也相应出现。1996 年,部分金融机构为筹集资金专门用于偿还不规范证券回购债务,发行了特种金融债。其发行的原因是在 1995 年国债"327"风波中,少数金融机构和交易场所在国债回购交易业务中违反了央行、财政部、证监会的有关规定,买空卖空国债,利率过高、期限过长、资金用途也不合理,扰乱了货币市场秩序,使大量已经到期的国债回购合同不能按期履约还款,出现了严重的资金拖欠,拖欠金额达 800 亿元。1998 年,国家对政策性金融债发行机制进行了改革,从 1999 年开始全面实行市场化招标发行,该券种成为我国债券市场中发行规模仅次于国债的券种。进入 21 世纪,随着我国金融债券市场的快速发展,金融债券品种不断增加,目前的品种主要有政策性金融债券、国开债券、商业银行债券、证券公司债券、证券公司次级债、保险公司债、保险公司次级债券、财务公司债券、大小公募私募债、信贷资产支持证券、企业资产支持证券等,为推动我国债券市场建设发挥了重要作用。

(四）企业债券与公司债券

我国证券市场上同时存在企业债券和公司债券，它们在发行主体、监管机构及规范的法规上有一定的区别。我国企业发行债券，多数是从1985年和1986年开始的，主要有重点企业债券、地方企业债券、企业短期融资债券、地方投资公司债券、住宅建设债券。2007年8月，中国证监会正式颁布实施《公司债券发行试点办法》，标志着我国公司债券发行工作的正式启动。2015年1月15日，证监会发布《公司债券发行与交易管理办法》，公司债发行真正有法可依。因此，在产品种类方面也不断推陈出新，除了公司债，还有可转换公司债、可分离交易的可转换公司债、可交换公司债、中小企业私募债。到2016年，可持续公司债、绿色公司债进行试点，2020年5月29日，央行、发改委、证监会联合发布了《关于印发〈绿色债券支持项目目录(2020年版)〉的通知(征求意见稿)》，意欲进一步推进这项工作。2021年4月21日，三部门又联合发布《关于印发〈绿色债券支持项目目录(2021年版)〉的通知》，并随文发布《绿色债券支持项目目录(2021年版)》，为落实《生态文明体制改革总体方案》和构建绿色金融体系的要求，进一步规范国内绿色债券市场，充分发挥绿色金融在调结构、转方式、促进生态文明建设、推动经济可持续发展等方面发挥积极作用，助力实现碳达峰、碳中和目标。

（五）国际债券

为利用国外资金，加快建设步伐，自20世纪80年代初期以来，我国先后在中国香港、东京、法兰克福、纽约等地发行国际债券，发行币种包括港元、日元、美元等。从债券的期限结构来看，有1年、5年、7年、10年、30年等数个品种，特别是1996年在美国市场发行了10年期扬基债券，极大地提高了我国政府的国际形象。2009年9月28日，中央政府又在香港特别行政区发行了60亿元人民币国债，这是中央政府首次在内地以外的地区发行人民币国债，开启了人民币离岸业务的新里程。截至2019年年底，我国发行的国际债券维持在几十种的水平上。

知识拓展

我国债券交易市场

回顾中国债券市场的历史进程可知，中国债券市场交易场所经历了由银行柜台市场向交易所市场继而转向银行间市场的变迁。时至今日，中国债券市场形成了银行间市场为主、交易所市场为辅的格局，商业银行柜台市场的交易量相比于全市场交易总量而言几乎可以忽略不计。因此此处介绍场内债券交易市场(在上海证券交易所和深圳证券交易所交易、转让、流通)和银行间债券市场(场外债券交易市场)。

一、场内债券交易市场

作为集中性市场，上海证券交易所是最早开办债券交易的场所。1990年年底上海证券交易所开办第一笔国债交易，深圳证券交易所1993年才开办国债业务。交易所市场实行的是集中撮合竞价与经纪商制度，采用计算机集合竞价、连续竞价和大宗交易的方式。投资者可委托交易所会员在交易所市场进行债券交易，债券持有人可卖出债券的数量，根据其在交易所指定的登记结算机构库存债券数量以交易所公布的标准券(综合券)折算率计算出的标准券(综合券)量为限。目前，交易所按周公布各债券品种的标准券(综合券)折算率，并按该比率计算各会员的标准券(综合券)库存。中国证券登记结算公司上海分公司和深圳分公司分别托管上海证券交易所和深圳证券交易所的债券。

我国交易所债券市场主要包括交易所国债市场、企业债市场、可转债市场和回购市场。

交易所国债市场和银行间国债市场共同构成了我国国债交易市场的主体。企业债市场随着发债企业数量的增加,其规模呈现出逐步递增的态势,但增长速度慢于债券市场的整体扩张速度。可转债市场在我国呈现出新兴市场的特点,逐步得到了投资者的认同,体现了较高的市场投资价值,其年发行规模和市场存量规模都呈现出较快增长。回购市场就回购品种而言可以分为国债回购和企业债回购。其中,国债回购市场根据参与者的不同又可以分为银行间国债回购市场和交易所国债回购市场。与交易所国债市场发展状况一样,交易所国债回购市场落后于银行间回购市场的发展。

场内债券交易市场的投资者包括券商、资管产品、基金、银行、保险、一般法人及个人等。与银行间债券市场相比,允许个人投资者参与是其一大特征。尽管银行间债券市场和场内债券交易市场的投资者结构差异较大,但部分机构可在两个市场进行交易,这在一定程度上实现了中国债券场内场外市场的联通。由于面向的投资者类型不同,随着银行间债券市场的迅速发展壮大,交易所债券市场在中国债券市场中渐渐退居辅助位置。但近年来,交易所积极创新,先后推出了含权债、可转债、可分离交易可转债等新产品。上海证券交易所于2018年4月与中国证券登记结算有限公司联合推出三方回购业务,探索新交易形式,交易所市场和银行间债券市场呈现共同发展的趋势。

二、银行间债券市场

全国银行间债券市场是指依托于中国外汇交易中心暨全国银行间同业拆借中心(简称交易中心)和中央国债登记结算有限责任公司(简称中央登记公司)的,面向商业银行、农村信用联社、保险公司、证券公司等金融机构进行债券买卖和回购的市场。以中国人民银行发布《关于各商业银行停止在证券交易所证券回购及现券交易的通知》(银发〔1997〕240号)为标志,银行间债券市场成立于1997年6月6日,即商业银行撤出交易所的首日。银行间债券市场的定位是服务于机构投资者、通过询价方式进行交易的场外批发市场。自成立以来,随着各项配套制度落地,银行间债券市场规模增长迅速,2001年银行间债券市场的发行量、交易量和托管量首次超过交易所市场。在基本制度建设方面,银行间债券市场逐步引入了做市商结算代理、货币经纪实名制、中央一级托管、匿名点击成交业务等制度与业务安排,提高二级市场流动性。同时,推进一级市场的市场化定价,招标发行方式得到广泛使用,簿记建档方式日益规范,债券信息披露、信用评级制度也不断完善。在投资主体类型方面,1999年和2000年,基金公司、证券公司以及财务公司获批投资银行间债券市场。2002年,银行间债券市场实行准入备案管理,各类金融机构均可以备案的方式进入银行间债券市场。在债券类型方面,银行间债券市场不断创新,相继推出短期融资券、中期票据、中小企业结合票据、超短期融资券、非公开定向工具、资产支持票据等创新产品,服务于社会融资需要。目前,银行间债券市场已经成为政府、金融机构和企业重要的投融资平台,在促进直接融资方面发挥重要作用,为实体经济不断注入新动能。

其主要职能:提供银行间外汇交易、人民币同业拆借、债券交易系统并组织市场交易;办理外汇交易的资金清算、交割,负责人民币同业拆借及债券交易的清算监督;提供网上票据报价系统;提供外汇市场、债券市场和货币市场的信息服务;开展中国人民银行批准的其他业务。交易中心利用先进的电子信息技术,依托专线网和互联网,面向银行间外汇市场、债券市场和货币市场,建成了交易、清算、信息、风险管理和监管五大服务平台,在支持人民币汇率稳定、传导央行货币政策、服务金融机构和监管部门等方面发挥了重要作用。

交易方式和品种:债券交易方式包括现券买卖与回购交易两部分。现券交易品种目前为国债和以市场化形式发行的政策性金融债券;用于回购的债券包括国债、中央银行票据、政策性金融债券和企业中期票据。回购的期限为1天至1年,交易系统按1天、7天、14天、21天、1个月、2个月、3个月、4个月、6个月、9个月、1年共11个品种统计公布债券回购的成交量和成交价。

交易时间:每周一至周五(节假日除外)9:00～12:00,13:30～16:30。

成员构成:中华人民共和国境内的商业银行及其授权分行、信托投资公司、企业集团财务公司、金融租赁公司、农村信用社、城市信用社、证券公司、基金管理公司及其管理的各类基金、保险公司、外资金融机构,以及经金融监管当局批准可投资于债券资产的其他金融机构均有资格申请与交易中心交易系统联网交易。对两个债券交易市场的比较可参考表4-1。

表4-1　　　　　银行间债券市场与交易所债券市场的比较

项目	银行间债券市场	交易所债券市场
功能	央行公开市场操作,实现货币政策目标,金融机构债券投资和流动性管理	股票投资者投资组合和融资便利
参与者范围	机构投资者:商业银行、农村信用社、证券公司、基金管理公司、保险公司、企业(债券结算代理)	机构投资者:证券公司、基金管理公司、保险公司、企业 个人投资者
交易方式	双边报价(做市商制)、一对一询价谈判	集中撮合竞价(价格优先,时间优先)
债券托管方式	在中央结算公司开立一级债券托管账户	在中国证券登记结算有限公司托管(上交所和深交所各在中证登上海和深圳的分公司托管)
债券结算方式	全国同业拆借中心提供前台债券交易;中央国债登记结算公司提供债券托管和后台结算,采用逐笔、实时和全额结算制度	交易所提供前台债券交易,中国证券登记结算有限公司托管和后台结算,投资者在证券商处开立账户,采用净额结算制度
交易结算风险	由交易双方自行承担	由交易所提供结算担保和承担交易结算风险
交易品种	金融机构可以从事回购和现货交易,企业只能从事正回购和现货交易	机构投资者和个人投资者均可进行现货交易,机构投资者可进行国债企业债回购交易,个人投资者不能进行回购交易

资料来源:王永钦,李蔚,薛笑阳.大国债市:中美比较的视角[M].上海:格致出版社,上海人民出版社,2023.

第三节　债券的发行和信用评级

一、债券的发行主体及发行目的

债券发行是将债券由发行者手中转移到投资者手中的过程。债券的发行主体主要是债券的发行者,包括政府、金融机构、股份公司、企业等。

（一）政府

政府根据信用原则,为了达到特定的目的,经常采取发行债券的形式筹措资金。政府又分为中央政府和地方政府。中央政府为了弥补国库暂时性资金不足,可发行短期国家债券,即国库券;为了某种特定目的也可发行中长期国家债券,即公债券,其发行范围可在国内以本币发行,还可以在国外以外币币种发行。地方政府为了发展地区经济(如建设其个大型项目、修建基础设施等),也可采用举债的形式,发行地方政府债券,简称地方债券。

（二）金融机构

金融机构主要包括银行及非银行的金融机构(如信托投资公司、证券公司等),其发行债券的目的主要是筹集信贷资金。在英美等欧美国家,金融机构发行的债券归类于公司债;在我国及日本等国家,金融机构发行的债券称为金融债券。

（三）股份公司

股份公司为了增加资金,经董事会决定后,可申请发行债券。这种方式不仅比增发新股简单,而且也比较灵活。

（四）企业

企业在具备发行资格的条件下,可以作为发行者,通过发行债券筹集资金。发行债券是企业最直接和有效的资金来源渠道之一。

二、债券的发行条件

确定发行条件是发行债券过程中一项至关重要的工作。合理确定债券的发行条件,对发行者来说直接关系到筹资成本的高低,对投资者来说是做出投资判断的基本依据。只有制定出合理的发行条件,才能保证债券发行的成功。发行条件主要由发行额、票面金额、票面利率、发行价格、偿还期限等内容构成。

（一）发行额

发行额是一次发行债券所筹集的资金总额。它是根据发行者资金的数量、信誉、债券的种类以及市场的承受能力等因素决定的。从发行者的角度看,在债券总金额相等的条件下,一次发行比分次发行节省时间和费用,但一次发行债券在一些国家受到法定最高限额的限制,发行额定得过高时,会造成销售困难,以致影响发行者的信誉,对债券发行后的转让价格也会产生不良影响。一般来说,发行者首次发行债券,发行额可定得低些,保证发行成功,以后再需要发行债券时,便可参照首次发行的情况,确定出有把握的发行额。

（二）票面金额

票面金额是债券券面所表示的金额。债券票面金额的确定要考虑两个因素:一是认购者的购买能力。用公募方式向社会公众发行债券时,若票面金额定得过高,就会把小投资者拒之门外;用私募方式向法人投资者发行债券时,则可考虑适当提高票面金额。二是成本测算。如果票面金额定得过低,就会增加债券数量,不仅增加印刷成本,还会使发行工作复杂化。综合上述两个因素,采取多票面金额的方式比较理想。

（三）票面利率

票面利率又称名义利率,是债券票面所载明的利率。它反映的是债券券面上的固定利息和券面金额的比率,是固定不变的。例如,某种债券票面利率 10%,即表示每认购 100 元债券,每年可得到 10 元利息。通常,在确定债券票面利率时,既要考虑到发行单位的承受能力,又要考虑到对投资者是否有吸引力,具体包括以下三个方面。

1. 银行同期存款利率水平和期限长短

银行存款和债券投资是资金运用的两种不同方式,投资者要对这两种方式的收益性和风险性进行比较,选择最佳的投资对象。通常来说,债券的风险略高于银行存款,票面利率也应略高于银行存款利率。同时,期限长的债券票面利率高些,期限短的债券票面利率则低些。

2. 其他债券的利率水平

债券的种类很多,各种债券由于信用等级不同,利率有一定差别。信用级别高的债券可以相应降低票面利率,信用级别低的债券则要相应提高票面利率。发行者应在考虑自己信用等级的基础上,确定相应的票面利率。

3. 发行者的承受能力

发行者应在正确估计自己的承受能力的基础上确定票面利率,否则,一味地将票面利率定得过高,发行时可吸引投资者,其结果轻者会给发行者带来沉重的利息负担,重者不能按期偿还本金,给以后的债券发行工作带来严重的不利影响。

(四) 债券的期限

债券的期限是指从债券发行日起到偿清本息日止这段时间。它是根据发行人使用资金的周转期、市场利率的变动趋势、流通市场的发达程度及投资人的投资意向等因素决定的。发行人在确定债券的期限时,主要应考虑以下因素:

第一,要考虑自己使用资金的周转期。发行不同期的债券主要是为了满足不同的特定的资金需求,使债券的期限与资金的周转期相适应。

第二,要考虑未来市场利率的发展趋势,以避免利率风险,减少市场利率上升所引起的筹资成本的上升。

第三,要考虑流通市场的发达程度。如果流通市场发达,投资人就敢于购买长期债券,因为债券可以随时变现;反之,投资者存在后顾之忧,长期债券就难以销售。

第四,要考虑发行者的信用度。一般来说,知名度高、信用度好的大企业,即使发行期限较长的债券,也容易推销;相反,信用差的公司,要想将债券顺利推销出去,应尽量发行期限较短的债券。

另外,投资人的投资意向、心理状况及市场上其他债券的期限构成,也是发行人确定债券期限的因素之一。

(五) 债券的发行价格

发行价格是债券从发行者手中转移到初始投资者手中的价格。债券的发行价格相对于票面金额而言有三种:第一种是以券面金额发行,称平价发行,一般是在债券票面利率与市场利率相同情况下采用;第二种是以高于券面金额的价格发行,称溢价发行,一般是在债券票面利率高于市场利率的情况下采用;第三种是以低于券面金额的价格发行,称折价发行或贴水发行,一般是在债券票面利率低于市场利率的情况下采用。一般来说,发行价格可以与利率相互配合来调整债券购买者的实际收益率,使之与实际利率保持一致。在市场利率水平有较大幅度浮动时,可以调整债券的票面利率,也可微调发行价格与之相适应。

(六) 债券的偿还方式

债券一般是按照发行时约定的期限到期偿还的,但也有部分债券在发行时就规定了一定的偿还方式，偿还方式包括到期偿还、期中偿还和展期偿还，期中偿还又有全额偿还和部分偿还等方式。债券的偿还方式直接影响发行人的筹资成本和投资者的投资收益及双方的风险，也是发行人需要考虑的条件之一。

（七）债券的发行担保

有无发行担保是债券发行的条件之一。由信誉卓著的第三方担保或用发行人的财产作抵押担保，可提高债券的安全性，降低筹资成本。通常，政府和大金融机构发行的债券无须担保。

（八）债券的税收效应

债券的税收效应主要是指对债券的收益是否征税。涉及债券收益的税收有收入所得税和资本收益税。收入所得税也称利息预扣税，在发行人向债券持有人支付利息时预先扣除债券持有人应向政府部门缴纳的税款并集中上缴当地税务部门。资本收益税是政府对证券投资的资本利得收入征收的税收。资本利得收入是指债券的卖出价与买入价之差额或债券到期的偿还金额与买入价的差额。针对债券投资所开征的税种及税率由各国的税务部门决定，但因投资者关注的是债券投资收益在扣除税款后的净额，所以税收效应也是债券发行人需要考虑的条件之一。

总之，在确定发行条件时，要将上述因素综合起来考虑，多方权衡，通常先定利率和期限，因为它们最明显地反映着投资者的获利大小和贷出资金的时间长短，再根据市场利率确定发行价格。而投资者在进行债券投资时，除了看发行条件，还要考虑发行者的信用度，所以一般都对发行者定有不同的发行等级，级别越低的发行者越需要以较高的发行条件来发行。

三、债券的公开发行方式

（一）定向发行方式

定向发行又称私募发行、私下发行，即面向少数特定投资者发行。一般由债券发行人与某些机构投资者，如商业银行、证券投资基金、保险公司、信托投资公司等金融机构，以及养老保险基金、各类社会保障基金、社会捐赠基金等特定机构直接洽谈发行条件和其他具体发行债券的方式，属于直接发行。我国的国家重点建设债券、财政国债、特种国债等债券均采取定向发售方式。

（二）承购包销发行方式

承购包销发行方式是指发行人与由商业银行、证券公司等大金融机构组成的承销团通过协商条件签订承购包销合同，由承销团分销拟发行债券的发行方式。有的国家建立国债一级自营商制度，具备一定资格条件、经批准的国债一级自营商，有责任包销每次国债发行量的一定比例，再通过各自的市场销售网络开展分销与零售业务。以公募方式发行的公司债，一般也采取承购包销方式。

对于事先已确定发行条件的国债，我国仍采用承购包销方式，目前主要运用于不可上市流通的凭证式国债的发行，主要由商业银行承销并利用银行营业网点分销。

（三）公开招标发行方式

公开招标发行方式是指通过招标方式确定债券承销商和发行条件的发行方式。通过投标人的直接竞价来确定发行价格（或利率）水平，发行人将投标人的标价，自高价向低价排列,或自低利率向高利率排列,发行人从高价(或低利率)选起,直到达到需要发行的数额为止。因此,所确定的价格恰好是供求决定的市场价格。

招标发行根据标的物的不同,可分为价格招标、收益率招标和缴款期招标三种形式。

1. 价格招标

价格招标主要用于贴现债券的发行。根据中标规则的不同,其又可分为荷兰式招标和美国式招标两种。荷兰式招标是指按招标人所报买价从高向低的顺序中标,直至满足预定发行额为止,中标人以所有中标价格中的最低价格认购中标的债券数额。美国式招标的过程与荷兰式招标的相似,但是投标人在中标后,分别以各自出价来认购债券。两者的区别是,荷兰式招标是所有中标人以单一价格认购,美国式招标是中标人以多种价格认购。

【例 4-1】 面值为 100 元、总额为 200 亿元的贴现国债招标发行时,若有 A、B、C 三个投标人,他们的出价和申报额如表 4-2 所示。

要求:列示其荷兰式招标和美国式招标规则的价格。

解析:A、B、C 三者的中标额分别为 90 亿元、60 亿元和 50 亿元。在荷兰式招标规则下,中标价都是 75 元;而在美国式招标规则下,中标价分别是自己的投标价 85 元、80 元和 75 元。

表 4-2　　　　　　　　荷兰式招标与美国式招标中标价的比较

投标人	A	B	C
投标价(元)	85	80	75
投标额(亿元)	90	60	100
中标额(亿元)	90	60	50
荷兰式招标中标价(元)	75	75	75
美国式招标中标价(元)	85	80	75

由此可见,两种招标方式的区别是很明显的,荷兰式招标中所有中标人都以"单一价格"认购,美国式招标的中标人则以"多种价格"认购。我国目前短期贴现国债主要采用荷兰式价格招标方式予以发行。

2. 收益率招标

收益率招标主要用于附息债券的发行,同样可以分为荷兰式招标和美国式招标两种形式,原理与价格招标相似。债券的票面利率由投资者以招标方式进行竞争,按照投标人所报的收益率由低到高依次中标,直到满足预定发行额为止。荷兰式招标的中标人以所有中标收益率中的最高收益率认购中标额,美国式招标则以中标人各自报出的收益率认购中标额,并均以各中标人投标收益率的加权平均值作为债券的票面利率。

【例 4-2】 面值为 100 元、总额为 200 亿元的付息国债招标发行时,若有 A、B、C 三个投标人,他们的出价和申报额如表 4-3 所示。

要求:列示其荷兰式招标和美国式招标规则的价格。

解析:A、B、C 三者的中标额分别为 80 亿元、90 亿元和 30 亿元。在荷兰式招标规则下,中标价都是其投标价的 9%;而在美国式招标规则下,中标价分别是自己的投标价的 8%、8.5%和 9%。

表 4-3　　　　　　　　　荷兰式招标与美国式招标中标价的比较

投标人	A	B	C
投标价	8%	8.5%	9%
投标额（亿元）	80	90	50
中标额（亿元）	80	90	30
荷兰式招标中标价	9%	9%	9%
美国式招标中标价	8%	8.5%	9%

3. 缴款期招标

缴款期招标是指在债券的票面利率和发行价格已经确定的条件下，按照承销机构向财政部缴款的先后顺序获得中标权利，直至满足预定发行额为止。根据中标规则不同，也可分为荷兰式招标和美国式招标，前者是各中标商均以单一的最迟缴款日期为中标缴款期，后者是各中标商以各自投标的缴款期为中标缴款期。这一招标形式是我国的创新，曾在国债发行中运用。

我国记账式国债发行以招标方式为主，既有荷兰式招标，也有美国式招标，招标标的为利率、利差和价格。国债承购包销团成员有权参加国债的招投标。

(四) 直接发售方式

直接发售方式是指发行人通过代销方式在证券公司或银行柜台向投资者直接销售。国外的储蓄债券常采用这种方式。

四、债券的偿还方式

债券是一种债权凭证，除永久性债券外，其他所有的债券到期必须偿还本金。不同债券的偿还方式各不相同，不同的偿还方式影响着发行者和投资者的利益，因此，发行人在债券发行时，就应该公开说明偿还方式。

(一) 按偿还期限划分

债券的偿还方式按照偿还期限可以划分为到期偿还、期中偿还、展期偿还。

1. 到期偿还

到期偿还就是按发行所规定的还本时间在债券到期时一次全部偿还债券本金。我国目前所发行的国库券、企业债券都是采用的这种偿还方式。债券在期满时偿还本金是由债券的内在属性所决定的，是买方和卖方的约定，如果债券的发行人在发行债券时考虑到不一定能在债券到期时一次偿还本金，就必须在发行时事先予以说明，且订好特殊的还本条款。

2. 期中偿还

期中偿还就是在债券到期之前部分或全部偿还本金的偿还方式。采用这种方式偿还的目的在于吸引投资者、减轻发行人到期还本的负担。期中偿还还可以分为抽签偿还和买入注销两种方式。

1) 抽签偿还

抽签偿还是指在期满前偿还一部分债券时，通过抽签方式决定应偿还债券的号码。这种方式比较符合债权人平等原则，多用于定期偿还，但这也是一种强迫性偿还，中签者必须接受提前偿还,否则发行人有权不予以支付中签后的利息。

2) 买入注销

买入注销是指债券发行人在债券未到期前按照市场价格从二级市场中购回自己发行的债券而注销债务,以免除到期还本付息义务的偿还方式。买入注销遵循买卖自由原则,在发行人与投资者相互协议的基础上达到返还本金的目的。这种方式对投资者没有强制力,因此比较受投资者的欢迎。发行人采用这种方式可简单迅速地完成债务的偿还,但买入注销偿还要以发达的流通市场为前提,要受债券流通市场的交易价格和供应量的限制。

3. 展期偿还

展期偿还又称延期偿还,是在债券发行时就设置了延期偿还条款,赋予债券的投资者在债券到期后继续按原定利率持有债券直至一个指定日期或几个指定日期中一个日期的权利。这一条款对债券的发行人和购买者都有利,它在筹资人需要继续发债和投资人愿意继续购买债券时省去发行新债的麻烦,债券的持有人也可据此灵活地调整资产组合。

(二) 按偿还时的金额比例划分

在采取期中偿还时,按偿还时的金额比例可分为全额偿还和部分偿还。

1. 全额偿还

全额偿还就是在债券到期之前一次偿还本金的偿还方式。采取这种偿还方式的原因在于:①发行人在发债后由于种种原因出现资金过剩,提前一次偿还债券就可避免不必要的利息负担。②发债后由于市场利率下调,发债时的利率和现在相比过高。在这种情况下提前偿还旧债,重新发行利率较低的新债可以降低筹资成本。全额偿还往往对投资人不利,因为高利率的旧债偿还后,市场上往往没有高利率的债券,难以寻找新的投资机会。

2. 部分偿还

部分偿还就是经过一段时间后将债券发行额按一定比例偿还给投资者。一般是每半年或一年偿还一批,其目的是减轻债券发行人一次偿还的负担。

部分偿还按时间划分又可分为定期偿还和随时偿还。

1) 定期偿还

定期偿还是在债券到期前分次在规定的日期按一定的比例偿还本金。定期偿还的偿还日期、方式、比例都是在债券发行时就已确定并在债券的发行条件中加以注明。

2) 随时偿还

随时偿还又称任意偿还,是一种由发行者任意决定偿还时间和金额的偿还方式。这种偿还方式对发行人有利,发行人可以根据自己的资金需求情况和市场利率变动情况,选择提前或延期偿还以调整债务结构,减轻债务负担。这种偿还方式完全凭发行者的意愿,有时会损害投资者的利益,投资者不但将在利率下降时失去继续持有该债券以获取高利率的权利,而且会影响投资计划,因此在实际中并不常用。

五、债券的信用评级

(一) 债券信用评级的概念

债券信用评级是指债券信用评级机构对债券发行者的信誉及其所发行的特定债券的质量进行评估的综合表述。从本质上说,信用评级评估和计量了债券的信用风险,即发生不利于债权事件的可能性。它对于债券发行者、投资者和证券交易者都很重要,因为只有通过比较各种债券的信用级别,才能保证投资和交易的质量,降低投资风险。

世界上最早的债券信用评级制度诞生于美国。目前,世界上最著名、最具权威性的评级机构是美国的穆迪投资者服务公司和标准普尔公司,此外,还有日本公社债研究所、日本投资服务公司、日本评级研究所以及艾克斯特尔统计服务公司等。它们大多是为社会公众所承认的、具有很高声誉的民间债券信用评级机构。

美国债券信用评级机构需受到美国证券交易委员会认定,其发布的评级才能供其他金融机构使用。经认定的信用评级机构被称为全国认定的评级组织(Nationally Recognized Statistical Rating Organization, NRSRO)。根据美国证券交易委员会披露的数据,截至2020年1月美国共有10家全国认定的评级组织。占据美国评级市场主要份额的三家信用评级机构为:标准普尔公司(Standard & Poor's)、穆迪(Moody's)公司和惠誉国际(Fitch Rating)。标准普尔评级的市场份额总体约占50%,三大机构总市场份额超90%。这三家评级机构均采用发行人付费模式。目前,三大评级机构一般采用AAA-D的评级符号体系来表示信用风险的大小,再用"+""-","1""2""3",或"a""aa"等来修正在主要等级内的相对高低。中国信用评级也采用同一套符号体系。

以标准普尔公司和穆迪公司为例,等级划分和含义如表4-4所示。

表4-4　　　　　　　　　　　债券级别划分

标准普尔公司	穆迪公司	性质	级别	说明
AAA	Aaa	投资	最高	信誉最高,债券本息支付无问题
AA	Aa	投资	高	信誉很高,有很强的本息支付的能力
A	A	投资	中上	信誉较高,仍有较强支付能力,但经济形势发生逆转时,对市场较为敏感
BBB	Baa	投资	中	有一定信誉和支付能力,但经济形势发生逆转时,较上述级别更易受影响
BB	Ba	投机	中下	有投机因素,但投机程度较低
B	B	投机	投机	投机的
CCC-CC	Caa	投机	投机	可能不还
C	Ca	投机	投机	不还,但可以收回很少一点
DDD-D	C	投机	投机	不还,不履行债务,无收回的可能

(二)债券信用评级的作用

债券信用评级有利于保护投资者的利益。信用评级可以将债券发行者的信用质量和偿还债务的可靠程度公之于众,使投资者在投资决策前了解准备投资的债券的风险程度。当然,债券发行者按规定也会向社会公布其经营情况和财务状况,但是,由于缺乏专业知识和相关的信息,一般投资者往往难以据此直接做出投资决定。而信用评级通过各方面的专家对多方面的材料进行分析、评估,得出一个简明的结果,使投资者易于明白并据此决策。

债券信用评级有利于债券的发行者降低筹资成本。一般来说,投资者的收益就是筹资者的成本,投资者的收益越高,就意味着筹资者的筹资成本越高;而债券的风险越大,债券投资者要求的收益就越高。因此,债券的风险不确定,投资者就可能会要求较高的收益,而信用评级的功能恰好在于它可以比较准确地标出债券的风险程度,从而使投资者接受一个虽然较低,但是配合其风险程度的收益率。另外,有了债券的信用评级,发行者在与承销商谈判发行价格时亦能较快达成共识,投资者对债券亦有信心,这都有助于发行者迅速实现筹资目的。以上两个方面满足了发行者与投资者的基本要求,是信用评级的最主要作用。

债券信用评级也是债券市场的一项基本建设,它既可以体现市场公正、公平、公开原则,又可以提高市场的效率。有了信用评级,市场信息的透明度提高了,传播速度也提高了,促进了平等竞争,减少了市场操纵行为,规范了市场的交易与运作;有了信用评级,社会资源可以根据高质高价、低质低价的市场原则有效地确定流向,提高了资源配置的水平和效率。

债券信用评级也有助于金融监管当局对金融市场实施有效监管。各种债券都有信用等级,监管部门就可以根据监管的目标与需要,方便地确定各种金融机构或非金融机构持有资产的风险结构,规定金融机构投资债券的标准。

(三) 债券信用评级工作中的原则

1. 权威性原则

权威性原则主要体现在三个方面:①信用评级机构的评级范围要广泛,不但在系统内适用,而且在系统外也要适用,不但在当地适用,外地也要适用。②评级机构的人员要由专家、学者或实践经验丰富的"老银行"担任。③评级机构要有代表性,有独立行使债券信用评级的权利。

2. 科学性原则

债券的评级是一项繁杂的工作,具有较高的要求,因此,各债券评级机构进行信用评级的方法、评级指标体系以及评级手段都要具有科学性,评估依据要全面,指标要完整。

3. 责、权、利相结合原则

在责任上,债券评级机构对债券的评级应本着对企业负责和对投资者负责的精神,并对在评级中的失误所造成的影响承担相应责任。在权利上,评级机构有权按照国家制定的规定和办法进行评级,也有对评级办法的解释权,其他机构、人员不得进行干扰。在利益上,评级机构也应讲求盈利,根据评级规定,收取评级费用。

4. 公正原则

在债券信用评级过程中,评级机构不能搞人情评级,也不能凭"长官意志"行事,而要站在公正立场上,客观、公正地判断分析,使评级机构本身经得起社会的检验。

(四) 债券信用评级的内容与方法

各国债券评级机构关于债券评级的内容规定尚不一致,下面以穆迪公司和标准普尔公司为例,简要介绍其评级的主要内容与方法。

1. 资产流动性分析

资产流动性分析主要是从资金周转的角度衡量企业的偿债能力和生产经营能力。它主要包括八项指标:①流动资产与流动负债比率;②迅速变现资产比例;③现金和视同现金比例;④库存与全部流动资产比例;⑤库存周转率;⑥应收账款周转率;⑦固定资产周转率;⑧全部资产周转率。

2. 负债比率分析

负债比率分析主要是从公司负债总量和负债结构的角度,衡量偿债能力和盈利水平。它主要包括八项指标:①总负债率;②流动负债与全部负债的比例;③全部负债占公司全部自有资本比例;④纯资产对长期负债比例;⑤长期负债占公司全部自有资本比例;⑥优先股占纯资产比率;⑦普通股占纯资产比率;⑧长期负债占总负债比率。

3. 金融风险分析

金融风险分析主要是衡量和考察筹资者的筹资风险和投资者的投资风险的大小,主要包括八项指标:①纯资产与债券发行额的比例;②次纯资产与优先股的比例;③再次纯资产与普通股的比例;④毛利对债券利息的比率;⑤当年毛收入对债券本息的比率;⑥纯盈利对优先股分红比例;⑦普通股分红比率;⑧纯盈利对全部股份的比率。

4. 资本效益分析

资本效益分析主要是从经济效益的角度衡量企业的偿债能力和生产营运能力,主要包括五项指标:①销售毛利率;②销售成本率;③销售纯盈利率;④总资产税前收益率;⑤总资产税后收益率。

1992年,由中国信誉评级协会筹备组制定了《债券信用评级办法》,规定了评级的内容,主要包括企业素质、财务质量、建设项目、发展前景和偿债能力五个方面。随着我国信用评级工作的不断探索和实践,债券评级的指标体系和评价方法将会进一步得到完善。

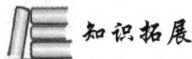

中国债券市场信用评级机构

信用评级机构是金融市场中的重要信息中介,为债券发行主体、债券提供等级评定的服务。金融市场中信息繁杂,债券数目繁多,投资者的时间与精力都非常有限,很难对每只债券都进行研究分析。信用评级机构通过搜集大量信息,对债券发行主体与债券特征进行分析,综合所得信息为发行人与债券提供等级评定,这为投资者节省了大量的时间,提供了宝贵的参考。因此,信用评级行业的发展、信用评级机构是否进行公允、真实、独立的等级评定,对于整体证券市场,尤其是对于债券市场的稳定健康发展、有效定价具有特殊意义。

2019年之前,中国债券市场不同交易场所与券种对应有不同的监管机构,不同监管机构制定的规则也相应有所不同。因此,评级机构也需基于相应发行监管机构的债券发行规则开展评级业务,这导致中国债券评级行业缺乏统一的业务资质规范。中国人民银行对银行间债券市场发行的债券评级机构进行认定,证监会管理公司债评级,发改委管理企业债评级,保险机构投资者仅可投资经保监会认定的评级机构评级的债券。若需开展相应债项的评级业务,则需对应监管机构认定评级资质。2019年11月26日,中国人民银行、国家发改委、财政部、证监会发布了《信用评级业管理暂行办法》,明确中国人民银行是信用评级行业主管部门,主管全国的信用评级监督管理工作,该办法于2019年12月26日起正式实施,中国信用评级行业迎来统一监管时代。2022年,《银行间债券市场与交易所债券市场互联互通业务暂行办法》发布,标志着我国债券市场朝着统一的方向取得实质性进展。

中国债券评级机构业务分发行人付费和投资人付费两种模式。中国评级机构具体资质认证与业务模式如表4-5所示。目前有九家获得发行人付费评级资格认证的评级机构:中诚信国际信用评级有限责任公司及其内资主体中诚信债券评估有限公司、联合资信评估有限公司及其内资主体联合信用评级有限公司、上海新世纪投资服务中心、大公国际资信评估有限公司、东方金诚国际信用评估有限公司、鹏元资信评估公司、上海远东资信评估公司。

其中规模较大的四家为中诚信、联合、大公与新世纪,这四家机构占据了主要市场。

表 4-5　　　　　　　　中国信用评级机构业务资质与模式

负责机构	中诚信国际	联合资信	联合评级	新世纪	大公国际	东方金诚	鹏元	远东资信	标普(中国)	北京中北联	大普	安融信	上海资信	中债资信	惠誉国华	其他
中国人民银行	✓	✓	✓	✓	✓	✓	✓	✓	✓	✓	✓	✓	✓	✓	✓	✓
国家发改委	✓	✓		✓	✓	✓	✓									
证监会	✓	✓		✓	✓	✓	✓						✓			
交易商协会	✓	✓	✓	✓	✓	✓	✓							✓	✓	

资料来源:《大国债市——中美比较的视角》,王永钦、李蔚、薛笑阳著,47页。

中诚信国际信用评级有限责任公司是与国际知名评级机构穆迪公司(30%)的合资公司。联合资信评估有限公司为联合信用管理公司(74.84%)与惠誉公司(25.16%)的合资公司。新世纪从2008年起也开始与标准普尔公司开展技术合作。唯有大公评级仍为中资独资,但"大公事件"爆出大公国际证券与债券评级业务违规,变相买卖评级,2018年8月大公国际被监管层暂停债务融资工具市场相关业务和证券评级业务一年。中国债券市场中,获得投资人付费方式评级资格认证的三家评级机构为上海资信有限公司、中债资信评估有限责任公司、中证指数有限公司。其中,中债资信于2010年9月,由中国银行间市场交易商协会代表全体会员出资设立,是国内首家投资人付费模式的评级机构。且中债资信采取的是主动性评级或非请求性评级,任何企业,只要在银行间市场发行债券之后,无需提出请求或者付费,中债资信都可能对其进行信用评级。除发行人付费模式下的四家主要评级机构外,中债资信的评级也是市场投资者的重要参考。平均而言,中债资信给出的评级相对更低,分布更广。

中国债券市场信用评级的突出问题是评级虚高,等级划分不明显。据不完全统计,中国债券市场中AA级及以上的债券金额占比始终在90%以上,几乎全部债券都是投资级债券。债券信用评级水平普遍较高、评级膨胀的现象比较普遍。

资料来源:王永钦,李蔚,薛笑阳. 大国债市:中美比较的视角[M]. 上海:格致出版社,上海人民出版社,2023.

第四节　债券投资分析

一、债券的价格评估

(一)假设条件

债券投资是投资人以某种价格买入一定数量的债券,获得债券发行人在未来特定时期内向投资人支付一定数量的现金流的承诺。然而,由于影响债券价格的各种因素的存在,特别是信用风险和通货膨胀的存在,使债券合约当中事先约定的本息支付及约定支付金额的购买力存在着某种程度的不确定性,给债券估价带来了一定的难度。

为简化评估工作,在评估债券价格之前,先假定各种债券的名义和实际支付金额都是确定的,并假定通货膨胀的幅度可以被精确地预测出来,从而使我们对债券的估价工作可以集中于时间的影响因素上。在这一假定的基础上,再考虑债券估价的其他因素。下面就来分析债券估价的时间因素。

(二)债券价格评估模型

债券的价格等于来自债券的未来预期货币收入的现值。

1. 一年付息一次的附息债券的估价公式

附息债券是市场上最典型的债券,即固定利率、每年计算并支付利息、到期归还本金。对于按期付息的附息债券来说,其预期货币收入有两个来源:到期日前定期支付的息票利息和票面额。其必要收益率也可参照可比债券确定。其价格决定公式如下:

$$V = \frac{C}{1+r} + \frac{C}{(1+r)^2} + \cdots + \frac{C}{(1+r)^n} + \frac{M}{(1+r)^n}$$

$$= \sum_{t=1}^{n} \frac{C}{(1+r)^t} + \frac{M}{(1+r)^n}$$

其中,M 为债券面值;C 为年利息;r 为贴现率;n 为持有年限。

【例 4-3】 有一张票面价值为 1 000 元、10 年期 10% 息票的债券,每年付息一次,假设其必要收益率为 12%。

要求:计算该债券的价值。

解析:

$$V = \sum_{t=1}^{10} \frac{100}{(1+12\%)^{10}} + \frac{1\,000}{(1+12\%)^{10}}$$

$$= 100 \times 5.650\,2 + 1\,000 \times 0.322 = 887.02(元)$$

2. 半年付息一次的附息债券的估价公式

对于半年付息一次的债券,由于每年会有两次利息支付,在计算其价格时,要对上述公式进行修改。第一,年利率要被每年利息支付的次数除,即由于每半年收到一次利息,年利率要除以 2;第二,时期数要乘以每年支付利息的次数。其价格决定公式如下:

$$V = \sum_{t=1}^{2n} \frac{C/2}{(1+r/2)^t} + \frac{M}{(1+r/2)^{2n}}$$

【例 4-4】 承[例 4-3],若一年支付两次利息。

要求:计算该债券的价值。

解析:

$$V = \frac{100}{2} \times \frac{1 - \frac{1}{\left(1+\frac{12\%}{2}\right)^{2\times 10}}}{\frac{12\%}{2}} + \frac{1\,000}{\left(1+\frac{12\%}{2}\right)^{2\times 10}} = 885.30(元)$$

可见,一年支付一次利息,债券价值为 887.02 元;一年支付两次利息,债券价值为 885.30 元。由此可以看出,债券价值大小受两个因素影响:第一,利息支付的频率。每半年支付一次利息要比一次付息更有价值,因为现金流量发生的时间提前了。第二,年折现率的大小。一年支付两次利息,年折现率的一半(如本例中的折现率=0.12÷2=0.06)作为每半年现金流量的折现率会使年折现率增大,因为有效年利率为:

$$\left(1+\frac{0.12}{2}\right)^{1\times 2}-1=0.1236$$

3. 息票累积债券的估价公式

息票累积债券即一次还本付息的债券,其预期货币收入是期末一次性支付的利息和本金,必要收益率可参照可比债券得出。其价格决定公式如下:

$$V=\frac{(1+in)M}{(1+r)^n}$$

其中,i 为票面利率,n 为债券存续期限。

【例 4-5】 我国政府发行 3 年期政府债券,票面金额为 1 000 元,票面利率为 5%,到期一次性还本付息。如果市场利率降至 3%。

要求:计算该债券的价格。

解析:

$$V=\frac{1\,000\times 5\%\times 3+1\,000}{(1+3\%)^3}=1\,052.41(\text{元})$$

4. 零息债券的估价公式

零息债券也属于息票累积债券,只不过付息是在债券发行的时候,还本是在债券到期之时按面值偿还,所以可把面值视为贴现债券到期的本息和。参照上述一次还本付息债券的估价公式可计算出零息债券的价格,其价格决定公式如下:

$$V=\frac{M}{(1+r)^n}$$

【例 4-6】 零息债券在到期日的价值为 1 000 元,偿还期为 10 年。如果投资者要求得到 15% 的收益率。

要求:计算零息债券价值。

解析:

$$V=\frac{1\,000}{(1+0.15)^{10}}=\frac{1\,000}{32.919}=247.18(\text{元})$$

5. 永久性债券或优先股的估价公式

永久性债券或优先股的价格计算公式相对简单,如下:

$$V=\frac{C}{r}$$

【例 4-7】 某政府发行永久性公债,票面价值为 1 000 元,票面利率为 6%,折现率为 9%。

要求:计算该债券的价值。

解析:

$$V = \frac{C}{r} = \frac{60}{9\%} = 666.67(元)$$

从以上分析可以看出,对债券进行内在价值评估的关键在于给定合理的折现率,即投资者要求的必要收益率。折现率合理才能给债券公平定价。合理的折现率是由市场唯一确定的,它反映了投资者所要求得到的最小年收益率,投资者要求的收益率包括无风险利率、通货膨胀率和风险溢价。

二、债券的定价原理

由债券定价模型可知,引起债券市场价格不断波动的主要原因是市场利率的变动。但是,当市场利率发生变动时,不同债券对市场利率变化的反应程度不尽相同。马奇尔在研究了债券价格与息票利率、到期期限和到期收益率之间的关系后,得出了债券价格波动的五条规律,即马奇尔的债券价格五大定理。其内容如下:

(1) 如果一种债券的市场价格上涨,则其到期收益率必然下降;反之,如果债券的市场价格下降,则其到期收益率必然提高。

【例 4-8】 一张债券面值为 1 000 美元,年利息为 80 美元,期限为 5 年。根据附息债券估价公式,当市场价格为 1 000 美元时,债券到期收益率为 8%;当市场价格上涨到 1 100 美元时,则到期收益率为 5.65%;当市场价格下降到 900 美元时,则到期收益率为 10.68%。

(2) 如果债券的收益率在整个期限内没有发生变化,则价格折扣或升水会随着到期日的接近而减少,或说其价格日益接近面值。

【例 4-9】 一张债券面值为 1 000 美元,年利息为 60 美元,期限为 5 年,到期收益率为 9%。如果债券的到期收益率在整个期限内没有变化,则其价格折扣或升水随着到期日的接近而以一个不断增加的比率(与面值之比)减少。

(3) 如果一种债券的收益率在整个期限内没有变化,则其价格折扣或升水会随着债券期限的缩短而以一个不断增加的比率减少。

(4) 债券收益率的下降会引起债券价格的上升,且上升幅度要超过债券收益率以相同幅度上升时所引起的债券价格下跌的幅度。

【例 4-10】 一张债券面值为 1 000 美元,年利息为 70 美元,期限为 5 年。根据附息债券估价公式,当到期收益率下降到 6% 时,市场价格上升到 1 042.12 美元,上升 4.212%,当债券到期收益率上升到 8% 时,市场价格下降到 960.07 美元,下降了 3.993%。

以上结果如表 4-6 所示。

表 4-6   债券的到期时间、市场价格、价格折扣、价格变化比较表

(1)到期时间(n)	(2)市场价格(P)	(3)价格折扣(M-P)	(4)价格变化($P_{n-1}-P_n$)
5	883.31	116.69	—
4	902.81	97.19	19.50

(续表)

(1)到期时间(n)	(2)市场价格(P)	(3)价格折扣(M−P)	(4)价格变化($P_{n-1}-P_n$)
3	924.06	75.94	21.25
2	947.23	52.77	23.17
1	972.48	27.52	25.25

(5)债券的息票利率越高,则因其收益率变动而引起的债券价格变动的百分比就会越小。

【例4-11】 市场上有A、B两个债券,其到期收益率相同,都是$r=7\%$。A债券面值为1 000美元,年利息为90美元,期限为5年,市场价格为1 082美元;B债券面值为1 000美元,年利息为70美元,期限为5年,市场价格为1 000美元。当两个债券的到期收益率上升到$r=8\%$时,根据附息债券估价公式,它们的价格都下降了,A为1 039.93美元,B为960.07美元,分别下降了42.07美元和39.93美元,为原价格的3.889%和3.993%。

三、债券的投资收益

(一)债券投资收益的构成

一般情况下,债券的投资收益由三部分组成:利息收入、买卖差价以及利息再投资收益。这三部分收益在债券投资收益率分析中具有很重要的作用。

利息收入,是指按照债券的票面利率计算而来的收益。

买卖差价又称资本利得,是指债券投资者购买证券时所投入资金与债券偿还时(或者是未到期前卖出时)所获资金的差额。零息票债券的收益都由买卖差价形成。

利息再投资收益,是指在附息票债券情况下,投资者将每年定期收到的利息收入再进行投资所能够获得的收益。显然,利息再投资收益具有两个特征:①只有附息票债券才会产生利息再投资收入,而息票累积债券和贴现债券不具有到期前的利息收入,也就不会有利息再投资收益。②利息再投资收益具有很大的不确定性。由于利息是投资者定期收到的,各期的市场利率是处于变化之中而各不相同的,在不同时期收到的利息的再投资收益可能是各不相同的。此外,债券的息票利率越高,其期限越长,利息再投资收益就会在总收益中占有越大的比例,因而对总收益的影响程度也越大。

(二)影响债券收益的因素

影响债券收益的因素有很多,主要分为内部因素和外部因素。内部因素主要是债券的票面利率、价格、期限和信用级别等;外部因素主要有基础利率、市场利率和通货膨胀等。在其他因素不变的情况下,只要上述其中一个因素发生了变化,债券的收益率就会发生变化。

1. 内部因素

(1)债券的票面利率。债券的票面利率是债券发行的重要条件之一,其高低主要取决于两个因素:一是债券发行人的资信情况。一般来说,在其他因素相同的情况下,发行人的资信水平越高,债券的利率越低;资信越低,债券的利率越高。二是发行时市场利率的高低。一般来说,在不考虑发行折价策略的情况下,发行时的市场利率越高,则债券的票面利率越高;市场利率越低,发行时的票面利率越低。

(2) 债券的价格。债券的价格可分为发行价格和交易价格。由于债券票面利率和实际利率有差别,它的发行价格往往高于或低于面值。债券价格若高于面值,则它的实际收益率将低于票面利率;反之,收益率则高于票面利率。债券的交易价格是投资者从二级市场上买卖债券的价格,其价差将直接影响到债券收益率的高低。

(3) 债券的期限。在其他因素相同的情况下,债券的期限越长,其票面利率越高;反之,票面利率越低。除此之外,当债券价格与票面金额不一致时,期限越长,债券价格与面额的差额对收益率的影响越小。当债券以复利方式计息时,由于复利计息实际上是考虑了债券利息收入再投资所得的收益,债券的期限越长,其收益率越高。

(4) 债券的信用级别。发行债券主体的信用级别是指债券发行人按期履行合约规定的义务,足额支付利息和本金的可靠程度。一般来说,除政府发行的债券之外,其他债券都存在违约风险或信用风险。但不同的债券其信用风险不同,这种不同主要从债券的信用级别体现出来。信用级别越低的债券,其隐含的违约风险越高,因而其票面利率相对较高。

(5) 提前赎回条款。提前赎回条款是债券发行人所拥有的一种选择权,它允许债券发行人在债券到期前按约定的赎回价格部分或全部偿还债务。这种规定在财务上对发行人是有利的,因为发行人可以在市场利率降低时发行较低利率的债券,取代原先发行的利率较高的债券,从而降低融资成本。但对投资者来说,他的再投资机会受到限制,再投资利率也较低,这种风险要从价格上得到补偿。因此,具有较高提前赎回可能性的债券应具有较高的票面利率,其内在价值相对较低。

(6) 税收待遇。一般来说,免税债券和税收推迟的债券具有一定的优势,其价格相应较高。因为,免税债券的到期收益率比类似的应纳税债券的到期收益率低。此外,税收还以其他方式影响着债券的价格和收益率。例如,任何一种以折扣方式出售的低利率附息债券提供的收益都有两种形式:息票利息和资本收益。在美国,这两种收益都被当作普通收益进行征税,但是对于后者的征税可以等到债券出售或到期时才进行。这种推迟就表明大额折价债券具有一定的税收利益。在其他条件相同的情况下,这种债券的税前收益率必然略低于高利附息债券。也就是说,低利附息债券比高利附息债券的内在价值要高。

(7) 流动性。流动性是指债券可以随时变现的性质。这一性质使债券具有可规避由市场价格波动而导致实际价格损失的能力。如果某种债券按市价卖出很困难,持有者会因该债券的流动性差而遭受损失,这种损失包括较高的交易成本以及资本损失,这种风险必须在债券的定价中得到补偿。因此,流动性好的债券与流动性差的债券相比,具有较高的内在价值。

2. 外部因素

(1) 基础利率,一般是指无风险利率。政府债券可以近似看作是无风险利率,其风险最低,因而票面利率也较低。基础利率的高低是决定债券票面利率的重要因素。其他债券在发行的时候,总要在无风险利率的基础上增加风险溢价以弥补投资者所额外承担的风险。因此,基础利率越高,债券的票面利率也会越高。

(2) 市场利率,属于债券投资的机会成本。在市场利率上升时,新发行的债券其收益率也会上升,但已发行债券的市场价格会下跌,因而持有已发行债券的投资者就会遭受损失。相反,市场利率下降时,已发行债券的市场价格就会上升,持有者会因此受益,但新发行的债券其收益率会下降。

(3) 通货膨胀,通常是指一般物价水平的持续上升。通货膨胀的存在可能使得投资者从债券投资中所实现的收益不能弥补由于通货膨胀而造成的购买力损失。

(三) 债券收益指标

债券投资虽然事先确定了票面利率,但债券的票面利率只是投资者名义上得到的收益率,它是指利息收入与债券面额的比例。显然,票面收益率假设债券的购买价值等同于面额,它没有考虑到买入价格可能与票面金额不一致,也没有考虑到将债券中途卖出的可能。因此,票面收益率并不能真实地反映债券投资的收益。因此,要精确地表示债券的投资收益,必须使用债券收益率指标。

1. 直接收益率

直接收益率又称当期收益率,是对票面收益率的缺陷做了部分改进而得到的,它是指利息收入与购买价格的比例。显然,该收益率考虑到债券投资者的资本金可能并不等同于面额,因而用真实的购买价格取代了债券面额。直接收益率的计算公式如下:

$$直接收益率 = \frac{C}{P_0} \times 100\%$$

其中,C 为年利息;P_0 为债券市场价格。

【例 4-12】 一张面额为 1 000 元的债券,票面年利率为 10%,发行价格为 1 200 元,期限为 5 年。

要求:计算该债券的收益率。

解析:

$$直接收益率 = \frac{100}{1\,200} \times 100\% = 8.33\%$$

直接收益率由于容易解释和计算而受到欢迎,它反映了投资者的投资成本带来的收益。在例[4-12]中,投资者以溢价购买债券,所以收益率低于票面利率。直接收益率对那些每年从债券投资中获得一定利息收入的投资者来说很有意义。

但是,直接收益率也有不足之处,直接收益率仅仅考虑了利息收入这一部分,它没有考虑到资本利得,即没有计算投资者买入价格和持有债券到期、按照面额偿还本金之间的差额,也没有考虑买入价格和中途卖出价格之间的差额。因此,直接收益率也不能真实地反映债券投资的收益。所以,直接收益率只对那些每年从债券投资中获得一定利息收入的投资者来说有一定的意义。

因此,真正的、有意义的、能够衡量债券投资价值的收益率必须能够克服这一缺陷,同时考虑债券投资的三个收益来源,并且用购买价格来决定债券的资本金。

显然,下面两个收益率——到期收益率和持有期收益率就能够做到这两点。它们的不同之处在于,到期收益率衡量了债券持有到期(还本付息)时所能获得的收益率,而持有期收益率衡量了债券持有期内,尚未到期,投资者就中途将其卖出所能够得到的收益率。虽然这两者在本质上是相同的,但在计算方法上稍有差别。

2. 到期收益率

到期收益率是指债券投资者从购买日起到债券到期日止,最后实际得到的年收益率。

也可以说,到期收益率,就是使债券的剩余现金流(如果持有至到期日)的总现值等于债券当前市场价格(买入价)的贴现率,它同项目评估中的内部收益率(IRR)是一个含义。计算到期收益率的意义在于,如果投资者准备以目前市价买入某种债券,并且计划持有至该债券期满,则到期收益率可作为预期收益率,并可将它与其他投资对象的收益率加以比较;如果投资者已经按某一价格买入了某一债券并已持有至期满,则到期收益率就是该债券的实际收益率。

到期收益率又可以分为单利到期收益率和复利到期收益率。

(1)单利到期收益率适用于一次还本付息债券。对于分次付息债券,如果不考虑利息再投资因素也可以运用此收益率。它是从债券买入日到偿还日期间内所能得到的利息同偿还差异之和与投资本金的比率。其计算公式如下:

$$单利到期收益率 = \frac{年利息 + \dfrac{面额 - 购入价格}{偿还年限}}{购入价格} \times 100\%$$

【例 4-13】 某息票累积债券,票面金额为 1 000 元,发行价格为 980 元,票面利率为 8%,偿还期限为 5 年。

要求:计算该债券的到期收益率。

解析:

$$到期收益率 = \frac{80 + \dfrac{1\,000 - 980}{5}}{980} \times 100\% = 8.57\%$$

由此看出,由于发行价格低于票面值,两者之差形成债券资本偿还增益,是利息以外的收益,使得认购者预期收益率高于票面利率,即 8.57%>8%。

【例 4-14】 某息票累积债券,票面金额为 1 000 元,发行价格为 1 040 元,票面利率为 8%,偿还期限为 5 年。

要求:计算该种债券的到期收益率。

解析:

$$到期收益率 = \frac{80 + \dfrac{1\,000 - 1\,040}{5}}{1\,040} \times 100\% = 6.92\%$$

由此看出,由于发行价格高于票面值,两者之差形成债券资本偿还亏损,它抵销部分债券收入,使得认购者预期收益率低于票面利率,即 6.92%<8%。

(2)复利到期收益率是假设每期的利息收益都可以按照到期收益率进行再投资,即假设市场利率不变,到期收益率可以根据债券的不同特点,用不同的债券定价模型公式去计算。但是,计算那些有固定期限,并定期支付利息的附息票债券的到期收益率是极其繁琐的。这是因为用公式计算到期收益率时要解高阶多项式,而这相当困难,所以通常都是采用试错法。

试错法,即先选择一个你认为最有可能的贴现率 Y,代入债券内在价值公式。然后将债券内在价值与债券价格进行比较:如果与债券价格相等则通过;如果比债券价格高,则选择一个较高的贴现率再进行计算;如果比债券价格低,则选择一个较低的贴现率再进行计算。最后,用内插法找到一个使内在价值与债券价格相等(约等)的贴现率。

对于一年付息一次的债券,可用下列公式得出到期收益率:

$$P = \frac{C}{1+Y} + \frac{C}{(1+Y)^2} + \cdots + \frac{C}{(1+Y)^n} + \frac{F}{(1+Y)^n}$$

其中,P 为债券价格;C 为年利息;F 为到期价值;n 为时期数(年数);Y 为到期收益率。

当已知 P、C、F 和 n 值时,代入上式,在计算机上用试错法便可算出 Y 的数值。

对于半年付息一次的债券,其计算公式如下:

$$P = \frac{C/2}{1+Y/2} + \frac{C/2}{(1+Y/2)^2} + \cdots + \frac{C/2}{(1+Y/2)^{2n}} + \frac{F}{(1+Y/2)^{2n}}$$

【例 4-15】 某公司债券面值为 1 000 元,债券期限为 5 年,利息率为 12%,半年支付一次利息,债券发行价格为 1 100 元。

要求:计算该债券的到期收益率。

解析:

要计算该债券到期收益率,先假设 $y=10\% \div 2 = 5\%$,解得:$P=1\,077.32 \neq 1\,100$。

由于 $1\,100 > 1\,077.32$,说明到期收益率不是 10%,而是稍低于 10%。令 $y=8\% \div 2 = 4\%$,继续进行试算,结果为:$P=1\,162.66 \neq 1\,100$。由于 $1\,100 < 1\,162.66$,说明到期收益率不是 8%,而是稍高于 8%。

这一试算结果表明,该种债券的到期收益率介于 8% 与 10% 之间。于是,再利用内插法就可以计算出正确的到期收益率 y。其计算过程如下:

先建立一个等式反映出等比关系:

$$\frac{Y-8\%}{10\%-8\%} = \frac{1\,100 - 1\,162.66}{1\,077.32 - 1\,162.66}$$

求解得:$y=9.47\%$。

这样,就求出该债券的到期收益率为 9.47%。

3. 准到期收益率

事实上,采用试错法计算附息票债券的到期收益率是比较复杂的,这一点也可以从上例中看出。因此,在实践中,往往采用准到期收益率即按近似法来计算附息票债券的到期收益率。虽然这种计算方法并不是十分精确,但却十分简便,因而也具有较大的适用性。最常见的近似公式如下:

$$Y_A = \frac{C + \dfrac{M-P_0}{n}}{\dfrac{P_0+M}{2}} \times 100\%$$

其中,Y_A 为准到期收益率;P_0 为债券的购买价格(可以小于、大于或等于债券票面额);C 为年利息;M 为债券面额;n 为年限。

该公式实际上是在债券持有期内的平均收益水平,即收益利息与年平均资本利得的和去除以债券的平均投资。所以,平均收益没有考虑时间价值。

【例 4-16】 承[例 4-15]。

要求:计算准到期收益率。

解析:

$$Y_A = \frac{120 + \frac{1\,000 - 1\,100}{5}}{\frac{1\,100 + 1\,000}{2}} \times 100\% = 9.52\%$$

很显然,准到期收益率与到期收益率之间有相当的差距。

4. 持有期收益率

持有期收益率是指在某一特定持有期内的债券收益率,是投资者最关心的收益率。因为,在实际生活中,许多投资者并不是在购买债券之后就一定要持有到到期时兑付,往往在中途就卖出。如果中途将债券卖出,那么这时投资者得到的收益率就不是到期收益率,而是持有期收益率,即从购入到卖出这段持有期限里所能得到的收益率。持有期收益率和到期收益率的差别在于将来值的不同。其计算公式如下:

$$P_{t+1} + C_{t+1} = P_t(1 + HPR_t)$$

$$\frac{P_{t+1} + C_{t+1}}{P_t} = 1 + HPR_t$$

$$HPR_t = \frac{P_{t+1} - P_t + C_{t+1}}{P_t} \times 100\%$$

其中,HPR_t 为 t 期持有收益率;P_t 为债券发行或购买价格;P_{t+1} 为债券到期日或卖出时价格;C_{t+1} 为 $t+1$ 期获得的利息。

【例 4-17】 假设某人于 1 月 1 日购买了一种债券,面值为 1 000 元,30 年到期,利息率为 8%,一年付息一次,现价为 1 000 元,到期收益率为 8%。第二年的 1 月 1 日,即一年后,债券价格涨为 1 050 元,该人将债券售出。

要求:计算持有期收益率。

解析:

$$HPR_t = \frac{1\,050 - 1\,000 + 80}{1\,000} \times 100\% = 13\%$$

该持有期正好是一整年,若持有期较长或现金流量的形式与上面不同,如附息票债券持有期超过一年,那么,计算也要做相应的调整。当以复利方式计算债券持有期收益率时,如同计算到期收益率一样要用试错法来解决。

对同一种债券而言,因为使用不同的计算方法,可以得出不同而又非常相近的到期收益率或持有期收益率。上面介绍的几种方法中,试错法最精确但计算最复杂,近似法次之,而直接收益率法的计算法精确度最低,但使用最方便。

5. 赎回收益率

赎回是指债券的发行者在债券到期之前提前偿还本金的行为,是债券发行人的一种权利。因为对投资者不利,所以很多债券都附有赎回保护条款,要求在债券被赎回时,发行者必须支付高于债券面额的溢价作为对投资者的补偿。赎回时溢价的多少视赎回的时间而定,一般来说赎回时间越早,赎回溢价越高。其计算公式如下:

$$P = \frac{C}{1+Y_{call}} + \frac{C}{(1+Y_{call})^2} + \cdots + \frac{C}{(1+Y_{call})^n} + \frac{P_{call}}{(1+Y_{call})^n}$$

$$P_0 = C\left[\frac{1-\frac{1}{(1+Y_{call})^n}}{Y_{call}}\right] + \frac{P_{call}}{(1+Y_{call})^n}$$

其中,Y_{call} 为赎回收益率;P_{call} 为赎回时投资者得到的金额;P_0 为债券买入价;n 为赎回年限;C 为债券年利息。

这里,同计算到期收益率一样,也需要用试错法求解。与计算到期收益率的不同之处在于,此计算中必须用回购价格取代到期日价格,用第一次回购的年限代替 n。

【例 4-18】 有一张 30 年期的债券,票面利率为 8%,半年付息一次,市场售价为 1 150 美元。在第十年可以赎回,赎回价格为 1 100 美元。

要求:计算该债券的到期收益率和可赎回收益率。

解析:

它的到期收益率和可赎回收益率计算资料如表 4-7 所示。

表 4-7　　　　　　　　　　到期收益率和可赎回收益率的计算

项目	赎回收益率	到期收益率
利息	40	40
期数	20	60
最终支付	1 100	1 000
市场价格	1 150	1 150

根据公式解得:赎回收益率为 6.64%,到期收益率为 6.82%。

课堂章节测试

班级_____ 姓名_____ 学号_____ 日期_____ 平时分_____

一、单项选择题（共 5 题，每题 5 分）

1. 债券是（　　）。
   A. 真实资本
   B. 借贷金额加利息
   C. 虚拟资本
   D. 无价证券

2. 国家信用的主要形式是（　　）。
   A. 社会保险
   B. 国债
   C. 银行信贷
   D. 消费信用

3. 下列有关债券和股票的不同之处的说法中，错误的是（　　）。
   A. 经济利益关系不同
   B. 发行主体、目的、期限不同
   C. 风险大小不同
   D. 股票是真实资本，债券是虚拟资本

4. 欧洲债券是指（　　）。
   A. 欧洲各国在本国发行的债券
   B. 欧洲各国在外国发行的债券
   C. 外国在欧洲各国发行的债券
   D. 某国在本国境外发行的债券

5. 世界上最早的债券评级制度诞生于（　　）。
   A. 美国
   B. 英国
   C. 德国
   D. 法国

二、多项选择题（共 5 题，每题 5 分）

1. 债券的票面要素主要有（　　）。
   A. 票面价值
   B. 到期期限
   C. 票面利率
   D. 发行者名称

2. 债券具有（　　）。
   A. 偿还性
   B. 安全性
   C. 流通性
   D. 收益性

3. 可转换债券属于（　　）。
   A. 潜在股本
   B. 固定利率债券
   C. 对发行单位的债权
   D. 对发行单位所主张的股权

4. 债券按形态分类可以分为（　　）。
   A. 国债
   B. 实物债券
   C. 凭证式债券
   D. 记账式债券

5. 按利息支付方式，债券可分为（　　）。
   A. 金融债券
   B. 息票累积债券
   C. 附息票债券
   D. 贴现债券

三、简答题（共 4 题，每题 10 分）

1. 简述债券定价和价格波动的五大定律。

2. 债券的基本属性。

3. 债券的发行者可以有哪些?

4. 简述债券信用评级的作用。

四、计算题(共 2 题,每题 5 分)

1. 一张债券面值为 100 元,到期时间为 2 年,票面利率为 4%。计算该债券的到期收益。

2. 某机构持有 3 年期附息债券,年息 7.5%,每年付息一次。该债券当前价格为每百元面值 97.5 元,贴现率 10%。该机构应卖掉债券还是继续持有?

第五章　证券投资基金投资与分析

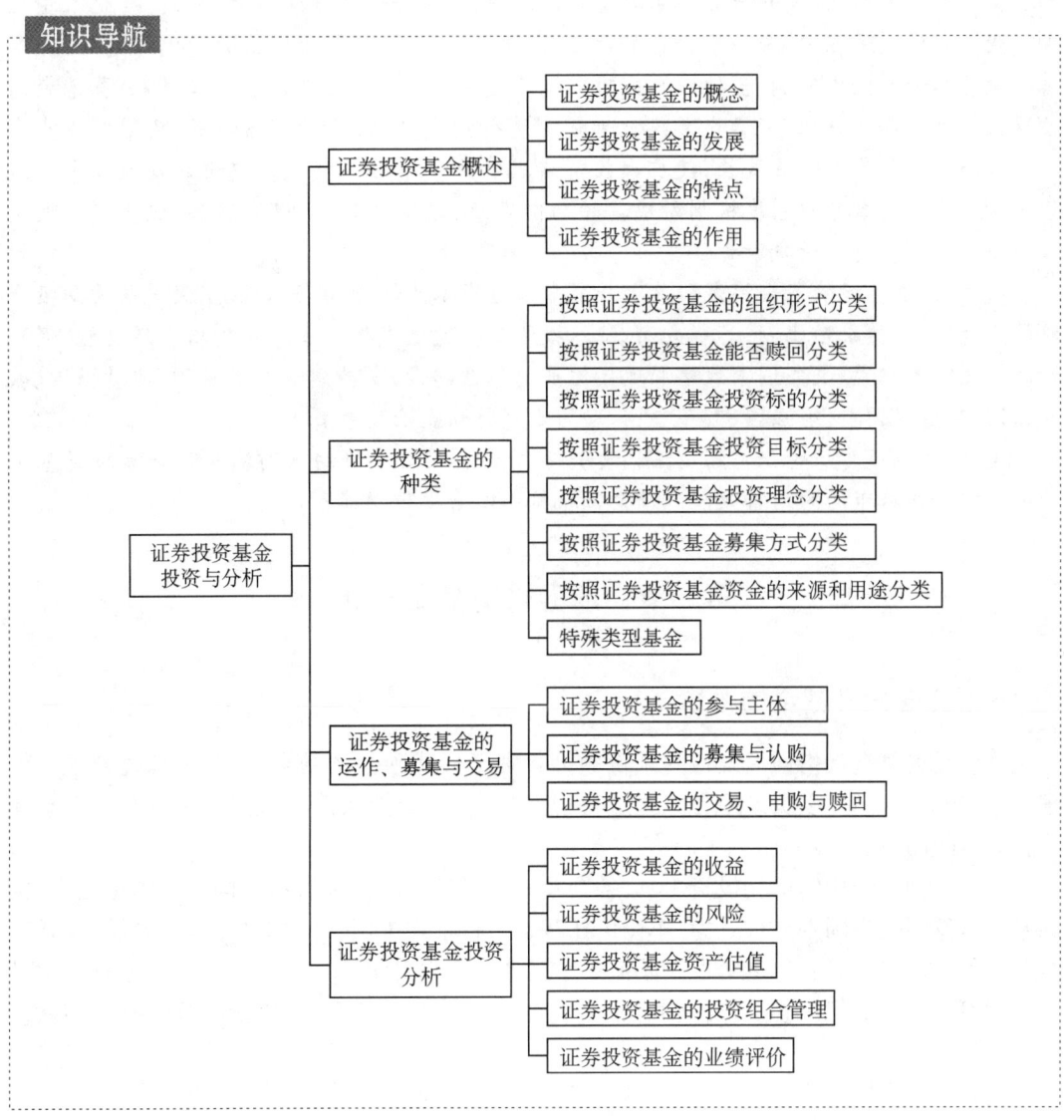

学习目标

1. 掌握证券投资基金的含义、性质及特征
2. 掌握证券投资基金的种类
3. 了解证券投资基金的运作交易
4. 掌握证券基金的收益和风险
5. 熟悉基金的投资组合策略

发挥资本市场财富效应

党的二十大报告指出,高质量发展是全面建设社会主义现代化国家的首要任务。当前,公募基金行业已步入高质量发展新征程,作为普惠金融代表、专业资产管理机构,如何加快构建行业新发展格局,提升行业整体的发展内涵,在国家推进高质量发展、实现14亿人中国式现代化的伟大进程中,努力承担更多责任、发挥更大作用,是基金行业的时代课题。

党的二十大报告强调,坚持以人民为中心的发展思想。作为普惠金融工具,公募基金通过连接资产端和客户端,汇集广大投资者资金进行投资,既服务于实体经济,又帮助投资者分享经济发展与优秀企业成长,使广大投资者也能分享中国式现代化建设的发展成果。这既是由公募基金本身的制度机制所决定的功能定位,也是新时代实现中国式现代化伟大进程中公募基金肩负的使命和责任。

一方面,证券投资基金汇聚引导大众资金通过资本市场投向实体经济,促进储蓄向投资的转化,提升直接融资比例;另一方面,证券投资基金通过发挥资本市场价格发现功能,促进资源合理有效配置,服务国家战略和现代化产业体系建设,支持建设制造强国、质量强国、航天强国、交通强国、网络强国、数字中国,助力专精特新企业发展壮大。

思考:证券投资基金如何满足不同客户不同风险收益偏好的理财需求?证券投资基金如何发挥好资本市场的财富效应以及金融机构的财富管理功能?

第一节 证券投资基金概述

一、证券投资基金的概念

证券投资基金是指通过发售基金份额募集资金形成独立的基金财产,由基金管理人管理,基金托管人托管,以资产组合方式进行证券投资,基金份额持有人按其所持有份额享受收益和风险的投资工具。

作为一种大众化的信托投资工具,各国及地区对基金的称谓有所不同。美国称之为"共同基金",英国及中国香港称之为"单位信托基金",日本和中国台湾称之为"证券投资信托基金",其他国家和地区有称之为"互助基金""互惠基金""投资基金"的,也有称之为"基金"的,虽然称谓不同,但内容及操作却有很多共性。在本书中,我们一般使用"证券投资基金"的说法。

与直接投资股票或债券不同,证券投资基金是一种间接投资工具。一方面,证券投资基金以股票、债券等金融证券为投资对象;另一方面,基金投资者通过购买基金份额的方式间接进行证券投资。

二、证券投资基金的发展

从证券投资基金的发展历史来看,其产生于市场经济较为发达的资本主义发展时期。

(一)证券投资基金起源

证券投资基金产生于英国,18世纪的产业革命与海外扩张为英国积累了大量的社会财富,使得其国民收入大幅增加,居民储蓄迅猛增长,国内资金出现了过剩的局面。同时,国内存款利率较低、投资收益率不断下降,迫使剩余资金在海外寻求投资出路,以实现资本的保值与增值。但是,当时大多数投资者缺乏国际投资知识,难以直接参与海外投资。于是,人们便萌发了众人集资、委托专人经营和管理的想法。这一想法得到英国政府的支持。1868年由英国政府出面组建了海外和殖民地政府信托组织,公开向社会发行收益凭证。"海外和殖民地政府信托"是公认的第一个公众投资信托基金,它以投资于国外殖民地的公司债为主,总额达48万英镑,信托期限为24年。该基金类似股票,不能退股,也不能兑现,认购者的权益仅限于分红和派息。从该基金的实际运作情况看,投资者得到的实际回报率达到7%以上,远远高于当时3.3%的英国政府债券利率。

(二) 证券投资基金在美国迅速发展

虽然美国在1893年成立了第一家封闭式基金——波士顿个人投资信托,但美国基金业的真正发展是在第一次世界大战后。1924年3月21日,第一家开放式互惠基金——马萨诸塞投资信托基金设立,意味着美国式证券投资基金的正式起步。其后的几年中,美国基金迅猛发展,1929年基金资产高达70亿美元,是1926年的7倍多。20世纪30年代,基金受大萧条的影响发展陷入低谷。1933年,美国颁布了《证券法》,1934年又颁布了《证券交易法》,特别是1940年颁布的《投资公司法》详细规范了共同基金的组成及管理要件,为基金投资者提供了完整的法律保护,从而奠定了美国共同基金规范发展的基础。第二次世界大战之后,美国的共同基金出现了高速成长的势头。

(三) 证券投资基金发展到世界各地

证券投资基金因其专业化管理、分散投资的优势在第二次世界大战后获得了突飞猛进的发展,很快扩散到了世界各地。其中,日本1948年颁布了《证券投资公司法》,并于1951年颁布了《证券信托法案》;联邦德国于1957年颁布了《投资公司法》。20世纪70年代以来,随着世界经济规模的剧增和现代金融业的不断创新,品种繁多、名目各异的基金"风起云涌",已经形成了一个庞大的产业,基金业与银行业、证券业、保险业并驾齐驱,成为现代金融体系的四大支柱之一。

(四) 目前全球基金业发展的特点与趋势

目前全球基金业发展的特点为:美国占据主导地位,其他国家发展迅猛;开放式基金成为主流产品;基金市场竞争加剧,行业集中趋势突出;基金的资金来源发生重大变化,过去的开放式基金主要是个人投资者为主流,现在机构投资者越来越多,尤其在美国等发达国家,退休基金、养老基金也成为证券投资基金的主要资金来源之一。

(五) 我国证券投资基金发展概况

我国证券投资基金的发展历程比较短,但在证券监管部门的大力扶持下,在短短的二十几年时间里就取得了飞跃式的发展。以1997年11月国务院颁布《证券投资基金管理暂行办法》为界,我国的证券投资基金的发展分为两个阶段。

1. 早期探索阶段(1992—1997年)

1987年,我国新技术创业投资公司与汇丰集团、渣打集团在中国香港联合设立了中国置业基金,中资金融机构开始正式涉足投资基金业务。1990年12月、1991年7月,上海证券交易所与深圳证券交易所相继开业,中国证券市场正式形成。1992年11月,经中国人民银行总行批准,中国国内第一家比较规范的投资基金——淄博乡镇企业投资基金正式设立。

该基金为公司型封闭式基金。

2. 规范阶段(1997年以后)

1997年11月14日《证券投资基金管理暂行办法》正式颁布,1998年3月,按照新法规规定,两只封闭式基金——基金金泰和基金开元设立,分别由国泰基金管理公司和南方基金管理公司管理,从而拉开了中国证券投资基金业的新纪元。当年发行了5只基金,净值107.40亿元。2003年10月28日,第十届全国人民代表大会常务委员会第五次会议通过了《证券投资基金法》,并于2004年6月1日起正式实施,以法律形式确认了证券投资基金在资本市场中的地位和作用,成为中国证券投资基金业发展史上的一个重要里程碑。证券投资基金从此进入了崭新的发展阶段,基金数量和规模迅速增长,市场地位日益重要。随着中国经济的发展,中国基金业呈现一片繁荣景象。

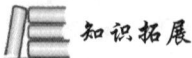

公募基金总规模创历史新高

2023年6月29日,中国证券投资基金业协会(以下简称中基协)发布5月份公募基金市场数据显示,截至2023年5月底,我国境内共有基金管理公司143家,其中,外商投资基金管理公司47家(包括中外合资和外商独资),内资基金管理公司96家;取得公募基金管理资格的证券公司或证券公司资产管理子公司12家、保险资产管理公司1家。以上机构管理的公募基金资产净值合计27.77万亿元。具体来看,封闭式基金资产净值合计为3.70万亿元,开放式基金资产净值合计为24.07万亿元。随着越来越多的居民将财富配置到金融资产中,公募基金未来发展空间依然十分广阔。若以更长的时间维度来看,近几年公募规模实现大幅增长。统计显示,截至2020年5月底,公募基金总规模仅17.64万亿元。这意味着经过3年时间,公募基金规模增加超10万亿元。

分类型来看,截至2023年5月底,封闭式基金规模为3.7万亿元,开放式基金规模为24.07万亿元。就开放式基金构成而言,货币型基金占据半壁江山。具体而言,货币型基金规模为11.89万亿元,债券型基金规模为4.63万亿元。此外,股票型基金规模为2.62万亿元,混合型基金规模为4.6万亿元。固收类产品是5月公募基金规模增长的主要原因。与4月底相比,货币型基金规模增长超4 000亿元,债券型基金规模增长超2 500亿元。2023年权益市场较为震荡,资金避险情绪较强,叠加债券市场走牛,因此固定收益类产品吸引力提高,这也使得此类产品较为"吸金"。

在震荡的市场中,权益类基金是否遭遇较大赎回也颇受市场关注。数据显示,5月股票型基金规模缩减160.83亿元,但基金份额增长893.71亿份;混合型基金规模缩减1 946.19亿元,基金份额略减少138.9亿份。

股票型基金的主要构成部分是指数型基金,这类基金的投资者往往倾向于逆向投资,从投资特点来看,呈现越跌越买的特征。混合型基金以主动权益类基金为主,由于净值下跌,叠加新基金发行遇冷,因此规模有所缩水。

从ETF份额变化来看,Choice数据显示,5月股票型ETF获净申购651.48亿份。6月资金流入态势不减,截至6月29日,6月以来,股票型ETF获净申购517.94亿份。

资料来源:中国证券业投资基金协会 https://www.amac.org.cn/.

三、证券投资基金的特点

(一) 集合投资

基金将众多的投资者的资金集中起来,委托基金管理人进行共同投资,表现出一种集合理财的特点。基金由基金管理人进行投资管理和运作。基金管理人一般拥有大量的专业投资研究人员和强大的信息网络,能够更好地对证券市场进行全方位的动态跟踪与深入分析。将资金交给基金管理者管理,使中小投资者享受到专业的投资管理服务。

(二) 分散风险

分散风险是指分散投资,通过投资组合来降低投资风险。有过一定投资经验的人一定知道这样一句话——"不要把所有鸡蛋放在一个篮子里",就是避免由于该投资品种的突发损失导致一损俱损。多元化投资是投资运作的一个重要策略,但是,要实现投资资产的多元化,需要一定的资金实力。对小额投资者而言,由于资金所限,很难做到多元化投资。而投资基金则可以凭借其聚集而来的巨额资金,分别投资于各类证券品种或其他项目,实现资产组合的多元化,真正做到分散风险,提高投资的安全性和收益性。

(三) 利益共享

基金投资者是基金的所有者。基金投资收益在扣除基金承担的费用后的盈余全部归基金投资者所有,并依据各投资者所持有的基金份额比例进行分配。为基金提供服务的基金托管人、基金管理人只能按规定收取一定比例的托管费、管理费,并不参与基金收益的分配。

(四) 流动性强

证券投资基金的买入和卖出十分简便,可以直接到基金管理公司购买或通过委托投资顾问代买。投资者大量的买卖基金不致引起基金价格的波动,而给自己带来负面影响,这非常适合大额投资者。个人投资者进行投资时,若要请求投资顾问机构代为管理或寻求投资资讯,需要支付相当数额的管理费。而投资于基金,这笔管理费就可由所有的基金投资人分摊。另外,在国外,证券交易的佣金是不固定的,大额的交易者可以享有相当的优惠,使基金的单位佣金极为低廉。

四、证券投资基金的作用

证券投资基金的作用主要有以下三个方面:

(1) 为中小投资者拓宽了投资渠道。对中小投资者来说,存款或购买债券较为稳妥,但收益率较低;投资于股票有可能获得较高收益,但风险较大。投资基金作为一种新型的投资工具,把众多投资者的小额资金汇集起来进行组合投资,由专家管理和运作,经营稳定,收益可观,为中小投资者提供了较为理想的间接投资工具,大大拓宽了中小投资者的投资渠道。在美国,有 50% 左右的家庭投资于基金,基金占所有家庭资产的 40% 左右。因此可以说,基金已成为大众化的投资工具。

(2) 优化金融结构,促进经济增长。我国金融结构存在直接融资和间接融资相对失衡的矛盾,证券投资基金能够将中小投资者的闲散资金汇集起来投资于证券市场,扩大了间接融资的比例,为企业在证券市场筹集资金创造了良好的融资环境,实际上起到了将储蓄资金转化为生产资金的作用;证券投资基金吸引中小投资者的资金使之转化为生产资金的功能,为产业发展和经济增长提供了重要的资金来源,有利于生产力的提高和国民经济的发展。

(3)有利于证券市场的稳定和发展。一个成熟的证券市场应是一个以机构投资者为主的市场,通过发展证券投资基金,可以将广大中小投资者分散的资金转变为由专门机构持有的大额资金。而大的机构投资者由于熟悉业务、经验丰富,能够进行理性投资,因而能够减少投机性炒作,从而有利于证券市场的稳定。证券市场的发展,既要规范,又要扩大规模。扩大规模就需要有更多的资金进入证券市场。而通过发行基金就可以使许多未能投资于证券市场的资金进入证券市场,从而扩大证券市场规模。

国际经验表明,证券投资基金的专业化服务,可为社保基金、企业年金等各类养老金提供保值增值平台,促进社会保障体系的建立与完善。

第二节 证券投资基金的种类

证券投资基金的种类繁多,按照不同的标准,可以划分为不同的类型。

一、按照证券投资基金的组织形式分类

按照证券投资基金的组织形式或法律形式的不同,证券投资基金可划分为契约型基金和公司型基金。

(一)契约型基金

契约型基金也称单位信托投资基金,是指将投资者、管理人、托管人三者作为信托关系的当事人,通过签订基金契约的形式发行受益凭证而设立的一种基金。该类基金是基于信托原理而组建的代理投资方式,没有基金章程,也没有公司董事会,而是通过基金契约来规范基金投资者、基金托管人和基金管理人三方当事人的行为。投资者通过购买受益凭证来参与基金投资,获取投资收益;基金管理人可以作为基金的发起人,负责基金的管理操作;基金托管人作为基金资产的名义持有人,负责基金资产的保管和处置,对基金管理人的运作实行监督。

英国、日本多是契约型基金,我国《证券投资基金法》所规定的基金也是契约型基金。

(二)公司型基金

公司型基金是按照《公司法》以公司形态组成的,该基金公司以发行股份的方式募集资金,一般投资者则为认购基金而购买该公司的股份,也就成为该公司的股东,凭其持有的股份依法享有投资收益。这种基金要设立董事会,重大事项由董事会讨论决定。

基金公司的设立程序类似于一般股份公司,基金公司本身依法注册为法人,但不同于一般股份公司的是,它是委托专业的财务顾问或管理公司来经营与管理。基金公司的组织结构也与一般股份公司类似,设有董事会和持有人大会,基金资产由公司所有,投资者则是这家公司的股东,股东通过股东大会行使权利并承担风险。美国的基金以公司型基金为主。

(三)契约型基金与公司型基金的区别

契约型基金和公司型基金的不同点有以下几个方面:

(1)法律依据不同。契约型基金依照基金契约组建,《中华人民共和国信托法》是其设立的依据,基金本身不具有法人资格。公司型基金是按照公司法组建的,具有法人资格。

资金的性质不同。契约型基金的资金是通过发行基金份额筹集起来的信托财产,公司型基金的资金是通过发行普通股股票筹集的公司法人的资本。

（2）投资者的地位不同。契约型基金的投资者既是基金的委托人，又是基金的受益人，即享有基金的受益权。公司型基金的投资者对基金运作的影响比契约型基金的投资者大；契约型基金的投资者购买基金份额后成为基金契约的当事人之一，投资者没有管理基金资产的权力；公司型基金的投资者购买基金的股票后成为该公司的股东，可以通过股东大会享有管理基金公司的权力。

（3）基金的运营依据不同。公司型基金像一般的股份公司一样，除非依据《公司法》破产、清算，否则公司一般都具有永久性。而契约型基金依据基金契约进行运作，契约期满后，基金运营随之终止。另外，公司型基金作为法人在运用债务杠杆方面具有更大的空间和灵活性。

二、按照证券投资基金能否赎回分类

按证券投资基金设定后能否追加投资份额或赎回投资份额，证券投资基金可划分为封闭式基金和开放式基金。

（一）封闭式基金

封闭式基金是相对于开放式基金而言的，它是指基金资本总额及发行份数在未发行之前就已确定下来，在发行期满后，基金就封闭起来，基金份额总额在基金合同期限内固定不变的投资基金，因此也称为固定型投资基金。封闭式基金受益凭证在封闭期间内不能追加认购或赎回，但投资者可以在证券交易所等二级市场上交易。

封闭式基金的期限是指基金的存续期，即基金从成立起到终止之日的时间。决定基金期限长短的因素主要有两个：一是基金本身投资期限的长短。一般来说，如果基金的目标是进行中长期投资，其存续期就可长一些；反之，如果基金的目标是进行短期投资（如货币市场基金），其存续期就可短一些。二是宏观经济形势。一般来说，如果经济稳定增长，基金存续期就可长一些，否则应相对短一些。当然，在现实中，存续期还应依据基金发起人和众多资者的要求来确定。基金期限届满即为基金终止，管理人应组织清算对基金资产进行清算核资，并将清资核资后的基金净资产按照投资者的出资比例进行公正合理的分配。

（二）开放式基金

开放式基金是指基金的发行总额是变动的，可以随时根据市场供求状况发行新份额或被投资人赎回的投资基金。但追加购买或赎回的价格不同于原始发行价，而是以基金当时的净资产价值为基础加以确定。投资者可以按投资基金的报价在国家规定的营业场所申购或者赎回投资基金份额。

（三）封闭式基金与开放式基金的区别

封闭式基金和开放式基金的不同点有以下几个方面：

（1）期限不同。封闭式基金通常有固定的存续期限，通常在5年以上，一般为10年或15年，经受益人大会通过并经主管机关同意可以适当延长期限。开放式基金没有固定的存续期限，投资者可以随时向基金管理人赎回基金单位，若大量赎回甚至会导致清盘。

（2）发行规模限制不同。封闭式基金在招募说明书中列明其基金规模，在封闭期限内不经法定程序认可不能再增加发行。开放式基金没有发行规模限制，投资者可以随时提出申购和赎回申请，基金规模随之增加或减少。

（3）基金份额的交易价格计算标准不同。封闭式基金与开放式基金的基金单位除了首次发行价都是按面值加一定百分比的购买费计算外,以后的交易计价方式不同。封闭式基金的买卖价格受市场供求关系的影响,常出现溢价或折价现象,并不必然反映基金的净资产值。开放式基金的交易价格则取决于基金每单位净资产值的大小,其申购价一般是基金单位资产值加上一定的购买费,赎回价是基金单位净资产值减去一定的赎回费,不直接受市场供求影响。

(4) 基金份额交易方式不同。封闭式基金在证券交易所进行交易,即持有人在封闭期内不能赎回份额基金,只能寻求在证券交易所出售给第三者。开放式基金的投资者可以在首次发行结束一段时间(多为3个月)后,随时向基金管理人或中介机构提出购买或赎回申请,基金交易是在投资者与基金管理人或其代理人,除极少数开放式基金在交易所作名义上市外,通常不上市交易。

(5) 投资策略不同。封闭式基金由于在封闭期限内基金份额相对固定,没有赎回压力,基金管理公司无须提取准备金,管理公司可以充分利用资金,制定长期的投资策略与规划。开放式基金因基金单位可以随时赎回,为应付投资者随时赎回兑现,基金资产不能全部用来投资,更不能把全部资本用来进行长线投资,必须保持基金资产的流动性,在投资组合上需保留一部分现金和高流动性的金融商品。

(6) 基金份额资产净值公布的时间不同。封闭式基金一般每周或更长时间公布一次,开放式基金一般在每个交易日连续公布。

(7) 交易费用不同。封闭式基金份额买卖是在基金价格之外支付手续费。开放式基金是支付申购费和赎回费。

三、按照证券投资基金投资标的分类

依据投资标的的不同,证券投资基金可划分为股票基金、债券基金、货币市场基金、混合基金、不动产基金、创业基金、贵金属基金等。

(一) 股票基金

股票基金是指以股票为主要投资对象的基金。根据中国证监会对基金类别的分类标准,基金资产80%以上投资于股票的为股票基金。股票基金的投资目标侧重于追求资本利得和长期资本增值。基金管理人拟定投资组合,将资金投放到一个或几个国家,甚至是全球的股票市场,以达到分散风险的目的。通常情况下,股票基金是中小投资者的首选投资对象。

股票基金的优点是资本的成长潜力大,投资者不仅可以获得资本利得,还可以用较少的资本分散投资于各类普通股股票。由于聚集了巨额资金,几只甚至一只基金就可以引发股市动荡,各国政府对股票基金的监管都十分严格,不同程度地规定了基金购买某一家上市公司的股票总额不得超过基金资产净值的一定比例,从而防止基金过度投机和操纵股市。

我国的相关法规规定,单个基金持有一家上市公司的股票不得超过基金净资产的10%,同一投资基金管理人管理的全部投资基金持有一家公司发行的证券,不得超过该证券的10%。

(二) 债券基金

债券基金主要以债券为投资对象。根据中国证监会对基金类别的分类标准,基金资产80%以上投资于债券的为债券基金。债券基金是基金市场仅次于股票基金的另一重要基金

品种。由于债券的年利率固定,这类基金的风险较低,适合稳健型投资者。

通常债券基金收益会受货币市场利率的影响,当市场利率下调时,其收益率就会上升;反之,若市场利率上调,则基金收益率下降。除此以外,汇率也会影响基金的收益,管理人在购买非本国货币的债券时,往往还在外汇市场上做套期保值。

(三) 货币市场基金

货币市场基金以货币市场工具为投资对象。根据中国证监会对基金类别的分类标准,仅投资于货币市场工具的为货币市场基金。货币市场基金的投资工具期限在1年以内,包括银行短期存款、国库券、公司债券、银行承兑票据及商业票据等。由于这些投资工具具有较高的流动性和安全性,货币市场基金通常被认为是无风险或低风险的投资。

按照中国证监会发布的《货币市场基金管理暂行办法》以及其他有关规定,目前我国货币市场基金能够进行投资的金融工具主要包括:现金;1年以内(含1年)的银行定期存款、大额存单,剩余期限在397天以内(含397天)的债券;期限在1年以内(含1年)的债券回购;期限在1年以内(含1年)的中央银行票据;剩余期限在397天以内(含397天)的资产支持证券;中国证监会、中国人民银行认可的其他具有良好流动性的货币市场工具。

货币市场基金不得投资于以下金融工具:股票;可转换债券;剩余期限超过397天的债券;信用等级在AAA级以下的企业债券;国内信用评级机构评定的A-1级或相当于A-1级的短期信用级别及该标准以下的短期融资券;流通受限的证券;中国证监会、中国人民银行禁止投资的其他金融工具。

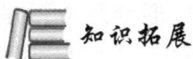 知识拓展

我国货币市场基金的发展

我国的货币市场基金规模在2008年以前一直徘徊在千亿元左右,和银行间债券市场一起默默成长。直到最近十年,伴随着利率市场化的快速发展,货币市场基金的规模迅速崛起扩大。

2013年,天弘基金联手支付宝推出余额宝,短短一个月时间,吸引了400万位投资者约100亿元资金,并在1年后就拥有超过1.2亿位用户,资金累计量超过5000亿元,不仅让许多从来没有接触过理财的人萌发了理财意识,同时推动了金融行业的技术创新,并推动了市场利率化的进程。

场内货币市场基金可以分为申赎型、交易型和交易兼申赎型三类。

申赎型场内货币市场基金:基金编码"519"开头,申赎型场内货币市场基金只能在场内进行申赎而无法进行交易。相对于普通货币市场基金,其申赎的资金使用效率较高。计息规则:"算头不算尾",T日申购、当日享受收益;T日赎回,不享受当日收益。交易规则:T日申购的份额、T+1日可赎回;T日赎回后T日资金可用、T+1日可取。

交易型场内货币市场基金:基金编码以"511"开头,场内交易型货币市场基金除了可以在场内申购赎回以,还可以像股票一样在场内交易,并且可以T+0交易,当日买卖这点相对于国债逆回购更加灵活,可以做到股票和货币市场基金之间的灵活转换,比如上午买入货币市场基金,下午发现有股票机会,随时可以卖出货币市场基金,买入股票。计息规则:买卖"算头不算尾",T日买入,当天享受收益;T日卖出,当天不享受收益。申赎"算尾不算头",T日申购,T+1日享受收益,T日赎回,T日享受收益,T+1日不享受收益。交易规则:

T日买入,T日可卖;T日卖出,资金T日可用,T+1日可取。T日申购,T+2日可卖可赎;T日赎回,资金T+2日可用可取。

交易兼申赎型场内货币市场基金:基金编码以"159"开头,既可以在市场上T+0交易,又可以T+0申赎,是目前市场上交易效率最高的场内货币市场基金。计息规则:"算尾不算头",T日申购或买入,T+1日享受收益;T日赎回或卖出,T日享受收益,T+1日不享受收益。交易规则:T日买入,T日可赎可卖,T日卖出,资金T日可用,T+1日可取;T日申购,T日可卖可赎,T日赎回,资金T日可用,T+1日可取。

凭借类似活期的便利,超过定存的收益,近几年来货币市场基金受到越来越多个人和机构的青睐,资产规模呈现指数级增长。

资料来源:上海证券交易所http://www.sse.com.cn/.

(四) 混合基金

混合基金同时以股票、债券等为投资对象,以期通过在不同资产类别上的投资实现收益与风险之间的平衡。根据中国证监会对基金类别的分类标准,投资于股票、债券和货币市场工具,但股票投资和债券投资的比例不符合股票、债券基金规定的为混合基金。

由于混合基金数量多、范围广,难以通过基金合同判断其风险收益特征,在实践中需要根据其业绩比较基准、投资运作状况进行识别。一般来说,依据资产配置的不同,混合基金可分为偏股型基金、灵活配置型基金、偏债型基金等。

(1) 偏股型基金。偏股型基金是指基金名称自定义为混合基金的,基金合同载明或合同本义是以股票为主要投资方向的,业绩比较基准中也是以股票指数为主的混合基金。偏股型基金分为两个三级分类。基金合同中载明有约束力的股票投资下限是60%的是偏股型基金,不满足60%股票投资比例下限要求但业绩比较基准中股票比例值等于或者大于60%的是偏股型基金。

(2) 灵活配置型基金。灵活配置型基金是指基金名称自定义为混合基金的,原则上基金名称中有"灵活配置"四个字,基金合同载明或者合同本义是股票和债券等大类资产之间较大比例灵活配置的混合基金。但是实践中不同的灵活配置型基金,其配置的股票与债券的重心差异非常大,在缺乏约束力的股票下限与债券下限的情况下,选择具有指导意义的业绩比较基准中的股票比例作为划分标准,分为基准股票比例60%~100%(含60%)、基准股票比例30%~60%(均不含)、基准股票比例0~30%(含30%)三个三级分类。

(3) 偏债型基金。偏债型基金是指基金名称自定义为混合基金的,基金合同载明或者合同本义是以债券为主要投资方向的,业绩比较基准中也是以债券指数为主的混合基金。基金合同中债券投资下限等于或者大于60%,业绩比较基准中债券比例值等于或者大于70%,满足其中一个条件即可。

(五) 不动产基金

不动产基金也称不动产投资信托,是指主要在房地产公司发行的证券或与房地产抵押有关公司的股票上从事投资活动的一种基金。按其是否直接投资于房地产又可分为两类:一类是直接投资于房地产公司发行的股票;另一类是通过投资房地产抵押市场而间接投资于房地产,又称房地产抵押信托基金。纯粹的直接投资于地产公司股票的不动产基金很少,著名的有加拿大怡东太平洋地产股信托基金,它主要投资中国香港和东盟各国的地产业股票。间接投资于地产业的基金则较多,即主要通过投资房屋抵押市场而间接投资房地产。

（六）创业基金

创业基金又称置业基金或风险基金，是指以股权投资方式，主要投资于未上市公司的基金。它是为支持一些盈利前景被看好的新兴产业而设立的基金，其经营方针是在高风险中追求高回报。它的投资目标主要是那些不具备上市资格的小型企业和新兴企业，甚至是还仅仅处在构思之中的企业。因此，创业基金具有高风险、高收益的特征。创业基金投资于未上市公司的目的不是要控股，而是通过资金和技术援助取得部分股权，促使受资公司的发展，使资本增值。一旦受资公司发展起来，股票可以上市，基金管理公司通过在股票市场上出售股票收回增值的资金和资本，再去寻找新的投资对象。

（七）贵金属基金

贵金属基金是一种主要投资于黄金、白银及其他与贵金属有关的证券和黄金期货的证券投资基金。最典型的是投资于生产成本低、开采期限长、管理较好的金矿公司的股票。由于黄金具有保值作用，对投资者具有吸引力。例如，在美元贬值时，由于黄金具有保值作用，黄金基金有很大的成长潜力。在我国，2013年6月24日，华安基金管理有限公司正式发行了华安易富黄金ETF基金（518880），该产品既具备了使投资者通过基金账户就能"炒黄金"的功能，又具有比直接购买黄金更好的流动性和分散投资的好处，所以对投资者颇具吸引力。华安易富黄金ETF基金的推出，成为多方合作、市场创新的成功典范，不仅上海证券交易所和上海黄金交易所在技术上达成互联，上海证券交易所和基金公司也实现了重要的合作创新。

（八）衍生基金

（1）期货基金。期货基金是以期货合约为主要投资对象的投资基金。期货不仅有套期保值功能，而且具有高收益和高风险的特征，只要预测准确，就可以小博大，短期内获得很高的投资回报。一般的基金市场管理当局对经营期货基金都有一些严格的规定。

（2）期权基金。期权基金是以期权合约为主要投资对象的投资基金。期权基金风险较小，适合稳定收入的投资者。

（3）认股权证基金。认股权证基金是指以认股权证为投资对象的投资基金，主要投资于个别公司债发行的认股权证，以及投资银行对特定类型股票所发行的认股权证。该基金通过认股权证买卖，以获取资本成长。在二级市场上，认股权证交易价基本上是股票市价与认股价之差，所以认股权证价格市场波动幅度比正股大几倍，投资风险和收益也相应大几倍。

（九）对冲基金

对冲基金诞生于20世纪50年代初的美国，它利用期货、期权等金融衍生产品及对相关联的不同股票进行空买空卖、风险对冲的操作技巧，以规避和化解证券投资风险。

在基本的对冲操作中，基金管理者在购入一种股票后，同时购入这种股票的一定价位和时效的看跌期权。看跌期权的效用在于当股票价位跌破期权限定的价格时，卖方期权的持有者可将手中持有的股票以期权限定的价格卖出，从而使股票跌价的风险得到抵消。在另一类对冲操作中，基金管理人先选定某类行情看涨的行业，买进该行业中看好的几只优质股，同时以一定比率卖出该行业中较差的几只劣质股。如此组合的结果是，如果该行业预期表现良好，其股票属于优质股，那么它的涨幅必超过其他同行业的股票，买入优质股的收益将大于卖空劣质股而产生的损失；如果预期错误，此行业股票不涨反跌，那么较差公司的股票跌幅必大于优质股,则卖空盘口所获利润必高于买入优质股下跌造成的损失。正因为这样的操作手段,早期的对冲基金可以说是一种基于避险保值的保守的基金管理形式。

经过几十年的演变,对冲基金已成为一种新的投资模式的代名词,即基于最新的投资理论和极其复杂的金融市场操作技巧,充分利用各种金融衍生产品的杠杆效用,承担高风险,追求高收益的投资模式。

四、按照证券投资基金投资目标分类

根据投资目标的不同,证券投资基金可划分为成长型基金、收入型基金和平衡型基金。

(一)成长型基金

成长型基金是指以追求资本增值为基本目标,较少考虑当期收入的基金,主要以具有良好增长潜力的股票为投资对象。成长型基金以追求长期增值为目标,为了达到长期增值的目标,基金管理人通常将基金资产投资于信誉度较高、长期有稳定盈余的公司的普通股股票,或者是有长期升值潜力的普通股股票。成长型基金又可以分为稳健成长型基金和积极成长型基金。

(二)收入型基金

收入型基金是指以追求稳定的经常性收入为基本目标的基金,主要以大盘蓝筹股、公司债、政府债等稳定收益证券为投资对象,以获取稳定的股息或债息。收入型基金以获取当期的最大收入为目标。收入型基金资产成长的潜力较少,损失本金的风险相对也较低,一般可分为固定收入型基金和股票收入型基金。

(三)平衡型基金

平衡型基金是既注重资本增值又注重当期收入的一类基金。这种基金一般将一半的资产投资于债券及优先股,另一半的资金投资于普通股。平衡型基金的主要目的是从其投资组合的债券中得到适当的利息收益,与此同时又可以获得普通股的升值收益。投资者既可以获得当期收益,又可以得到资金的长期增值,对于期望能保本和期望资本增值的投资者均具有吸引力。

一般而言,成长型基金的风险大、收益高;收入型基金的风险小、收益低;平衡型基金的风险、收益则介于成长型基金与收入型基金之间。根据投资目标的不同,既有以追求资本增值为基本目标的成长型基金,也有以获取稳定的经常性收入为基本目标的收入型基金及兼具成长与收入双重目标的平衡型基金。不同的投资目标决定了基金的基本投向与基本的投资策略,以适应不同投资者的投资需要。

五、按照证券投资基金投资理念分类

依据投资理念的不同,证券投资基金可划分为主动型基金与被动型基金。

(一)主动型基金

主动型基金是指以寻求取得超越市场的业绩表现为目标的基金。一般来说,市场上的绝大多数基金都属于该类型。

(二)被动型基金

被动型基金一般选取特定的指数成分股作为投资对象,不主动寻求超越市场的表现,而

是试图复制指数的表现。因此,被动型基金通常又称指数型基金。由于其投资组合模仿某一股价指数或债券指数,收益随着即期的价格指数上下波动,当价格指数上升时,基金收益增加;反之,收益减少。基金因始终保持即期的市场平均收益水平,收益不会太高,也不会太低。

指数型基金的优势如下:

(1) 交易费用低。指数型基金的管理费较低,尤其交易费用较低。

(2) 分散风险。由于指数型基金的投资非常分散,不仅可以完全消除投资组合的非系统风险,而且可以避免由于基金持股集中带来的流动性风险。

(3) 收益率稳定。在以机构投资者为主的市场中,指数型基金可获得市场平均收益率,可以为股票投资者提供比较稳定的投资回报。

(4) 避险工具。指数型基金可以作为避险套利的工具,对于投资者尤其是机构投资者来说,指数型基金是他们避险套利的重要工具。

由于指数型基金收益率的稳定性、投资的分散性与高流动性,特别适合社保基金等数额较大、风险承受能力较低的资金投资。

六、按照证券投资基金募集方式分类

根据募集方式的不同,证券投资基金可划分为公募基金和私募基金。

(一) 公募基金

公募基金是指以公开发行方式向社会公众投资者募集资金的一类基金。其主要特征如下:可以面向社会公众公开发售基金份额和宣传推广,基金募集对象不固定;投资金额要求低,适宜中小投资者参与;必须遵守基金法律和法规的约束,并接受监管部门的严格监管。

(二) 私募基金

私募基金是只能采取非公开方式,面向特定投资者募集发售的基金。与公募基金相比,私募基金不能进行公开的发售和宣传推广,投资金额要求高,投资者的资格和人数常常受到严格的限制。与公募基金必须遵守基金法律和法规的约束并接受监管部门的严格监管相比,私募基金在运作和信息披露方面所受的限制和约束较少。它既可以投资于衍生金融产品进行买卖交易,也可以进行汇率、商品期货投机交易等。私募基金的投资风险较高,主要面对具有较强风险承受能力的高净值客户。

私募基金与公募基金的不同点有以下几个方面:

(1) 私募基金一般收 20% 超额业绩费。当私募基金盈利时,私募管理人会提取其中的 20% 作为回报;公募基金则没有业绩报酬,主要收取相应比例的管理费。

(2) 私募基金追求绝对正收益。私募基金的固定管理费很少,主要依靠超额业绩费。只有投资者赚到钱,私募才能赚到超额业绩费,所以私募基金需要追求绝对的正收益,对下行风险的控制相对严格;而公募基金追求相对收益。

(3) 私募基金的投资比例灵活,在 0 到 100% 之间,可以称为"全天候"的产品,可以通过灵活的仓位选择规避市场的系统性风险;公募基金有 80% 最低仓位限制。

(4) 私募基金投资门槛较高;公募基金则门槛较低。

(5) 私募基金操作灵活,目前阳光私募基金规模通常在几千万元至 1 亿元,相对于公募,总金额比较小,操作更灵活。同时,在需要时,私募基金可以集中持仓一两个行业,及五

六只股票;公募基金规模一般相对较大,持股相对分散。

(6) 私募基金一般有 6~12 个月封闭期,客户在封闭期中赎回受到限制,封闭期后一般每月公布一次净值并开放申购;而公募基金一般成立后 3 个月内不开放申购、赎回,随后每日开放申购和赎回。

七、按照证券投资基金资金的来源和用途分类

根据资金来源和用途的不同,证券投资基金可划分为在岸基金和离岸基金。

(1) 在岸基金。在岸基金是指在本国募集资金并投资于本国证券市场的证券投资基金。由于在岸基金的投资者、基金组织、基金管理人、基金托管人及其他当事人和基金的投资市场均在本国境内,基金的监管部门比较容易进行监管。

(2) 离岸基金。离岸基金是指基金资金从国外筹集并投资于国外金融市场的基金。离岸基金的特点是两头在外。离岸基金的资产注册登记不在母国,为了吸引全球投资者的资金,离岸基金一般都在有"避税天堂"之称的地方注册,如卢森堡、开曼群岛、百慕大群岛等,因为这些国家和地区对个人投资的资本利得、利息和股息收入都不征税。

八、特殊类型基金

(一) 系列基金

系列基金又称伞形基金,是指多个基金共用一个基金合同,子基金独立运作,子基金之间可以进行相互转换的一种基金结构形式。

(二) 基金中的基金

基金中的基金(fund of funds,FOF)是指以其他证券投资基金为投资对象的基金,通过在一个委托账户下持有多个不同基金,以此分散投资,技术性降低集中投资的风险。

(三) QDII 基金

合格境内机构投资者(qualified domestic institutional investors,QDII)基金,是指在一国境内设立,经该国有关部门批准从事境外证券市场的股票、债券等有价证券投资的基金。它为国内投资者参与国际市场提供了便利。2007 年我国推出了首批 QDII 基金。

(四) QFII 和 RQFII

合格的境外投资者(qualified foreign institutional investors,QFII)是指外国专业投资机构到境内投资的资格认定制度。它是在货币没有实现完全可自由兑换、资本项目尚未开放的情况下,有限度地允许境外投资者投资境内证券市场的一项过渡性制度安排。

人民币合格境外机构投资者(RMB qualified foreign institutional investor,RQFII)是指外国专业投资机构使用人民币到境内投资的资格认定制度,对 RQFII 放开股市投资,侧面加速了人民币的国际化。

2011 年 8 月 17 日,时任国务院副总理的李克强同志表示,将允许以人民币境外合格机构投资者方式(RQFII)投资境内证券市场,起步金额为 200 亿元人民币。

简单来说,QFII 和 RQFII 的区别就是 QFII 是用境外的外币来投资境内的证券市场,RQFII 是用境外的人民币来投资境内的证券市场。

(五) 分级基金

分级基金又称结构型基金或可分离交易基金,是指在一只基金内部通过结构化的设计

或安排,将普通基金份额拆分为具有不同预期收益与风险的两类(级)或多类(级)份额并可分离上市交易的一种基金产品。分级基金作为一种创新型基金,是交易所场内的重要交易工具之一,其特点如下:

(1) 分级基金为一只基金,多类份额。普通基金仅适合于某一类特定风险收益偏好的投资者,而分级基金借助结构化设计将同一基金资产划分为预期风险收益特征不同的份额类别,可以同时满足不同风险收益偏好投资者的需求。目前的分级基金一般为融资类分级基金,即 B 份额以一定的成本向 A 份额融资,B 份额承担扣除融资成本以外的母基金全部的收益或亏损。以"银华深证 100 指数分级证券投资基金"为例,股票型分级基金一般分为母基金份额和 A 类、B 类两类子份额,三类份额各自具有不同的风险收益特征。其中,母基金份额即为普通股票指数基金份额,具有较高风险、较高预期收益的特征;A 类份额根据基金合同的约定可以定期获得约定收益,通常是在基准利率的基础上有所上浮,同时通过不定期折算等特殊机制,使得 B 类份额以自身的净值保证 A 类份额的本金安全及约定收益,从而使 A 类份额体现出类固定收益产品的特性,具有低风险、收益相对稳定的特征;B 类份额则获取扣除了 A 类份额的约定收益以外的母基金的全部收益或亏损,具有鲜明的杠杆特性,因此,B 类份额具有高风险、高预期收益的特征。

(2) 分级基金份额可在交易所上市。目前主流的股票型分级基金与 LOF 类似,母基金可以通过场外、场内两种方式募集,通过场外与场内获得的基金份额分别被注册登记在场外系统与场内系统,但基金份额可以通过跨系统转托管实现在场外市场与场内市场的转换。基金成立后,投资者在场内认购的母基金份额自动分离为 A 类份额和 B 类份额,并上市交易。对于从场内申购的母基金份额,投资者既可选择将其分拆为 A 类份额和 B 类份额并上市交易,也可选择不进行基金份额分拆而保留母基金份额。因此,证券交易所场内可存在三类份额:母基金份额、A 类份额和 B 类份额,其中深圳证券交易所母基金份额通常只能够被申购和赎回(QDII 分级除外),上海证券交易所母基金份额既能够被申购和赎回,也可上市交易;而 A 类份额和 B 类份额则只可上市交易。投资者认购/申购基金份额后可以根据自己的风险偏好选择持有母基金份额,或者在分离/分拆母基金份额后选择卖出某一类份额,持有另一类份额。此外,偏好某一类子份额的投资者也可以选择从二级市场上单独买入该类子份额,或者同时买入两类子份额合并成母基金份额,满足投资者的多种投资需求。

(六) 交易型开放式指数基金

交易型开放式指数基金通常又称为交易所交易基金(exchange traded funds, ETF),是一种在交易所上市交易的、基金份额可变的一种开放式基金。

ETF 一般是以复制和追踪某一市场指数为目标,通过充分分散化的投资策略降低非系统性风险,以消极管理方式最大限度地降低交易成本而取得市场平均收益水平的一种金融衍生产品。

ETF 结合了封闭式基金与开放式基金的运作特点,一方面可以像封闭式基金一样在交易所二级市场进行买卖;另一方面又可以像开放式基金一样申购、赎回。不同的是,它的申购是用一揽子股票换取 ETF 份额,赎回时也是换回一揽子股票而不是现金。ETF 发轫于大机构投资者对于金融中介机构提供对冲工具的需求,这种交易方式使该类基金存在一、二级市场之间的套利机制,可有效防止类似封闭式基金的大幅折价现象。

尽管出现的时间不长,但其发展非常迅速。2004 年 12 月 30 日,我国华夏基金管理公司以上证 50 指数为模板,募集设立了"上证 50 交易型开放式指数证券投资基金"(简称 50 ETF),并于 2005 年 2 月 23 日在上海证券交易所上市交易,采用的是完全复制法。2006 年 2 月 21 日,易方达深证 100ETF 正式发行,这是深圳证券交易所推出的第一只 ETF。截至 2023 年 2 月底,国内全市场 ETF 数目已增至 760 只,规模突破 1.6 万亿元。

(七) 上市型开放式基金

上市型开放式基金(listed open-end fund,LOF)是指开放式基金发行结束后,投资者既可以通过基金管理人或其委托的销售机构(场外市场)以基金份额净值进行基金的申购与赎回,也可以通过交易所市场(场内市场)以交易系统撮合成交价进行基金份额的买入与卖出,并通过份额转托管机制将场外市场与场内市场有机地联系在一起的一种开放式基金,是开放式基金在交易方式上的创新。2004 年 8 月 18 日,深圳证券交易所公布了《深圳证券交易所上市开放式基金业务规则》,这标志着 LOF 已在中国生根发芽,且从产品特性看,深圳证券交易所推出的 LOF 在世界范围内属于首创。

LOF 与 ETF 是既相似又有差别的,LOF 和 ETF 的相似点如下:

(1) 两者都是跨两级市场。ETF 和 LOF 都同时存在于一级市场和二级市场,都可以像开放式基金通过基金发起人、管理人、银行及其他代销机构网点进行申购和赎回。同时,也可以像封闭式基金那样通过交易所的系统买卖。

(2) 理论上都存在套利机会。由于都跨两级市场,申购和赎回价格取决于基金单位资产净值,而市场交易价格由系统撮合形成,主要由市场供需决定,因此两者之间很可能存在一定程度的偏离,当这种偏离足以抵销交易成本的时候,就存在理论上的套利机会。投资者采取低买高卖的方式就可以获得差价收益。

(3) 折溢价幅度小。由于上述套利机会的存在,当基金单位净值和交易价格两者的偏离超过一定的程度,就会引发套利行为,从而使交易价格向净值回归,其折溢价水平远低于单纯的封闭式基金。

(4) 费用低、流动性强。在交易过程中都无须申购和赎回费用,只需支付最多 0.5% 的双边交易费用。另外,由于同时存在一级市场和二级市场,流动性明显强于一般的开放式基金。同时,ETF 属于被动式投资,管理费用一般不超过 0.5%,远远低于开放式基金 1% ~ 1.5% 的水平。

LOF 和 ETF 的差异点如下:

(1) 投资方式不同。ETF 主要是基于某一指数的被动型投资基金产品;而 LOF 虽然也采取了开放式基金在交易所上市的方式,但它不仅可以用于被动投资,也可以用于积极投资。

(2) 申购和赎回的标的不同。在申购和赎回时,ETF 与投资者交换的是基金份额和一揽子股票;而 LOF 的申购与赎回则是基金份额与现金的交换。

(3) 投资者参与的限制不同。只有资金在一定规模以上的投资者(通常要求拥有基金份额 50 万份以上)才能参与 ETF 一级市场的申购和赎回交易;而 LOF 在申购和赎回上没有特别要求。

(4) 套利操作方式和成本不同。ETF 在套利交易过程中必须通过一揽子股票的买卖,同时涉及基金和股票两个市场;而对 LOF 进行套利交易只涉及基金的交易。更突出的区别是,上海证券交易所关于 ETF 的设计,为投资者提供了实时套利的机会,可以实现 T+0 交易,其交易成本除交易费用外主要是冲击成本;而深圳证券交易所目前对 LOF 的交易设计是申购和赎回的基金单位和市场买卖的基金单位分别由中国注册登记系统和中国结算深圳分公司系统托管,跨越申购赎回市场与交易所市场进行交易必须经过系统之间的转托管,需要两个交易日的时间,所以 LOF 套利还要承担时间上的等待成本,进而增加了套利成本。

知识拓展

ETF 和 LOF 的套利交易

LOF 由于在交易所上市,又可以办理申购赎回,在二级市场的交易价格与一级市场的申购赎回价格会产生背离,由此产生了套利的可能。当二级市场价格为 1.25 元,基金公司的申购价格为 1.21 元时,投资者可以从基金公司申购 LOF 基金份额,再在二级市场卖出基金份额;如果二级市场价格为 1.17 元,基金赎回价格为 1.21 元时,投资者可以先在二级市场买入基金份额,再到基金公司办理赎回业务完成套利过程。

当二级市场 ETF 交易价格低于其份额净值,即发生折价交易时,投资者可以通过在二级市场低价买进 ETF,然后在一级市场赎回(高价结算)份额,再于二级市场上卖掉股票而实现套利交易;相反,当二级市场 ETF 交易价格高于其份额净值,即发生溢价交易时,投资者可以在一级市场买进一篮子股票,于一级市场按份额净值转换为 ETF(相当于低价买入 ETF)份额,再于二级市场上高价卖掉 ETF 而实现套利交易。套利机制的存在会迫使 ETF 二级市场价格与份额净值趋于一致,使 ETF 既不会出现类似封闭式基金二级市场大幅折价交易和溢价交易现象,也克服了开放式基金不能进行盘中交易的弱点。

折价套利会导致 ETF 总份额的减少,溢价套利会导致 ETF 总份额的扩大。但正常情况下,套利活动会使套利机会消失,因此套利机会并不多,通过套利活动引致的 ETF 规模的变动也就不会很大。ETF 规模的变动最终取决于市场对 ETF 的真正需求。

资料来源:上海证券交易所 http://www.sse.com.cn/。

第三节 证券投资基金的运作、募集与交易

一、证券投资基金的参与主体

(一) 基金发起人

基金发起人是指以基金设立为目的,并采取一定步骤和必要措施来达到设立基金的目的的人。基金发起人通常为法人而不是自然人。按照我国的《证券投资基金法》,基金的主要发起人为按照国家有关规定设立的证券公司、信托投资公司和基金管理公司;基金发起人的数目为两个以上。

依据《证券投资基金管理暂行办法》及中国证监会的有关规定,基金发起人主要职责包括:

(1) 制定有关法律文件并向主管机关提出设立基金的申请,筹建基金。
(2) 认购或持有一定数量的基金单位。
(3) 基金不能成立时,基金发起人须承担基金募集费用,将已募集的资金并加计银行活

期存款利息在规定时间内退还基金认购。

(二) 基金持有人

基金持有人即基金投资者,是基金的出资人、基金资产的所有者和基金投资回报的受益人。作为基金的受益人,基金份额持有人享有基金资产的一切权益。

按照《证券投资基金法》的规定,我国基金份额持有人享有以下权利:分享基金财产收益,参与分配清算后的剩余基金财产,依法转让或者申请赎回其持有的基金份额,按照规定要求召开基金份额持有人大会,对基金份额持有人大会审议事项行使表决权,查阅或者复制公开披露的基金信息资料,对基金管理人、基金托管人、基金销售机构损害其合法权益的行为依法提出诉讼,以及基金合同约定的其他权利。

(三) 基金管理人

基金管理人是基金产品的募集者和管理者,其最主要职责就是按照基金合同的约定,负责基金资产的投资运作,在有效控制风险的基础上为基金投资者争取最大的投资收益。基金管理人在基金运作中具有核心作用。

在我国,基金管理人只能由依法设立的基金管理公司担任。我国《证券投资基金法》对基金管理人资格、职责的规定如下:

(1) 按照投资基金契约的规定运用投资基金资产投资并管理投资基金资产。

(2) 及时、足额地向投资基金持有人支付投资基金收益。

(3) 保存投资基金的会计账册、记录15年以上。

(4) 编制投资基金财务报告,及时公告,并向中国证监会报告。

(5) 计算并公告投资基金资产净值及每一投资基金单位的资产净值。

(6) 投资基金契约规定的其他职责。

在世界上不同的国家和地区,基金管理人有不同的名称,如在英国称为投资管理公司,在美国称为基金管理公司,而在日本则称为证券投资信托公司。

(四) 基金托管人

基金托管人又称基金保管人,是依据投资基金运行中"管理与保管分开"的原则对投资基金管理人进行监督和保管投资基金资产的机构,是基金资产的名义持有人与受托保管人。在我国,基金托管人只能由依法设立并取得基金托管资格的商业银行或其他金融机构担任。投资基金托管人在投资基金的运行过程中起到不可或缺的作用。投资基金托管人的主要职责如下:

(1) 安全保管投资基金的全部资产。

(2) 执行投资基金管理人的投资指令,并负责办理投资基金名下的资金往来。

(3) 监督投资基金管理人的投资运作,发现投资基金管理人的投资指令违法、违规的,不予执行,并向中国证监会报告。

(4) 复核、审查投资基金管理人计算的投资基金资产净值及投资基金价格。

(5) 保存投资基金的会计账册、记录15年以上。

(6) 出具投资基金业绩报告,提供投资基金托管情况,并向中国证监会和中国人民银行报告。

(7) 投资基金契约、托管协议规定的其他职责。

投资基金托管人必须将其托管的投资基金资产与托管人的自有资产严格分开,对不同投资基金分别设置账户,实行分账管理。

(五)证券投资基金当事人之间的关系

1. 持有人与管理人

在基金当事人中,基金份额持有人通过购买基金份额或基金股份,参加基金投资并将资金交给基金管理人管理,享有基金投资的收益权,是基金资产所有者和受益人。基金管理人则是接受基金份额持有人的委托,负责对所筹集的资金进行具体的投资决策和日常管理,并有权委托基金托管人保管基金资产的金融中介机构。因此,基金份额持有人与基金管理人之间的关系是委托人、受益人与受托人的关系,也是所有者和经营者之间的关系。

2. 管理人与托管人

基金管理人与基金托管人的关系是相互制衡的关系。基金管理人由投资专业人员组成,负责基金资产的经营;托管人由主管机关认可的金融机构担任,负责基金资产的保管,依据基金管理机构的指令处置基金资产并监督管理人的投资运作是否合法合规。对基金管理人而言,处理有关证券、现金收付的具体事务交由基金托管人办理,就可以专心从事资产的运用和投资决策。基金管理人和基金托管人任何一方违反基金合同或基金公司章程的规定,对方都应当监督并及时制止,直至请求更换违规方。这种相互制衡的运行机制,有利于基金信托财产的安全和基金运用的绩效。

3. 持有人与托管人

基金份额持有人与托管人的关系是托管与受托的关系,即基金份额持有人将基金资产委托给基金托管人保管。对持有人而言,将基金资产委托给专门的机构保管,可以确保基金资产的安全;对基金托管人而言,必须对基金份额持有人负责,监管基金管理人的行为,使其经营行为符合法律法规的要求,为基金份额持有人的利益而勤勉尽责,保证资产安全,提高资产的报酬。

二、证券投资基金的募集与认购

(一)证券投资基金的募集

基金的募集是指基金管理公司根据有关规定向中国证监会提交募集申请文件、发售基金份额、募集基金的行为。基金的募集一般要经过申请、注册、发售和基金合同生效四个步骤。

1. 基金募集申请

申请募集基金应向中国证监会提交相关文件,主要文件包括募集基金申请报告、基金合同草案、基金托管协议草案、招募说明书草案。

2. 基金的注册

依据《证券投资基金法》的有关规定,中国证监会应当自受理封闭式基金募集申请之日起6个月内作出注册或不予注册的决定。基金募集申请经中国证监会核准后方可发售基金份额。

近年来,中国证监会不断推进基金产品注册制度改革,对基金募集的注册审查以要件齐备和内容合规为基础,不对基金的投资价值及市场前景等做出实质性判断或者保证,并将注册程序分为简易程序和普通程序。

常规基金产品按照简易程序注册,注册审查时间原则上不超过20个工作日;其他产品按照普通程序注册,注册审查时间不超过6个月。

适用于简易程序的产品包括常规股票基金、混合基金、债券基金、指数基金、货币基金、发起式基金、合格境内机构投资者(QDII)基金、理财基金和交易型指数基金(含单市场、跨市场/跨境ETF)及其联接基金。分级基金、基金中基金(FOF)及中国证监会认定的其他特殊产品暂不实行简易程序。

3. 基金份额的发售

基金管理人在收到核准文件之日起6个月内进行基金份额发售。基金的募集期限自基金份额发售之日起计算,募集期限不得超过3个月。基金管理人应当在基金份额发售的3日前公布招募说明书、基金合同及其他相关文件。封闭式基金在募集期间募集的资金应当存入专门账户,在基金募集行为结束前,任何人不得动用。

4. 基金合同生效

基金募集期限届满,封闭式基金需满足募集的基金份额总额达到标准规模的80%以上,基金份额持有人不少于200人的要求;开放式基金需满足基金募集份额总额不少于2亿份,基金募集金额不少于2亿元人民币,基金份额持有人的人数不少于200人的要求。满足这些条件之后,基金管理人应当在募集期限届满之日起10日内聘请法定验资机构验资。在收到验资报告之日起10日内,向中国证监会提交备案申请和验资报告,办理基金备案手续。

中国证监会自收到基金管理人验资报告和基金备案材料之日起3个工作日内予以书面确认;自中国证监会书面确认之日起,基金备案手续办理完毕,基金合同生效。基金管理人应当在收到确认文件的次日予以公告。

基金募集期限届满,不能满足上述条件的,基金募集失败。基金管理人应承担下列责任:

(1) 以固有财产承担募集行为而产生的债务和费用。

(2) 在基金募集期限届满后30日内返还投资者已缴纳的款项,并加计银行同期存款利息。

(二) 证券投资基金的认购

在基金募集期内购买基金份额的行为,称为基金的认购。

1. 开放式基金的认购

1) 认购步骤

投资人认购开放式基金,一般通过基金管理人或管理人委托的商业银行、证券公司等机构办理。认购开放式基金通常分为开户、认购和确认三个步骤。

(1) 开户。投资人必须先开立基金账户和资金账户。

(2) 认购。填写认购申请表,并按销售机构规定的方式全额缴款。投资者在募集期内可以多次认购基金份额,一般情况下,已经正式受理的认购申请不得撤销。

(3) 确认。申请的成功与否应以注册登记机构的确认结果为准。投资者于T日提交认购申请后,可于T+2日办理查询。认购申请被确认无效的,认购资金将退回投资人资金账户。认购的最终结果要待基金募集期结束后才能确认。

2) 认购方式

开放式基金的认购采取金额认购的方式,即投资者在办理认购申请时,不是直接以认购数量提出申请,而是以金额申请。基金注册登记机构在基金认购结束后,再按基金份额的认购价格,并考虑认购费用后将申请认购基金的金额换算为投资者应得的基金份额。

3）认购费率和收费模式

《证券投资基金销售管理办法》规定,开放式基金的认购费率不得超过认购金额的5%。在实际中,我国股票基金的认购费率大多在1%～1.5%,债券基金的认购费率通常在1%以下,货币市场基金一般不收取认购费。

2. 封闭式基金的认购

封闭式基金的认购价格一般采用1元人民币基金份额加计券商自行按认购费率收取的认购费的方式加以确定。拟认购封闭式基金的投资人必须开立沪、深证券账户或沪、深基金账户及资金账户。认购申请一经受理就不能撤单。

3. ETF与LOF份额的认购

1）ETF份额的认购

与普通的开放式基金不同,ETF份额可以用现金认购,也可以用证券认购。现金认购是投资者使用现金认购ETF份额的行为;证券认购是投资者使用指定证券换购ETF份额的行为。我国投资者一般可选择场内现金认购、场外现金认购及证券认购等方式认购ETF份额。

场内现金认购是指投资者通过基金管理人指定的基金发售代理机构（证券公司）以现金方式参与证券交易所网上定价发售。场外现金认购是指投资者通过基金管理人及其指定的发售代理机构（证券公司）以现金进行认购。证券认购是指投资者通过基金管理人及其指定的发售代理机构（证券公司）对指定的证券进行认购。

2）LOF份额的认购

LOF份额的认购分场外认购和场内认购两种方式。场外认购的基金份额注册登记在中国结算公司的开放式基金注册登记系统。场内认购的基金份额注册登记在中国结算公司的证券登记结算系统。

4. QDII基金份额的认购

QDII基金份额的认购程序、渠道与一般开放式基金类似,但QDII基金份额可以用人民币认购,也可以用美元或其他外汇货币为计价货币认购。

三、证券投资基金的交易、申购与赎回

(一) 封闭式基金的交易

1. 上市交易条件

符合下列条件的封闭式基金,经基金管理人申请、中国证监会核准可以在证券交易所上市交易。

(1) 基金的募集符合《证券投资基金法》的规定。

(2) 基金合同期限在5年以上。

(3) 基金募集金额不低于2亿元人民币。

(4) 基金份额持有人不少于1 000人。

(5) 基金份额上市交易规则规定的其他条件。

2. 交易规则

投资者买卖封闭式基金必须开立沪、深证券账户或沪、深基金账户及资金账户。基金账

户只能用于基金、国债及其他债券的认购及交易。

封闭式基金的交易时间为每周一至周五（法定公众假期除外），每天9:30~11:30、13:00~15:00。封闭式基金交易遵从"价格优先，时间优先"的原则。

封闭式基金的报价单位为每份基金价格。基金的申报价格最小变动单位为0.001元人民币。买入或卖出基金份额申报数量应该为100份或其整数倍，基金单笔最大数量应当低于100万份。

目前，上海、深圳证券交易所对封闭式基金的交易与股票交易一样实行价格涨跌幅限制，涨跌幅比例为10%（基金上市首日除外）。封闭式基金的交割、交收和A股一样实行T+1模式，即达到交易后，相应的基金交割和资金交收在成交日的下一个营业日完成。

3. 交易费用

封闭式基金交易佣金不得高于成交金额的0.3%，下限为每笔人民币5元，证券公司向投资者收取，费用由证券登记公司和证券公司平分。目前，在深圳和上海证券交易所上市的封闭式基金不收取印花税。一般来说，封闭式基金的手续费较高。与封闭式基金相比，开放式基金不需要支付佣金。

4. 折（溢）价率

投资者通常使用折价率或溢价率来反映封闭式基金份额净值与其二级市场价格之间的关系。具体的计算公式如下：

$$折价率 = \frac{基金份额净值 - 二级市场价格}{基金份额净值} \times 100\%$$

$$溢价率 = \frac{二级市场价格 - 基金份额净值}{基金份额净值} \times 100\%$$

（二）开放式基金的申购与赎回

1. 申购、赎回的概念

投资者在开放式基金合同生效后，申请购买基金份额的行为称为基金的申购。

开放式基金的赎回是指基金份额持有人要求基金管理人购回其所持有的开放式基金份额的行为。

开放式基金的基金合同生效之后，有一段短暂的封闭期，该期限最长时间不超过3个月。在此期限内，不办理基金赎回业务。

2. 申购和认购的区别

认购是指在基金设立募集期内，投资者申请购买基金份额的行为。申购是指在基金合同生效后，投资者申请购买基金份额的行为。一般情况下，认购期内购买基金的费率要比申购期优惠。认购期内购买的基金份额一般要经过封闭期才能赎回，申购的基金份额要在申购成功后的第2个工作日才能赎回。

3. 开放式基金的申购、赎回原则

1）股票基金、债券基金的申购、赎回原则

（1）未知价交易原则。投资者在申购、赎回股票基金、债券基金时不能即时获知买卖的成交价格。赎回价格只能以申购、赎回日交易时间结束后基金管理人公布的基金份额净值为基准进行计算。这与股票、封闭式基金等大多数金融产品按已知价原则进行买卖不同。

（2）金额申购、份额赎回原则。股票基金、债券基金申购以金额申请，赎回以份额申请。

这是适应未知价格情况下的一种最简便、安全的交易方式。在这种交易方式下,确切的购买数量和赎回金额在买卖当时是无法确定的,只有在交易次日或更晚一些时间才能获知。

2) 货币市场基金的申购、赎回原则

(1) 确定价原则。货币市场基金申购、赎回基金份额价格以1元人民币为基准进行计算。

(2) 金额申购、份额赎回原则。货币市场基金申购以金额申请,赎回以份额申请。

4. 申购、赎回的费用及销售服务费

(1) 申购费用。开放式基金申购费可以采用在基金份额申购时收取的前端收费方式,也可以采用在赎回时从赎回金额中扣除的后端收费方式。前端申购费用一般随认(申)购金额的递增而递减,基金公司网上交易直销一般可以享受前端申购费用费率优惠。后端收费模式的特点是基金持有年限越长,费率越低,直至为零。

(2) 赎回费用。赎回费用是指已持有基金单位的投资者向基金管理人卖出基金单位时所支付的手续费。设计赎回费用的目的主要是对其他基金持有人安排一种补偿机制,通常赎回费用计入基金资产。我国《开放式投资基金证券基金试点办法》规定,开放式基金可以收取赎回费用,但赎回费用费率不得超过赎回金额的3%。目前赎回费用费率通常在1%以下,并随持有期限的长短有相应的减让。

(3) 销售服务费。基金管理人可以从开放式基金财产中计提一定的销售服务费,用于基金的销售和给基金持有人的服务。

5. 申购份额、赎回金额的计算

(1) 申购费用及申购份额的计算公式如下:

$$净申购金额 = \frac{申购金额}{1+申购费用费率}$$

$$申购费用 = 净申购金额 \times 申购费用费率$$

$$申购份额 = \frac{净申购金额}{申购当日基金份额净值}$$

(2) 赎回金额的计算公式如下:

$$赎回总额 = 赎回份额 \times 赎回日基金份额净值$$

$$赎回费用 = 赎回总金额 \times 赎回费用费率$$

$$赎回金额 = 赎回总金额 \times 赎回费用$$

【例5-1】 某投资者通过场内申购广发小盘基金1 000元,申购费用费率1.5%,当天的基金净值1.779 5元。

要求:计算该笔交易的前端申购费用和投资者账户退回的金额。

解析:

$$净申购金额 = 1\,000 \div (1+1.5\%) = 985.22(元)$$

$$申购费用 = 1\,000 - 985.22 = 14.78\,元)$$

$$申购份额 = 985.22 \div 1.779\,5 = 553.649\,9 \approx 553(份)$$

$$申购款项 = 553 \times 1.779\,5 + 14.78 = 998.87(元)$$

$$退款额 = 1\,000 - 998.87 = 1.16(元)$$

客户下单时扣除客户1000元申购金额,多出款项会在T+2个工作日后退回客户的资金账户。

第四节　证券投资基金投资分析

一、证券投资基金的收益

(一)证券投资基金收益的构成

基金在一定会计期间的经营成果即为基金收益。收益包括收入减去费用的净额、直接计入当期利润的得失和损失等,一般有以下几个组成部分。

(1)利息收入。利息收入具体包括债券利息收入、资产支持证券利息收入、存款利息收入、买入返售金融资产收入等。

(2)投资收益。投资收益具体包括股票投资收益、债券投资收益、资产支持证券投资收益、基金投资收益、衍生工具收益、股利收益等。

(3)其他收入。其他收入即赎回费扣除基本手续费后的余额、手续费返还、ETF替代损益以及基金管理人等机构为弥补基金财产损失而支付给基金的赔偿款项等。

(4)公允价值变动损益。公允价值变动损益是指基金持有的采用公允价值模式计量的交易性金融资产、交易性金融负债等公允价值变动形成的应计入当期损益的利得或损失,一般于估值日对基金资产按公允价值估值时予以确定。

(二)证券投资基金的费用

1. 基金管理费

基金管理费是指从基金资产当中提取的、支付给为基金提供专业化服务的基金管理人的费用,也就是管理人为管理和操作基金而收取的报酬。基金管理费通常按照每个估值日基金净资产的一定比率(年率)逐日计提,累计至每月月底,按月支付。基金管理费率大小通常与基金规模成反比,与风险成正比。基金规模越大,风险越小,管理费率就越低;反之,则越高。

从基金类型看,证券衍生工具基金管理费率最高。如认股权证基金的管理费率约为1.5%~2.5%;股票基金约为1%~1.5%,债券基金约为0.5%~1.5%;货币市场基金约为0.25%~1%。目前,我国股票基金大部分按照1.5%的比例计提基金管理费,债券基金的管理费率一般低于1%,货币市场基金的管理费率为0.33%。

基金管理费通常从基金的股息、利息收益或从基金资产中扣除,不另向投资者收取。

2. 基金托管费

基金托管费是指基金托管人为保管和处置基金资产而向基金收取的费用。托管费通常按照基金资产净值的一定比率提取,逐日计算并累计,按月支付给托管人。托管费从基金资产中提取,费率也会因基金种类不同而异。通常基金规模越大,基金托管费费率越低。我国证券投资基金的年托管费通常为基金资产净值的0.25%,基金托管人可磋商酌情调低基金托管费,经中国证监会核准后公告,无须此召开基金持有人大会。

3. 其他费用

1) 基金销售服务费

基金销售服务费目前只存在于货币市场基金和一些债券型基金。其费率大约为

0.25%。收取销售服务费的基金通常不收申购费用。

目前,我国的基金管理费、基金托管费及基金销售服务费均是按前一日基金资产净值的一定比例逐日计提,按月支付。其计算公式如下:

$$H = E \times R \div 365$$

其中,H 为每日计提的费用,E 为前一日的基金资产净值,R 为费率。

2) 基金交易费

基金在进行证券买卖交易时所发生的相关交易费用称为基金交易费。目前,我国证券投资基金交易费主要包括印花税、交易佣金、过户费、经手费、证管费。交易佣金由证券公司按成交金额的一定比例向基金收取,印花税、过户费、经手费、证管费等则由登记公司或交易所按有关规定收取。参与银行间债券交易的,还需向中央国债登记结算有限责任公司支付银行间账户服务费,向全国银行间同业拆借中心支付交易手续费等服务费用。

3) 基金运作费

基金运作费是指为保证基金正常运作而发生的应由基金承担的费用,包括审计费、律师费、上市年费、信息披露费、分红手续费、持有人大会费、开户费、银行汇划手续费等。

按照有关规定,发生的这些费用如果影响基金份额净值小数点后第 5 位的,即发生的费用大于基金净值的十万分之一,应采用预提或待摊的方法计入基金损益。发生的费用如果不影响基金份额净值小数点后第 5 位的,即发生的费用小于基金净值的十万分之一,应于发生时直接计入基金损益。

(三) 证券投资基金的利润分配

投资基金的利润是指基金在一定会计期间的经营成果。投资基金在获取投资收入扣除有关费用后,需将利润分配给投资者。投资基金的利润分配通常有两种方式,一是分配现金,二是分配基金份额。不同的国家、不同的投资基金的收益分配方案都不尽相同。

1. 封闭式基金的收益分配

封闭式基金的收益分配每年不得少于一次,封闭式基金年度收益分配比例不得低于基金年度已实现收益的 90%。封闭式基金当年收益应先弥补上一年的亏损,如当年发生亏损则不进行收益分配。封闭式基金一般采用现金分红方式。

2. 开放式基金的收益分配

开放式基金的基金合同应当约定每年基金收益分配的最多次数和基金收益分配的最低比例。实践中,许多基金合同规定每年至少一次。开放式基金当年收益也应弥补上一年的亏损,如当年发生亏损则不进行收益分配。分红方式有现金分红和红利再投资转换为基金份额两种。开放式基金的基金份额持有人可以事先选择将所获分配的现金收益,按照基金合同有关基金份额申购的约定转为基金份额;基金份额持有人事先未做出选择的,基金管理人应当支付现金。

3. 货币市场基金的收益分配

每日按照面值进行报价的货币市场基金,可以在基金合同中将收益分配的方式约定为红利再投资,并在基金合同中约定收益分配的方式,即是按每日结转收益还是按月结转收益。当日申购的基金份额自下一个工作日起享有基金收益的分配权益。投资者于周五申购或转换入的基金份额不享有周五和周六、周日的收益,投资者于周五赎回或转换出的基金份额享有周五和周六、周日的收益。节假日的利润计算基本与在周五的申购日赎回的情况相同。

每份投资基金单位享有同等分配权,投资基金收益分配方案由投资基金管理人拟订,经投资基金托管人核实,报中国证监会备案后公告。

4. 基金份额的分拆

基金分拆是指在保证投资者的投资总额不发生改变的前提下,将一份基金按照一定的比例分拆成若干份,每一基金份额的单位净值也按相同比例降低,是对基金的资产进行重新计算的一种方式。基金份额分拆通过直接调整基金份额数量达到降低基金份额净值的目的,但并不影响基金的已实现收益、未实现利得等。

基金分拆行为是相对的,当基金的净值过高时,通过基金份额的分拆可以降低其净值;当基金的净值过低时,通过基金份额的合并可以提高其净值,这种行为通常称为逆向分拆。通常将分拆比例大于1的分拆定义为基金份额的分拆,而分拆比例小于1的分拆则定义为基金份额的合并。

基金分拆可以降低投资者对价格的敏感性,有利于基金持续营销,有利于改善基金份额持有人结构,有利于基金经理更为有效地运作资金,从而贯彻基金运作的投资理念与投资哲学。基金份额分拆还能有效解决"被迫分红"的问题,有效降低交易成本,减少频繁买卖对证券市场的冲击。

二、证券投资基金的风险

证券投资基金是一种集中资金、专家管理、分散投资、降低风险的投资工具,但投资者投资基金仍会面临一定的风险。投资者投资证券投资基金,面临的风险主要包括市场风险、管理能力风险、技术风险、巨额赎回风险以及其他风险。

(一) 市场风险

市场风险是指基金因证券市场环境的影响而产生的各种风险。这是因为基金主要投资于证券市场,证券市场价格会因经济因素、政治因素、投资心理和交易制度等各种因素的影响而产生波动,导致基金收益水平和净值发生变化,收益水平和基金净值的变化必然或多或少地给基金投资者带来风险。

市场风险主要包括政策风险、经济周期风险、利率风险、购买力风险、产业风险、信用风险、上市公司经营风险、流动性风险、国际竞争风险等。

(二) 管理能力风险

管理能力风险是指基金因管理人和基金托管人的管理水平、管理手段和管理技术等因素,而影响基金收益水平,从而给基金投资者带来的风险。

(三) 技术风险

技术风险是指在基金的后台运作中,可能因为技术系统的故障或者差错而影响交易的正常进行甚至导致基金份额持有人利益受到影响。这种技术风险可能来自基金管理人、基金托管人、注册登记人、销售机构、证券交易所和证券登记结算机构等。

(四) 巨额赎回风险

巨额赎回风险是开放式基金所特有的风险。巨额赎回是指基金单个交易日的净赎回申请超过基金总份额的10%。巨额赎回发生时,基金管理人在当日接受赎回比例不低于基金总份额 10% 的前提下,可以对其余赎回申请延期办理。对于当日的赎回申请,应按单个账户赎回申请量占赎回总量的比例确定当日受理的赎回份额。基金连续发生巨额赎回时,基金管理人可按照基金契约及招募说明书的规定,暂停接受赎回申请。上述情况一旦发生,投资者需要承担不能及时收回投资的流动性风险。

(五)其他风险

战争、自然灾害等不可抗力的出现,可能严重影响证券市场的运行,从而导致基金财产的损失。其他意外情况也会给基金的正常运行和基金持有人的基金资产带来风险。

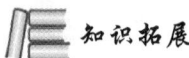

证券投资基金风险案例

1. 市场风险

在委外资金和其他资金陆续撤离、迷你基金监管趋严及"先发后清"曲线去库存模式下,2017 年迷你基金的处置力度加强:当年已清盘和拟清盘基金数量超过 100 只,成为历史上清盘基金数最多的一年,并超过过去多年总和。在 2017 年清盘的基金中,有相当数量的基金从成立到清盘的间隔时间不到 1 年,时间最短的甚至只有几个月,其中有只短命基金就是德邦锐祺债券型证券投资基金。此基金于 2017 年 6 月 21 日成立生效,然而不到三个月,9 月 19 日,德邦基金就发布了关于其基金合同终止及基金财产清算的公告。合同终止的事由为:截至 2017 年 9 月 18 日,该基金已出现连续 60 个工作日基金资产净值低于 5 000 万元的情形,已触发《基金合同》中约定的本基金终止条款。该基金自 9 月 19 日起进入清算程序。9 月 23 日,德邦基金发布该基金的清算报告,德邦锐祺债券型证券投资基金正式完成清盘下线。

2. 管理能力风险

2017 年最悲情的基金公司非中邮基金莫属,投资总监被调查,旗下基金接二连三踩雷,到年底又被困宣亚国际。2017 年 4 月 17 日,乐视网停牌,以此揭开中邮基金 2017 年度的第一大悲情。乐视网三季报显示,中邮基金旗下共有 5 只基金持有乐视网,总持股数共计 7 339.88 万股,是公募行业持有乐视网最多的基金公司。11 月 15 日,中邮基金发布公告,将 11 月 14 日起对公司旗下部分基金持有的乐视网股票估值再次调整,估值调整至 3.92 元/股,意味着复牌后将迎来 13 个跌停。

3. 巨额赎回风险

债市再度陷入调整,基金出现大额赎回,为了避免因赎回带来的净值波动,多家基金公司发布了提高旗下债基份额净值精度的公告,部分已经达到小数点后 9 位。根据同花顺统计,仅 2023 年 7 月以来已经有 13 只基金因发生大额赎回,启动净值精度应急调整机制。

委托人赎回的原因可能多种多样,比如自身流动性需要、对后续债券市场看法转变、产品净值回撤或亏损超过风险承受范围等。另外,与银行理财产品不同,债券型公募基金的委托人多数为机构投资者,行为一致性较强,在市场快速调整时,基金公司更容易遭遇集中赎回、大额赎回。

规模偏小的基金遭遇大额赎回,会带来很高的冲击成本,需要通过提高净值精度来提醒投资者注意风险。对投资者来说,在基金估值方法没有改进前,应尽可能远离这类机构持有比例高且赎回概率高的基金。投资者由于金融知识的相对有限和出于追涨杀跌的心理本能,对于市场的短期波动忍受度较差,容易引发赎回行为,而机构往往被迫跟随赎回。当理财和基金抛售压力较大时,又会引发市场继续调整,继而进一步影响净值,继续引发赎回压力,形成"债市下跌—净值回撤—产品赎回—被动抛售—债市继续下跌…"的负反馈模式。

资料来源:中国证券业协会.证券投资基金[M].北京:高等教育出版社,2017.

叶麦穗.债基巨额赎回"连环劫":13只基金启动应急机制,部分净值精度已达小数点后九位.[EB/OL].(2023-07-19)[2024-05-16].https://www.21jingji.com/article/20230719/herald/a53f4c791a3e4e409d7d61c4507f22f4.html.

三、证券投资基金资产估值

(一)基金资产净值

基金份额净值,是指每一基金份额代表的基金资产的净值,是计算投资者申购基金份额、赎回资金的基础,也是评价基金投资业绩的基础指标之一。单位资产净值计算的公式如下:

$$基金资产净值 = 基金资产 - 基金负债$$

$$基金份额净值 = 基金资产净值 \div 基金总份额$$

其中,基金资产是指基金拥有的所有资产(包括股票、债券、银行存款和其他有价证券等)按照公允价格计算的资产总额。基金负债是指基金运作及融资时所形成的负债,包括应付给他人的各项费用、应付资金利息等。基金总份额是指当时发行在外的基金份额总量。

(二)基金资产估值

基金资产估值是指通过对基金所拥有的全部资产及所有负债按一定的原则和方法进行估算,进而确定基金资产公允价值的过程。

1. 基金资产估值的目的

基金资产估值的目的是经基金资产估值后确定基金资产净值而计算出基金份额净值,客观、准确地反映基金资产的价值。

2. 基金资产估值的对象

基金资产估值的对象为基金依法拥有的各类资产,如股票、债券、权证及其他资产等。

3. 基金资产估值程序

基金日常估值由基金管理人进行。基金管理人每个交易日对基金资产估值后,将基金份额净值结果发给基金托管人。基金托管人按基金合同规定的估值方法、时间、程序对基金管理人的计算结果进行复核,复核无误后签章返回给基金管理人,由基金管理人对外公布,并由基金注册登记机构根据确认的基金份额净值计算申购、赎回数额。月末、年中和年末估值复核与基金会计账目的核对同时进行。

4. 基金资产估值需考虑的因素

(1) 估值频率。基金一般按照固定的时间间隔对基金资产进行估值,通常监管法规会规定一个最小的估值频率。对于开放式基金而言,估值的时间通常与开放申购、赎回的时间一致。目前,我国的开放式基金于每个交易日估值,并于次日公告基金份额净值。封闭式基金每周披露一次基金份额净值,但每个交易日也都进行估值。

(2) 交易价格。当基金只投资于交易活跃的证券时,对其资产进行估值较为容易。这种情况下,市场交易价格是可接受的,也是可信的,直接采用市场交易价格就可以对基金资产估值。当基金投资于交易不活跃的证券时,资产估值问题则要复杂得多。在这种情况下,基金持有的证券要么没有交易价格,要么交易价格不可信。

(3) 价格操纵及滥估问题。在对基金资产估值时还需注意价格操纵和滥估问题。对流动性差的债券及问题证券进行估值时需要有主观判断,此时的主观判断如果由基金管理人来作出,便为滥估提供了机会。要避免基金资产估值时出现价格操纵及滥估现象,就需要监管当局颁布更为详细的估值规则来规范估值行为,或者由独立的第三方进行估值。

(4) 估值方法的一致性及公开性。估值方法的一致性是指基金在进行资产估值时均应采取同样的估值方法,遵守同样的估值规则。估值方法的公开性是指基金采用的估值方法需要在法定募集文件中公开披露。假若基金变更了估值方法,也需及时进行披露。

5. 基金资产估值的基本原则

按照《企业会计准则》和中国证监会相关规定,估值的基本原则如下:

(1) 对存在活跃市场的投资品种,如估值日有市价的,应采用市价确定公允价值。估值日无市价的,但最近交易日后经济环境未发生重大变化且证券发行机构未发生影响证券价格的重大事件的,应采用交易市价确定公允价值。

(2) 对不存在活跃市场的投资品种,应采用市场参与者普遍认同且被以往市场实际交易价格验证具有可靠性的估值技术确定公允价值。

(3) 有充足理由表明按以上估值原则仍不能客观反映相关投资品种的公允价值的,基金管理公司应根据具体情况与托管银行进行商定,按最能恰当反映公允价值的价格估值。

6. 具体投资品种的估值方法

(1) 交易所上市、交易品种的估值。通常况下,交易所上市的有价证券以其估值日在证券交易所挂牌的市价即收盘价估值;交易所上市的债券按估值日收盘净价估值;交易所上市不存在活跃市场的有价证券,采用估值技术确定公允价值。交易所以大宗交易方式转让的资产支持证券,采用估值技术确定其公允价值,在估值技术难以可靠计量公允价值的情况下,按成本进行后续计量。

(2) 交易所发行未上市品种的估值。首次发行未上市的股票、债券和权证,采用估值技术确定公允价值,在估值技术难以可靠计量公允价值的情况下按成本计量;送股、转增股、配股和公开发行新股等发行未上市股票,按交易所上市的同一股票的市价估值;首次公开发行有明确锁定期的股票,同一股票在交易所上市后,按交易所上市的同一股票的市价估值。

(3) 交易所停止交易等非流通品种的估值。因持有股票而享有的配股权,从配股除权日起到配股确认日止,如果收盘价高于配股价,按收盘价高于配股价的差额估值,收盘价等于或低于配股价,则估值为零;对停止交易但未行权的权证,一般采用估值技术确定公允价值,对于因重大特殊事项而长期停牌股票的估值,需要按估值基本原则判断是否采用估值技术。

(4) 全国银行间债券市场交易的债券、资产支持证券等固定收益品种,采用估值技术确定公允价值。

7. 基金资产估值计价错误的处理及责任承担

当估值或份额净值计价错误实际发生时,基金管理公司应立即纠正,及时采取合理措施防止损失进一步扩大,当基金份额净值计价错误达到或超过基金资产净值的0.25%时,基金管理公司应及时向监管机构报告;当计价错误达到0.5%时,基金管理公司应当公告并向监管机构备案。

基金管理公司和托管银行未能遵守相关法律法规规定或基金合同约定,在进行基金估值、计算或复核基金份额净值的过程中,给基金财产或基金份额持有人造成损害的,应分别对各自行为依法承担赔偿责任或承担连带赔偿责任。

8. 基金资产估值暂停的情形

基金管理人虽然必须按规定对基金净值资产进行估值,但遇到下列特殊情况,可以暂停估值。

(1) 基金投资所涉及的证券交易所遇法定节假日或因其他原因暂停营业时。

(2) 因不可抗力或其他情形致使基金管理人、基金托管人无法准确评估基金资产价值时。

(3) 占基金相当比例的投资品种的估值出现重大转变,而基金管理人为保障投资人的利益,已决定延迟估值。

(4) 如出现基金管理人认为属于紧急事故的任何情况,会导致基金管理人不能出售或评估基金资产的。

(5) 中国证监会和基金合同认定的其他情形。

四、证券投资基金的投资组合管理

(一) 基金的投资组合管理过程

证券投资基金的投资组合管理过程主要由以下几类活动构成:设定投资政策、进行证券分析、构造投资组合、对投资组合的效果加以评价以及修正投资组合。在这些管理过程中,构造证券投资组合是中心环节。

构造投资组合,简单地说就是选择纳入投资组合的不同证券类别,并确定其适当的权重,目的是在给定的风险水平下形成一个最高回报率的有效投资组合。

理论上,基金经理先对所有可投资的证券本身的特性、期望收益率、风险以及证券之间的相关关系作出预测,再通过直接进行证券选择,一步式地完成对整个基金投资组合的构造,但实际上很少这样做。因为要获得全部单个证券的预期回报率、标准差和协方差的详细预测数据,一方面代价太大,另一方面会形成很大的误差。再者,由于金融市场的复杂性,即使投资专家也很难对所有证券之间的关系作出准确的判断和估计。

投资组合的构造一般通过资产类别配置、细类配置和证券选择"三步式"完成。分布构造资产组合时,往往不对一个资产类别中的单个证券进行深入分析,计算其与另一个资产类别中的协方差,而是通过分散化投资的方式,保证资产组合最优化的结果。

(二) 基金资产配置决策

1. 资产配置的目标

资产配置的目标在于以资产类别的历史表现与投资人的风险偏好为基础,决定不同资产类别在投资组合中所占的比重,从而降低投资风险,提高投资收益,消除投资人对收益所承担的不必要的额外风险。

2. 资产配置需考虑的因素

在资产配置中,考虑的主要因素包括投资者的风险承受能力、效用函数和各项资产在持有期间或计划范围的预期风险收益及相关关系。

确定资产配置影响因素的主要方法如下:

(1) 历史数据法。有关的历史数据包括各类资产的收益率,以标准差衡量的风险水平以及不同类型资产之间的相关性等数据,并假设上述数据在未来仍然能继续保持。

(2) 情景分析法。情景分析法包括分析目前与未来的经济环境;预测在各种情境下各类资产可能的收益与风险,以及各类资产之间的相关性;确定各情景发生的概率;以情景发生的概率为权重,通过加权评价法估计各类资产的收益与风险。

(3) 在可承受的风险水平上构造能够提供最优回报率的投资组合。

3. 资产配置的风格类别

1) 买入并持有策略

买入并持有策略是指在确定恰当的资产配置比例,构造了某个投资组合后,在诸如3～5年的适当持有期间内不改变资产配置状态,保持这种组合。该策略的投资组合完全暴露于市场风险之下。它具有最小的交易成本和管理费用的优势,但放弃了从市场环境变动中获利的可能,同时也放弃了因投资者的效用函数或风险承受能力的变化而改变资产配置状态,从而提高投资者效用。

2) 恒定混合策略

恒定混合策略是指保持投资组合中种类资产的固定比例。也就是说,当股票市场相对于其他资产上升时,股票在投资组合中的比例将随之上升,投资者需要卖出股票并再投资于其他资产,从而保持投资组合的构成比例不变;反之,当股票市场相对于其他资产下降时,投资者需要卖出其他资产,并买入股票以保持投资组合构成比例不变。

3) 投资组合保险策略

投资组合保险策略是指将一部分资金投资于无风险资产,从而保证资产组合的价值不低于某个最低价值的前提下,将其余资金投资于风险资产并随着市场的变动调整风险资产和无风险资产的比例,从而不放弃资产升值潜力的一种动态调整策略。当投资组合价值因风险资产的收益率的提高而上升时,风险资产的投资比例也随之提高;反之则下降。

4) 战术性资产配置策略

战术性资产配置策略是根据资本市场环境及经济条件对资产配置状态进行动态调整,从而增加投资组合价值的积极战略。战术性资产配置策略的理论基础是收益率各不相同的资产管理战略将使不同类型的投资者的效用最大化。

五、证券投资基金的业绩评价

(一) 基金业绩评价的目的

基金业绩评价是指基金评价机构或评价人对基金的投资收益和风险及基金管理人的管理能力开展评级、评奖或单一指标排名等。基金业绩评价是促进基金行业健康发展的重要环节,建立一套完备的基金业绩评价体系无论对基金管理人还是基金投资者都具有非常重要的意义。

对基金管理人而言,由于信息披露或者品牌宣传等外部需求,基金公司需要对所管理的基金进行业绩评价。同时,由于基金经理的投资策略与投资风格不同,通过基金业绩评价有助于帮助基金公司更好地量化分析基金经理的业绩水平,为投资目标匹配、投资计划实施与内部绩效考核提供参考。

对基金投资者而言,投资者投资基金的目标是多样化的,如保全资本、跑赢通货膨胀、获取较高的绝对收益、获取较高的风险调整后收益等。通过基金业绩评价,投资者可以辨识具有投资管理能力的基金经理,并通过跟踪基金策略理性选择与其投资目标相适应、反映相应投资管理能力的基金进行投资。

(二)基金业绩评价应考虑的因素

为有效地进行基金业绩评价,需要考虑以下因素。

1. 基金管理规模

基金存在一些固定成本,如研究费用和信息获得费用等。与小规模基金相比,规模较大的基金的平均成本更低。同时,规模较大的基金可以有效地减少非系统性风险。但是基金规模过大,对可选择的投资对象、被投资股票的流动性等都有不利影响。基金管理规模的大小影响基金管理人的投资行为,进而影响基金业绩,因而基金业绩评价需考虑基金管理规模,分析比较规模加权的基金收益率。

2. 时间区间

同一基金在不同时间区间内的表现可能有很大的差距,不同基金在不同时间区间内的收益、风险不具有可比性,因此,基金业绩评价时需要考虑时间区间。

3. 综合考虑风险和收益

基金业绩评价重在评价基金投资风险管理的能力,即基金产生风险调整后的超额收益的能力。风险调整后的超额收益有正负之分,基金产生正的风险调整后超额收益的能力是反映基金投资管理能力的最重要的指标,正的风险调整后超额收益也是主动管理型基金为投资者创造经济效益的终极体现。

(三)基金收益的类型

(1) 绝对收益。收益率是基金业绩评价的第一步。绝对收益是证券或投资组合在一定时间内的回报率,常用持有期收益率、时间加权收益率和平均收益率等指标来计算。

(2) 相对收益。相对收益又称超额收益,代表一定时间区间内,基金收益超出业绩比较基准的部分。广义来说,相对收益的概念涵盖了主动收益、阿尔法收益等。投资者和基金管理公司可以根据基金特征选择适当的指数作为业绩比较基准,并进而评估基金的相对收益。

(3) 风险调整后的收益。20世纪60年代前,基金业绩评价的传统方法主要是根据基金的单位净资产和基金投资收益率这两个指标来进行的,但对基金资产组合的风险未能进行系统和合理的量化分析。现代组合投资理论出现后,各种风险调整收益计算方法不断产生。常用的风险调整后的收益指标有夏普比率、特雷诺比率和詹森 α 等。

课堂章节测试

班级_____ 姓名_____ 学号_____ 日期_____ 平时分_____

一、单项选择题（共10题，每题5分）

1. 将投资人、管理人和托管人作为信托关系的当事人，通过签订基金契约的形式发行受益凭证而设立的基金是（   ）。
   A. 公司型基金 B. 契约型基金
   C. 开放式基金 D. 封闭式基金

2. 开放式基金的交易价格取决于（   ）。
   A. 供求关系 B. 基金净资产
   C. 基金单位资产净值 D. 基金总资产

3. 相对于封闭式基金，开放式基金所特有的风险是（   ）。
   A. 市场风险 B. 管理能力风险
   C. 技术风险 D. 巨额赎回风险

4. 根据《证券投资基金运作管理办法》规定，封闭式基金年度收益分配比例不得低于基金年度已实现收益的（   ）。
   A. 0.8 B. 0.9 C. 0.7 D. 0.6

5. 为保证基金资产的独立性和安全性，（   ）应为基金开设独立的银行存款账户，并负责账户的管理。
   A. 基金份额持有人 B. 基金销售代理人
   C. 基金管理人 D. 基金托管人

6. 封闭式基金的投资者在需要变现时必须（   ）。
   A. 通过二级市场卖出份额
   B. 以净资产价格的一个溢价卖给发行者
   C. 以净资产价格卖给发行者
   D. 以净资产价格的一个折扣卖给发行者

7. 根据资本市场环境及经济条件对资产配置状态进行动态调整，从而增加投资组合价值的积极战略是（   ）。
   A. 买入并持有策略 B. 恒定混合策略
   C. 投资组合保险策略 D. 战术性资产配置策略

8. 目前，我国股票基金大部分按照（   ）的比例计提基金管理费。
   A. 2% B. 2.5%
   C. 1.5% D. 1%

9. 下列投资基金中，相对来说，风险最高的是（   ）。
   A. 指数基金 B. 股票基金
   C. 货币市场基金 D. 债券基金

10. 以追求基金当期收入为目标,投资对象为绩优股、债券、可转让大额定期存单等收入较稳定的有价证券的基金的是( )。
    A. 成长型投资基金   B. 收入型投资基金
    C. 封闭式基金   D. 平衡型基金

二、多项选择题(共5题,每题5分)
1. 基金资产配置的主要方式有( )。
    A. 投资组合保险策略   B. 战术性资产配置战略
    C. 买入并持有策略   D. 恒定混合策略
2. 证券投资基金的发起人可以是( )。
    A. 信托投资公司   B. 证券公司
    C. 保险公司   D. 基金管理公司
3. 下列各项中,属于投资基金的特点的有( )。
    A. 集合投资   B. 专家管理
    C. 利益共享   D. 风险共担
4. 下列各项中,属于证券投资基金风险的有( )。
    A. 市场风险   B. 管理能力风险
    C. 技术风险   D. 巨额赎回风险
5. 证券投资基金的主要费用包括( )等。
    A. 管理费   B. 销售服务费
    C. 托管费   D. 交易费

三、判断题(共5题,每题5分)
1. 目前,我国的证券投资基金均为契约型基金。   (   )
2. 证券投资基金募集不成功,基金管理人须承担证券投资基金募集费用。   (   )
3. ETF可以在二级市场买卖,但不可以在一级市场申赎。   (   )
4. 基金估值的频率是由基金的组织形式、投资对象的特点等因素决定的。   (   )
5. LOF可以是指数基金,也可以是主动管理型基金。   (   )

第六章　金融衍生工具投资与分析

知识导航

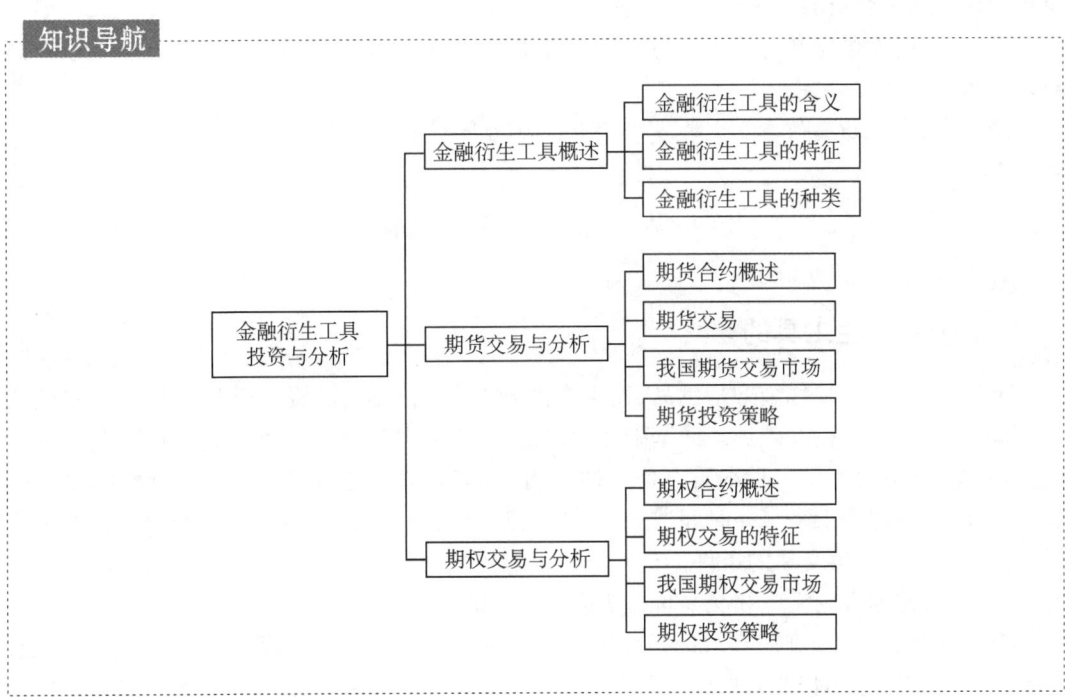

学习目标

1. 熟悉金融衍生工具的含义与特征
2. 掌握期货交易的特征
3. 了解我国期货交易市场
4. 掌握期货投资策略
5. 掌握期权合约的分类
6. 熟悉期权交易的特征及投资策略

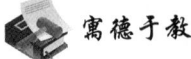寓德于教

"双循环"提升期货业国际竞争力

党的二十大报告指出,推进高水平对外开放,加快构建以国内大循环为主体、国内国际双循环相互促进的新发展格局。

期货市场对外开放,是中国资本市场双向开放的重要举措之一。

随着《中华人民共和国期货和衍生品法》的推出,人们对期货业更加重视,期货业对外开放多措并举,国际化进程提速。从"引进来"和"走出去"两个方面来看,它规定了境外期货交易场所、境外期货经营机构等向境内提供服务,以及境内外交易者跨境交易应当遵守的行为规范,同时构建境内外市场互联互通的制度体系,这有利于我国期货市场的规范化和国际化发展。

目前,外资参与我国期货市场交易的主要路径是 QFII 和 RQFII 的业务模式。我国期货市场对外开放程度不断加深,原油、20 号胶、PTA 等品种相继开放境外投资者业务,相关品种境外客户参与度不断提升,有效增强了相应品种的国内定价能力,目前不少品种已经成为国内外客户进行商品交易的定价依据和重要参考。

当前,我国大宗商品的消费量与定价能力不对称,亟需建立完善的大宗商品和金融产品的定价体系和估值方法。

思考:期货市场如何建立完善我国的大宗商品和金融产品的定价体系?

第一节 金融衍生工具概述

一、金融衍生工具的含义

金融衍生工具,又称金融衍生品、衍生金融资产等,是与基础资产或基础变量相对应的一个概念,它是建立在基础资产或基础变量之上,价格随基础资产的价格(或数值)变动的派生金融产品。金融衍生工具本质上是一种合同,是交易双方通过对基础资产价格的变动趋势进行预测,约定在未来某一时间按一定的条件进行交易或选择是否交易的合约,合约规定了合同双方未来发生交易的条件。这些条件可能包括交易日期、基础资产、基础资产的最终价格、合同双方的合同义务和交易价格等内容。

金融衍生工具的基础资产可以是商品(如农产品、金属、化工产品等)、资产(如股票指数、利率、汇率等)等,也可以是其他金融衍生工具。随着时代的发展,现代金融衍生工具的基础变量还可以包括自然现象(如气温、霜冻、飓风等)、人类行为(如选举、温室气体排放)等。

二、金融衍生工具的特征

从金融衍生工具的定义可以看出,它们具有以下几个显著特征。

1. 零和博弈

金融衍生工具交易双方的盈亏完全负相关,净损益为零,即交易一方的盈利均来自另一方的亏损,因此称"零和"。

2. 跨期性

金融衍生工具是交易双方约定在未来某一时间按一定的条件进行交易或选择是否交易的合约。无论是哪一种金融衍生工具,都会影响交易者在未来一段时间内或未来某时间上的现金流,跨期交易的特点十分突出。

3. 联动性

联动性是指金融衍生工具的价值与基础资产或基础变量紧密联系。通常,金融衍生工具与基础变量相联系的支付特征由衍生工具合约所规定,根据合约具体规定,其联动关系既可以表达为简单的线性关系,也可以表达为非线性函数或者分段函数。

4. 高杠杆性

金融衍生工具的交易采用保证金制度,即交易者仅需交纳占基础资产价值的某个百分比(根据每种合约规定有所不同,但通常在5%~15%,如玉米期货为5%、沪深300股指期货为8%等)的资金作为保证金即可签订大额合约。这种特性使得其交易者可以在仅有较少资金的情况下做出较大金额的交易,赚取的收益与本金相比得出的收益率通常较高,因此具有高杠杆性。

5. 高风险性

金融衍生工具的跨期性、联动性和高杠杆性共同决定了其具有高风险性。与现货交易不同,金融衍生工具的交易结果取决于交易者对基础工具未来价格的预测和判断的准确程度,基础工具价格的波动性决定了金融衍生工具交易盈亏的不确定性,增加了交易者对未来价格预测的难度。另外,金融衍生工具的高杠杆性使得投资者在预测失败时的损失率成倍增加,进一步增加了其高风险性。

三、金融衍生工具的种类

随着金融创新的发展,经过衍生再衍生、组合再组合的螺旋式发展,金融衍生工具的品种不断增加。

(一) 按照产品形态分类

1. 独立衍生工具

独立衍生工具是指本身即可作为独立存在的金融合约,如期货合约、期权合约、互换合约等。

2. 嵌入式衍生工具

嵌入式衍生工具指的是嵌入到非衍生合同(如债券、优先股等,简称主合同)中的衍生金融工具,这类衍生工具使得主合同的部分或者全部现金流量将按照特定的利率、金融工具价格、汇率、指数、信用等级或信用指数或类似变量的变动而发生调整。例如,某些公司债券条款中包含的赎回条款、返售条款、转股条款、重设条款等。

(二) 按照交易场所分类

1. 交易所交易工具

交易所交易的衍生工具在有组织的交易所上市交易。

2. 场外交易工具

场外交易工具又称OTC交易工具,指的是通过各种通信方式,不通过集中的交易所实行分散的一对一交易的衍生工具,如金融机构之间、金融机构与大规模交易者之间进行的各类互换交易和信用衍生产品交易。

知识拓展

中国银行间市场金融衍生品交易主协议

在我国场外金融衍生品市场发展之初,由于缺乏经验以及自律组织缺位,市场参与者往往签订简单的一对一合同,或者照搬国际掉期与衍生工具协会(ISDA)主协议等国际通用主协议文本。但是,随着市场的发展,市场规模和参与者数量不断增加,我国场外衍生品市场需要一个能够覆盖多个产品、统一的金融衍生品交易主协议。2007年,中国银行间市场交易商协会(NAFMII)发布了适用范围包括但不限于利率衍生品交易、债券衍生品交易、汇率衍生品交易和信用衍生品交易的《中国银行间市场金融衍生产品交易主协议(2007年版)》,

国家外汇管理局发布了《全国银行间外汇市场人民币外汇衍生产品主协议》。由于两份协议并存,存在重叠管辖的问题,人民银行决定对其合并。2009年,《中国银行间市场金融衍生产品交易主协议(2009年版)》正式发布。

《中国银行间市场金融衍生产品交易主协议(2009年版)》整体采用文件群形式,由主协议、补充协议、转让式履约保障文件、质押式履约保障文件及定义文件组成。主协议、补充协议以及交易有效约定共同构成了交易双方之间单一协议和完整协议。单一协议原则的确立为终止净额制度的实施提供了重要基础。

主协议是文件群的核心文件,共25条,主要分为3个部分:

(1) 基础性条款(第一条至第五条)明确了主协议文件群的构成与各文件间的效力等级以及单一协议原则、主协议的适用范围、交易双方需要做出的声明与保证、交易正常履约情况下交易双方的支付或交付义务,以及交易双方可能采用的履约保障机制等。

(2) 核心条款(第六条至第十一条)分别就违约事件和终止事件的类型、对某一事件可能同时具备违约事件和终止事件构成要素的情况下的事件等级、发生违约事件和终止事件后的处理,以及各种未能正常履约情形下的利息计算与支付安排等做出约定。

(3) 辅助性条款(第十二条至第二十五条)对主协议项下的合同货币与终止货币、抵销机制、转让机制、权利保有、电话录音、保密与信息披露、争议解决、通知方式与生效、费用、标题、累积补救、协议的修改、协议的签署和定义等一般性问题进行了约定。

补充协议是供交易双方对主协议进行修改或补充时的示范文件,对主协议中需双方另行约定的多笔交易支付净额、履约保障、特定实体、特定交易违约、交叉违约、公允市场价值计算方法等条款预制了选项或提示。

资料来源:中国银行间市场交易商协会. 中国银行间市场交易商协会秘书处有关负责人就发布《中国银行间市场金融衍生产品交易主协议(2009年版)》文本答记者问. (2010-06-24)[2016-07-20]. https://nafmii. org. cn/xhdt/201204/P020220112389186124320.pdf.

(三) 按照基础资产种类分类

1. 商品类资产衍生工具

(1) 农产品衍生工具。农产品衍生工具是指以农产品作为基础资产的金融衍生工具,常见的作为基础资产的农产品有玉米、小麦等粮食作物;咖啡、白糖等经济作物;生猪、活牛等畜产品;木材、天然橡胶等林产品。

(2) 金属衍生工具。金属衍生工具是指以金属作为基础资产的金融衍生工具,常见的作为基础资产的金属包括铜、铝等有色金属;螺纹钢、锰硅等黑色金属;黄金、白银等贵金属等。

(3) 能源化工衍生工具。能源化工衍生工具是指以能源化工品作为基础资产的金融衍生工具,常见的作为基础资产的能源化工品包括原油、玻璃、甲醇等。

2. 金融类资产衍生工具

(1) 外汇衍生工具。外汇衍生工具是金融衍生工具中出现较早的品种,是在20世纪70年代初,固定汇率制度崩溃后,为规避汇率风险应运而生的。外汇衍生工具是指以各种货币作为基础资产的金融衍生工具。其主要包括远期外汇合约、外汇期货、外汇期权、货币互换等。

(2) 利率衍生工具。利率衍生工具是指以利率或者附有利率的有价证券为基础资产的金融衍生工具,主要包括远期利率协议利率、期货利率、利率期权、利率互换等。

(3) 权益类衍生工具。权益类衍生工具是指以股票或者股票指数为基础工具的金融衍生工具,主要包括股票期货、股票指数期货、股票期权、股票指数期权等。

(4) 信用衍生工具。信用衍生工具是指以基础产品所蕴含的信用风险或违约风险为基础变量的金融衍生工具,可以用于转移或防范信用风险,是20世纪90年代以来发展最为迅速的一类衍生产品,主要包括信用互换、总收益互换、信用联结票据、信用利差期权等。

金融衍生工具按照基础资产种类分类如表6-1所示。

表6-1 金融衍生工具按照基础资产种类分类

分类		基础资产	金融衍生工具
商品类	农产品	粮食作物、经济作物、畜产品、林产品	各类商品远期、商品期货、商品期权、商品互换等
	金属	有色金属、黑色金属、贵金属	
	能源化工	能源化工品	
金融类	外汇	外汇	远期外汇合约、外汇期货、外汇期权、货币互换等
	利率	利率及附有利率的有价证券	远期利率协议利率、期货利率、利率期权、利率互换等
	权益	股票、股票指数	股票期货、股票指数期货、股票期权、股票指数期权等
	信用	信用相关工具	信用互换、总收益互换、信用联结票据、信用利差期权等

除了上述两大类传统金融衍生工具,随着时代的发展,市场中逐渐出现了许多建立在其他基础变量之上的金融衍生工具,如用于管理气候变化风险的天气期货,管理政治风险的政治期货,管理巨灾风险的巨灾衍生品等。

知识拓展

广东发文支持广期所研发上市天气期货

2023年3月14日,广东省人民政府印发《广东省加快推进气象高质量发展实施意见》提出,探索建设气候投融资研究机构,发展碳信用气象服务技术,支持广州期货交易所研发上市天气期货,开展新能源产业极端天气风险规避服务。

天气期货,是天气指数期货的简称,与大宗商品期货,如原油、棉花、白糖等期货品种的交易原理相同。作为一种创新型衍生品,天气期货采用期货交易形式,以各类天气指数为交易标的。农业经营主体或其他实体企业,可依据天气风险对自身生产经营的影响情况,通过"天气期货"套期保值操作来规避天气变化带来的生产经营风险和不确定性。

天气期货出现在20世纪90年代。1997年,世界上第一笔天气期货以场外交易的形式出现;1999年,美国芝加哥商业交易所最早引入天气期货合约;后来,天气期货逐渐发展至包括日本、欧美在内的多个国家和地区,市场规模和影响力持续提升。

与境外市场相比,我国目前尚未开展标准化的天气期货交易,但随着我国农业、能源、旅游和零售等天气敏感型行业逐步发展,国民经济运行中的天气避险风险需求持续增长。

2021年6月,郑州商品交易所与国家气象信息中心签署战略合作框架协议,双方将充分发挥各自专业优势,全面启动天气指数编制与应用、天气衍生品研发上市、"期货＋气象"复合型人才培养等系列合作。彼时,郑州商品交易所还表示,"中国版"天气期货正处于大力研发阶段。

2022年3月,大连商品交易所表示,将天气指数衍生品作为其指数板块业务拓展的重点品种之一。据了解,大连商品交易所与中央气象台联合编制的温度指数包括多个城市的月度累积平均温度指数和制冷(制热)指数等。例如,基于中央气象台精细化天气预报的月度累积平均温度指数反映某月累积平均温度,主要服务于农业、运输等行业。

有了天气期货,多个国民经济领域主体可以基于气象数据资料和历史财务数据,通过参与天气期货市场开展套期保值,进一步稳定农业生产和企业经营。业内人士分析称,天气期货是气象和期货两个领域携手服务实体经济的重要抓手。农业、能源、旅游、零售和运输等行业对极端天气变化较为敏感。受极端天气变化影响,这些行业的生产经营成本和市场需求将发生较大波动,从而使得产业链企业面临一些风险,可见研发上市天气期货很有必要。

资料来源:周亮.广东发文支持广期所研发上市天气期货[EB/OL].(2023-03-15)[2024-01-20].https://news.cnstock.com/industry,rdjj-202303-5030877.html.

(四) 按照合约的形态分类

1. 远期合约

远期合约是指交易双方在场外市场上通过协商,约定在未来某个日期按照约定价格买卖某种标的资产的合约。远期合约于20世纪80年代初兴起,最早是作为一种套期保值的工具。交易双方需要确定交易的标的物、有效期和交割时的执行价格等内容,双方都必须履行协议。一般来说,双方协议确定合约的各项条款,这些条款是为买卖双方量身定制的,满足了买卖双方的特殊要求,通常通过场外交易市场达成。常见的远期合约包括远期利率协议、远期外汇合约和远期股票合约等。

2. 期货合约

期货合约是指买卖双方在有组织的交易所内以公开竞价的形式达成的,在将来某一特定时间交收标准数量特定金融工具的协议。期货合约虽然与远期比较类似,但合约到期日及其买卖的资产的种类、数量、质量均由交易所做出统一规定。传统期货覆盖了前文所述的各类商品和金融基础资产,是全球交易量最大的金融工具之一,除此之外,不少交易所陆续推出更多新型的期货品种,如房地产价格指数期货、通货膨胀指数期货、天气期货、政治期货等。

3. 期权合约

期权合约是指合约的买方向卖方支付一定费用,在约定日期内享有选择是否按照事先确定的价格向合约卖方买卖某种金融工具的权利的契约。与期货类似,期权合约也覆盖了前文所述的各类商品和金融基础资产。目前全球范围内期权合约的交易量已经超过期货合约,成为交易量最大的金融衍生工具。

4. 互换合约

互换合约又称掉期合约,是指两个或两个以上的当事人按照共同商定的条件,在约定的时间内交换一定现金流的金融交易。常见的金融互换，包括货币互换、利率互换、股权互换、信用违约互换等。

5. 结构化金融衍生工具

以上四种常见的金融衍生工具通常也称为建构模块工具，它们是最简单和最基础的金融衍生工具。而利用其结构化的特征，通过相互结合或者与基础资产相结合，可以开发设计出更多具有复杂特性的金融衍生产品，这种金融衍生工具称为结构化金融衍生工具，或简称为结构化产品。例如，在股票交易所交易的各类结构化票据及目前我国各家商业银行推广的挂钩不同标准资产的理财产品都是其典型代表。

第二节 期货交易与分析

一、期货合约概述

（一）期货合约的概念

期货合约是在交易所进行交易的双方约定在未来某一特定时间、以某一特定价格、买卖某一特定数量和质量的资产的标准化合约。合约的到期日及其买卖的资产的种类、数量、质量等条款均由交易所做出统一规定。

（二）期货合约的条款

期货合约是一种在规范交易所内进行交易的标准化合约，在合约中对有关交易的标的合约规模，交割时间标价方法等都有标准化的条款，同时它也是一种大众化的公共约定，一张期货合约通常包括以下基本内容。

1. 合约名称

合约名称需要包含两部分内容：合约的交易品种与合约的上市交易所。其中，交易品种是指具有期货标的性能，并经过批准允许作为进入交易所进行期货买卖的品种；上市交易所指的是该品种的合约上市交易所在的交易所。

2. 交易单位

我国期货市场以"手"或"张"为计量期货合约数量的基本单位。交易单位是指在期货交易所交易的每手期货合约代表的标的商品的数量，在交易时，只能以交易单位的整数倍进行买卖。

3. 报价单位

报价单位是指在公开竞价过程中对期货合约报价所使用的单位，即每计量单位的货币价格或指数点。

4. 最小变动价位

最小变动价位又称最小价格波动，是指某一合约报价单位在每一次报价时所允许的最小价格变动量。有了最小变动价位的规定，竞价的双方就有了标准，在相同的价值上就可以成交。

5. 涨跌停板幅度

涨跌停板幅度又称每日价格波动限制。为了防止过度投机而带来的暴涨暴跌，交易所对大多数的期货合约所规定的每天价格相对于上一结算日可以波动的最大限度，如果价格变化超过这一幅度交易就自动停止。

6. 合约交割月份

合约交割月份是指期货合约到期交收实物或进行现金结算的月份,是交易所为了集中交易量以提高流动性而规定的交割月份。

7. 交易时间

交易时间是交易所规定的各类期货的营业日和每一个营业日内的具体交易时间。

8. 最后交易日

最后交易日是指由交易所规定的各种合约停止交易的最后截止时间。在期货交易中,绝大多数成交的合约都是通过对冲交易结清的,如果持仓者到最后交易日仍不进行对冲交易,那么就必须通过交割实物或者结算现金来结清。

9. 交割日期

交割日期是指由期货交易所规定的,以实物交割或现金交割方式了结未平仓期货合约、进行合约标的物所有权转移的时间。商品期货的交割时间通常不止有一天,完成整个交割流程需要经过几天时间,各交易所规定的流程顺序稍有差别。

10. 交割等级

交割等级是指由期货交易所统一规定的、准许在交易所上市交易的合约标的物的质量等级。对于商品期货来讲,由于商品的规格、质量等存在差异,交易所一般要对期货加以规定。对于金融期货来讲,由于不存在品质的差异,交易所对一些特殊的金融期货合约做必要规定外,一般不做其他具体规定。

11. 交割地点

交割地点是由期货交易所统一规定的、进行实物交割的指定交割仓库。商品期货交易大多涉及大宗实物商品的买卖,因此需要指定交割仓库。金融期货交易则不需要指定交割仓库,但交易所会指定交割银行。

12. 交易保证金

交易保证金是期货交易所规定的、交易者按合约成交价值的一定比例,向期货结算机构缴纳的用以担保履约的保证金。期货合约交易的双方均需要缴纳保证金。

13. 交割方式

期货交易的交割分为实物交割和现金交割两种方式。商品期货的交割方式通常为实物交割,而金融期货的交割方式则通常为现金交割。

14. 交易代码

为了方便期货交易和市场管理,期货交易所对每一个上市期货品种都规定了交易代码。

15. 上市交易所

目前我国各交易所上市的每份期货合约的最后一项都会标明该合约的上市交易所,便于交易者查找相关规定并进行交易。

16. 交易手续费

交易手续费是期货交易所按成交合约金额的一定比例或按成交合约手数收取的费用,投资者在开仓和平仓时均需要支付交易手续费。

二、期货交易

期货交易是指交易双方在集中性的市场,以公开竞价的方式所进行的期货合约的交易。

(一) 期货交易的特征

1. 交易所组织交易

期货交易是在专门的期货交易所内进行的,一般不允许场外交易。期货交易所不仅为期货交易者提供了一个专门的交易场所和必需的各种设备和服务,同时还为期货交易制定严密的规章制度,使得期货交易能够组织化和规范化地顺利进行。

此外,期货交易所还直接接入每笔期货交易,充当期货合约买方的卖方和买方的卖方,为所有在期货交易所内达成的交易提供财务上和合约履约方面的担保,这是期货交易区别于现货即期交易和现货远期交易的一个重要方面。

2. 期货合约标准化

期货交易所买卖的期货合约均是由其制定的标准化合约,现代期货市场的产生正是以标准化期货合约的出现为标志的,这也是期货交易区别于远期合约交易的又一个重要方面。期货合约的数量、等级、交割时间、交割地点等条款都是标准化的,合约中唯一的变量是价格。

标准化期货合约的出现,既简化了交易手续、降低了交易成本,又防止了因交易双方对合约条款的不同理解而可能出现的争议和纠纷。同时,由于期货合约是标准化的,为合约持有者今后进一步转让合约创造了便利条件。

3. 保证金制度

期货市场进行交易,需要缴纳一定数量的履约保证金,并且在交易的过程中需要维持一个最低的履约保证金。保证金比率依照期货合约和交易所的不同而有所区别,同时随着期货合约交割期的临近,保证金水平会不断提高。这种做法的目的是给期货合约的履行提供一种财务担保。

保证金制度对于期货交易来说是至关重要的,它增加了期货交易的安全性,使得期货交易所和结算所能够为在交易所内达成并经结算所结算的期货交易提供履约担保。

4. 不以实物商品的交割为主要目的

期货交易的交易者进行交易的主要目的通常有风险管理和赚取收益两种。这两种特定的目的决定了期货交易是一种不以实物商品交割为主要目的的交易。在合约到期前,投资者可以通过对冲平仓的方式了结交易。事实上,期货交易中最后进行实物交割的比例很小,一般只有 1%~3%。

5. 合约对买卖双方强制执行

没有在合约最后交易日之前进行对冲平仓的交易者,无论是合约的买方还是卖方,都必须在期货合约到期时按照合同规定进行实物或现金交割。

知识拓展

《大连商品交易所交易规则》第六章结算业务中有关保证金的内容(节选)

第六十五条 交易所实行保证金制度。保证金,是指期货交易者按照规定交纳的资金或者提交的价值稳定、流动性强的标准仓单、国债等有价证券,用于结算和保证履约。交易所可以根据市场情况调整保证金水平。

第六十六条 保证金分为结算准备金和交易保证金。

结算准备金是指会员为了交易结算在交易所专用结算账户预先准备的资金,是未被合约占用的保证金。结算准备金的最低余额由交易所决定。

交易保证金是指会员在交易所专用结算账户中确保合约履行的资金,是已被合约占用的保证金。当买卖双方成交后,交易所按持仓合约价值的一定比率或者交易所规定的其他方式收取交易保证金。交易所可调整交易保证金水平,具体实施细则另行制定。

第六十七条　交易所向会员收取的保证金,期货公司会员向客户、委托其结算的境外特殊参与者以及境外中介机构收取的保证金,不得低于中国证监会、交易所规定的标准。

第六十八条　交易所向会员收取的保证金,属于会员所有。

委托会员结算的境外特殊参与者、委托会员交易结算的境外中介机构交存至会员的保证金,属于该境外特殊参与者、境外中介机构所有。

客户交存至会员、境外特殊经纪参与者、境外中介机构的保证金,属于客户所有。

第六十九条　交易所应当制定期货保证金存管银行管理办法,规定期货保证金存管银行资格的取得与终止的条件和程序、期货保证金存管银行的权利和义务、对期货保证金存管银行的监督管理等内容。

第七十条　交易所在指定期货保证金存管银行开设专用结算账户,用于存放会员保证金及相关款项。

会员应在交易所指定期货保证金存管银行开设专用资金账户,会员专用资金账户只能用于会员与其客户、境外特殊参与者和境外中介机构、会员与交易所之间期货业务的资金往来结算。

第七十一条　期货公司会员应当将其客户、境外特殊参与者和境外中介机构交纳的保证金存放于会员保证金账户,以备随时交付保证金及有关费用,不得挪作他用。

第七十二条　交易所实行当日无负债结算制度。

第七十三条　当日交易结束后,交易所对每一会员的盈亏、交易保证金、税金、交易手续费等款项进行结算。会员可通过会员服务系统获取相关的结算数据。

第七十四条　当日盈亏为平仓盈亏与持仓盈亏之和。

第七十五条　会员结算准备金余额低于交易所规定的结算准备金最低余额的,应当追加保证金。

第七十六条　会员应当在规定时间内补足至结算准备金最低余额。未补足的,若结算准备金余额大于零而低于结算准备金最低余额,不得开仓;若结算准备金余额小于零,则交易所将对该会员采取强行平仓等风险控制措施。

交易所可以根据市场风险状况,向风险较大的会员发出追加保证金的通知。

第七十七条　会员无法履约时,交易所有权采取下列保障措施:

(一)暂停开仓业务。

(二)按规定强行平仓,并用平仓后释放的保证金履约赔偿。

(三)将交存作为保证金的资产处置变现,用变现所得履约赔偿。

(四)用该会员的会员资格转让所得款项和其他资金履约赔偿。

(五)交易所代其履约后,依法追偿。

资料来源:大连商品交易所. 大连商品交易所交易规则[EB/OL]. http://www.dce.com.cn/dalianshangpin/fgfz/6142914/6142918/6146499/index.html.

(二) 期货交易者类型

1. 套期保值者

套期保值者是在期货市场买入(卖出)与其将在现货市场上买入(卖出)基础资产数量相等、交割日期相同或相近的该商品期货合约,并在将来某一时间通过卖出(买入)相同期货合约对冲手中所持的合约,用这种方法来避免价格变动对现货市场交易造成的损失的投资者。

2. 投机者

投机者是指愿意以自己的资金来承担价格风险,通过对市场价格趋势的预测,买卖期货合约,并希望能够低价买入高价卖出,在价格变化中获得收益的投资者。

投机者是风险爱好者,为了获得差价利润,主动承担交易风险。

3. 套利者

套利者是指利用相关市场或相关合约之间的价差变化,在相关市场或相关合约上进行交易方向相反的交易,以期通过价差发生有利变化而获利的交易者。

(三) 期货交易的功能

1. 风险转移

风险转移是期货交易最基本的经济功能,在日常经济活动中,市场主体经常面临商品价格、利率、汇率或证券价格的变动,所谓风险转移就是将市场上的变化的风险从不愿意承担风险的人身上转移到愿意承担风险的人身上。有了期货的交易后,生产经营者就可以利用套期保值交易,把价格风险转移出去,以实现规避风险的目的。

套期保值规避价格波动风险的经济原理,是某一特定商品的期货价格和现货价格应该是共同受相同的经济因素的影响和制约的,两者的价格走势具有趋同性。多数情况下,现货价格上升时,期货价格也会上升,并且当期货合约临近交割时,现货价格与期货价格的价差也往往接近于零,否则会产生套利机会。因此套期保值者,只要在期货市场建立一种与其现货市场相反的头寸,那么在市场价格发生变动时,其在一个市场遭受损失的同时必然在另一个市场上可以获利,以获利弥补损失,达到保值的目的。

2. 价格发现

期货交易的价格发现功能是指期货市场价格具有揭示商品市场供需关系变化的意义,对生产者、消费者理性决策具有重要的指导作用。期货市场在价格形成方面的优势,决定了它具有价格发现的功能。

期货价格是参与者在交易所集中交易中形成的,这与现货价格多是在参与者相对分散和私下进行交易而形成的完全不同。集中交易聚集了众多交易者,并在自由、公开的环境下进行竞价,故期货价格比现货价格更真实、更有权威性。此外,期货价格所代表的是未来某一具体时间、地点的市场交收价,众多参与者带着不同的预期进行交易,交易结果代表市场对未来价格的看法。

与一般的现货价格相比,期货价格的显著特点包括真实性、预期性、连续性和权威性。

期货交易的这种价格发现功能有利于市场供求和价格的稳定。期货市场上交易的是在未来一定时间履约的期货合约,它能在一个生产周期开始之前,就使商品的买卖双方根据期货价格预期商品未来的供求状况,指导商品的生产和需求,起到稳定供求的作用。

3. 风险投资

期货交易不仅为保值者提供了套期保值的功能,也为投机者提供了在承担风险基础上的投资赢利功能。事实上,保值者因有物要保,才以一定的货币参与期货交易,但它的期货收益是不能与货币单独结算的,须与货物价值变化结合在一起,通过期货与现货价值冲抵来结算货币交易的结果或效果。进行风险投资的情形则不同,投机者单纯以货币买卖期货合约,赚取其中的价差收益,风险投资结算是单独以货币投资收益计算的。

风险投资者参与期货的目的与套期保值者不同,参与的方式比保值者更自由灵活。没有风险投资的功能,期货的套期保值功能是不完整的,甚至是难以实现的。

4. 资源配置

随着经济全球化程度的深化和全球经济不稳定因素增多,各国经济主体面临的风险不断增加,迫切需要利用期货市场的独特优势为其持有的资源进行优化配置。国际大宗商品交易金融化程度的提高与金融期货迅猛发展,使期货市场具备了资产配置功能,能满足投资者规避风险及个性化、分散化、多元化的资产配置需求。

(四) 期货交易相关术语

1. 开仓、持仓和平仓

在期货交易中,无论是买还是卖,凡新建头寸都称为开仓或建仓。交易者开仓之后手中持有头寸,即为持仓。平仓,是指期货交易者了结持仓的交易行为,了结方式是针对持仓方向做相反的对冲买卖。由于开仓和平仓有着不同的含义,交易者在买卖期货合约时,必须指明是开仓还是平仓。

2. 做多和做空

期货既可先买入后卖出,也可先卖出后买入对冲。做多或买多是指买入期货合约(建立多仓),做空或卖空是指卖出期货合约(建立空仓)。同一月份合约的买多和卖空持仓是同一份合约的"两面",并非是两种合约品种。

此外,做多期货的投资者称为期货合约的多头,而做空期货的投资者称为期货合约的空头。

3. 换手交易

换手交易有多头换手和空头换手之分。当原来持有多头的交易者卖出平仓,但新的多头又开仓买进,称为多头换手;空头换手是指原来持有空头的交易者买进平仓,但新的空头又开仓卖出。

4. 交易指令

期货的交易指令包括四个大类:市价指令、限价指令、止损指令和取消指令。交易指令当日有效,在指令成交前,客户可提出变更或撤销。

(1) 市价指令,是指不限定价格的买入或卖出申报,尽可能以市场最好的价格成交的指令。

(2) 限价指令,是指执行时必须按限定价格或更好的价格成交的指令,特点是如果成交,一定是客户的预期价格或比其更好。

(3) 止损指令,是指当市场价格触及投资者预先设定的触发价格时,交易所计算机撮合系统将其立即转为市价或限价指令的指令。

(4) 取消指令,是指客户将之前下过的某一指令取消的指令。如果在取消指令生效之前,前一指令已经成交,则称为取消不及,客户必须接受成交结果。如果部分成交,则可将剩余部分还未成交的撤销。

5. 追加保证金和强制平仓

当日权益减去持仓保证金,即资金余额。如果当日权益小于持仓保证金,则意味着资金余额为负数,保证金不足。按照规定,期货经纪公司会通知账户所有人在下一交易日开市之前将保证金补足,此举即为追加保证金。如果账户所有人在下一交易日开市之前没有将保证金补足,按照规定,期货经纪公司可以对该账户所有人的持仓实施部分或全部强制平仓,直至留存保证金符合规定的要求。

知识拓展

追加保证金和强制平仓案例

某客户账户原有保证金 120 000 元,5 月 9 日,开仓买进 9 月大豆合约 80 手,均价 2 400 元,手续费为单边每手 10 元,当日结算价为 2 380 元,保证金比例为 5%。

当日开仓持仓盈亏 = (2 380 − 2 400) × 80 × 10 = −16 000(元)

手续费 = 10 × 80 = 800(元)

当日权益 = 120 000 − 16 000 − 800 = 103 200(元)

保证金占用 = 2 380 × 80 × 10 × 5% = 95 200(元)

资金余额(即可交易资金) = 103 200 − 95 200 = 8 000(元)

5 月 10 日,该客户没有交易,但 9 月大豆合约的当日结算价降为 2 350 元,当日账户情况为:

历史持仓盈亏 = (2 350 − 2 380) × 80 × 10 = −24 000(元)

当日权益 = 103 200 − 24 000 = 79 200(元)

保证金占用 = 2 350 × 80 × 10 × 5% = 94 000(元)

资金余额(即可交易资金) = 79 200 − 94 000 = −14 800(元)

显然,要维持 80 手的多头持仓,保证金尚缺 14 800 元,这意味着下一交易日开市之前必须追加保证金 14 800 元。如果该客户在下一交易日开市之前没有将保证金补足,那么期货经纪公司可以对其持仓实施部分强制平仓。经过计算,79 200 元的权益可以保留的持仓最多为 67.4 手[79 200÷(2 350×10×5%)]。这样,期货经纪公司最少可以将其持仓强平掉 13 手。

资料来源:中国期货业协会. 追加保证金和强制平仓[EB/OL]. (2023-02-07)[2023-02-07]. http://edu.cfachina.org/wqbh/rxwd/202302/t20230208_36038.html.

三、我国期货交易市场

我国的期货交易在期货交易所内完成。期货交易所是专门进行标准化期货合约买卖的场所。

(一) 期货交易所的职责

根据《中华人民共和国期货和衍生品法》,期货交易场所应当依照本法和国务院期货监督管理机构的规定,加强对交易活动的风险控制和对会员及交易场所工作人员的监督管理,依法履行下列职责:

(1) 提供交易的场所、设施和服务。

(2) 设计期货合约、标准化期权合约品种,安排期货合约、标准化期权合约品种上市。

(3) 对期货交易进行实时监控和风险监测。

(4) 依照章程和业务规则对会员、交易者、期货服务机构等进行自律管理。

(5) 开展交易者教育和市场培育工作。

(6) 国务院期货监督管理机构规定的其他职责。

期货交易场所不得直接或者间接参与期货交易。未经国务院批准,期货交易场所不得从事信托投资、股票投资、非自用不动产投资等与其职责无关的业务。

(二) 期货交易所的组织形式

根据《中华人民共和国期货和衍生品法》,期货交易所可以采取会员制或者公司制的组织形式。

1. 会员制期货交易所

会员制期货交易所由全体会员出资组建。会员缴纳资格费是取得会员资格的条件之一。会员制期货交易所的组织机构由其章程规定,但通常设有会员大会、理事会和监事会等行政组织系统和由总裁负责的日常行政业务管理系统。

会员大会为期货交易所的最高权力机构,由全体会员构成。会员大会一般每年至少召开一次。会员大会主要行使以下职权:

(1) 审定期货交易所章程、交易规则及其修改草案。

(2) 选举、更换会员理事。

(3) 审议批准理事会和总经理的工作报告。

(4) 审议批准期货交易所的财务预算方案、决算报告。

(5) 审议期货交易所风险准备金使用情况。

(6) 决定增加或者减少期货交易所注册资本。

(7) 决定期货交易所的合并、分立、解散和清算事项。

(8) 决定期货交易所理事会提交的其他重大事项。

(9) 期货交易所章程规定的其他职权。

理事会是会员大会的常设机构,是期货交易所的执行机构,向会员大会负责。理事会的主要行使以下职权:

(1) 召集会员大会,并向会员大会报告工作。

(2) 拟订期货交易所章程、交易规则及其修改草案,提交会员大会审定。

(3) 审议总经理提出的财务预算方案、决算报告,提交会员大会通过。

(4) 审议期货交易所合并、分立、解散和清算的方案,提交会员大会通过。

(5) 决定专门委员会的设置。

(6) 决定会员的接纳和退出。

(7) 决定对违规行为的纪律处分。

(8) 决定期货交易所变更名称、住所或者营业场所。

(9) 审议批准根据章程和交易规则制定的细则和办法。

(10) 审议结算担保金的使用情况。

(11) 审议批准风险准备金的使用方案。

(12) 审议批准总经理提出的期货交易所发展规划和年度工作计划。

(13) 审议批准期货交易所对外投资计划。

(14) 监督总经理组织实施会员大会和理事会决议的情况。

(15) 监督期货交易所高级管理人员和其他工作人员遵守国家有关法律、行政法规、规章、政策和期货交易所章程、交易规则及其实施细则的情况。

(16) 组织期货交易所年度财务会计报告的审计工作,决定会计师事务所的聘用和变更事项。

(17) 期货交易所章程规定和会员大会授予的其他职权。

此外,会员大会下设监事会,监事会是期货交易所的检查、监督机构。

2. 公司制期货交易所

公司制期货交易所是由投资者以入股方式组建并设置场所和设施、经营交易市场的股份有限公司,是以营利为目的的公司法人。它不参与交易,却向交易者收取交易费用,使投资者受益。公司制交易所机构设置有股东大会、董事会、监事会及经理机构等,也设置与会员制基本一致的专业委员会。

公司制期货交易所设股东大会。股东大会是期货交易所的权力机构,由全体股东组成。股东大会行使下列职权:

(1) 本办法第二十条第(一)项、第(四)项至第(七)项规定的职权。

(2) 选举和更换非由职工代表担任的董事、监事。

(3) 审议批准董事会、监事会和总经理的工作报告。

(4) 决定期货交易所董事会提交的其他重大事项。

(5) 期货交易所章程规定的其他职权。

期货交易所设董事会,每届任期3年。董事会对股东大会负责,行使下列职权:

(1) 召集股东大会会议,并向股东大会报告工作。

(2) 拟订期货交易所章程、交易规则及其修改草案,提交股东大会审定。

(3) 审议总经理提出的财务预算方案、决算报告,提交股东大会通过。

(4) 审议期货交易所合并、分立、解散和清算的方案,提交股东大会通过。

(5) 监督总经理组织实施股东大会和董事会决议的情况。

(6) 会员制期货交易所理事会职权规定的职权。

(7) 期货交易所章程规定和股东大会授予的其他职权。

公司制期货交易所设监事会,每届任期3年。监事会成员不得少于3人。监事会设主席1人、副主席1人或2人。监事会主席、副主席的任免,由中国证监会提名,监事会通过。监事会行使下列职权:

(1) 检查期货交易所财务。

(2) 监督期货交易所董事、高级管理人员执行职务行为。

(3) 向股东大会提出提案。

(4) 期货交易所章程规定的其他职权。

最近几年,公司制交易所在决策机制、产品创新、融资渠道、自律管理、运营效率等方面的优越性日益显现,从会员制到公司制,再到上市发展,成为国际交易所改制发展的新潮流。

3. 会员制和公司制期货交易所的区别

会员制与公司制期货交易所不但在设立时不同,在实际运行过程中也有明显的差别,主要表现在以下几个方面：

(1) 设立的目的不同。会员制法人是以公共利益为目的，而公司制法人是以盈利为目的，并将所获得的利润在股东之间进行分配。

(2) 承担的法律责任不同。在会员制期货交易所内，各会员除依章程规定分担经费和应出资缴纳的款项外，不承担交易中的任何责任；而公司制的股东除缴纳股金外，还要对期货交易所承担有限责任。

(3) 适用的法律不尽相同。会员制法人一般适用《中华人民共和国民法典》（以下简称《民法典》）的有关规定，而公司制法人首先适用《公司法》的规定，只有在《公司法》未做规定的情况下，才适用《民法典》的一般规定。也就是说，公司制的期货交易所在很大程度上是由《公司法》来加以规范的。

(4) 资金来源不同。会员制交易所的资金来源于会员缴纳的资格金等，其每年的开支均从当年的赢利和会员每年上缴的年会费中取得，盈余部分不作为红利分给会员；公司制交易所的资金来源于股东本人，只要交易所赢利，就可将其作为红利在出资人中进行分配。

尽管会员制和公司制期货交易所存在上述差异，但它们都是以法人组织的形式设立的，处于平等的地位，同时要接受证券期货管理机构的管理和监督。

(三) 我国的期货交易所

目前，我国大陆地区共有郑州商品交易所、大连商品交易所、上海期货交易所、中国金融期货交易所、上海国际能源交易中心、广州期货交易所六家专门从事期货及期权交易的交易所。

1. 郑州商品交易所

郑州商品交易所（以下简称郑商所）成立于1990年10月，是国务院批准成立的首家期货市场试点单位，由中国证监会管理。郑商所实行会员制。

郑商所目前上市交易包括普通小麦、棉花、油菜籽、菜籽油、菜籽粕、对二甲苯等多个期货品种，范围覆盖粮、棉、油、糖、果和能源、化工、纺织、冶金、建材等多个国民经济重要领域。

2. 大连商品交易所

大连商品交易所（以下简称大商所）成立于1993年，是经国务院批准并由中国证监会监督管理的五家期货交易所之一。大商所实行会员制。

目前大商所已上市大豆、玉米、焦炭等多个期货品种，覆盖粮食、经济作物、畜牧业、林产品、化工、能源、金属类等多个领域。

3. 上海期货交易所

上海期货交易所（以下简称上期所）是受中国证监会集中统一监管的期货交易所，宗旨是服务实体经济。上期所实行会员制。

根据公开、公平、公正和诚实信用的原则，上期所组织经中国证监会批准的期货交易，目前已上市铜、黄金、燃料油、石油、沥青等多个期货品种。

4. 中国金融期货交易所

中国金融期货交易所（以下简称中金所）是经国务院同意，中国证监会批准设立的，专门从事金融期货、期权等金融衍生品交易与结算的公司制交易所。中金所由上期所、郑商所、大商所、上期所和深圳证券交易所共同发起，于2006年9月8日在上海正式挂牌成立。目前中金所已上市交易包括沪深300期货、各类国债期货等在内的多个金融衍生品。

5. 上海国际能源交易中心

上海国际能源交易中心股份有限公司(以下简称上期能源)是经中国证监会批准,由上海期货交易所发起设立的、面向期货市场参与者的国际交易场所,根据《公司法》《期货交易管理条例》和中国证监会等有关法律法规履行期货市场自律管理职能。2013年11月6日,上期能源注册于中国(上海)自由贸易试验区,实行公司制。上期能源目前共有原油、低硫燃料油期货、20号胶和铜等品种的期货合约上市交易。

6. 广州期货交易所

广州期货交易所(以下简称广期所)于2021年4月19日挂牌成立,是经国务院同意,由中国证监会批准设立的第五家期货交易所。广期所由上期所、郑商所、大商所、中金所、中国平安保险(集团)股份有限公司、广州金融控股集团有限公司、广东珠江投资控股集团有限公司、香港交易及结算所有限公司共同发起设立,是国内首家混合所有制交易所,实行公司制。

广期所成立时间较短,目前仅有碳酸锂及工业硅两种商品的期货合约在广期所上市交易。

四、期货投资策略

期货投资主要有三种策略:套期保值、投机和套利。

(一)套期保值

套期保值是在期货市场买入(卖出)与其将在现货市场上买入(卖出)基础资产数量相等、交割日期相同或相近的该商品期货合约,并在将来某一时间通过卖出(买入)相同期货合约对冲手中所持的合约,用这种方法来避免价格变动对现货市场交易造成的损失的交易行为。

1. 套期保值的原理

套期保值是利用现货市场和期货市场的价格相关关系以及期货合约在期货市场上可以随时进行对冲的特点,通过在期货市场上持有一个与将来在现货市场上准备交易的相同商品或相关商品、同等数量的期货合约,来避免未来现货市场的价格波动可能给交易者带来的损失。套期保值之所以能有助于规避价格风险,达到套期保值的目的,主要有以下两方面的原因:

(1)期货价格与现货价格的变动方向相同,变动幅度也大致相同。这是因为同一品种商品,其期货价格与现货价格受到相同经济因素的影响和制约,因此,虽然其价格波动的幅度会有所不同,但其变动的趋势和方向是一致的。

(2)期货合约交割月份的逼近,期货价格收敛于现货价格。当到达交割期限时,期货价格等于或非常接近于现货价格。

2. 套期保值的原则

1)种类相同或相关

进行套期保值时,所选择期货合约的标的物和将要在现货市场做反方向交易的现货商品或资产在种类上相同或相关。选择这一条件是因为种类相同或相关的商品价格之间具有较大的正相关性。套期保值的最终目的是找到一个和现货市场某商品相关性极强(最好是完全同步)的期货合约,而种类相同或相关的期货合约比较满足这一特性。

2)数量相等或相当

数量相等或相当是指在做期货套期保值时,买卖期货合约的规模必须与套期保值者在现货市场上所买卖的商品或资产规模相等或相当。这一原则同样是基于期货合约和现货市场商品价格变动具有同步性。

3) 期限相同或相近

期限相同或相近是指在做套期保值交易时,所选用的期货合约的价格月份最好与交易者将来在现货市场上买进或卖出现货商品的时间相同或相近。这是因为期限相同或相近的期货合约,期货价格和现货价格之间的联系才会更加紧密,套期保值效果才更显著。

4) 交易方向相反

交易方向相反是指在做套期保值交易时,套期保值者必须同时或相近时间内在现货市场上和期货市场上采取相反的买卖行动,即进行相反的交易方向。只有遵循交易方向相反的原则,交易者才能取得在一个市场上亏损的同时,在另一个市场上实现盈利的结果,从而在两个市场上建立盈亏对冲机制,达到套期保值的目的。如果违反了交易方向相反的原则,其结果是要么在两个市场同时亏损,要么在两个市场同时盈利,不仅达不到规避风险的目的,反而增加了价格风险。

3. 套期保值的应用

1) 买入套期保值

买入套期保值,又称多头套期保值、买期保值。为了回避未来某种现货基础资产价格上涨风险,交易者先在期货市场上买入与其将在现货市场上买入的基础资产品种、数量、交割日期相同或相近的期货合约,一段时间后,交易者在现货市场上买入现货基础资产的同时,在期货市场上进行对冲,卖出平仓原先买进的该基础资产的期货合约,进而为其在现货市场上买进现货基础资产的交易进行保值,这种做法便是买入套期保值。

买入套期保值通常适用于投资者准备在将来某一时刻购买商品,却担心商品涨价时,或者某个投资者在资产上做空头时,可用多头套期保值策略进行风险管理。

【例 6-1】 某铝型材厂的主要原料是铝锭,某年 4 月铝锭的现货价格为 14 000 元/吨,该厂计划在三个月后购进 500 吨铝锭。由于担心届时价格上涨而提升成本,决定进行买入套期保值。

该铝型材厂在 4 月初以 14 200 元/吨的价格买入 500 吨 7 月到期的铝锭期货合约。7 月初,铝锭现货价已上涨至 16 000 元/吨,而此时期货价格也涨至 16 200 元/吨。于是,该铝型厂以 16 000 元/吨的价格在现货市场上购进了 500 吨铝锭,同时在期货市场上以 16 200 元/吨的价格卖出平仓。

要求:采用多头套期保值策略进行风险管理。

解析:

该铝型材厂最终的盈亏平衡表如表 6-2 所示。

表 6-2　　　　　　　　　　铝型材厂盈亏平衡表

时间	现货市场	期货市场
4月初	计划三个月后买入 500 吨铝锭 当前价格 14 000 元/吨 预期成本: 14 000×500=700 000(元)	买入开仓 500 吨 7 月到期的铝锭期货合约 价格:142 000 元/吨 支出: 14 200×500=710 000(元)

(续表)

时间	现货市场	期货市场
7月初	实际买入500吨铝锭 买入价格16 000元/吨 购买成本： 　　16 000×500＝800 000(元)	卖出平仓500吨7月到期的铝锭期货合约 价格：162 000元/吨 收入： 　　16 200×500＝810 000(元)
盈亏结果	损失2 000元/吨 共计损失100 000元	盈利2 000元/吨 共计盈利100 000元

通过分析表6-2可知，虽然该铝型材厂最终在现货市场买入铝锭时比预期成本多花了100 000元，但由于其所做的买入套期保值，期货市场的交易为其带来的100 000元的盈利，刚好覆盖现货市场的损失。该铝型材厂最终通过买入套期保值的操作将成本锁定在4月初认可的14 000元/吨，回避了价格上涨的风险。

通过[例6-1]可以看出，买入套期保值可以规避价格上涨带来的风险。

2) 卖出套期保值

卖出套期保值，又称空头套期保值、卖期保值。为了回避未来某种现货基础资产价格下跌风险，交易者先在期货市场上卖出与其将在现货市场上卖出的基础资产品种、数量、交割日期相同或相近的期货合约，一段时间后，交易者在现货市场上卖出现货基础资产的同时，在期货市场上进行对冲，买入平仓原先卖出的该基础资产的期货合约，进而为其在现货市场上卖出现货基础资产的交易进行保值，这种做法便是卖出套期保值。

卖出套期保值一般适用于持有相关基础资产的交易商，担心商品价格下跌的情况，或适用于预测资产的未来销售。卖出套期保值可以规避价格下跌带来的风险。

【例6-2】 某年8月26日，沪深300指数经过多日反弹上涨至2 600点，某私募基金持有的一股票组合A，当日市值为5 000万元。由于不看好后市，担心股市下跌导致股票组合价值损失，该私募基金卖出了70手次年1月到期的沪深300股指期货合约，成交价为2 610点。

3个月后的11月26日，沪深300指数跌至2 250点，与8月26日相比，下跌了350点，而次年1月到期的沪深300股指期货合约则跌至2 240点，该私募基金将原先卖出的80手期货合约平仓，平仓价格为2 245点。此时该私募基金所持有的股票组合A市值跌至4 200万元。

要求：根据以上资料分析套期保值的策略。

解析：

该私募基金最终的盈亏平衡表如表6-3所示。

表6-3　　　　　　　　　　　　私募基金盈亏平衡表

时间	现货市场	期货市场
8月26日	股票组合A市值5 000万元	卖出开仓70手沪深300股指期货合约 价格：2 610点(300元/点) 收入： 　　2 610×300×70＝5 481(万元)

215

(续表)

时间	现货市场	期货市场
11月26日	股票组合A市值4 200万元	买入平仓70手沪深300股指期货合约 价格：2 245点(300元/点) 支出： $2\,245 \times 300 \times 70 = 4\,714.5$（万元）
盈亏结果	亏损800万元	盈利766.5万元

通过分析表6-3可知，该私募基金所持有的股票组合A因市场波动产生了800万元亏损，但由于其所做的卖出套期保值，期货市场的交易为其带来766.5万元的盈利。由于私募股票组合与沪深300指数代表的股票并不完全相同，该私募基金在期货市场上的盈利与亏损并未刚好相抵。但需要注意的是，相较于不做套期保值操作，该私募基金仍然抵补了绝大部分的损失。

(二) 投机

期货投机交易是指交易者通过预测期货合约未来价格的变化，以在期货市场获取差价收益为目的进行的交易行为。

期货投机交易的基本准则是低买高卖或者高卖低买。预期价格上涨，买进期货合约的行为称为多头投机交易，价格确实上涨并有了差价后，投机者卖出平仓期货合约后便可获得投机利润。预期价格下跌，卖出期货合约的行为称为空头投机交易，价格确实下跌并有了差价后，投机者买进平仓期货合约后便可获得投机利润。

1. 期货投机的功能

1) 承担价格风险

期货市场的套期保值交易能够为生产经营者规避风险，但这种交易只是转移了风险，并不能把风险消灭，转移出去的风险需要有相应的承担者，期货投机者在期货市场上起着承担风险的作用。实践证明，一个市场中如果只有套期保值交易，根本无法达到转移风险的目的。这是因为，如果只有套期保值者参与期货交易，那么，必须在买入套期保值者和卖出套期保值者交易的数量完全相等时，交易才能成立。实际上，多头保值者和空头保值者的不平衡是经常性的。

投机者的参与正好能弥补这种不平衡，促使期货交易的实现。如果期货市场上没有投机者或没有足够的投机者参与期货市场，套期保值者就没有交易对手，风险也就无从转嫁，期货市场套期保值回避风险的功能自然也就难以发挥。

2) 提高市场流动性

期货市场是否健康发展，很大程度取决于市场流动性的高低，也就是市场交易的活跃程度。投机者的参与，为对冲保值者提供了更多交易机会，扩大了交易量，从而提高了市场流动性。

3) 减缓价格波动

投机者总是力图通过正确判断、预测未来价格走向来赚取差价利润。当期货市场供大于求，市场价格低于均衡价格时，投机者会低价买进合约，增加需求，促使期价上涨，供求重新趋于均衡；反之，当期货市场供不应求，期货价格高于均衡价格时，投机者会高价卖出合约,增加供给,促使期价下跌,供求再次趋于均衡。投机交易对于缩小期货价格波幅发挥了很大作用。

要实现减缓期货市场的价格波动,前提是要求投机者理性操作,适度投机。违背市场规律、操纵市场的过度投机,会破坏供求关系,加大市场风险。遏制过度投机,打击操纵市场行为是各国期货市场监管机构的重要职责。

4) 促进价格发现

期货投机者为了使自己的投机活动获利,就必须不断地运用各种手段,通过各种渠道,收集、传递、整理所有可能影响商品价格变动的信息资料,并将自己对未来价格的预期通过交易行为反映在期货价格之中。同时,投机者在市场中快进快出,及时修正自己对价格的判断,可以进一步影响期货价格的形成。

投机者通过在价格处于较低水平时买进期货,使需求增加,导致价格上涨;在较高价格水平卖出期货,使需求减少,这样又平抑了价格,使价格波动趋于平稳,从而形成合理的价格水平。

2. 期货投机的应用

1) 多头投机

预期价格上涨,买进期货合约的行为称为多头投机交易,价格确实上涨并有了差价后,投机者卖出平仓期货合约后便可获得投机利润。

【例6-3】 某年4月,一投机者预测9月份大豆期货合约价格将上升,故买入1手(10吨/手)9月到期的大豆期货合约,成交价格为1 980元/吨。

要求:分析其投机后获得的投机利润。

解析:

大豆期货合约的保证金比例为5%,因此投机者进行这笔交易需要缴纳的保证金为:

$$1\,980 \times 10 \times 5\% = 990(元)$$

同年8月,9月到期的大豆期货合约价格已经上涨至2 030元/吨,该投机者将合约平仓卖出。

该投机者通过本次投机交易的盈亏为:

$$(2\,030 - 1\,980) \times 10 = 500(元)$$

此时,大豆期货合约价格上涨幅度为:

$$\frac{(2\,030 - 1\,980)}{1\,980} = 2.525\%$$

投机者盈利率为:

$$\frac{500}{990} = 50.51\%$$

投机者的盈利率为期货合约价格上涨幅度的倍数:

$$\frac{50.51\%}{2.525\%} = 20(倍)$$

在[例6-3]中,该投机者通过准确预测,赚取了价格变动的利润,并且由于较低水平的保证金,投机者最终的盈利率为期货合约价格上涨幅度的20倍。

2) 空头投机

预期价格下跌,卖出期货合约的行为称为空头投机交易,价格确实下跌并有了差价后,投机者买进平仓期货合约后便可获得投机利润。

【例6-4】 某年7月,一投机者预测11月份焦炭期货合约价格将下降,故卖出1手(100吨/手)11月到期的焦炭期货合约,成交价格为2 400元/吨。

要求:分析其投机后获得的投机利润。

解析:

焦炭期货合约的保证金比例为5%,因此投机者进行这笔交易需要缴纳的保证金为:

$$2\ 400 \times 100 \times 5\% = 12\ 000(元)$$

然而,到10月时,该合约价格并没有下降反而上升至2 430元/吨,并且有继续上升的趋势,该投机者决定及时止损,将合约平仓。

该投机者通过本次投机交易的盈亏为:

$$(2\ 400 - 2\ 430) \times 100 = -3\ 000(元)$$

此时,焦炭期货合约价格变动幅度为:

$$\frac{(2\ 400 - 2\ 430)}{2\ 400} = -1.25\%$$

投机者盈利率为:

$$-\frac{3\ 000}{12\ 000} = -25\%$$

投机者的盈利率为期货合约价格变动幅度的倍数:

$$\frac{-25\%}{-1.25\%} = 20(倍)$$

与[例6-3]不同,[例6-4]中的投机者根据自己的预测进行交易,但由于预测错误,承担了损失。

知识拓展

张卫星黄金爆仓案

2008年8月底,奥运会闭幕不久,北京高德黄金颐合金银制品有限公司(以下简称高德黄金)海外炒金"爆仓"导致清盘的新闻成为财经媒体的焦点。此案之所以引人关注,一大半原因是因为其主持人张卫星在国内股票市场、黄金市场具有极高的知名度。

张卫星称,其在2004年12月开户,开始参与国际黄金市场的现货保证金交易,1年的投资收益率已经超过了300%以上。截至11月,在已经完成的157笔交易中,其中做多与做空的两个方向的交易行为都有,盈利性交易为153笔,亏损性交易为4笔。

2006年,张卫星将主要精力投向了黄金市场,张卫星和几个朋友合伙创办了高德黄金。2007年高德黄金仅在北京就卖出1吨多黄金,金币和金条也卖出了几万盎司,并且也给投资者带来了很可观的收益。由于几年来身体力行,在各种场合的演说或者在媒体上一直发表黄金看涨的评论,张卫星又得到了一个新的雅号,那就是"黄金推销员"。

2001年,世界黄金在历经20年的熊市后首度企稳;2002—2004年,金价分别登上300美元/盎司、400美元/盎司、450美元/盎司整数关;2005年,又登上了500美元/盎司;2006年上半年内连破600美元/盎司、700美元/盎司,接下来回调了5个月;2006年10月,黄金从570多美元/盎司开始重拾升势;2007年年底,终于突破800美元/盎司的历史上最后一个整数关。

张卫星一路看多,一路买多,黄金一路上涨。在这种背景下,张卫星的名声越来越响,高德黄金的业务也越来越红火。张卫星说,作为一个黄金投资者,不论是自有资金的投资,还是代理客户资金的投资,2006—2007年,我们的收益率达到300%。我们的公司也取得了快速的发展,从当初很小的资金积累,到现在已经可以满足我们按照自己的想法去做一些事情了。

2008年7月15日,国际黄金现货价格达到每盎司988.20美元。7月16日黄金价格从高位下跌,然而张卫星依然一如既往地坚持做多策略。随后的一个月里,国际金价雪崩式暴跌,到了8月15日金价已跌破800美元/盎司的关口。此后,由于金价大幅下跌无法及时补足保证金,张卫星"爆仓"了。

据说,张卫星在黄金衍生品交易中损失数千万元。张卫星在接受记者采访时感叹道:"仓位太重了,否则再坚持一段时间,或许还可以全身而退。"9月22日国际现货黄金价格曾一度重回900美元/盎司,然而对于已被迫离场的张卫星来说,已经没有任何意义了。

事后,张卫星承认操作计划上出现了失误,他解释道:投资黄金很多年,过去每年在6月、7月、8月到来年的2月之间都是牛市,于是在6月、7月开始建好了仓,准备放到春节,但遭遇20多年来黄金市场上最大的一次暴跌,使我们在正常年份的安全仓位出现危机。过去我们都统计过,大概的波动幅度在百分之十几到百分之二十几,但是这一次的波动的幅度达到将近百分之三十,所以才出现了损失。

资料来源:中国期货业协会.张卫星黄金爆仓案[EB/OL].(2015-10-22)[2021-06-21]. http://edu.cfachina.org/zsyd/fxal/201510/t20151022_20164.html.

3. 投机的风险管理

投机交易的结果完全依赖于价格变动是否与预期一致,当投资者预测错误时,便会承担损失。不仅如此,由于期货交易的杠杆性存在,投资者在交易时仅需要缴纳较低金额的保证金,如[例6-4]中,投资者的亏损率达到合约价格变动幅度的20倍之高。这进一步证明投机交易的高风险性。

投机者的资金实力有大有小,交易方式也各不相同,但要在期货市场上获得较高回报,一定要做好资金的管理和风险的防范。资金账户的大小、投资组合的搭配以及在每笔交易中的金额配置等,都能影响最终的交易结果。

1) 把握资金管理要领

(1) 投资额必须限定在全部资本的50%之内。

(2) 在任何单个市场上的最大亏损额必须限定在全部资本的5%以内。在决定应该做多少张合约的交易以及应该把止损指令设置在多少元时,这一点是交易者考虑问题最重要的出发点。

(3) 在任何单个市场(品种)上所投入的总资金必须限制在全部资本的 10%~15%。例如，对于一个 200 000 元的账户来说，在任何单独的市场上，最多只能投入 20 000 元至 35 000 元作为保证金存款。这一措施可以防止投资者在一个市场上注入过多的资金，从而避免风险过于集中的危险。

(4) 在任何一个市场群类(相关品种)上所投入的保证金总额必须限制在全部资本的 20%~25%。这样操作的目的是防止投资者在某一类市场中投入过多的本金。同一类合约的市场往往步调一致，如果把全部资金头寸注入同一群类的各个市场，就违背了多样化的风险分散原则。

2) 决定头寸的大小

一旦交易者决定在某市场进行交易，并且选准了入市时机，接下来需要决定建仓头寸的大小，即买入多少张合约。此时需要应用上一条管理方法中所提到的，在任何单个市场(品种)上所投入的总资金必须限制在全部资本的 10%~15%。例如，某投资者有 200 000 元总资产，那么该投资者最多可以投入 30 000 元到黄金期货合约上，如果黄金期货合约需要 2 500 元/张的保证金，那么投资者最多可以交易 12 张黄金期货合约。

3) 分散投资与集中投资

虽然分散投资是控制风险的一个办法，但是也并非分散的品种或市场越多越好。

如果投资者在同一时刻把交易资金分散在过多的市场，为数不多的几笔赢利可能会被其他市场的亏损交易冲抵。因此，在进行分散投资时，需要找到一个合适的平衡点。有些成功的交易者把他们的资金集中于少数几个市场上。

期货投机不同于证券投资之处在于，期货投机主张纵向投资分散化，而证券投资主张横向投资多元化。纵向投资分散化，是指选择少数几个熟悉的品种在不同的阶段分散资金投入；横向投资多元化，是指可以同时选择不同的证券品种组成证券投资组合，这样都可以起到分散投资风险的作用。

(三) 套利

套利交易是指在买入或卖出某种期货合约的同时，卖出或买入相关的另一种合约，并在未来某个时间同时将两种合约平仓的交易方式。从广义上讲，套利也是投机的一种，但套利交易从两合约价格间的变动关系中获利。

在进行套利交易时，交易者关注的是合约之间的相互价格关系，而不是绝对价格水平。

1. 套利交易的原理

套利交易是在价格联动性很强的两个不同合约(包括现货)上建立正反两方向的头寸。这与套期保值的"方向相反、数量相等"的原理存在相似之处。套利者所选择的合约有如下特点：

(1) 两合约的价格大体受相同的因素影响，因而正常情况下两者价格的变动虽存在波幅差异，但具有相同的变化趋势。

(2) 两合约间应存在合理的价差范围，但外界非正常因素会使价格变化超过该范围，合约最终会在该非正常因素影响消除后恢复到原来的价差范围。

(3) 两合约间的价差变动有规律可循，且其运动方式具有可预测性。套利交易的实质是对两合约价差的投资。由于合约间价差变动是可预测的，只要正确分析就可获得。即使分析失误，套利者的风险也远比单向投机者的风险要低。

套利交易者所关心的并非是每个具体合约的价格，而是合约间的价差变动，这正是套利交易是否盈利的关键所在。所以,套利交易利用价差来进行报价。为扩大成交机会,交易者下指令时并不注明特定的买价和卖价,只指定一定的价差。

2. 套利交易的原则

1) 买卖方向对应

在套利建仓时,一定是在建立买仓的同时建立卖仓,而不能是只建立买仓,或是只建立卖仓。

2) 同时建仓

一般来说,多空头寸的建立要在同一时间。鉴于期货价格的波动性,交易机会通常稍纵即逝,如不能在某一时刻同时建仓,其价差有可能变得不利于套利,从而失去套利机会。

3) 同时平仓

套利头寸经过一段时间的波动,达到了所期望的利润目标时,需要通过对冲来结算利润,对冲操作也要同时进行。如果对冲不及时,很可能会使得长时间取得的价差利润在顷刻之间消失。

4) 合约相关性

套利一般要在两个相关性较强的合约间进行,不是所有的品种(或合约)之间都可以进行套利。只有合约的相关性较强,其价差才会回归到合理范围,亦即差价扩大(或缩小)到一定程度时,又会恢复到原有的平衡水平,只有这样才有套利的基础。

3. 套利交易的价差变化

在继续了解套利交易的应用前,应理解期货套利时所针对的"价差"及其变动的含义。

进行期货套利时,套利者要同时在相关合约上进行方向相反的至少两笔交易,即至少同时建立一个多头头寸和一个空头头寸,建立的两个头寸可以称为套利交易的"腿"或"边"。通常情况下,将建仓时价格较高的合约价格称为"高腿",而建仓时价格较低的合约价格称为"低腿"。

期货价差是指套利交易两个(或多个)"腿"的合约价格之差,套利者在认为价差会发生变化时建仓,并期待在价差按照预期变动后平仓获利。价差的计算统一使用"高腿"减"低腿"的方式。

价差在随着两份(或多份)合约价格波动时会发生改变,称为价差扩大或缩小。当平仓价差大于开仓价差时,称为价差扩大;如果相反,则称为价差缩小。

4. 套利交易的应用

通常来说,根据套利交易者所选择的合约类型,可以将套利交易分为多种类型,每种类型下又有更为具体的分类。但总体来说,所有的套利交易都可以根据投资者建仓时在"高腿"上的操作方向分为买进套利和卖出套利两种。

1) 买进套利

当投资者预期价差将要扩大,应在买入"高腿"的同时卖出"低腿",即在价格较高的期货合约上建立多头头寸而在价格较低的期货合约上建立空头头寸,这种操作称为买进套利。建仓后,如果价差变动与套利者预期相同,则套利者可以在价差扩大时适时同时平仓两份合约获利。

【例6-5】 铜和铝作为两种最为主要的有色金属,多年来两者之间价格的相关系数高达84%,但在价格运行上两者并不完全同步,差价始终处于变化之中。

铜在国防工业中用于制造子弹、炮弹、枪炮零件等,每生产100万发子弹,需用铜13~14吨。某年3月底,受国际战争影响,铜价波动急剧扩大。

某套利者经过分析后认为,铜铝合约之间的价差将扩大,于是决定在某年4月5日买入

1手4月份铜合约,价格为16 400元/吨,同时卖出1手4月份铝合约,价格为14 300元/吨,以期望未来某个有利时机同时平仓获取利润。

要求:分析该套利者的盈亏情况。

解析:

投资者在建仓时的价差为:

$$16\ 400 - 14\ 300 = 2\ 100(元/吨)$$

到了4月15日,临近最后交易日,套利者决定平仓。卖出1手4月份铜合约,价格为17 100元/吨;同时买入1手4月份铝合约,价格为14 700元/吨。

投资者在平仓时的价差为:

$$17\ 100 - 14\ 700 = 2\ 400(元/吨)$$

与建仓时相比,价差扩大了300元/吨,价差变动与投资者的预期一致。

通过这次套利交易,投资者在铜期货合约上的盈亏为:

$$17\ 100 - 16\ 400 = 700(元/吨)$$

投资者在铝期货合约上的盈亏为:

$$14\ 300 - 14\ 700 = -400(元/吨)$$

总盈亏为:

$$700 - 400 = 300(元/吨)$$

在[例6-5]中,投资者通过分析认为铜铝期货合约之间的价差将会扩大,于是进行了买进套利的操作。投资者建仓和平仓时的价差与其预期相同,扩大了300元/吨,最终投资者获得了300元/吨的套利利润。

2) 卖出套利

当投资者预期价差将要缩小,应在卖出"高腿"的同时买入"低腿",即在价格较高的期货合约上建立空头头寸而在价格较低的期货合约上建立多头头寸,这种操作被称为卖出套利。建仓后,如果价差变动与套利者预期相同,则套利者可以在价差缩小时适时同时平仓两份合约获利。

【例6-6】 2004年1月以来,随着沪胶价格的回升,沪胶6、7月份之间的价差也迅速扩大至400点以上。从历史资料来看,在交易较为活跃的情况下,沪胶7月合约价格较6月合约高出400点以上的情况很少出现。1996—2004年,只在1996年6月4日、6月11日出现了相差500点的情况,同时在2003年7月31日两者均为不活跃合约的情况下出现了625点的价差。

随着时间的推移,两者之间的价差在2004年2月18日收盘达到1 070点。此时,进行套利操作时机已然成熟。

某套利者在2004年2月19日决定买入1手6月份天胶合约,价格为16 000元/吨;同时卖出1手7月份天胶合约,价格为16 700元/吨,以期望未来某个有利时机同时平仓获取利润。

要求:分析该套利者的盈亏情况。

解析:

投资者在建仓时的价差为:

$$16\,700 - 16\,000 = 700(元/吨)$$

到 2004 年 5 月 17 日收盘,两份合约价差缩小至 700 点以下,套利者便考虑将浮动盈余变现。

2004 年 5 月 18 日,套利者决定以 13 500 元/吨卖出 1 手 6 月份天胶合约,同时以 14 000 元/吨买入 1 手 7 月份天胶合约。

投资者在平仓时的价差为:

$$14\,000 - 13\,500 = 500(元/吨)$$

与建仓时相比,价差缩小了 200 元/吨,价差变动与投资者的预期一致。

通过这次套利交易,投资者在 6 月份天胶合约上的盈亏为:

$$13\,500 - 16\,000 = -2\,500(元/吨)$$

投资者在 7 月份天胶合约上的盈亏为:

$$16\,700 - 14\,000 = 2\,700(元/吨)$$

总盈亏为:

$$2\,700 - 2\,500 = 200(元/吨)$$

在[例 6-6]中,投资者通过分析认为沪胶 6、7 月份合约之间价差过大,于是进行了卖出套利的操作。投资者建仓和平仓时的价差与其预期相同,缩小了 200 元/吨,最终投资者获得了 200 元/吨的套利利润。

[例 6-5]和[例 6-6]中,价差的变动均与套利者的预期相同,因此套利者都获得了盈利,并且盈利与价差变动幅度相同。但在实际操作中,价差变动并非总如投资者预期,如果价差变动与预期相反,那么投资者将会承担损失。

此外,本部分内容介绍的买进套利和卖出套利为套利交易的最基本分类,在实际操作时,根据套利交易者所选择的合约类型,还可以将套利交易分为跨期套利(如[例 6-6])、跨商品套利(如[例 6-5])、跨市场套利和期现套利等多种类型,每种类型下又有更为具体的分类,但无论哪种类型的套利,其基本原理都相同。

知识拓展

套利交易的优惠和交易指令

国际上绝大多数交易所都对套利交易实行优惠措施。优惠主要体现在收取较低的保证金和较低的手续费,并且开设套利交易通道等方面。比如,在单边买卖一张合约需要 2 000 美元保证金的情况下,进行同品种跨月套利交易的一对买卖保证金可能只要 500 美元。这样,就大大节约了套利者的资金成本,使得交易者在同等资金条件下可以做更多的套利交易。同样,在手续费收取上,对套利交易者也有较大的优惠。

国内期货市场中,郑州商品交易所和大连商品交易所都推出了自己的套利交易指令。

例如,大连商品交易所规定套利交易的保证金只收两个保证金中较高的一个,交易手续费也有优惠。其交易系统用"SP"表示跨期套利交易,若指令买进"SP a1409&a1501"即代表买进"a1409"合约同时卖出"a1501"合约,买卖数量相等;若卖出"SP a1409&a1501"即代表卖出"a1409"合约同时买进"a1501"合约,买卖数量相等。交易系统用"SPC"表示跨品种套利交易,若指令买进"SPC y1409&p1409"即代表买进"y1409"合约同时卖出"p1409"合约,买卖数量相等;若卖出"SPCy1409&p1409"即代表卖出"y1409"合约同时买进"p1409"合约,买卖数量相等。

在申报套利指令时,同样要输入买卖数量和价格,不过这里的数量并非单个合约,而是成对的合约;价格也并非单个合约的价格,而是前一合约与后一合约的价格差。

例如,交易者申报指令为"买进2手 SPa1409&a1501,限价-50元",意味着前一合约价必须低于后一合约价50元时才能成交。下列最终成交回报都符合要求:前一合约买进成交2手,成交价4 481元,后一合约卖出成交2手,成交价4 531元,差价为-50元;前一合约买进成交2手,成交价4 480元,后一合约卖出成交2手,成交价4 531元,差价为-51元;前一合约买进成交2手,成交价4 481元,后一合约卖出成交2手,成交价4 532元,差价为-51元。

资料来源:中国期货业协会. 套利交易的优惠和交易指令[EB/OL]. (2015-10-23)[2015-10-23]. http://edu.cfachina.org/zsyd/qhabc/tljy/201510/t20151023_20254.html.

第三节　期权交易与分析

一、期权合约概述

(一) 期权合约的含义

期权是一种选择的权利,即买方在付出一定期权费后,能够在未来的特定时间或者一段时间内按照事先约定好的价格买入或者卖出某种约定好的商品的权利。期权合约给予买方(即持有者)购买或出售基础资产的权利,期权持有者可以在规定的时间内选择买或者不买、卖或者不卖,即持有者可以选择行使该权利,也可以选择放弃该权利。而期权的卖出者则负有相应的义务,即当持有者行使权利时必须按照约定的价格卖出或买入。

(二) 期权合约的分类

1. 按照买方权利划分

1) 看涨期权

看涨期权又称认购期权、买进期权、买权、延买期权等,是指赋予期权的买方在预先规定的时间以执行价格从期权卖方手中买入一定数量的基础资产的权利的合约。为了取得这种买的权利,期权买方需要在购买期权时支付给期权卖方一定的期权费。

由于这种期权是投资者在预期某种标的资产的未来价格将要上涨时购买的期权,因此被称为看涨期权。

2) 看跌期权

看跌期权又称认沽期权、卖出期权、卖权、延卖期权等,是指赋予期权的买方在预先规定的时间以执行价格向期权卖方卖出一定数量的基础资产的权利的合约。为了取得这种卖的权利,期权买方需要在购买期权时支付给期权卖方一定的期权费。

由于这种期权是投资者在预期某种标的资产的未来价格将要下跌时购买的期权,因此被称为看跌期权。

3) 双重期权

双重期权又称双向期权,是指期权的买方有权以事先确定的成交价向期权卖方买入某种商品或卖出某种商品给期权卖方的合约。

这种期权相当于买方在同时以等价购买等量的同一基础资产的看涨期权和看跌期权。因此购买双重期权的期权费要高于只购买单项期权的期权费,但同时这种期权获利的机会也要高于单项期权。

购买了双向期权的买方,当价格上涨时可以执行看涨期权,当价跌时可以执行看跌期权,无论在价格上涨还是下跌时,都可以通过执行手中的期权获利。因此这种期权适用于期权买方预期基础资产的价格会有较大幅度的变动但无法确定变动的方向时买入。

2. 按照执行时限划分

1) 欧式期权

欧式期权是指期权的买方,只有在期权到期日当天才能执行期权,既不能提前,也不能推迟,期权到期后自动作废。

2) 美式期权

美式期权允许期权买方在期权到期日或到期前的任何一个营业日执行期权,期权到期后自动作废。相比欧式期权,美式期权给了买方更大的选择权利,因此在其他条件相同的情况下,美式期权的期权费通常比欧式期权的期权费要高一些。

3. 按照交易场所划分

1) 交易所交易期权

交易所交易期权又称场内交易期权、上市期权,是指由交易所设计并在交易所集中交易的标准化期权,即由交易所预先制定每一份合约的执行价格、到期日和交易时间等。场内期权有期权结算机构提供履约保证,违约风险低,市场流动性高。

2) 场外交易期权

场外交易期权又称柜台式期权或OTC期权,是指在非集中性的交易场所进行交易的非标准化的期权合约。场外期权的合约根据买卖双方需求而定,条款是非标准化的,较为灵活;但交易信息不公开、缺乏流动性、违约风险大。

4. 按照基础资产划分

除了像期货合约一样根据基础资产的商品属性将期权合约分为商品期权、金融期权及其下属分类,期权合约还可以根据基础资产是否是期货合约分为现货期权和期货期权。

1) 现货期权

现货期权是指以各种商品或金融工具本身作为期权合约的基础资产的期权,如各种玉米期权、铁矿石期权、股票期权、利率期权等。

2) 期货期权

期货期权是指以各种期货合约作为期权合约的基础资产的期权,如各种外汇期货期权、利率期货期权以及股指期货期权等。

知识拓展

奇异期权

奇异期权又称新型期权,是比常规标准的欧式或美式期权更复杂的衍生工具,这些产品通常是场外交易或嵌入结构债券。比如执行价格不是一个确定的数,而是一段时间内的平均资产价格的期权,或是在期权有效期内如果资产价格超过一定界限,期权就作废。

一般来说，奇异期权包括障碍期权、亚式期权、打包期权、回溯期权和复合期权等。

1. 障碍期权

障碍期权是指期权的回报依赖于标的资产的价格在一段特定时间内是否达到了某个特定的水平(临界值)，这个临界值就称为"障碍"水平。

2. 亚式期权

亚式期权是当今金融衍生品市场上交易最为活跃的奇异期权之一。它最重要的特点在于：其到期回报依赖于标的资产在一段特定时间(整个期权有效期或其中部分时段)内的平均价格。它属于强式路径依赖期权，因为这一平均价格将成为定价公式中的一个独立状态变量。

3. 打包期权

打包期权是由常规的欧式期权、远期合约、现金和标的资产等构成的证券组合。

4. 回溯期权

回溯期权的收益依附于标的资产在某个确定的时段(称为回溯时段)中达到的最大或最小价格(又称为回溯价)，根据是资产价还是执行价采用这个回溯价格。

5. 复合期权

复合期权是指以金融期权合约本身作为金融期权的标的物的金融期权交易。这种期权通常以利率工具或外汇为基础，投资者通常在波幅较高的时期内购买复合期权，以减轻因标准期权价格上升而带来的损失。

资料来源：百度百科. 奇异期权[EB/OL]. https://baike.baidu.com/item/%E5%A5%87%E5%BC%82%E6%9C%9F%E6%9D%83/235455.

(三) 期权合约的要素

1. 期权买方

期权买方又称期权的多头方，是通过支付期权费获得权利的一方。在期权交易中，期权买方可以在合约规定的某一个特定时间，以事先确定好的价格，向期权的卖方买进或卖出一定数量的某种基础资产。在合约规定的履约期间内，期权的买方既可以选择执行所拥有的权利，也可以选择放弃这一项权利，等待这一项权利到期作废，或者提前对冲平仓。

2. 期权卖方

期权卖方又称期权的空头方，是获得期权费，将权利出售给期权买方，并因此承担着在规定的时间内履行期权合约的义务的一方。在合约规定的履约期间内，只要期权买方要求执行期权，卖方必须无条件履行期权合约所规定的义务。同样，如果期权买方选择放弃权利，那么期权卖方无权选择执行期权。此外，卖方也可以选择提前对冲平仓。

3. 合约类型

合约类型又称行权方向，是指买方执行期权时是买进还是卖出合约标的。期权合约的类型分为看涨期权和看跌期权，或认购期权和认沽期权。

4. 行权价格

行权价格又称协定价格、执行价格等，是指期权合约所规定的期权买方在行使权利时所实际执行的价格，即买入或卖出基础资产的价格。这一价格一旦确定便不再变动，在期权有效期内，无论期权基础资产的市场价格发生何种改变，只要期权买方要求执行期权，期权卖方就必须以行权价格履行义务。

5. 期权费

期权费又称期权价格或期权权利金,是指期权买方为了获得权利向卖方支付的费用,即权利的价格。这项费用一旦支付,无论期权购买者最终是否执行期权均不予退回。它是期权合约中唯一的变量,期权费的高低取决于期权、合约的性质、到期时间、期权类型、行权价格等各种因素。

6. 行权方式

行权方式又称履约方式、行权时间,是指合约规定的买方可以执行选择权的时间。欧式期权规定买方在合约到期日才可以行权,美式期权规定买方在合约有效期内任何营业日都可以行权。

除了上述要素,期权合约中的交易品种、报价单位、合约月份等内容与期货合约中的相关条款含义相同,此处不再赘述。

二、期权交易的特征

(一) 交易对象为权利

与期货交易不同,期权交易的本质是对权利的交易,期权买方通过付出期权费,购买了在未来选择是否买入或卖出某种基础资产的权利。因此,在期权交易发生时,期权的买方就需要付出期权费,并且因为已经购买了这项权利,无论日后如何选择,期权费都是不予退还的。

(二) 买卖双方的权利与义务不同

期权的买方是权利的获得方,有权根据情况选择是否最终执行期权,并且为此需要提前支付一笔期权费,但与保证金不同,即使后续情况变化对买方不利,买方也不需要追加缴纳费用。

期权的卖方是权利的出售方,通过期权的交易赚取了期权费,但没有权利选择是否执行期权,只能按照买家的选择履行合约。同时,为了保证期权卖方未来能够履约,期权的卖方需要像期货合约交易者一样缴纳保证金。

(三) 买卖双方的风险与盈亏不同

与期货合约的买卖双方都需要履约这一特点不同,获得了选择权利的期权买方在到期日(欧式期权)或到期日之前(美式期权)仅会根据对自己有利的情况选择执行期权或放弃权利,因此在理论上期权买方的最高盈利是没有限度的(取决于市场价格和执行价格的差别),而最大的损失仅为期权费。

期权是零和博弈的一种,期权的卖方需要无条件执行买方的选择,因此理论上来说期权卖方的最高损失是没有限度的,买家的盈利全部由卖家承担,而最大的盈利则仅为期权费。

三、我国期权交易市场

目前,我国绝大部分的标准化期权合约均在前文提到的六个期货交易所内进行交易。

在商品类期权方面,郑州商品交易所目前共有包括白糖、棉花、对二甲苯等多个品种在内的9种期权合约上市交易;大连商品交易所上市交易的期权合约品种有包括豆粕、铁矿石、聚丙烯在内的13种;上海期货交易所目前交易的8种期权合约包括铜、天然橡胶、黄金等;上海期货交易所旗下子公司上海国际能源交易中心仅有原油期权一个品种的期权合约上市交易;成立最晚的广州期货交易所目前仅有与期货相同的碳酸锂和工业硅2个品种的期权合约在交易中。

金融类期权方面,中国金融期货交易所目前有沪深300、中证1000和上证50三种股指期权合约上市交易。较为特别的是,上证50 ETF期权是在上海证券交易所上市交易的品种。投资者需要开设相应证券账户才可以交易该期权。

除了常规的交易所期权,还有部分在场外进行交易的期权,但相较于场内交易的标准化期权合约,场外期权风险较高,对投资者设定的准入门槛也较高。

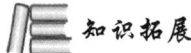 知识拓展

场 外 期 权

中国证券业协会发布的《证券公司场外期权业务管理办法》中的部分条款节选如下:

第二条　本办法所称场外期权业务指在证券公司柜台开展的期权交易。

第三条　证券公司场外期权业务的交易商管理、标的及合约管理、投资者适当性管理、数据报送、监测监控等适用本办法。

第四条　证券公司应以服务实体经济为目标,以客户风险管理需求为导向,合规、审慎开展场外期权业务。严禁与客户开展单纯以高杠杆投机为目的、不存在真实风险管理需求的场外期权业务。

第五条　中国证券业协会(以下简称协会)对证券公司开展场外期权业务实施自律管理。

……

第十五条　协会对证券公司场外期权业务挂钩标的实行自律管理。

第十六条　证券公司可以开展挂钩符合规定条件的个股、股票指数、大宗商品等标的资产的场外期权业务。

挂钩标的应当具有充分的现货交易基础,市场竞争充分,具备公允的市场定价,流动性良好等,适宜进行场外期权交易。

……

第二十四条　商品类场外期权交易对手方,应当是符合《证券期货投资者适当性管理办法》的专业机构投资者。

股票股指类等其他场外期权交易对手方应当是符合《证券期货投资者适当性管理办法》的专业机构投资者,并满足以下条件:

(一)法人、合伙企业或者其他组织参与的,最近1年末净资产不低于5 000万元人民币、金融资产不低于2 000万元人民币,且具有3年以上证券、基金、期货、黄金、外汇等相关投资经验。

(二)资产管理机构代表产品参与的,最近1年末管理的金融资产规模不低于5亿元人民币,且具备2年以上金融产品管理经验。

(三)产品参与的,应当为合规设立的非结构化产品,规模不低于5 000万元人民币,并符合以下条件:

1. 穿透后的委托人中,单一投资者在产品中权益超过20%的,应当符合《证券期货投资者适当性管理办法》专业投资者的基本标准,且最近1年末金融资产不低于2 000万元人民币,具有3年以上证券、基金、期货、黄金、外汇等相关投资经验。

2. 购买场外期权支付的期权费以及缴纳的初始保证金合计不超过产品规模的30%。

场外期权的存在丰富了衍生品市场的层级,但通过上述条款可以发现,场外期权交易的风险高于场内期权,为保护投资者和规范交易,投资者适当性管理中对投资者的要求条款更为严格。

资料来源:中国证券业协会.证券公司场外期权业务管理办法.[EB/OL].(2020-09-25)[2020-09-28]https://www.sac.net.cn/flfg/zlgz/202009/t20200928_14384.html

四、期权投资策略

与期货类似,进行期权交易的投资者在交易时的主要目的也可以分为套期保值、投机和套利三类,基本的方法与期货交易这三种策略没有本质区别。除此之外,投资者可以在基本的买、卖操作上进行各种组合,变化出更多更为灵活的交易策略,但期权合约本身是较为复杂的衍生工具,买方与卖方的权利义务以及风险盈亏均有较大差异,交易策略中的一部分也比较复杂和难以理解,因此此处仅以买入看涨期权、卖出看涨期权、买入看跌期权以及卖出看跌期权四种最基本的交易方式为基础,介绍期权投资的基本策略。

(一) 买入看涨期权

某年7月28日,白糖期货的价格为5 400元/吨,某投资者十分看好白糖期货的后市,买入1手同年11月到期的执行价格为5 500元/吨的白糖看涨期权,支出的期权费为500元/吨。

如果在这期限内白糖价格上升至6 500元/吨,买方有两种选择:

(1) 执行期权。按照5 500元/吨价格买入白糖,然后在现货市场以6 500元/吨价格卖出白糖,获利为:

$$6\ 500-5\ 500=1\ 000(元/吨)$$

去掉期权费500元,净利润为:

$$1\ 000-500=500(元/吨)$$

(2) 对冲平仓。由于白糖现货价格上涨,期权费由500元/吨上升至1 050元/吨,投资者可以通过卖出合约进行平仓,平仓获利为:

$$1\ 050-500=600(元/吨)$$

如果白糖价格没有上涨反而下跌至5 000元/吨,买方同样有两种选择:

(1) 等待期权到期。如果在合约到期前白糖价格一直没有涨至5 500元/吨以上,投资者可以等待期权到期,损失期权费500元/吨。

(2) 对冲平仓。如果投资者在期权有效期内对行情上涨失去信心,同样可以通过卖出合约进行平仓。如果此时期权费跌至300元/吨,则投资者平仓获利为:

$$300-500=-200(元/吨)$$

(二) 卖出看涨期权

某年7月28日,白糖期货的价格为5 400元/吨,假设某投资者对白糖后市看淡,出售了1手同年11月到期的执行价格为5 500元/吨的白糖看涨期权,获得的期权费为500元/吨。

如果在这期限内,白糖价格上升至6 500元/吨,买方选择执行期权,则卖方净利润为:

$$5\,500 - 6\,500 + 500 = -500(元/吨)$$

如果直到合约到期前,白糖价格都没有涨至 5 500 元/吨以上,买方没有选择执行期权,则卖方净利润为 500 元/吨期权费收入。

同样,在合约到期之前且买方没有选择执行期权时,卖方也可以选择通过买入合约对冲平仓。如果平仓价格高于最初卖出期权的费用,则卖方有亏损;如果平仓价格低于最初卖出期权的费用,则卖方有盈利。

(三) 买入看跌期权

一个投资者预计股市走势在较长时间内会保持下跌趋势,于是买入一份 5 个月后到期的沪深 300 股指期权,执行价格为 3 900 点,期权费为 140 点。

如果在这期限内,沪深 300 指数下跌至 3 600 点,买方有两种选择:

(1) 执行期权。投资者按照 3 900 点的执行价格行使权利,可以获利:

$$3\,900 - 3\,600 = 300(点)$$

扣除支出期权费 140 点,净利润为:

$$300 - 140 = 160(点)$$

(2) 对冲平仓。由于现货指数下跌,期权费由 140 点上涨至 300 点,投资者可以通过卖出合约进行平仓,平仓获利为:

$$300 - 140 = 160(点)$$

如果沪深 300 指数在此后上涨,买方同样有两种选择:

(1) 等待期权到期。如果在合约到期前沪深 300 指数一直没有跌至 3 900 点之下,投资者可以等待期权到期,损失期权费 140 点。

(2) 对冲平仓。如果投资者在期权有效期内对行情上涨失去信心,同样可以通过卖出合约进行平仓。如果此时期权费跌至 100 点,则投资者平仓获利为:

$$100 - 140 = -40(点)$$

(四) 卖出看跌期权

如果投资者对股市后市较为看好,可以选择卖出一份 5 个月后到期的沪深 300 股指期权,执行价格为 3 900 点,期权费为 140 点。

如果在这期限内,沪深 300 指数下跌至 3 600 点,买方选择执行期权,则卖方净利润为:

$$3\,600 - 3\,900 + 140 = -160(点)$$

如果直到合约到期前,沪深 300 指数一直没有跌至 3 900 点之下,买方没有选择执行期权,则卖方净利润为 140 点期权费收入。

同样,在合约到期之前且买方没有选择执行期权时,卖方也可以选择通过买入合约对冲平仓。如果平仓价格高于最初卖出期权的费用,则卖方有亏损;如果平仓价格低于最初卖出期权的费用,则卖方有盈利。

课堂章节测试

班级_____ 姓名_____ 学号_____ 日期_____ 平时分_____

一、单项选择题（共10题，每题5分）

1. 商品期货的交割方式通常为（　　）。
   A. 实物交割　　　　　　　　　B. 现金交割
   C. 即时交割　　　　　　　　　D. 异地交割

2. 下列各项中，不属于金融衍生工具特征的是（　　）。
   A. 跨期性　　　　　　　　　　B. 联动性
   C. 安全性　　　　　　　　　　D. 零和博弈

3. 下列各项中，不属于独立衍生工具的是（　　）。
   A. 期货　　　　　　　　　　　B. 可转债
   C. 互换　　　　　　　　　　　D. 远期

4. 执行时必须按设定价格或更好的价格成交的指令是（　　）。
   A. 市价指令　　　　　　　　　B. 止损指令
   C. 取消指令　　　　　　　　　D. 限价指令

5. 期权费又称（　　），是指期权买方为了获得权利向卖方支付的费用。
   A. 行权价格　　　　　　　　　B. 执行价格
   C. 协议价格　　　　　　　　　D. 期权价格

6. 合约买方在执行期权时可以选择是否买入合约标的的期权是（　　）。
   A. 看涨期权　　　　　　　　　B. 看跌期权
   C. 认沽期权　　　　　　　　　D. 以上都可以

7. 下列期货交易所中，不是会员制的是（　　）。
   A. 郑州商品交易所　　　　　　B. 中国金融期货交易所
   C. 大连商品交易所　　　　　　D. 上海期货交易所

8. 下列各项中，不属于套期保值交易原则的是（　　）。
   A. 种类相同或相关　　　　　　B. 期限相同或相近
   C. 交易方向相反　　　　　　　D. 同时平仓

9. 某投资者决定在期货市场进行投机交易，已经选准了入市时机，投入在某个单独期货品种上的资金占其个人全部资本较为合理的比例为（　　）。
   A. 1%　　　　　　　　　　　　B. 10%
   C. 30%　　　　　　　　　　　D. 80%

10. 期货投资者在买入"低腿"的同时卖出"高腿"的操作称为（　　）。
    A. 买入套期保值　　　　　　　B. 卖出套期保值
    C. 买进套利　　　　　　　　　D. 卖出套利

二、判断题(共 5 题,每题 5 分)

1. 交易所规定的各种合约停止交易的最后截止时间是合约交割日期。( )
2. 期货市场价格具有揭示商品市场供需关系变化的意义,对生产者、消费者理性决策具有重要的指导作用,因此期货交易具有风险转移的功能。( )
3. 期权合约的卖方没有权利选择是否执行该合约。( )
4. 期货价差的计算统一使用"高腿"减"低腿"的方式。( )
5. 期货投机可以减缓价格波动,因此不存在"过度投机"的说法。( )

三、计算题(共 2 题,每题 15 分)

1. 甲公司是国内某大型钢铁厂的焦炭供应商。7 月 1 日,甲公司和钢铁厂签订合约,按照现在市场上的价格在 10 月提供 100 吨焦炭,目前市场上焦炭的价格是 45 000 元/吨。

合同签订后,甲公司认为未来焦炭的价格会上涨,公司存在间接的亏损。于是甲公司在合同签订的同一日在焦炭市场上买入 10 手(10 吨/手)10 月份的焦炭合约进行套期保值,价格为 43 500 元/吨。

10 月,焦炭价格上涨不少,由于甲公司目前的库存已经不足 100 吨,面临违约的风险。甲公司决定从焦炭市场上以目前 48 000 元/吨的价格买入 100 吨焦炭交付履约。同时,甲公司发现焦炭期货合约上涨至 46 000 元/吨,于是将 7 月买入的焦炭期货合约进行平仓。

请根据上述内容进行计算,填写表 6-4。

表 6-4　　　　　　　　　期货策略表

时点	现货市场	期货市场
7 月	预期收入:_____元	支出:_____元
10 月	实际收入:_____元	收入:_____元
盈亏结果	_____元	_____元

2. 甲、乙两个投资者对未来一段时间的股市走势均不看好,但甲认为股市将大跌,而乙认为股市行情虽然不会太好,但仅会有小幅度(1%~3%)的下跌。

当前一份执行价格为 2 600 点、三个月后到期的沪深 300 股指看跌期权的期权费为 100 点。

(1) 假如甲、乙两人均打算利用这一份看跌期权进行投资,请写出甲、乙两人分别将如何操作(即买入或卖出该合约)。

(2) 如果在该期权到期前,沪深 300 指数下跌至 2 400 点,期权费上涨至 200 点,甲、乙两人均未平仓且两人所操作的合约中的买方(无论是谁)均选择执行期权,请分别计算甲、乙两人的盈亏(结果以点数为点位即可)。

第七章　证券投资风险

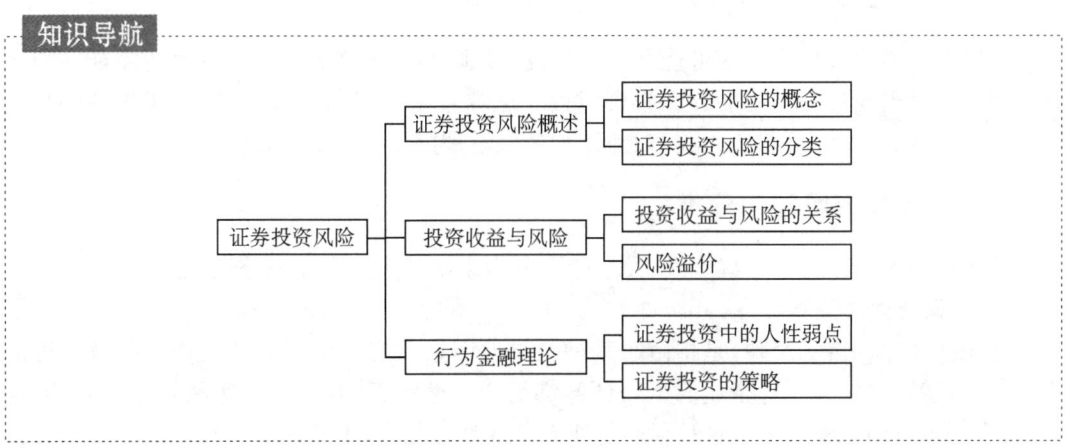

学习目标

1. 掌握证券投资风险的含义
2. 掌握证券投资风险的种类
3. 熟悉收益与风险的关系
4. 熟悉证券投资中的人性弱点

高质量风险防控为资本市场保驾护航

　　党的二十大报告指出,要深化金融体制改革,建设现代中央银行制度,加强和完善现代金融监管,强化金融稳定保障体系,依法将各类金融活动全部纳入监管,守住不发生系统性风险底线。

　　证券行业作为资本市场的重要一环,其自身的风险防控对于整个金融体系的稳定具有重要意义。在信用风险层面,完善自身授信管理体系,构建高效精确的风险评估机制和风险监测体系,完善对于信用风险的早发现、早预警、早处理的风险应对机制。对已出现信用风险的不良资产,积极推动风险化解,保证信用风险不传导、不蔓延。在市场风险层面,以长期稳健发展为导向,主动进行常态化、高频次的压力测试,确保市场风险出现时能够审慎稳妥地进行应对。以高质量风险防控为资本市场长期高质量发展保驾护航,为推动经济社会高质量发展筑牢金融风险屏障。

　　近年来,面对复杂多变的市场环境,证券公司坚持审慎稳健的经营理念,树立底线思维,坚决把风险防控摆在首要位置,不断深化全面风险管理体系建设,积极运用金融科技手段健全风险识别、评估、监测、预警体系,提高防范化解金融风险的预见能力、应对能力、处置能力,努力实现风控能力与业务能力的同步构建、同步提升。

思考：如何识别和度量证券投资风险？如何有效地进行投资风险管理？

第一节　证券投资风险概述

一、证券投资风险的概念

风险就是遭受各种损失的可能性。证券投资风险是指投资者在投资期间内不能获得预期的收益或者遭受损失的可能性。投资者投资证券希望获得预期收益，而真正得到的是实际收益。这样，预期收益与实际收益之间的差额，就是投资者承受风险的程度。

二、证券投资风险的分类

证券投资风险来源于不确定性，总风险可分为系统性风险和非系统性风险。

（一）系统性风险

系统性风险即市场风险，是指由于某种全局性因素的变化而引起的投资者收益的可能变化。在证券市场上，所有企业的上市证券都受全局性因素的影响，这些因素包括政治、经济、社会等各方面因素。由于这种风险是所有证券都面临的，不会因为多样化投资而消失或避免，它又被称为不可分散风险。系统性风险包括政策风险、经济周期波动风险、利率风险、购买力风险、汇率风险等。

1. 政策风险

政策风险是指因宏观政策的变化而导致的对证券投资收益的影响。宏观政策包括财政政策、产业政策、货币政策等，都会对金融市场造成影响，进而影响证券投资的收益水平。政策风险的管理主要在于对国家宏观政策的把握与预测。

2. 经济周期波动风险

经济周期波动风险是指证券市场行情周期性变动而引起的风险。经济发展具有一定的周期性，证券市场的行情便会随着经济总体趋向而发生变动。例如，当经济处于低迷时期，证券市场行业也会随之处于低迷状态。

3. 利率风险

利率风险是指因利率变化而产生的证券投资收益的不确定性。利率的变动主要受通货膨胀、中央银行的货币政策、经济周期和国际利率水平等的影响。一般来说，证券价格与市场利率成反方向变化：当市场利率提高时，证券价格会下降；当市场利率下降时，证券价格将上升，从而导致资本利得的增减变动。在证券市场中，受市场利率风险影响最大的是债券，当市场利率上升时，投资者便抛出债券转为银行存款，抛售债券造成市场债券供给量增加而导致债券价格下降。此时，债券的持有者，若将债券出售，价格上会受损失；不出售则要受到利息上的损失。利率风险还受债券持有期长短的影响，债券的期限越长，风险越大。所以长期债券的利率风险要大于短期债券的利率风险；固定收益证券的利率风险通常大于非固定收益证券的利率风险。

4. 购买力风险

购买力风险又称通货膨胀风险，是指由于通货膨胀造成货币的贬值，从而使投资者实际收益下降的风险。

通货膨胀的存在使投资者货币收入增加却不一定获利,这主要取决于名义收益率是否高于通货膨胀率。名义收益是投资者取得的货币收益,而投资者的实际收益是考虑通货膨胀影响的实际收益。实际收益率的公式如下:

$$实际收益率＝名义收益率－通货膨胀率$$

例如,当年的收益率为4％而通货膨胀率为6％时,投资者年初持有的1万元证券,到了年终实际持有的1.04万元将不足以支付1.06万元(年初价格为1万元)的商品价格,这就体现为货币购买力的下降。当物价上涨到一定程度时,投资者的实际收益率为负。通货膨胀是常见的一种经济现象,它的存在使投资者必然存在购买力风险,而且这种风险不是退出投资就可以避免。

5. 汇率风险

汇率风险是指因汇率变动而产生的证券投资收益的不确定性。在开放的经济条件下,汇率对经济的影响十分显著。汇率的变动和汇率政策的调整主要是从结构上影响证券市场。汇率的高低将影响资本的国际流动,汇率上升,本币贬值,将导致资本流出国外,本国的证券市场资金供应减少,价格下跌;反之汇率下跌,则资本流入本国,本国的证券市场将因需求旺盛而价格上升。汇率的高低也会影响本国的进出口贸易,汇率上升,本币贬值,本国产品的竞争力增强,出口型企业将受益,该类上市公司的证券价格上涨;同时,进口型企业将因成本增加而受损,该类上市公司的证券价格将下跌。

(二) 非系统性风险

非系统性风险是指由于某些特殊因素引起的,只对各种证券收益造成损失的风险。非系统性风险属于个别风险,投资者可通过投资多样化的方法来分散和规避,所以,它又称可分散风险或多样化风险。非系统性风险包括经营风险、信用风险、流动性风险和操作风险等。

1. 经营风险

经营风险是指因企业经营失误给投资者带来损失的可能性。企业在经营过程中出现经营决策失误、经营管理不善,导致企业竞争能力下降,经营业绩不良,引起企业亏损甚至破产,使投资者不但得不到预期的收益,还可能使本金也遭受不同程度的损失。企业的经营风险主要有企业的内部和外部两方面的原因。其中,外部原因就是来自企业外部的不可抗力,如地震、火灾、战争等天灾人祸。内部原因就是来自企业内部的人为因素,如管理不善造成产品成本上升、质量下降,市场预测不准,造成产品积压或脱销。管理人员素质低,产品不能及时更新换代,缺乏竞争力,失去销售市场。

2. 信用风险

信用风险又称违约风险,是指证券发行人在证券到期时无法还本付息而使投资者遭受损失的风险。证券发行人如果不能支付债券利息、优先股股息或偿还本金,哪怕仅仅是延期支付,都会影响投资者的利益,使投资者失去再投资和获利的机会。信用风险实际上揭示了证券发行人在财务状况不佳时出现违约和破产的可能,它主要受证券发行人的经营能力、盈利水平、事业稳定程度及规模大小等因素的影响。

债券、优先股、普通股都可能发生信用风险,但程度有所不同。信用风险是债券的主要风险,因为债券是需要按时还本付息的有价证券。在债券和优先股发行时,要进行信用评级,投资者回避信用风险的最好办法是参考证券信用评级的结果。信用级别高的证券信用风险小,信用级别越低,违约的可能性越大。普通股也有信用风险,其表现主要是不愿对投资者进行应有的利润分配。在我国的证券市场上,上市公司十几年甚至二十几年从不进行利润分配的情况并不鲜见。

3. 流动性风险

流动性风险又称适销性风险,是指某种证券能否按市场价格卖出变为现金的能力。任何实物资产和金融资产在持有者手中都不能视同为现金,而且在资产变为现金时,并非随心所欲,而是要花费一定的时间和交易费用。另外,有的资产容易转换,如存款和国库券,有些不容易转换,如房地产。其在转换上还受到经济周期和该资产市场供求状况的制约。这些都影响到资产的变现能力。变现越迅速,成本支出越少,则流动性越大,市场力越高,风险也就越小。证券时限越短、发行公司业绩越好、市场交易越活跃,其流动性风险越小。

流动性风险是一种综合性风险。与市场风险、信用风险相比,其形成的原因更加复杂。市场、信用、操作等各个领域的风险管理的缺陷,都可能导致流动性出现问题。例如,2015年股灾期间,公募基金行业遭遇流动性风险冲击。当年6月15日至7月8日的17个交易日,上证综指下跌幅度达到32.11%,市场出现大量抛售,杠杆资金加速离场的情况,造成千股跌停、千股停牌的局面,股市的流动几乎枯竭。同时,公募股票型基金遭遇巨额赎回,2015年7月该类型基金份额数量减少近千亿份。

4. 操作风险

在同一证券市场上,对同一只证券,不同投资者投资的结果可能会出现迥然不同的情况,有的盈利丰厚,有的亏损累累,这种差异主要是操作风险作用的结果。操作风险是指由于投资者在实际买卖操作过程中出现操作失误而带来的风险。例如,由于投资者心理素质、心理状态、判断能力、操作技巧等方面因素,作出了结果不同的决策和交易,或者由于交易密码、资金账号、股东代码等个人身份资料保管不当,被恶意操作,发生违背投资者意愿的委托交易等。

第二节 投资收益与风险

一、投资收益与风险的关系

收益和风险是证券投资的核心问题,投资者的投资目的是获得收益,但与此同时又不可避免地面临着风险,证券投资的理论和分析始终都是围绕着如何处理这两者的关系而展开的。一般来说,风险较大的证券,收益率相对较高;反之,收益率较低的投资对象,风险相对也较小。但是,绝不能认为,风险越大,收益率就一定越高,因为我们以上分析的风险是客观存在的风险,它不包括投资者主观上的风险。如果投资者对证券投资缺乏正确的认识,盲目入市,轻信传言,追涨杀跌,操作不当等,只能得到高风险、低收益的结果。

由于投资在前,获得收益在后,投资者在进行投资决策时只能对今后可能得到的收益进行估计,即投资者一般根据各种资产的盈利能力、资产价格的变化等有关信息进行分析,以确定对该资产投资可能产生的收益。由于风险是收益的代价,收益是风险的补偿,投资者希望得到的必要收益率应是建立在无风险利率和风险补偿基础上的。其用公式表示如下:

预期收益率＝无风险利率＋风险补偿折价率

其中,无风险利率是指把资金投资于某一没有任何风险的投资对象而能得到的利息率,这是由于放弃即期消费而应得到的时间补偿。我们把这种收益率作为一种基本收益率,再考虑各种可能出现的风险,使投资者得到应有的风险补偿。现实生活中不可能存在没有任何风险的理想证券,但可以找到某种收益变动较小的证券来代替。美国短期国库券由政府发行,联邦政府有征税权和货币发行权,债券的还本付息有可靠保障,因此没有信用风险和财务风险。短期国库券期限很短,以 3 个月(91 天)和 6 个月(182 天)为代表,几乎没有利率风险,只要在其发行期间没有严重通货膨胀,可以视为不附带任何风险的证券。短期国库券的利率很低,它的利息可以看作是对投资者牺牲当前消费、让渡货币使用权的补偿。在美国,一般把联邦政府发行的短期国库券当作无风险证券,把短期国库券利率当作无风险利率。

二、风险溢价

在证券市场上,大多数投资者都是风险厌恶型的,如果证券资产本身隐含的风险很大,则相对地必须能提供更高的预期收益作为投资者承担风险的补偿,这一补偿被称为风险溢价或风险报酬。本章前面部分所列举的种种投资风险,事实上都必须提供相应的风险溢价。例如,投资者承担了市场风险,就有所谓的市场风险溢价;承担了流动性风险,就有流动性风险溢价。

可见,风险溢价是市场为了吸引风险厌恶型的投资者购买风险资产而向他们提供的一种超出无风险资产收益率的额外的期望收益率,即风险资产的收益率由两部分构成,可表示为:

风险资产期望收益率＝无风险资产收益率＋风险溢价

将上述公式转换可得:

风险溢价＝风险资产期望收益率－无风险资产收益率

风险溢价理论可以很好地帮助我们理解证券市场上不同类别证券资产的期望收益率存在明显差异的原因。

(1) 同一种类型的债券,长期债券的利率比短期债券高,这是对利率风险的补偿。例如,同是政府债券,它们都没有信用风险和财务风险,但长期债券的利率要高于短期债券,这是因为短期债券没有利率风险,而长期债券却可能受到利率变动的影响,两者之间利率的差额就是对利率风险的补偿。

(2) 不同债券的利率水平不同,这是对信用风险的补偿。通常,在期限相同的情况下,中央政府债券的利率最低,地方政府的稍高,其他依次是金融债券和企业债券。在企业债券中,信用级别高的债券利率较低,信用级别低的债券利率较高,这是因为它们的信用风险不同。

(3) 股票的收益率一般高于债券。股票面临的经营风险、财务风险和信用风险比债券大得多,所以必须给股票投资者相应的补偿。在同一市场上许多每股净资产相近的股票也有迥然不同的价格,这是因为不同股票的经营风险、财务风险各不相同,信用风险也有差别,投资者以出价和要价来评价不同股票的风险,调节不同股票的实际收益,使风险大的股票的市场价格相对较低,风险小的股票的市场价格相对较高。

(4) 风险溢价不但与证券资产本身有关,还与所在市场的特征相关。由于新兴市场的波动性风险较大,证券收益率的标准差较大,投资者对风险溢价的要求相对较高。例如,西方成熟股市的市盈率(P/E)普遍为10~15倍,而新兴市场的市盈率多为15~25倍。

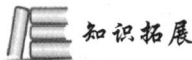

高收益高风险的误区

"高风险高收益",这句话在很多场景下被扭曲了。例如,很多海外对冲基金收益率普遍较高,特别是在许多排名中,从上向下看,对冲基金业绩好得让人艳羡。可惜的是,这些只是存活下来的基金的光鲜外衣,与太多现实金融世界故事没有进入金融教材不同的是,"幸存者偏差"作为金融学理论词汇印在了教科书上。高风险高收益,让许多投资者选择"搏一把"。

实际上,因为承担了比较高的风险,所以需要未来相应的风险溢价作为补偿,但这未必是一定发生的。如果投资者没有洞察一些未知的风险,或者忽视了已有的风险程度,即便承担高风险,仍然无法获得高收益。"搏一把"不是一种正常的心态,容易导致胆大突进、自掘坟墓。相反,如果重视风险控制,选择较小的波动率区间风险,稳定的收益累积起来可以远远超过不确定性的高收益。

资料来源:杨苏.高风险高收益的认识误区[N].证券时报,2016-6-18.

第三节 行为金融理论

投资者在做出各种决策的时候都会受到情绪、性格及心理活动等各方面的影响。这种影响不仅来自投资者自身的认知偏差因素,也来自外界环境对投资者决策的影响,从而使得投资者并不能总是做出理性的判断并进行下一步的活动。证券市场投资者是否具有成熟的投资理念,对于其投资行为的成功与否至关重要。只有具有成熟的投资理念,投资者才能在面对纷繁复杂的市场时显示出气定神闲的定力,才能取得常人所不能及的投资业绩。

一、证券投资中的人性弱点

由于人性种种弱点的存在,在证券投资过程中,有些投资者往往会偏离正确的市场分析方法,以主观的愿望代替客观分析,也常常会背离风险管理的基本原则。投资市场的残酷性在于它毫不留情地展示人性的种种弱点,总结有以下四个方面。

(一) 羊群效应

羊群效应,又称从众行为,是从心理学角度研究经济人在信息不完全、未来不确定环境下的行为理论,最早是由凯恩斯于20世纪30年代提出的,表现为当信息不对称或者信息识别能力的差异使某个参与者掌握的信息不充分时,他往往从其他参与者的行为中提取信息,从而采取类似的行为。

从众行为一般是指以下两种情况：第一，大众投资者在不知道其他人的决策时本打算进行一项投资，但是在知道他人没有进行投资时便选择放弃；第二，在得知他人进行一项投资后，原本没有兴趣的投资者改变想法跟随投资。大众投资者的选择完全依赖于舆论，而不是参照自己挖掘的信息。

在一个充满不确定性的经济现实中，信息是纷繁复杂的，信息的收集也是要花费成本的，不同交易者收集、分析信息的能力是有差异的，所以交易者占有的信息也是不完全、不对称的。大众投资者在没有充足的信息及对风险回报进行合理的评估的情况下就贸然进行风险投资，而一遇到问题，又马上逃到更加安全的避难所。一些研究人员认为，大众投资者的这种从众行为加剧了市场的波动，使金融系统变得更加脆弱。但是，为什么追求利润最大化的大众投资者在面对相似的信息时会在同一时间做出相同的反应？首先，大众投资者认为，其他人很可能知道自己没有掌握的有关投资回报的信息，并表现在他们的投资行为上。其次，对于那些代表他人进行投资的代理商来说，报酬方案和雇佣期限会激励投资者相互模仿。最后，人们天生就具有对一致性的偏好。

（二）损失厌恶倾向

人对金钱损失的厌恶大于所得的喜悦，这就是损失厌恶。正是在损失厌恶倾向的驱使下，投资者才会死死抱住亏钱的股票不放，而对于正在上涨的股票，他们坚守的劲头却没有这么足。这是因为他们觉得在抛出这些下跌的股票前，这笔投资还不是损失。其实这并不是明智的做法，结果可能使自己的损失进一步加大。

有些投资者由于自己患得患失，而不能客观地评估市场。这些投资者对市场走势加入了个人感情，抱有主观期盼，因而特别愿意得到对自己有利的小道消息，但却不了解市场上所谓"新闻""消息"都是为了某些特别利益集团的利益而散布出来的。

（三）贪婪

贪婪也是人性的弱点之一。在股票市场上，有很多所谓的大户都抵挡不住透支的诱惑；而一些法人机构甚至动用银行信贷资金从事证券买卖。在这种杠杆效应面前，许多人的贪欲暴露无遗。绝大多数投资者在股票市场上彻底失败的首要原因往往是下手过重，或交易过量。在一夜暴富的心理驱使下，面对巨大的利润，铤而走险，结果却被杠杆的另一头——对应的巨大风险所撬动。

每位投资者都希望在市场中获得最大的收益，于是就造成了投资者在获得一定收益后会进一步贪婪地追求更多的利润，这就在无形中加大了投资者的风险。作为投资者，应该把握好追逐利润的度，不能得小利而失大体，顾局部而失全局。

（四）恐慌和恐惧

有些投资者在市场涨到最高点时害怕踏空而买进，却不怕市场已经过热，在市场一跌再跌接近最低点时，又害怕会血本无归而卖出。但奇怪的是，他们对市场却毫不畏惧，因而一而再，再而三地犯高点买进、低点卖出的错误。这与成功的投资者正好相反，一名成功的投资者对自己十分自信，然而却敬畏市场。

如果投资者长期遭受挫败，在接下来的投资中就会小心翼翼，生怕再犯同样的错误，这无形中就陷入了恐惧投资的心理阴影中，成了金融市场上的惊弓之鸟。

二、证券投资的策略

根据证券投资专业人士研究，几乎所有的投资者都具有相同的无法克服的人性弱点。

本书总结了如下三个策略,来克服与生俱来的人性弱点。虽然市场不是绝对的,这些策略不能说百分百准确,但是如果能严格遵照执行,能够克服人性弱点而引起的证券投资操作失误。

(一) 守正出奇

"闻道有先后,术业有专攻",就是要求投资者勤于学习,打好基础,谨慎入市。学习投资知识,不可能一蹴而就,需要不断地学习、实践和总结才能不断地提高技巧,增长经验。

例如,在学习股票投资的过程中,可以通过参考各类投资书籍了解股票投资的基本概念与方法,尝试着运用到股市实际操作中去,然后通过不断的学习和尝试,掌握更多投资方法,不断地总结实际操作中的成功经验和失败教训,使自己的操作越来越符合股市的内在客观规律,成功率也会提高。

(二) 决策制定

决策制定就是坚持"自己的投资"原则。无论市场怎样风云变幻,都不被外界干扰,坚持投资操作原则,来降低风险。介绍以下几种常用的投资操作原则,旨在降低成本、降低投资风险。

1. "固定比例投资"原则

为了既能增加收益又能降低风险,投资者可将自己的资金分别购买股票和债券,并且使两者长期保持一个固定比例关系。当股票价格上涨时,股票与债券的比例就会失去平衡,此时可出售部分股票并买入债券,以恢复股票与债券的原有比例;反之,当股票价格下跌时,为维持原有的比例关系,就可以出售部分债券并买入股票。

这种投资技巧的最大好处在于,投资者可在高价位卖出股票,低价位买进股票,只要买卖时机掌握得当,就可获利。例如,某投资者有资金 100 万元,他决定采用固定比例投资,将资金按 6∶4 的比例分为两部分,其中 60 万元投资于股票,40 万元投资于债券,并确定当股价上升 20% 时卖出股票而购入债券,当股价下降 20% 时卖出债券而买入股票。当然,当债券价格发生变化时,也需做买入或卖出的调整。

喜欢冒险的投资者,可将股票所占的比重定得大一些,而较稳健的投资者则将债券的比重定得大一些。此外,还要选好股票和债券的种类。

2. "固定金额投资"原则

固定金额投资,又称常数投资计划法,是将持有股票所需的资金保持在一定水平上的一种投资技巧。为了确定固定的投资总金额,就要通过股票的买卖抵销股价升降的影响,即在价升时卖出,价降时买进,从而保持投资总金额的不变。

按照美国股票投资专家史密斯的观点,应该把用于股票的投资固定在一个常数上,其余的资金用来购买债券。当股价上升时,将超额部分转让出手,其收入转向债券投资;当股票价跌受损时,便卖出债券来购买相当于损失部分的股票。这种操作技巧完全遵循了"低进高出"的原则,操作方法简单,不必过多地考虑投资的时机问题,安全性较高,风险性较小。

3. "金字塔投资"原则

金字塔投资,又称三角形操作技巧,它是西方国家股票投机商使用的一种股票交易方法。其基本原理是以正三角形的变化作为购入股票数量的依据,以倒三角形的变化作为卖出股票数量的依据。

例如,在正三角形状态下,即在购买股票决策时,用底边线的长度代表购买股票的数量,以底边线的高低位置代表股票的价位,以三角形的角度代表影响股票价格的各种因素。在角度不变的情况下,底边线位置的高低决定了底边线的长短,这就是说,在其他条件不变的情况下,股票的价位越低,投资者购入的股票数量越大。随着股票价位的提高,股票的购买量越来越小,从而形成一个正三角形或正金字塔形。这种正三角形的购买方法有两点好处:其一,如果市场预测准确,股价一直处于上升趋势,那么每次投入资金购入股票,都会获得差价收益;其二,由于股市多变,并不会总如人意,如果投资者第二次、第三次买入后,股价下跌了,但由于第二次或第三次买入的股数较少,其损失会少一些,或者盈亏相抵,甚至略有赚头。可见,金字塔买入法是增加获利机会而又尽可能减少风险的一种股票投资方法。

4. "投资三分法"原则

任何投资活动都面临风险,为确保投资收益,降低投资风险,采用投资三分法不失为上策。该法是将自己的资金分成三部分,分别投资于低、中、高三种风险的投资对象上,以求在降低风险的同时获得较为满意的收益。其中,选择低风险的投资对象是为了给自己设立投资准备金,以便在投资亏本时补充资金,争取翻本。

在美国,比较流行的投资三分法是:1/3 的资金存入银行;1/3 的资金购买有价证券(包括股票和债券等);1/3 的资金购置不动产。在股票投资上,一般美国人也是采取三分法,即 1/3 的资金购买风险较低的债券和优先股;1/3 的资金购买有发展前景的成长股;1/3 的资金购买收益较高的普通股。

5. "回避风险"原则

回避风险是指事先预测风险产生的可能性,判断导致其出现的条件和因素,在行动中尽可能地驾驭它或改变行动的方向以避开它。股票投资新手尤其应注意回避投资风险的问题。具体来说,在实战中可以采取以下操作:

(1) 当判断股价进入了高价位,随时可能跌落时,应卖出手中股票,等待新的投资时机。

(2) 当股价处于盘整阶段,难以判断股价将向上突破还是向下突破时,不要采取投资行动,需先观望一下。

(3) 当多次投资失误,难以作出冷静判断时,应暂时放弃投资活动,调整好投资心态。

(4) 当对某种股票的性质、特点、发行公司状况、市场供求状况没有一定了解时,不要急于买进。

(5) 如果不具备较高的投资技术,最好不要进行期货交易、期权交易等风险更大的交易。

(6) 将部分投资资金作为准备金。其目的在于:一是等待更好的投资时机,当时机到来时,将准备金加进去,以增强获利的能力;二是作为投资失利的补充,一旦预测失误,投资受损,将准备金补充进去,仍可保持一定的投资规模,并且可以弥补损失。

(7) 不做帽客和短线客。帽客是在股市中当天买进卖出、赚取差价收益的抢帽子者。短线客是在几天之内赚得差价收益就获利了结的短线投资者。利用股价的日常波动,在很短的时间内买进卖出的做法适用于经验丰富、精通操作技术、反应机敏的投资者,风险较大。

(8) 不碰过冷或过热的股票。过分冷门的股票虽然价格低,但价格不易波动,上涨乏力,成交量小,变现困难,购入后长期持有,本身就有一个机会成本的问题。所以,一般不要染指过冷的股票。过分热门的股票,价格涨跌猛烈,成交量大,一般投资者很难把握住时机,容易"套牢"。

(9) 该舍则舍,不要抓住不放。在激烈的市场竞争中,有些企业失败了,面临破产的境地,其股票价格就会大跌,这无疑会给这些企业股票的所有者造成损失。面对这种情况,投资者要忍痛割爱,坚决把股票抛出去,千万不要心存侥幸,抓住股票不放,否则,一旦企业破产,其后果不堪设想。

(三) 风险控制

投机交易的两条基本成功法则就是"截断亏损"和"让利润奔跑"。然而这两条法则,大多数人却无法做到。他们的犹豫不决将使小亏损演变为中等的亏损,这种中等的亏损使得投资者更难承受,更难截断。最终,中等的亏损发展成为巨大的亏损,此时投资者已无力支撑,便会被迫承受,被迫止损。这一巨大亏损的恶果都源于不能承受小的亏损,不能及时止损。同样,当人们账面获利时,他们总想立刻兑现利润,即最好在盈利溜走前就马上兑现。账面盈利变得越大,兑现利润的诱惑也就越大,而他们也就越难抗拒这种诱惑。一个普遍的事实是:在账面获利时,大多数投资者变成了"风险厌恶者",宁可兑现小的利润,马上将蝇头小利确定,而不愿持盈,不愿为更大的利润明智地去冒险。然而在账面遭受亏损时,大多数人又变成"风险偏好者",不愿及时止损,一厢情愿地希望亏损会变小,进而不明智地去冒险。因此,大多数人与交易成功的要求背道而驰,他们是"截断盈利,让亏损奔跑"。

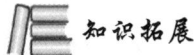知识拓展

巴菲特的投资理念

关于投资,"股神"巴菲特有十句话让人印象深刻。他说,投资是一场马拉松赛,获得冠军的前提是跑完全程。简单的话语道出了投资的实质,作为职业投资者,投资并非短期行为,而是伴其一生的长期行为。他以简单的投资策略与原则,不做短线进出,不理会每日股价涨跌,妥善管理手上的投资组合,创造出一套独特的投资策略,被华尔街誉为"当今世界伟大的投资者"。巴菲特的投资理念主要有以下几点:

(1) 在自己熟悉的领域内投资。

(2) 选择优质企业投资。优质企业是指有稳定的经营史,并且经营者理性、忠诚,始终以股东自居。

(3) 长期持有,凸显复利增长的魅力。

(4) 集中投资。如果投资者对企业不很了解而进行的所谓的分散投资,显然并不会降低资金的风险。相反,如果对企业有了充分的认识,分散投资的同时实际上也分散了利润的获取。在巴菲特的整个投资生涯中,曾经购买的股票有上百种,而最终使其获得最大成功的实际上不到十家,如美国运通、可口可乐、吉列、穆迪、华盛顿邮报以及富国银行等。

巴菲特的投资铁律是"三要三不要"。要投资资源垄断行业;要投资易了解,前景看好的企业;要投资始终把企业利益放在首位的企业;不要贪婪;不要跟风;不要投机。

所谓巴菲特的投资理念,从本质上来说,就是要遵循价值投资理念,而价值投资理念的核心,就是遵循经济周期发展的客观规律,选择在当前经济发展阶段最有发展潜力的行业和企业进行中长期投资。而获取投资回报的主要方式,不是通过证券价格的低买高卖,而是通过长期持有公司的股票,获取公司业务高速增长带来的高额利润。当然,价值投资理念在具体实施的时候,本质上就是利用基本的证券研究方法,分析买入证券的最佳时点和最佳投入行业。

资料来源:闫金秋.证券投资实务[M].上海:立信会计出版社,2015.

课堂章节测试

班级_____ 姓名_____ 学号_____ 日期_____ 平时分_____

一、单项选择题（共 10 题，每题 5 分）

1. 普通股的风险溢价（　　）。
   A. 因为普通股是有风险的，所以为负
   B. 理论上必须为正
   C. 不可能为 0，如果为 0，那么投资者不愿意投资在普通股上
   D. 不可能为 0，如果为 0，那么投资者不愿意投资在普通股上，且理论上必须为正

2. 美国国债（　　）。
   A. 没有任何类型的风险，但不保证现金流的未来购买力
   B. 由于美国财政部的担保，保证了现金流的未来购买力
   C. 不保证现金流的未来购买力
   D. 没有任何类型的风险

3. 如果名义利率是不变的，税后的实际利率将在（　　）。
   A. 通货膨胀上升时上升
   B. 通货膨胀下降时下降
   C. 通货膨胀上升时下降，通货膨胀下降时上升
   D. 与通货膨胀的变化无关

4. （　　）是指因宏观政策的变化导致的对证券投资收益的影响。
   A. 政策风险　　　B. 信用风险　　　C. 流动性风险　　　D. 金融风险

5. （　　）开创了现代金融数学的先河，奠定了现代投资理论发展的基石。
   A. 马柯维茨的证券投资组合理论　　　B. 套利定价理论
   C. 资本资产定价模型　　　D. 有效市场假说

6. 一年前，你在自己的储蓄账户中存入 1 000 元，收益率为 7%，如果年通胀率为 3%，你的近似实际收益率为（　　）。
   A. 7%　　　　　　　　　　　B. 4%
   C. 10%　　　　　　　　　　 D. 以上各项均不正确

7. （　　）表现为当信息不对称或者信息识别能力的差异使某个参与者掌握的信息不充分时，他往往从其他参与者的行为中提取信息，从而采取类似的行为。
   A. 低估风险　　　　　　　　B. 高估自己的认知
   C. 羊群效应　　　　　　　　D. 损失厌恶倾向

8. 投资者可将自己的资金分别购买股票和债券，并且使两者长期保持一个固定比例关系，属于（　　）投资原则。
   A. 固定比例投资　　B. 金字塔投资　　C. 投资"三分法"　　D. 固定金额投资

9. 下列各项中，说法正确的是（　　）。

A. 同一种类型的债券,长期债券的利率比短期债券高

B. 股票的收益率一般低于债券

C. 同一种类型的债券,长期债券的利率比短期债券低

D. 风险溢价与证券资产本身有关,与所在市场的特征无关

10. 马柯维茨为了说明理论的本质,提出了许多假设作为证券投资理论的前提条件,不包括(   )。

A. 假定多种证券之间的收益是相关的

B. 投资者都是风险厌恶者

C. 假定市场是半有效的

D. 投资者能利用预期收益的波动来估计风险,风险以收益率的变动性来衡量,用统计上的标准差来衡量

二、多项选择题(共5题,每题5分)

1. 下列各项中,属于非系统性风险的有(   )。

A. 因政策调整带来的风险   B. 公司破产风险

C. 公司产品质量风险   D. 公司财务欺诈风险

2. 下列关于风险溢价的概念的说法中,正确的有(   )。

A. 风险溢价与投资者的风险偏好有关

B. 风险资产收益超过无风险收益的部分

C. 极端厌恶风险的投资者只能投资无风险资产

D. 当风险资产的期望收益等于无风险收益时,厌恶风险的投资者不会投资风险资产

3. 在开放的经济条件下,汇率对经济的影响有(   )。

A. 汇率上升,本币贬值,将导致资本流出国外

B. 汇率下跌,则资本流入本国,本国的证券市场将因需求旺盛而价格上升

C. 汇率上升,本币贬值,本国产品的竞争力增强

D. 汇率上升,本币贬值,本国进口企业受损

4. 下列各项中,说法正确的有(   )。

A. 系统风险和非系统风险都是可分散的

B. 系统风险是可分散的,非系统风险是不可分散的

C. 系统风险和非系统风险构成总风险

D. 系统风险是不可分散的,非系统风险是可分散的

5. 影响利率的因素包括(   )。

A. 通货膨胀   B. 经济周期与国家经济

C. 国际市场利率水平   D. 央行货币政策

三、判断题(共5题,每题5分)

1. 相对于获得,面对损失时,一般人变得更加的风险厌恶。(   )

2. 通过充分分散化投资,可以分散全部的股市风险。(   )

3. 承担高风险必然带来高收益。(   )

4. 信用风险是债券的主要风险。(   )

5. 证券时限越短、发行公司业绩越好、市场交易越活跃,其流动性风险越小。(   )

第八章　证券投资组合

```
知识导航

                    ┌─ 证券投资组合理论的形成与发展
                    ├─ 证券投资组合的分类
         证券投资组合理论 ─┤ 收益与风险
           概述        ├─ 可行集、有效集与无差异曲线
                    ├─ 最优投资组合的选择
                    └─ 引入无风险借贷后的最优投资组合选择

                    ┌─ 资本资产定价模型的前提假设
         资本资产定价模型 ─┤ 资本市场线
                    └─ 资本资产定价模型的应用及其局限性
证券投资组合
                    ┌─ 套利的概念与应用
         套利定价理论   ─┤ 套利定价理论的模型
                    └─ 套利定价理论的意义及其局限性

                    ┌─ 有效市场理论的形成
         有效市场理论   ─┤ 有效市场的类型
                    ├─ 有效市场理论的假定
                    └─ 有效市场理论对投资管理的启示
```

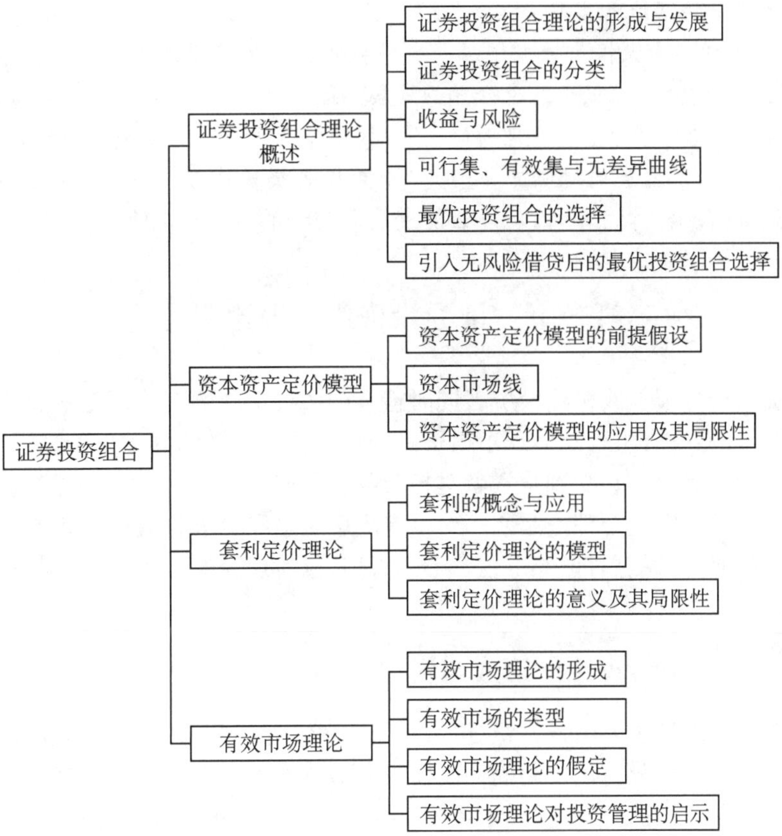

学习目标

1. 掌握资本资产定价模型的基本表达式
2. 掌握资本资产定价模型理论的基本结论
3. 熟悉并理解套利定价理论的基本分析方法与主要观点
4. 掌握有效市场的三种类型
5. 掌握有效市场的特征

 寓德于教

证券投资组合理论推动经济发展新动能

党的二十大报告提出了构建现代化经济体系的重要目标,而证券投资学中的证券投资

组合理论与此目标密切相关。党的二十大报告强调了资本市场的重要作用,提出了要完善资本市场规则和监管体系,促进资本市场健康发展。证券投资组合理论研究的是如何通过合理的资产配置和多样化的投资组合,实现投资风险的分散和收益的最大化,在资本市场中发挥重要作用。

党的二十大报告强调了要推动供给侧结构性改革,加快培育壮大新动能。证券投资组合理论在资本市场中的应用可以为供给侧结构性改革提供支持。通过研究不同行业和企业的投资价值,合理配置资产,投资者可以参与和支持具有创新能力和发展潜力的企业,推动供给侧结构性改革的落地和发展。

与此同时,党的二十大报告强调了绿色发展和生态文明建设的重要性。证券投资组合理论在资本市场中的运用可以促进绿色金融的发展。通过评估企业的环境、社会和治理因素,投资者可以选择和支持符合绿色发展理念的企业,推动绿色产业的发展和生态文明建设。

思考:在推动经济发展的过程中,党的二十大报告提出了多个重要的战略目标,证券投资组合理论该如何发挥作用,如何促进经济发展新动能的培育和壮大?

第一节　证券投资组合理论概述

证券投资组合是个人或机构投资者同时持有的各种不同的有价证券的总称,如股票、债券、存款单等。证券投资组合是体现了投资者的意愿及其所受到的约束的理性组合,而非证券品种的简单随意组合。它受到投资者对投资收益的权衡、投资比例的分配、投资风险偏好等多种限制。证券投资组合理论是基于对具有厌恶风险和追求收益最大化的行为特征的理性投资者行为的研究,通过对证券以组合形式管理,以实现风险最小化以及收益最大化的一系列理论。

一、证券投资组合理论的形成与发展

现代投资组合理论主要由投资组合理论、资本资产定价模型、APT 模型、有效市场理论以及行为金融理论等部分组成。它们的发展极大地改变了过去主要依赖基本分析的传统投资管理实践,使现代投资管理日益朝着系统化、科学化、组合化的方向发展。

为解决证券投资中收益与风险的关系,现代投资组合理论应运而生。其创始人是哈里·马科维茨,他于 1952 年 3 月在《金融杂志》上发表了一篇题为《资产组合的选择》的论文,为现代证券理论的建立和发展奠定了基础。投资组合理论提出了一整套分散投资的方法,投资组合的意义在于采用适当的方法选择多种证券作为投资对象,达到在保证预定收益的前提下使投资风险最小或在控制风险的前提下使投资收益最大。为此,瑞典皇家科学院将 1990 年的诺贝尔经济学奖授予哈里·马科维茨,以表彰他在现代证券投资理论方面所做出的关键性的卓越贡献。

马科维茨现代证券投资理论主要解释了投资者如何衡量不同的投资风险,如何合理组合自己的资金以取得最大收益,认为组合证券资产的投资风险与收益之间有一定特殊关系,投资风险分散有其规律性。

马科维茨考虑的问题是单期投资问题。投资者在某个时期(称为期初)用一笔资金购买一组证券并持有一段时间(称为持有期),在持有期结束时(称为期末),投资者出售其在期

初购买的证券并将收入用于消费或再投资。马科维茨在考虑这一问题时第一次对证券投资中的风险因素进行了正规阐述。他注意到,一个典型的投资者不仅希望"收益高",而且希望"收益尽可能确定",这意味着投资者在寻求"预期收益最大化"的同时追求"收益的不确定性最小",在期初进行决策时必然力求使这两个相互制约的目标达到某种平衡。马科维茨分别用期望收益率和收益率的方差来衡量投资的预期收益水平和不确定性(风险),建立均值方差模型来阐述如何全盘考虑上述两个目标,从而进行决策。推导出的结果是,投资者应该通过同时购买多种证券而不是一种证券进行分散化投资。

与传统投资组合理论不同,现代投资组合理论借助定量分析方法进行组合的构建和变动,它克服了传统理论中投资者凭借主观判断选择证券的不足。马柯维茨为了说明理论的本质,提出了四个假设作为证券投资理论的前提条件:

第一,假设证券市场是有效的。

第二,假设投资者都是风险厌恶者。在同一风险水平上,投资者偏好收益较高的资产或投资组合;在同一收益水平上,投资者偏好风险较小的资产或投资组合。

第三,假设投资者能利用预期收益的波动来估计风险。风险以收益率的变动性来衡量,用统计上的标准差来衡量。

第四,假设多种证券之间的收益是相关的。如果可以知道它们之间的相关系数,就可以选择最低风险的投资组合。

在这些基本假设的基础上,马柯维茨对风险和收益进行了量化,建立了均值方差模型,并根据风险分散原理,提出了确定最佳资产组合的基本模型。

在投资者只关注"期望收益率"和"方差"的假设前提下,马科维茨提供的方法是完全精确的。然而,这种方法涉及计算所有资产的协方差矩阵,面对上百种可选择资产,其计算量是相当大的,在当时即使是借助计算机也难以实现,更无法满足实际市场在时间上近乎苛刻的要求,这严重地阻碍了马科维茨方法在实际中的应用。

1964年,马科维茨的学生威廉·夏普根据马科维茨的模型,建立了一个计算相对简化的模型——单因素模型。这一模型假设资产收益只与市场总体收益有关,使计算量大大降低,在此基础上发展出后来的"多因素模型",试图与实际有更精确的近似。这一简化形式使得投资组合理论应用于实际市场成为可能。特别是20世纪70年代计算机的发展和普及,以及软件的成套化和市场化,极大地促进了现代投资组合理论在实际中的应用。当今,在西方发达国家,因素模型已被广泛应用在同类资产内部不同的资产组合,如投资组合中普通股之间的投资分配上,而最初的、更一般的马科维茨模型则被广泛应用于不同类型的资产组合,如债券、股票、风险资产和不动产等证券之间的投资分配上。

20世纪60年代,金融经济学家们开始研究马柯维茨的模型是如何影响证券估值的。夏普、林特和莫森分别于1964年、1965年和1966年提出了资本资产定价模型(CAPM)。这一模型阐述了在投资者都采用马柯维茨理论进行投资管理的条件下,市场价格均衡状态的形成,它把资产预期收益与预期风险之间的理论关系用一个简单而又合乎逻辑的线性方程式表示出来。该模型不仅提供了评价收益——风险相互转换特征的可运作框架,也为投资组合分析、基金绩效评价提供了重要的理论基础。

1976年,针对CAPM模型所存在的不可检验性的缺陷,罗斯提出了一种替代性的资本资产定价模型,即套利定价模型(APT)。该模型直接导致了多指数投资组合分析方法在投资实践上的广泛应用。

经过众多学者的逐渐完善、深化,这些理论目前已经成为投资理论的主流思想。这些理论发展为科学评价职业货币经营者的业绩提供了依据,并以各种方式被应用到实际投资管理中去。

二、证券投资组合的分类

按投资目标的不同,证券投资组合可以分为收入型、增长型、平衡型、货币型等。

1. 收入型证券组合

收入型证券组合追求稳定的经常性收入,即利息、股息收益。这类投资者一般将资产配置于附息债券、优先股和蓝筹股等,对应的证券投资基金是收入型基金。

2. 增长型证券组合

增长型证券组合以追求资产持续稳定增值为投资目标。这类投资者为了获取高收益可以承担较大的风险,一般将资产配置于成长性较高的普通股,对应的证券投资基金是增长型基金。

3. 平衡型证券组合

平衡型证券组合试图在经常性收入与资本利得之间达到某种均衡,所以这类投资者会将资产均衡配置于权益证券和固定收益证券,对应的证券投资基金是平衡型基金。

4. 货币型证券组合

货币型证券组合是各种货币市场工具构成的,如银行存款、大额存单、国债、债券回购、资产支持证券等。这类证券组合具有流动性强、安全性高的特点,对应的证券投资基金是货币市场基金。

三、收益与风险

(一) 单个证券的收益与风险

1. 单个证券的收益

由于证券收益率受许多不确定因素的影响,当我们预测证券的未来收益时,其收益率可能有多种预测结果,并且每种收益率发生的概率也不相同。每种收益率出现的概率,如表 8-1 所示。

表 8-1　　　　　　　　　　　不同收益率对应的概率

收益率	r_1	r_2	r_3	……	r_n
概率	p_1	p_2	p_3	……	p_n

期望收益率又称预期收益率,是在不确定的条件下,预测的某资产未来可实现的收益率。需要注意的是,期望收益率仅是一种期望值,实际收益率很可能偏离期望收益率。

在计算期望收益率时采用加权平均的计算方式,用 $E(r)$ 表示,即:

$$E(r) = r_1 p_1 + r_2 p_2 + r_3 p_3 + \cdots r_n p_n = \sum_{i=1}^{n} r_i p_i$$

【例 8-1】 未来经济发展有 5 种状况,每种经济状况下证券 A 的收益率不同,具体如表 8-2 所示。

表 8-2　　　5 种经济状况下证券 A 的收益率和可能发生的概率

经济状况	可能的收益率	概率
1	0	20%
2	10%	10%
3	20%	40%
4	30%	20%
5	40%	10%

要求：计算该证券的预期收益率。

解析：

根据预期收益率计算公式可知：

$$E(r)=0\times 20\% + 10\% \times 10\% + 20\% \times 40\% + 30\% \times 20\% + 40\% \times 10\% = 19\%$$

2. 单个证券的风险

从上例[8-1]可以看到，证券未来的各种可能收益率与期望收益率会有偏差，可能的收益率越分散，它们与期望收益率的偏离程度就越大，表明该证券的风险也就越大。因此，证券的风险的大小就用未来可能收益率与期望收益率的偏离程度来反映。在数学上，这种偏离程度由收益率的方差来度量，即：

$$\sigma^2(r)=\sum_{i=1}^{n}[r_i-E(r)]^2 p_i$$

【例 8-2】　承[例 8-1]。

要求：计算该证券的风险。

解析：

使用调整价格的方法，按照例[8-1]数据代入公式可得：

$$\begin{aligned}\sigma^2(r)=&(0-19\%)^2\times 20\% + (10\%-19\%)^2\times 10\% + (20\%-19\%)^2\\&\times 40\% + (30\%-19\%)^2\times 20\% + (40\%-19\%)^2\times 10\%\\=&0.000\,444\end{aligned}$$

（二）证券投资组合的收益与风险

设有两种证券 A 和 B，某投资者将一笔资金以 x_A 的比例投资于证券 A，以 x_B 的比例投资于证券 B，且 $x_A+x_B=1$，建立的证券组合为 P。如果到期时，证券 A 的收益率为 r_A，证券 B 的收益率为 r_B，则证券组合 P 的收益率 r_P 为：$r_P=x_A r_A+x_B r_B$。

投资者在进行投资决策时并不知道 r_A 和 r_B 的确切值，因而 r_A 和 r_B 应为随机变量，对其分布的简化描述是它们的期望值和方差，所以投资组合 P 的期望收益率 $E(r_P)$ 和收益率的方差 σ_p^2 为：

$$E(r_P)=x_A E(r_A)+x_B E(r_B)$$

$$\sigma_p^2=x_A^2\sigma_A^2+x_B^2\sigma_B^2+2x_A x_B cov(r_A,r_B)$$

$cov(r_A,r_B)$ 是两种证券的协方差，表示两种证券的相关性，在数学上可以用两种证券

标准差和相关系数的相乘表示,即:

$$cov(r_A, r_B) = \sigma_A \sigma_B \rho_{AB}$$

其中,ρ_{AB} 为 A、B 的相关系数,取值范围是 $[-1,1]$;当 $\rho_{AB} > 0$ 时,为正相关;当 $\rho_{AB} = 1$ 时,为完全正相关;当 $\rho_{AB} = 0$ 时,为不相关;当 $\rho_{AB} < 0$ 时,为负相关;当 $\rho_{AB} = -1$ 时,为完全负相关。

【例 8-3】 已知证券组合 P 是由证券 A 和 B 构成的,证券 A 和 B 的期望收益率、标准差以及相关系数,如表 8-3 所示。

表 8-3　　　　证券 A 和 B 的期望收益率、标准差以及相关系数

证券名称	期望收益率	标准差	相关系数	投资权重
A	10%	8%	0.12	40%
B	8%	4%		60%

要求:计算该证券组合的期望收益率与风险。

解析:

组合 P 的期望收益率为:

$$E(r_p) = (10\% \times 40\% + 8\% \times 60\%) \times 100\% = 8.8\%$$

组合 P 的方差为:

$$\sigma^2 = 40\% \times 40\% \times 8\% \times 8\% + 60\% \times 60\% \times 4\% \times 4\% + 2 \times 40\% \times 60\% \times 8\% \times 4\% \times 0.12 = 0.0327$$

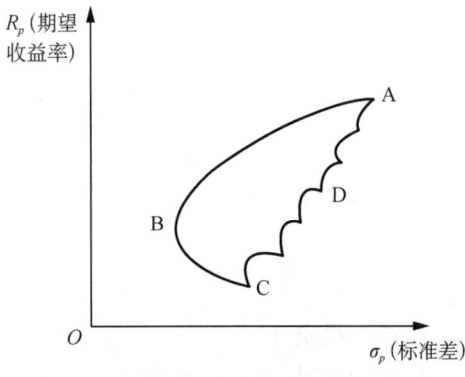

图 8-1　可行集与有效集

四、可行集、有效集与无差异曲线

(一)可行集

可行集又称投资机会集,是指资本市场上可能形成的所有投资组合的集合。在一个含有 n 种证券的证券市场上,随着投资者在每种证券上的投资比例的变化,可以得到无限多种的证券投资组合。由于每种组合都有其相应的期望收益率和风险,在以标准差(代表风险)为横轴、期望收益率为纵轴的平面坐标里,每种可能的组合都对应着一个"点"。所有这些可能的"点"所分布的区域(即可行集)一般呈"伞状",如图 8-1 中 ABCD 所围成的区域。证券市场所有可能的组合所对应的"点"都落在可行集的边界上或边界内。

(二)有效集

有效集又称有效组合,是指同时满足以下两个条件的证券组合:第一,在风险相同的情况下,期望收益最大;第二,在期望收益相同的情况下,风险最小。理性投资者一般都会选择这样的组合。有效集是可行集的一个子集,它包含于可行集中。例如,在图 8-1 中,在可行集中,能够同时满足上述两个条件的"点"一定全部落在 A、B 两点之间的边界上。为此,有

效集也称为有效边界。

有效集具有以下特点：①它是一条向右上方倾斜的曲线，反映了"高收益、高风险"的原则。②它是一条向上凸的曲线。③它上面不可能有"凹陷"的地方。

（三）无差异曲线

对于投资者来说，仅仅确定出有效集是不够的，因为有效集虽然极大地缩减了投资者进行组合选择的范围和难度，但是它仍然包含着无数的组合。显然，有效集是客观存在的，它完全是由证券市场所决定的，为此，投资者还需要结合自己的风险偏好，在证券市场的有效集中选择属于自己的最优组合。在经济学中，一般是用效用函数或无差异曲线来分析经济人的偏好或效用的。

无差异曲线是在以标准差为横轴、以期望收益率为纵轴的平面坐标系上，所有效用值相同的点所连成的一条曲线。对于一个投资者而言，同一条无差异曲线上各个点所代表的投资组合都能给他带来相同的效用。无差异曲线的具体形态与投资者的风险偏好有关。从理论上讲，投资者的风险偏好和无差异曲线包括如图 8-2 所示的四种可能的类型。

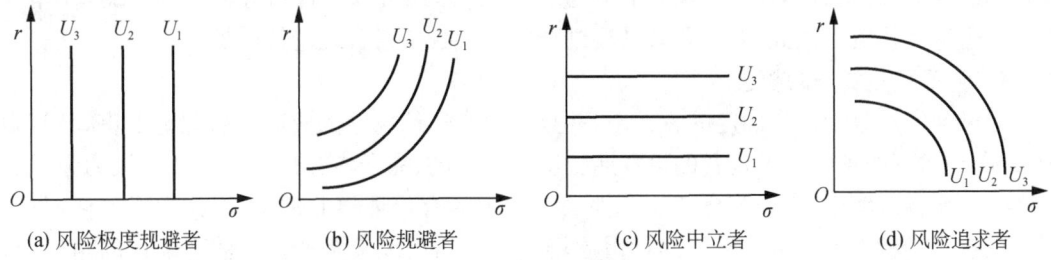

图 8-2 无差异曲线

图 8-2(a)的投资者只关心风险，认为风险越小越好，对期望收益率并不在意，也就是说，其效用是只有风险一个变量的函数，因此属于风险极度规避者。

图 8-2(b)的投资者既追求收益，又厌恶和规避风险，也就是说，其效用是包含预期收益率和风险两个变量的函数，而且承担更高的风险必须以更高的收益作为补偿，因此他们属于风险规避者，是投资者的一般类型。

图 8-2(c)的投资者只关心收益，收益越大越好，对投资风险并不在意，也就是说，其效用是只有预期收益率一个变量的函数，因此属于风险中立者。

图 8-2(d)的投资者只存在于理论当中，他们投资的目的就是追求风险，风险越高，所获得的满足越大，也就是说，其效用函数是风险的正相关函数。他们为了得到更高的风险，宁愿放弃一定的收益。

根据投资组合理论的前提假设，投资者都具有风险规避的特征，因此，投资组合理论中的投资者无差异曲线都是图 8-2(b)所示的形态。不同投资者的无差异曲线的区别只在于曲线向右上方倾斜的陡峭程度不同。投资者对风险的厌恶和规避程度越高，其无差异曲线就越陡峭；投资者对风险的厌恶和规避程度越低，其无差异曲线就越平缓。

五、最优投资组合的选择

有效集向上凸的特性与无差异曲线向下凹的特性决定了有效集和无差异曲线的切点只

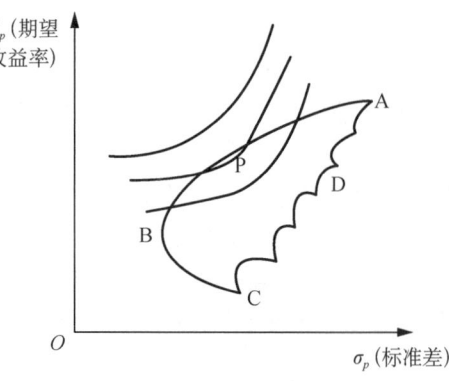

图 8-3 最优投资组合的选择

有一个，也就是说，对于一个既定的投资者，最优投资组合是存在的，而且是唯一的。

由图 8-3 可知，投资者的最优投资组合具体落在有效边界 AB 的哪个位置，完全取决于投资者无差异曲线的形态。对于风险厌恶程度比较高的"保守型"投资者，由于其无差异曲线比较陡峭，其最优投资组合比较靠近 B 点。对于风险厌恶程度比较低的"积极型"投资者，由于其无差异曲线比较平缓，其最优投资组合比较靠近 A 点。

六、引入无风险借贷后的最优投资组合选择

在马科维茨的现代投资组合理论中，可供投资者选择的都是风险资产。然而在现实经济中，投资者不仅可以购买风险证券，也可以对无风险资产进行投资。此外，在信用制度高度发达的今天，投资者不仅可以用自有资金进行投资，还可以发挥财务杠杆的作用，使用借入的资金进行投资。因此，有必要对马科维茨的现代投资组合理论加以扩展。

(一) 无风险资产的概念

无风险资产是指具有确定的收益率，并且不存在违约风险的资产。从理论上讲，只有由中央政府发行的、期限与投资者的投资期长度相匹配的、完全指数化的债券才可视为无风险资产。然而在现实中，完全符合上述条件的流通中的有价证券非常少，因此为了方便起见，大多数投资者转而使用范围更广的货币市场工具作为无风险资产。从数理统计的角度看，无风险资产是指投资收益的方差或标准差为零的资产。当然，无风险资产的收益率与风险资产的收益率之间的协方差及相关系数也为零。

投资于无风险资产又称无风险贷出，因为投资者在期初购买这种证券时，就能够确切地知道期末的投资收益率。投资于无风险资产所获得的收益率称为无风险收益率或无风险利率。相应地，卖空无风险资产又称为无风险借入，它相当于以无风险利率借入一定数量的资金。可见，买卖无风险资产只不过是手段，而实质是存在无风险借贷的机会。

(二) 无风险借贷对有效集的影响

1. 无风险贷款对有效集的影响

无风险贷款相当于投资无风险资产，其收益率是确定的。引入无风险贷款后，有效集将发生重大变化。在图 8-4 中，弧线 AB 段代表马科维茨有效集，F 点表示无风险资产。我们可以在马科维茨有效集中找到一点 E，使直线 FE 与弧线 AB 相切于 E 点。E 点所代表的投资组合为切点处投资组合。E 点代表马科维茨有效集中众多有效组合中的一个，但它是一个很特殊的组合。因为没有任何一个有效的风险资产组合与无风险资产构成的投资组合可以落在直线 FE 的左上方。

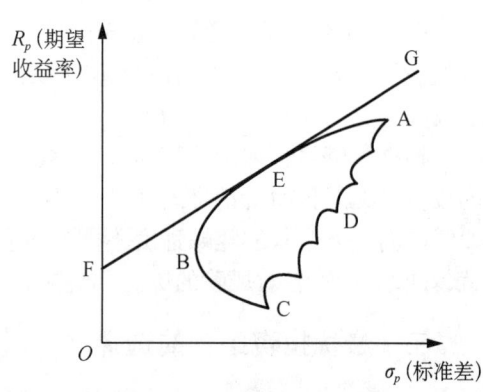

图 8-4 无风险贷款的影响

由图 8-4 可以看出,引入 FE 线段后,AB 弧线将不再是有效集。因为对于 E 点左边的有效集而言,在预期收益率相等的情况下,FE 线段上组合的风险均小于马科维茨有效集上组合的风险;而在风险相同的情况下,FE 线段上组合的预期收益率均大于马科维茨有效集上组合的预期收益率。按照有效集的定义,AB 弧线中 E 点左边的 EB 线段将不再是有效集。由于 FE 线段上的组合是可行的,引入无风险贷款后,新的有效集由 FE 线段和 EA 弧线构成。

2. 无风险借款对有效集的影响

引入无风险借款后,有效集也将发生重大变化。在图 8-4 中,弧线 AB 仍代表马科维茨有效集,E 点仍代表 AB 弧线与直线 FE 的切点。在允许无风险借款的情况下,投资者可以通过无风险借款投资于最优证券组合 E,使有效集由 EA 弧线变成 FE 线段向右边的延长线 EG。

综上所述,在存在无风险借款机会的情况下,有效集变成了一条射线 FG,该直线经过无风险资产 F 点并与马科维茨有效集相切。

(三) 存在无风险借款机会时的最优投资组合

存在无风险借款机会时,投资的有效边界与投资者的无差异曲线相切,切点 H 所代表的投资组合即为该投资者的最优投资组合,如图 8-5 所示。

根据上面的分析我们不难总结出,投资者对最优投资组合的选择过程实际上可以分两个阶段进行:

第一阶段是对风险资产组合的选择。具体办法是先确定风险资产组合的有效边界,然后经 F 点(代表无风险资产)向风险资产组合的有效边界引切线,切点 E 所代表的资产组合就是投资者应当持有的风险资产组合。在这一阶段,投资者仅需考虑风险资产本身的特性而无须考虑无风险资产及自身的风险偏好。

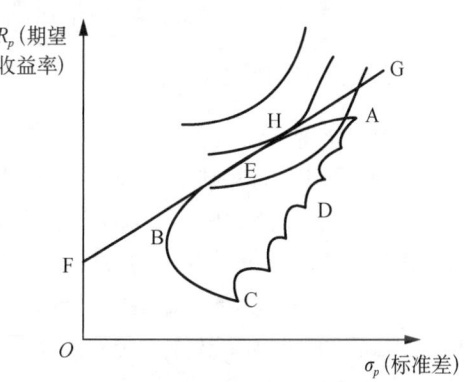

图 8-5 存在无风险借款机会时的最优投资组合

第二阶段是对最终资产组合的选择。在这一阶段,投资者根据自身的风险偏好和无差异曲线,安排其所持有的无风险资产与风险资产组合的比例,选择最佳的资产组合。

第二节 资本资产定价模型

资本资产定价模型(capital assset pricing model,CAPM)是在马柯维茨提出资产组合理论的基础上,由经济学家威廉·夏普等人创建的。该模型的主要特点是将资产的预期收益率与被称为 β 系数的风险值相联系,从理论上探讨在多样化的资产搭配中如何有效地计算单项证券的风险,从而说明风险证券是如何在证券市场上确定价格的。由于该模型论证严谨,可操作性强,能较好地解释证券定价的一些基本问题,在西方现代证券投资理论中占有极其重要的地位。

一、资本资产定价模型的前提假设

资本资产定价模型以证券投资组合理论为基础发展而成,因此,关于证券投资组合理论

的假设对资本资产定价模型同样适用。同时资本资产定价模型的有关假设比证券投资组合理论更为严格,其基本假设如下:

(1) 所有投资者的投资期限均相同。
(2) 投资者根据投资组合在单一投资期内的预期收益率和标准差来评价这些投资组合。
(3) 投资者永不满足,当面临其他条件相同的两种选择时,他们将选择具有较高预期收益率的那一种。
(4) 投资者是厌恶风险的,当面临其他条件相同的两种选择时,他们将选择具有较小标准差的那一种。
(5) 每种资产都是无限可分的。
(6) 投资者可按相同的无风险利率借入或贷出资金。
(7) 税收和交易费用均忽略不计。
(8) 对于所有投资者来说,信息都是免费的并且是立即可得的。
(9) 投资者对各种资产的收益率、标准差、协方差等具有相同的预期。

这些假定虽然与现实世界存在很大差距,但通过这些假定,我们可以导出证券市场均衡关系的基本性质,并以此为基础,探讨现实世界中风险和收益之间的关系。

二、资本市场线

(一) 分离定理

在上述假定的基础上,我们可以得出如下结论:

根据相同预期的假定,我们可以推导出每个投资者的切点处风险资产组合(组合 E)都是相同的,从而每个投资者的线性有效集都是一样的。

由于投资者风险、收益偏好不同,其无差异曲线的斜率不同,他们的最优投资组合也不同。由此我们可以导出著名的分离定理:投资者对风险和收益的偏好状况与该投资者风险资产组合的最优构成是无关的。

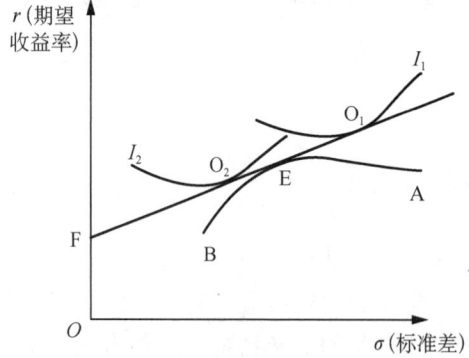

图 8-6 存在无风险借款机会时的最优投资组合

在图 8-6 中,I_1 代表厌恶风险程度较轻的投资者的无差异曲线,该投资者的最优投资组合位于 O_1 点,表明他将借入资金投资于风险资产组合上;I_2 代表较厌恶风险的投资者的无差异曲线,该投资者的最优投资组合位于 O_2 点,表明他将部分资金投资于无风险资产,将另一部分资金投资于风险资产组合。虽然 O_1 和 O_2 位置不同,但它们都是由无风险资产(A)和相同的最优风险组合(E)组成的,因此他们的风险资产组合中各种风险资产的构成比例自然是相同的。

(二) 市场组合

根据分离定理,我们还可以得到另一个重要结论:在均衡状态下,每种证券在均点处投资组合中都有一个非零的比例。

这是因为,根据分离定理,每个投资者都持有相同的最优风险组合(E)。如果某种证券在 E 组合中的比例为零,那么就没有人购买该证券。该证券的价格就会下降,从而使这证券预期收益率上升,一直到在最终的最优风险组合 E 中,该证券的比例非零为止。

同样,如果投资者对某种证券的需要量超过其供给量,则该证券的价格将上升,导致其预期收益率下降,从而降低其吸引力,它在最优风险组合中的比例也将下降直至对其需求量等于其供给量为止。

因此,在均衡状态下,每一个投资者对每一种证券都愿意持有一定的数量,市场上各种证券的价格都处于使该证券的供求相等的水平上,无风险利率的水平也正好使得借入资金的总量等于贷出资金的总量。这样,最优风险组合中各证券的构成比例等于市场组合中各证券的构成比例。市场组合是指由所有证券构成的组合,在这个组合中,每一种证券的构成比例等于该证券的相对市值。一种证券的相对市值等于该证券总市值除以所有证券的市值的总和。

习惯上,人们将切点处组合称为市场组合,并用 M 代替 E 来表示。理论上说,M 不仅由普通股构成,还包括优先股、债券、房地产等其他资产。但在现实中,人们常将 M 局限于普通股。

(三) 共同基金定理

如果投资者的投资范围仅限于资本市场,而且市场是有效的,那么市场组合就大致等于最优风险组合。单个投资者只要持有指数基金和无风险资产就可以实现最优投资(当然,如果所有投资者都这么做,那么这个结论就不成立。因为指数基金本身并不进行证券分析,它只是简单地根据各种股票的市值在市场总市值中的比重来分配其投资。因此,如果每个投资者都不进行证券分析,证券市场就会失去建立风险收益均衡关系的基础)。如果我们把货币市场基金看作无风险资产,那么投资者所要做的事情只是根据自己的风险厌恶系数 A,将资金合理地分配于货币市场基金和指数基金,这就是共同基金定理。

共同基金定理将证券选择问题分解成两个不同的问题:一个是技术问题,即由专业的基金经理人创立指数基金;二是个人问题,即根据投资者个人的风险厌恶系数将资金在指数基金与货币市场基金之间进行合理配置。

(四) 资本市场线

资本市场线反映的是有效组合的预期收益率和标准差之间的关系,一般单个风险证券由于大多不是有效组合而往往位于证券市场线的下方。资本市场线并不能告诉我们单个证券的预期收益率与标准差(即总风险)之间应存在怎样的关系。为此,我们有必要作进一步的分析。

我们可以得出市场组合标准差的计算公式为:

$$\sigma_M = \Big[\sum_{i=1}^{n}\sum_{j=1}^{n} x_{iM} x_{jM} \sigma_{ij}\Big]^{\frac{1}{2}}$$

展开为:

$$\sigma_M = x_{nM} \sum_{i=1}^{n} \big[x_{iM}\sigma_{ni}\big]^{\frac{1}{2}}$$

根据协方差的性质可知,证券 i 与市场组合的协方差等于证券 i 与市场组合中每种证券协方差的加权平均数:

$$\sigma_{iM} = \sum_{i=1}^{n} x_{iM} \sigma_{i1}$$

如果我们把协方差的这个性质运用到市场组合中的每一个风险证券,并代入前式,可得:

$$\sigma_M = [x_{1M}\sigma_{1M} + x_{2M}\sigma_{2M} + x_{3M}x_{3M} + \cdots + x_{nM}\sigma_{nM}]^{\frac{1}{2}}$$

这表明,市场组合的标准差等于所有证券与市场组合协方差的加权平均数的算术平方根,其权数等于各种证券在市场组合中的比例。

由此可见,在考虑市场组合风险时,重要的不是各种证券自身的整体风险,而是其与市场组合的协方差。这就是说,自身风险较高的证券,并不意味着其预期收益率也应较高;同样,自身风险较低的证券,也并不意味着其预期收益率也就较低。单个证券的预期收益率水平应取决于其与市场组合的协方差。

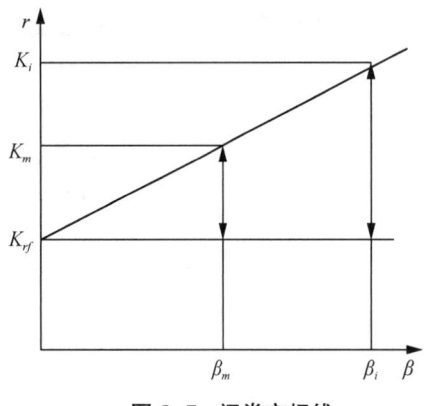

图 8-7 证券市场线

证券市场线简称为 SML,是资本资产定价模型 CAMP 的图示形式,如图 8-7 所示。

其中,K_i 为股票 i 的期望收益率,K_m 为股票市场的平均收益率,K_{rf} 为无风险收益率,β_i 为股票 i 相对于市场平均风险的波动倍数。

比较资本市场线和证券市场线可以看出,只有最优投资组合才落在资本市场线上,其他组合和证券则落在资本市场线的下方。而对于证券市场线来说,无论是有效组合还是非有效组合,它们都落在证券市场线上。

既然证券市场线包括了所有证券和所有组合,那么也一定包含市场组合和无风险资产。在市场组合那一点,β 值为 1,预期收益率为 r_m,其坐标为 $(1, r_m)$。在无风险资产那一点,β 值为 0,预期收益率为 r_f,其坐标为 $(0, r_f)$。证券市场线反映了在不同的 β 值水平下,各种证券组合应有的预期收益率水平,从而反映了各种证券和证券组合系统性风险与预期收益率的均衡关系。由于预期收益率与证券价格成反比,证券市场线实际上也给出了风险资产的定价公式。

资本资产定价模型所揭示的预期收益率与风险的函数关系,是通过投资者对持有证券数量的调整并引起证券价格的变化而达到的。根据每一种证券的收益和风险特征,给定一个证券组合,如果投资者愿意持有的某一证券的数量不等于已拥有的数量,投资者就会通过买进或卖出证券进行调整,并因此对这种证券价格产生涨或跌的压力。在得到一组新的价格后,投资者将重新估计对各种证券的需求,这一过程将持续到投资者对每一种证券愿意持有的数量等于已持有的数量,证券市场达到均衡。

三、资本资产定价模型的应用及其局限性

资本资产定价模型最核心的应用是搜寻市场中价格被误定的证券。根据资本资产定价模型,每一证券的预期收益率应等于无风险利率加上该证券由 β 系数测定的风险溢价:

$$E(r_i) = r_f + [E(r_m) - r_f]\beta_i$$

投资者可以现行的市场价格与模型价格进行比较,两者不等,说明市场价格被误定,被

误定的价格必然会回归。利用这一点,投资者便可以获得超过正常的收益。具体来说,当实际价格低于均衡价格时,应该买入;当实际价格高于均衡价格时,应该抛售该证券。尽管 CAPM 的成功已经得到了公认,但在实际运用中,仍存在着一些明显的局限,主要表现在:

(1) 某些投资项目和资产,特别是一些新兴产业,由于缺乏历史数据而难以估计 β 值。

(2) 由于经济的不断发展,各种资产的值也会产生相应的变化。依靠历史数据估算的 β 值对未来的指导作用值得怀疑。

(3) 市场组合的概念是资本资产定价模型的基础,实际上,选用何种指数作为市场组合的代表物,没有定论,并且所选的指数是否能代表有效的市场组合是值得怀疑的。

总之,作为现代投资组合理论,马柯维茨模型和资本资产定价模型告诉人们:通过投资组合可以降低风险,提高收益,投资风险、收益可以用量的概念来衡量;投资组合有科学方法,可以不断探索发展。

第三节　套利定价理论

套利定价理论(arbitrage pricing theory,APT),是由罗斯于 1976 年提出来的一个替代 CAPM 的理论。APT 是以多因素模型为基础,建立在一个重要的假设基础上的理论。这一重要假设是"一价法则",即两种具有相同风险和收益的证券,其价格必定相同。也就是说市场上应一物一价,如果存在一物多价的情况,那么就会产生无风险套利的机会,而无风险套利活动将使一物多价的情形消失,恢复到一物一价的市场均衡状态。当市场达到均衡时,不存在套利机会。

一、套利的概念与应用

套利通常用套利机会来描述,套利机会是指一种能毫无风险地赚取收益的条件。

【例 8-4】 市场上有三只股票的期望收益率分别为 8%、13%、20%,β 系数(因素敏感度)分别是 1、2、3,某投资者对三只股票的投资比例分别为 1、-2、1。

要求:计算该投资组合的期望收益率和风险。

解析:

$$期望收益率 = 8\% \times 1 + 13\% \times (-2) + 20\% \times 1 = 2\%$$

$$风险 = 1 \times 1 + 2 \times (-2) + 3 \times 1 = 0$$

该组合风险为 0,而期望收益率为 2%,即具有可毫无风险地赚取收益的条件。

理论上,套利机会分为第一类套利机会和第二类套利机会。

第一类套利机会是指这样的一种投资机会:投资者能够在期初投资为零,即投资时没有付出任何费用,通常是仅仅通过卖空一些资产并同时购买另一些资产;期末收益大于零,即期末得到一些正的收益。第一类套利机会可以使投资者白手起家赚取收益。例如,投资者的开户银行授信给其 1 万元人民币低利息循环贷款额度,利率为 4%,投资者用这 1 万元购买了 1 年期年利率为 6% 的企业可转化债券,表明投资者可以利用其信用来套利 200 元。

第二类套利机会是指这样的一种投资机会:投资者能够在期初投资为负,即上述的投资中没有将卖空的收益全部用于购买另一些资产;期末收益非负,即期末平仓无须任何支出。

第二类套利机会使投资者现在就可以赚取收益而到期末无须付出任何代价。例如,有一集邮爱好者找到某一投资者要以1 000元卖掉某张珍贵邮票,而刚好不久前另一位集邮爱好者向该投资者寻购这种邮票,并愿支付1 200元,同时支付了1 200元定金,这时对该投资者便形成了一个第二类套利机会。

当然,我们所强调的套利机会主要是在资本市场上的套利机会。通常,当上述的"一价法则"被违背时,便会出现套利机会。尤其是引入期货、期权、互换等衍生金融工具后,可以通过这些衍生金融工具将一些风险资产的价格锁定。如果同时在现货市场上相应的证券的价格定得不合理,就会形成套利机会。

一般将套利分为两种:跨时间套利和跨地域套利。跨时间套利是指利用不同时点同类产品不合理定价而进行的套利,前面所述的借钱买债券即是此类。跨地域套利是指利用同种商品或资产在不同地方定价不同而进行套利。例如,IBX公司股票在纽约证交所的交易价格为35美元,在东京证交所的交易价格为33美元。假设股票的交易费用可以忽略,那么投资者在东京证交所买入IBX股票,在纽约证交所卖出IBX股票,就可以套利2美元/股。

套利的一个重要特点是无风险性,即赚钱的可能性是100%。当然,近期有些学者将保险业归为第三类套利——跨风险套利,他们认为某些风险对个体而言较大,但当保险公司将这些个体纳入其业务服务对象,因而形成一个整体以后,每个个体的平均风险较低。保险公司正是承担这种平均风险,并通过跨风险来套利的。

必须指出的是,套利是一种操作行为。这种操作是否成功,市场的完备性起着很重要的作用。只有当市场流动性很强时,即在资本市场上人们能很快地买卖自己想要买卖的资产时,只要存在套利机会,就可以进行套利,而套利的结果是套利机会很快就会消除。

二、套利定价理论的模型

与CAPM类似,APT模型也是建立在一系列假设基础之上的。只不过其假设没有CAPM那么多,它不要求投资者有一致性预期等假设,只要求:

(1) 市场是完全的,即市场无摩擦,因此无须考虑交易成本和税收。
(2) 投资者为风险厌恶者,追求效用极大化。
(3) 市场上证券个数N远远大于因素个数K。
(4) 证券的收益率受K个因素影响,并满足:

$$r_i = E(r_i) + b_{i1}F_1 + b_{i2}F_2 + \cdots + b_{ik}F_k + \varepsilon_i$$

其中,$r_i(i=1, 2, \cdots, n)$为风险资产i的实际收益率;$E(r_i)$为风险资产i的期望收益率;$F_j(j=1, 2, \cdots, k)$为第j个共同因素对其期望值的偏离,其本身的期望值(即偏离的期望值)为零;$b_{ij}(j=1, 2, \cdots, k)$为第$i$个证券对$j$个因素F的敏感性系数;$\varepsilon_i$为误差项。

【例8-5】 设某证券收益率受通货膨胀率、利息率和GDP增长率三个系统风险因素影响,若预期的通货膨胀率为5%,利息率为6%,GDP增长率为3%,b_1、b_2、b_3分别为2、—1.5和1。

要求:计算该证券的预期收益率及实际收益率。

解析：
$$E(r_i) = 2 \times 5\% + (-1.5) \times 6\% + 1 \times 3\% = 4\%$$

若实际公布的数字表明通货膨胀率将为7%，实际利息率将为4%，GDP增长率将为2%，则该证券的实际收益率为：

$$\begin{aligned} r_i &= E(r_i) + b_{i1}F_1 + b_{i2}F_2 + \cdots b_{in}F_n + \varepsilon_i \\ &= 4\% + 2 \times (7\% - 5\%) + (-1.5) \times (4\% - 6\%) + 1 \times (2\% - 3\%) \\ &= 10\% \end{aligned}$$

三、套利定价理论的意义及其局限性

套利定价理论导出了与资本资产定价模型相似的一种市场关系。套利定价理论以预期收益率形成过程的多因子模型为基础，认为预期收益率与一组因子线性相关，这组因子代表预期收益率的一些基本因素。事实上，当预期收益率通过单一因子（市场组合）形成时，套利定价理论形成了一种与资本资产定价模型相同的关系。因此，套利定价理论可以被认为是一种广义的资本资产定价模型，为投资者提供了一种替代性的方法，来理解市场中的风险与预期收益率间的均衡关系。套利定价理论与现代资产组合理论、资本资产定价模型、期权定价模型等一起构成了现代金融学的理论基础。

套利定价理论的基本机制是：在给定资产预期收益率计算公式的条件下，根据套利原理推导出资产的价格和均衡关系式。APT作为描述资本资产价格形成机制的一种新方法，其基础是价格规律，即在均衡市场上，两种性质相同的商品不能以不同的价格出售。套利定价理论是一种均衡模型，用来研究证券价格是如何被决定的。它假设证券的收益是由一系列产业方面和市场方面的因素确定的。当两种证券的收益受到某种或某些因素的影响时，两种证券收益之间就存在相关性。

套利定价理论也存在一定的局限性：

(1) 市场以外的不确定性。非上市资产可以通过在市场上寻找相应的复制品来定价。但是在许多情况下，都不一定能够找到合理的复制品。

(2) 理论定价和实际定价存在着一定的差距。从实践上来讲，我们无法将所有影响证券收益的因素都归入到模型中，那么在应用APT时就不可避免地产生片面性。实际上，投资者都或多或少地在应用APT。在利用APT选择一些因素进行分析的时候，我们很可能忽略了潜在的一些其他因素。在APT的应用中，因素的选择具有很大的主观性，这带来了很大的不确定性。

第四节 有效市场理论

有效市场理论自20世纪60年代提出，认为证券价格已经充分反映了所有可获得的信息。有效市场理论对传统的分析工具和技术提出了质疑，由此带来了一场投资理念的革命。

一、有效市场理论的形成

1905年"随机游走"一词出现在《自然》杂志刊登的一篇通讯中,它向人们提出了这样一个问题:如果将一个醉汉置于荒郊野外,之后又必须将他找回来,那么,从什么地方开始找起好呢?答案是从醉汉最初所在的地点找起,该地点可能是醉汉未来位置的最佳估计值,因为我们假设醉汉以一种不可预期的或随机的方式游走。

普遍认同的有效市场理论形成于20世纪60年代末。芝加哥大学的尤金·法玛在1970年发表的文章中将有效市场定义为"价格总是能够完全反映所有可获得信息"的市场。但在此之前,该理论的形成却经历了半个多世纪的缓慢发展。1900年,法国数学家路易·巴施里耶分析股票、债券、期货等投资工具的收益时,认识到随机游走过程是一种布朗运动,然而他并没有给出多少经验证据来支持他关于市场收益率是独立的具有同分布的随机变量的假设,因此他的发现没有引起人们的重视。

1959年和1962年,莫里·奥斯本在其正式发表的两篇论文中提出了股票价格遵循随机游走的特殊运动的观点。奥斯本提出,在某一过程中,股票市场的价格变化如同一颗微粒在一流体中的运动,即布朗运动。奥斯本的成就在于集中了构成随机游走理论基础的各种概念,最终证明了概率计算的正确性,并为资本市场理论的研究提供了统计分析的工具,从而为资本市场均衡模型的建立奠定了基础。然而,他的基本假设是有局限性的,那就是所研究的问题必须是独立的具有相同分布的随机变量。这就必须假定股票市场和其他资本市场是包含大量投资者的大系统,当下的价格必须反映每个人已有的信息。价格的变化只能来自没有预期到的新信息。在奥斯本提到的概念中,对于有效市场假设最为重要的就是理性投资者的概念,也就是说投资者以合理无偏见的态度确定其主观概率。

1965年,法玛提出市场是一个"公平博弈"的市场,信息不能用来在市场上获利。法玛的这一结论以理性投资者为假设前提,吸收了巴施里耶、肯多和奥斯本的精华,认为收益的"随机游走"意味着市场有效,但又不局限于此。法玛所说的有效是更为宽泛的有效。如果收益是随机的,市场就是有效的,即"随机游走"一定是市场有效,但市场有效不一定是"随机游走",它只是市场有效的一种形式。

二、有效市场的类型

人们一直习惯于按照信息集的三种不同类型将有效市场划分为三种不同水平。

1. 弱式有效市场

若当前的市场价格完全反映了包含在历史价格中的所有信息,未来的价格是由包含在历史价格以外的信息所决定的,而与过去的历史价格不相关。从而投资者不可能通过对以往的价格进行分析而获得超额利润时,市场即为弱式有效市场。"随机游走"正是指这种弱式有效,在这种情况下,技术分析将毫无意义。

2. 半强式有效市场

若现在的价格不仅体现历史的价格信息,而且反映所有与公司股票有关的公开信息,即为半强式有效市场。在半强式有效市场中,对一家公司的资产负债表、利润表、股息变动、股票拆息及任何可公开获得的信息进行分析,均不能获得超额利润。在这种市场中,基本分析将失去作用。

3. 强式有效市场

若市场价格充分反映有关公司的任何公开或者未公开的一切信息,从而使任何获得内部消息的人也不能凭此而获得超额利润时,则称为强式有效市场。

三、有效市场理论的假定

有效市场理论是建立在三个强度渐次减弱的假定之上的。

假定一:投资者是理性的,因而可以理性地评估证券的价值,这个假定是最强的假定。如果投资者是理性的,他们认为每种证券的价值等于其未来的现金流按照能反映其风险特征的贴现率贴现后的净现值,即内在价值。当投资者获得有关证券内在价值的信息时,他们就会立即做出反应,买进价格低于内在价值的证券,卖出价格高于内在价值的证券,从而使证券价格迅速调整到与新的净现值相等的新水平。投资者的理性意味着不可能赚取经过风险调整的超额收益率。因此,完全理性的投资者构成的竞争性市场必然是有效市场。

假定二:虽然只有部分投资者是非理性的,但他们的交易是随机的,这些交易会相互抵销,因此不会影响价格。这是较弱的假定。有效市场理论的支持者认为,投资者非理性并不能作为否定有效市场的证据。他们认为,即使投资者是非理性的,在很多情况下市场仍可能是理性的。例如,只要非理性的投资者是随机交易的,这些投资者数量很多,他们的交易策略是不相关的,那么他们的交易就可能互相抵销,从而不会影响市场效率。这种论点主要依赖于非理性投资者投资策略的互不相关性。

假定三:虽然非理性投资者的交易行为具有相关性,但理性套利者的套利行为可以消除这些非理性投资者对价格的影响。这是最弱的假定。夏普和亚历山大把套利定义为"在不同市场,按不同的价格同时买卖相同或本质上相似的证券"。例如,由于非理性的投资者连续买进某种证券,使该证券的价格高于其内在价值。这时,套利者就可以卖出甚至卖空该证券,同时买进其他"本质上相似"的证券以对冲风险。如果可以找到这种替代证券,套利者也能对这两种证券进行买卖交易,那他们就可以赚取无风险利润。由于套利活动无需资本,也没有风险,套利活动将使各种证券价格迅速回到其内在价值的水平。弗里德曼甚至认为,在非理性的投资者与理性的套利者的博弈中,非理性的投资者将亏钱,其财富越来越少,从而最终从市场中消失。

由以上三种假定可以看出,有效市场需要具备如下必要条件:存在大量的证券,以便每种证券都有"本质上相似"的替代证券,这些替代证券不但在价格上不能与被替代品一样同时被高估或低估,而且在数量上要足以将被替代品的价格拉回到其内在价值的水平;允许买空存在以利润最大化的理性套利者,他们可以根据现有信息对证券价值进行合理判断,不存在交易成本及税收。

四、有效市场理论对投资管理的启示

上述有效市场的划分对证券投资有着重要的实践意义,在不同的假设下投资者采用的投资策略应该是不同的。如果市场是弱式或半强式有效的,投资者应该采取积极进取的态度,在证券选择和买卖时机上下大功夫,努力寻找那些价格偏离价值的证券,从而可以获得超常收益。如果市场是强式有效的,投资者应该选择被动的态度,只求获得市场的平均收益。在强式有效的市场状态下,指数化投资是最主要的一种投资策略。

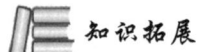
知识拓展

巴菲特的投资组合策略

著名投资家沃伦·巴菲特对于构建投资组合有着独特的见解和看法。他强调价值投资的重要性,认为投资者应该以长期持有优质股票为主,并且要对所投资的企业有深入的了解。巴菲特认为,投资组合应该关注稳定的现金流和具有持续竞争优势的企业,而不仅仅追逐短期的涨幅。

巴菲特的投资哲学强调了投资者应该具备耐心和长期眼光。他鼓励投资者不要频繁交易,而要选择那些能够持续增值的企业,并坚定地持有它们。他认为长期持有优质股票可以获得更稳定的回报,并且降低了市场波动带来的风险。

此外,巴菲特强调了投资者对所投资企业的深入研究和了解的重要性。他鼓励投资者了解企业的商业模式、管理团队和财务状况,并且只投资自己完全理解的企业。他认为投资者应该像企业的所有者一样思考,而不是简单地追逐市场的热点。

总的来说,巴菲特的见解和看法强调了价值投资、长期持有和深入研究的重要性。他的投资哲学强调了投资者应该具备耐心和长期眼光,以及对所投资企业的深入理解。这些观点对于投资者构建稳健和成功的投资组合提供了重要的指导和启示。

资料来源:Endowus. How Warren Buffett invests like a women and wins big in the market[EB/OL]. (2024-03-07)[2024-03-22]. https://endowus.com/en-hk/insights/warren-buffett-investing?gad_source=1&gclid=Cj0KCQjwq86wBhDiARIsAJhuphnzcTflZym63cnMUkFWg2EZ-cQ5hGWWXWGxfMQGG3dJO8Dq5m2WSmAaApiqEALw_wcB.

课堂章节测试

班级_____ 姓名_____ 学号_____ 日期_____ 平时分_____

一、单项选择题（共 8 题，每题 5 分）

1. 下列有关风险厌恶者的陈述中,正确的是(　　)。
   A. 他们只关心收益率
   B. 他们接受公平的投资
   C. 他们只接受在无风险利率之上的有风险溢价的风险投资
   D. 他们可以接受高风险和低收益

2. 在期望收益率-标准差坐标系中,无差异曲线的斜率是(　　)。
   A. 负　　　　　　B. 0　　　　　　C. 正　　　　　　D. 无法确定

3. 张三是一个风险厌恶的投资者,李四的风险厌恶程度小于张三的,因此(　　)。
   A. 对于相同的风险,李四比张三要求更高的回报率
   B. 对于相同的收益率,张三比李四忍受更高的风险
   C. 对于相同的收益率,李四比张三忍受更高的风险
   D. 对于相同的风险,张三比李四要求较低的收益率

4. 市场风险可以解释为(　　)。
   A. 系统风险,可分散化的风险
   B. 个别风险,可分散化的风险
   C. 系统风险,不可分散化的风险
   D. 个别风险,不可分散化的风险

5. 有风险资产组合的方差是(　　)。
   A. 组合中各个证券方差的加权和
   B. 组合中各个证券方差的和
   C. 组合中各个证券方差和协方差的加权和
   D. 组合中各个证券协方差的加权和

6. 一位投资者希望构建一个资产组合,并且资产组合的位置在资本市场线上最优风险资产组合的右边,那么(　　)。
   A. 不存在这种资产组合
   B. 只投资风险资产
   C. 以无风险利率借入部分资金,剩余资金投入最优风险资产组合
   D. 以无风险利率贷出部分资金,剩余资金投入最优风险资产组合

7. 最优资产组合是(　　)。
   A. 投资机会中收益方差比最高的点
   B. 投资机会与资本市场线的切点
   C. 无差异曲线和资本市场线的切点

D. 以上均不正确

8. 当其他条件相同,分散化投资在( )的情况下最有效。

A. 组成证券的收益不相关　　　　　　B. 组成证券的收益正相关

C. 组成证券的收益负相关　　　　　　D. 组成证券的收益率较高

二、计算题(共 2 题,每题 30 分)

1. 未来经济发展有 5 种状况,每种经济状况下证券 A 的收益率不同,具体如表 8-4 所示。

表 8-4　　　　5 种经济状况下证券 A 的收益率和可能发生的概率

经济状况	可能的收益率	概率
1	0	10%
2	10%	20%
3	20%	50%
4	30%	10%
5	40%	10%

请根据上述信息计算出预期收益率。

2. (1) 某证券收益率受通货膨胀率、利息率和 GDP 增长率三个系统风险因素影响,若预期的通货膨胀率为 2%,利息率为 4%,GDP 增长率为 3%,b_1、b_2、b_3 分别为 4、-3 和 1,则该证券的预期收益率是多少?

(2) 若实际公布的数字表明通货膨胀率将为 8%,实际利息率将为 2%,GDP 增长率将为 2%,则该证券的实际收益率是多少?

第九章　证券市场监管

知识导航

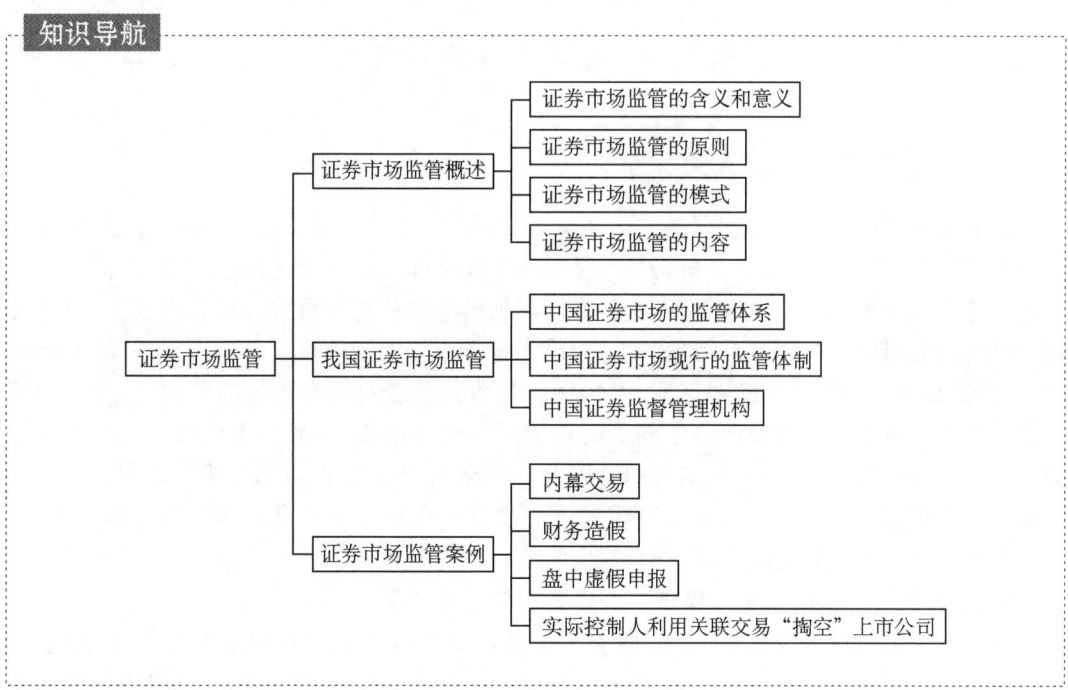

学习目标

1. 掌握证券市场监管的含义
2. 了解证券市场监管的作用和意义
3. 掌握证券市场监管的模式
4. 熟悉证券市场监管的内容
5. 了解我国证券市场监管的法律体系
6. 了解证券市场监管的实际案例

证券市场必须规范发展

尽管证券市场引领了人类经济的一次次进步,但是证券市场毕竟是一个利益的角斗场,形形色色的市场参与者在这里追逐着各自的利益。于是,谁来捍卫竞争中的公平,怎样遏制逐利者可能的欺诈行为,就成为该市场发展历史中一个永无休止的话题。

国外证券市场发展史上的风风雨雨告诫我们,证券市场的发展对国民经济具有双刃剑的作用,证明了加强证券市场管理的必要性。而实际上,世界上许多国家的证券管理立法也正是经受了这些事件后才被重视和确立的。英国南海公司事件的直接结果是1720年的《反金融诈骗和投机法案》的严格实施;1929年证券市场大动荡在经济上给美国政府的严重打击,迫使总统罗斯福亲自向国会提议通过严格立法来加强对证券市场的管理。美国的一系列证券法律在1933年之后相继问世,使整个证券市场踏上了一条规范发展的道路。

思考:对证券市场进行监管有何意义?国外的案例对我们管理和监督证券市场有什么启迪?

第一节 证券市场监管概述

一、证券市场监管的含义和意义

证券市场监管是指证券管理机关运用法律、经济及必要的行政手段,对证券的募集、发行、交易等行为及证券投资中介机构的行为进行监督与管理。证券市场监管是一国宏观经济监督体系中不可缺少的组成部分,对证券市场的健康发展意义重大。尽管自由主义的"守夜人"理论和凯恩斯主义的"看得见的手"理论对证券市场的管理模式一直有着不同的争论,但20世纪证券市场的管理实践证明,干预性管理模式符合对证券市场的管理,这也是由证券市场自身独有的一些特征所决定的。与传统的其他市场相比,证券市场对市场失灵等诸多方面的问题更加敏感,影响范围也相对更大。因此,世界上实行市场经济的许多国家和地区越来越多地采用凯恩斯主义的干预模式来管理证券市场。即便是自律管理体制的英国,也逐渐转向自律与监管的结合,强调政府监管的重要性。

(一)加强证券市场监管是保障广大投资者权益的需要

投资者是证券市场的支撑者,他们涉足证券市场是以获取某项权益和收益为前提的。证券发行公司、经纪公司、交易商的违规行为会使投资者蒙受巨大的损失,影响投资者的积极性,造成证券市场的萎缩。为保护投资者的合法权益,必须坚持"公开、公平、公正"的原则,加强对证券市场的监管。只有这样,才便于投资者充分了解证券发行人的资信、证券的价值和风险状况,从而有利于投资者的投资决策。

(二)加强证券市场监管是促进证券市场健康发展与保证经济稳定运行的需要

证券市场的健康发展需要一个健全、安定、有序的运行环境,这就需要采取严厉的措施,打击证券交易中的蓄意欺诈、垄断行市、内幕交易、操纵市场、哄抬价格和过度投机等行为,使证券市场保持良好的交易秩序,保证证券市场的健康发展。

在现代经济社会中,证券市场与经济运行的关系越来越密切。证券市场的波动很快就会对整个经济的运行构成重大影响。例如,20世纪30年代西方经济大崩溃,最初的诱因就是证券市场上存在各种不法行为。1987年席卷全球的"黑色星期一"股市风暴,1992年西欧金融风潮以及20世纪末的亚洲金融危机给当时世界经济所造成的巨大打击,更有力地说明了这一点。加强对证券市场的管理,对保证经济的稳定运行具有重要意义。

(三)加强证券市场监管是发展和完善证券市场体系的需要

完善的市场体系能够促进证券市场筹资和融资功能的发挥,有利于稳定证券行市,增强社会投资信心,促进资本合理流动,从而推动金融业、商业和其他行业及社会福利事业的顺利发展。

第一,证券业属于资本和知识密集型行业,容易造成垄断。这种垄断性很有可能导致证券产品和金融服务的消费者付出额外的代价,因此,政府从证券产品的定价和金融业的利润水平方面对证券业实施监管十分必要。

第二,由全部证券产品的集合所构成的综合效用(如股票价格指数)是一种公共产品,具有强烈的外部性,会影响到每一个证券投资者的利益。对这种带有公共产品特性的证券产品实施必要的政府监管是符合经济学原理的。

第三,证券市场是一个高收益、高风险和高投机的市场,不论是证券业的竞争过度,还是证券业的竞争不足,都会引起证券价格的剧烈波动甚至扭曲,从而使市场失灵,最终会导致整个经济的无效率和福利水平的下降。为了消除或者减少这些负面影响,必须对证券市场实施监管,约束每个个体的行为,尽可能地避免或消除证券市场失灵所带来的资金配置不经济、不公平竞争及由此带来的整个金融市场和宏观经济不稳定的后果,以确保市场机制更好地发挥其应有的作用。

(四)加强证券市场监管是提高证券市场效率的需要

证券产品是一种信息决定产品,交易双方存在着严重的信息不对称问题,市场的有效程度完全取决于证券发行者能否实现彻底的信息披露。及时、准确和全面的信息是证券市场参与者进行发行和交易决策的重要依据。证券产品的交换价值几乎完全取决于交易双方对各种信息的掌握程度以及在此基础上所作出的判断,任何新信息的出现都有可能导致人们改变旧的判断,形成新的判断,从而导致证券交易价格的调整。因此,建立健全信息披露制度,监督证券市场主体的信息披露行为,是保证证券市场健康、有效发展的基本前提。

一个发达高效的证券市场也必定是一个信息灵敏的市场。它既要有现代化的信息通信设备系统,又必须有组织严密、科学的信息网络机构;既要有收集、分析、预测和交换信息的制度与技术,又要有与之相适应的、高质量的信息管理干部队伍,而这些都只有通过国家的统一组织管理才能实现。

(五)加强证券市场监管是保持良好的社会秩序、促进社会安定发展的需要

如果市场上欺诈舞弊盛行,投机活动成风,少数人利用预先获得的信息进行内幕交易和操纵市场,从中牟取暴利,而广大的中小投资者虽人数众多,但较为分散,很难协调一致对抗少数人的市场操作,必定会引起证券价格暴涨暴跌,从而使有些人倾家荡产,最后走上不归路。如果公司因投机证券买卖而破产倒闭,则会引起职工失业,生活失去保障。如果证券从业人员或证券投机者与政治家和政府官员勾结联手,就会由证券市场的混乱波及政治上的混乱。因此,证券市场的稳定,不仅影响到信用的确立和经济的发展,而且影响到政治和整个社会的安定。

二、证券市场监管的原则

证券市场的监管应遵循依法管理原则、保护投资者利益原则、"三公"原则、监督与自律相结合等原则,具体来说,有以下六方面。

(一)合法原则

合法原则即一切证券的发行、交易及其他相关行为都必须符合国家法律、法规和宏观经济政策的要求,禁止非法发行证券,禁止以各种不正当手段从事证券交易活动,牟取暴利。

(二)公开原则

公开原则即证券市场的主管机关必须根据筹资人和投资人双方的要求,公布与证券市

场交易活动有关的信息和文件资料;企业发行证券时,必须公布发行企业的发行章程或发行说明书,实行企业财务公开;当证券上市时,必须连续公布上市公司的财务及其经营状况,定期向公众公布公司的财务及经营报告、各种财务会计报表,以便投资者得到充分的信息,合理投资。

(三) 公平原则

公平原则即证券交易双方处于相互平等的地位,公平交易,禁止哄骗、欺诈等行为。例如,禁止以某种手段欺骗交易对手和社会公众;禁止捏造事实或隐瞒、遗漏关于证券交易的重要事实;禁止编造关于证券发行与交易的虚假消息,散布影响交易程序和市场行情的流言蜚语;禁止以蒙骗等不正当手段劝说公众买进或卖出;禁止"内幕人员"利用特殊地位获取暴利等。

(四) 公正原则

公正原则即要求证券主管机关在审批证券发行、证券上市和经营证券业务的机构时,在制定规章制度及其执行时,都必须站在公正的立场上秉公办事;要求起草文件、鉴证报表及各种参与证券发行、证券交易者,都必须站在公正的立场上,反映真实情况,不得有隐瞒、虚假、欺诈等误导行为,以保证证券交易活动的正常进行,保护各方的合法权益。

(五) 自愿原则

自愿原则即要求证券市场的一切交易活动必须遵循市场的原则和筹资人与投资人双方的需要进行,不允许以行政干预人为地制造证券交易。证券发行时不能强行摊派,在证券交易时不能依靠行政权力强买强卖,必须充分地由投资者根据自己的意愿和投资偏好进行证券投资选择,任何人无权干涉,任何人及单位也都无权强迫哪个单位发行证券。同时,任何证券商也不得违背客户意思或未获授权买卖证券或胁迫强制买卖证券。

(六) 国家监管和自我管理相结合原则

国家监管和自我管理相结合是证券市场管理的基本指导思想,也是其总体管理原则。一方面,国家政府及其管理机构必须制定证券管理法规,规范和监管证券市场,这是管好证券市场的基本前提;另一方面,要加强证券从业者的自我约束、自我教育、自我管理,这是管好证券市场的基础保证。

三、证券市场监管的模式

由于各国的政治体制、经济体制、证券市场发育程度和历史传统习惯不同,随着证券市场监管实际的发展,各国证券市场监管体制形成了不同的制度模式,基本上可以分为三种类型。

(一) 集中型证券市场监管模式

集中型证券市场监管模式又称集中立法型监管体制,是指政府通过制定专门的证券法规,并设立全国性的证券监督管理机构来统一管理全国证券市场的一种体制模式。在这种模式下,政府积极参与证券市场管理,并且在证券市场监管中占主导地位,而各种自律性的组织(如证券业协会等)则起到协助政府监管的作用。美国是集中型证券市场监管模式的代表。

集中型证券市场监管模式具有两个主要特点:

(1) 具有一整套互相配合的全国性证券市场监管法规。美国证券监管的立法可以分为联邦政府立法、各州政府立法(在美国称为蓝天法)、各种自律组织(如各大交易所和行业协会)制定的规章等三级。这种联邦、州和自律组织所组成的既统一又相对独立的监管体制是美国证券市场监管体制的一大特色。

(2) 设立全国性的监管机构负责监督、管理证券市场。这类机构由于政府充分授权,通常具有足够的权威来维护证券市场的正常运行。例如,美国证券交易委员会根据1934年的《证券交易法》成立,它由总统任命、参议院批准的5名委员组成,对全国的证券发行、证券交易所、证券商、投资公司实施全面监督管理。

集中型证券市场监管模式的特点决定了它具有以下两个优点:第一,具有专门的证券市场监管法规和统一的管理口径,使市场行为有法可依,提高了证券市场监管的权威性。第二,具有超脱地位的监管者,能够更好地体现和维护证券市场监管的公开、公平和公正原则,更注重保护投资者的利益,并起到协调全国证券市场的作用,防止政出多门、相互扯皮的现象。

但是,集中型证券市场管理体制模式也有自身的缺点:容易产生对证券市场过多的行政干预;在监管市场的过程中,自律组织与政府主管机构的配合有时难以完全协调;当市场行为发生变化时,有时不能做出迅速反应并采取有效措施。

(二) 自律型证券市场监管模式

自律型证券市场监管模式是指政府除了一些必要的国家立法之外,很少干预证券市场,对证券市场的监管主要由证券交易所、证券商协会等自律性组织进行,强调证券业者自我约束、自我管理的作用,一般不设专门的证券监管机构。从出现证券市场到英国金融服务局成立并运作的很长一段时间,英国一直是自律型证券市场监管体制模式的典型代表。

自律型证券市场监管模式具有以下特点:

(1) 没有制定针对性的证券市场法规,而是依靠一些相关的法规来管理证券市场行为。例如,英国的证券法律就散见于各种具体的法律法规,如1948年的《公司法》、1958年的《反欺诈(投资)法》、1973年的《公平交易法》和1986年的《金融服务法》等。这些法律分别规定了股份的募集、股票的交易、禁止内幕交易等多方面内容。

(2) 一般不设立全国性的证券监管机构,而以市场参与者的自我约束为主。20世纪70年代以后,在商业银行的支持下,英国成立了证券与投资委员会,以提高现有自治机构对英国证券市场的监管效率。1997年10月28日,证券与投资委员会更名为金融服务局,并强调取消分散管理模式,建立统一的监控体制。金融服务局下设立3个被承认的自律机构、9个专业机构、6个投资交易所和2个清算机构。金融服务局在继承原证券与投资委员会部分职能的同时,特别沿袭了证券与投资委员会的10条戒律,并依此对证券市场进行监管。建立新的证券监管体制,意味着英国的证券市场在集中监管问题上迈出了重要的一步。

自律型证券市场监管体制模式的特点决定了它具有以下优点:第一,它允许证券商参与制定证券市场监管的有关法规,使市场监管更加切合实际,并且有利于促进证券商自觉遵守和维护这些法规。第二,由市场参与者制定和修订证券监管法规,比政府制定证券法规具有更大的灵活性、针对性。第三,自律组织能够对市场违规行为迅速作出反应,并及时采取有效措施,保证证券市场的有效运转。

自律型证券市场监管体制模式也有自己的缺陷:第一,自律型组织通常将监管的重点放在市场的有效运转和保护会员的利益上,对投资者往往不能提供充分的保障。第二,监管者非超脱地位,使证券市场的公正原则难以得到充分体现。第三,缺少强有力的立法做后盾,监管软弱,导致证券商违规行为时有发生。第四,没有专门的监管机构协调全国证券市场发展,区域市场之间很容易互相产生摩擦,导致不必要的混乱局面。

(三) 分级监管模式

分级监管模式又称中间型监管模式或欧陆模式,是指国家立法管理与证券交易所等机构自律管理相结合,对证券市场多采取严格的实质性管理,且对新公司成立和证券交易做出具体规定,是介于集中型和自律型之间的一种模式。采用这一模式的主要是欧洲大陆的国家、少数拉美和亚洲国家,其中德国和意大利是典型代表。分级管理又包括二级管理和三级管理模式,二级管理是指政府和自律机构相结合的管理;三级管理是指中央和地方二级政府加上自律机构的管理。

分级监管模式将前两种监管模式进行有机结合,克服了其实施过程中的缺陷,使得证券市场的管理更具有效率。因此,目前世界上多数国家和地区都开始采取分级监管模式。

四、证券市场监管的内容

证券监管部门通过制定各项制度、政策、法规和办法,对证券市场进行监督和管理,其监管的内容归纳起来大致可分为以下几方面。

(一) 资格审核

资格审核是指证券监管部门对从事证券业务或从事与证券业有关的某项业务资格的确认和撤销,具体包括下面几个方面。

1. 证券交易所设立的审查

《证券法》第九十六条规定,证券交易所、国务院批准的其他全国性证券交易场所为证券集中交易提供场所和设施,组织和监督证券交易,实行自律管理,依法登记,取得法人资格。证券交易所、国务院批准的其他全国性证券交易场所的设立、变更和解散由国务院决定;第九十九条规定,证券交易所履行自律管理职能,应当遵守社会公共利益优先原则,维护市场的公平、有序、透明。设立证券交易所必须制定章程。证券交易所章程的制定和修改,必须经国务院证券监督管理机构批准。

2. 对上市公司的资格审查

《证券法》第四十六条规定,申请证券上市交易应当向证券交易所提出申请,由证券交易所依法审核决定,并由双方签订上市协议。自 2016 年 3 月 1 日起,经过 4 年在科创板、创业板和北交所的试点后,我国证券市场于 2023 年正式在全市场推开股票发行注册制,资本市场正式迈入全面注册制新时期。全面实行股票发行注册制改革后,发行人申请在深交所创业板上市,应当符合下列条件:①符合中国证券监督管理委员会规定的创业板发行条件。②发行后股本总额不低于 3 000 万元。③公开发行的股份达到公司股份总数的 25% 以上;公司股本总额超过 4 亿元的,公开发行股份的比例为 10% 以上。④市值及财务指标符合交易所规定的标准。⑤交易所要求的其他上市条件等。

3. 对证券商的审查

证券商是指专门经营证券业务的机构。我国目前的证券商主要分为两种:一种是综合类证券公司,另一种是经纪类证券公司,在对其进行资格审查时,应对其资本金总额规模、公司管理层状况、资产质量、经营业绩、历史情况等进行全面审查,并在此基础上再次进行资格认定。

(二) 公开制度

公开制度主要包括两个方面:一是发行公开。公司发行新证券需要提出申请,申请材料中最重要的部分是股票上市招股说明书和债券集资章程,主管机关认为披露不充分时,可要求发行公司将其他相应文件补充公告。二是持续公开。公司证券发行和上市以后,公司经营状况必须持续不断地公之于众,公司要定期向证券管理部门递交各种报告,对公司的重大变化和重大事件也要及时公开,股份公司的扩股和拆股均须经主管部门确认后方可执行。

(三) 交易管理

证券交易管理的主要内容有两个方面:一是禁止内部交易,即内部人员利用公司信息和情报所进行的以获利为目的的交易;二是防止交易中的蒙骗、欺诈和操纵行为。

(四) 场外市场管理

证券监督部门对有价证券的场外交易(又称柜台交易)有一些规定:凡章程规定可转让的政府债券、金融债券、公司债券和可转让大额存单,原则上均可在批准经营证券转让买卖业务的金融机构办理柜台交易。

第二节 我国证券市场监管

一、中国证券市场的监管体系

(一) 中国证券市场监管体系的演进

中国证券市场监管体系的演进大致可分为以下三个阶段:

第一阶段,1992年10月之前以地方监管为主。这是中国证券市场监管的起步阶段,股票发行仅限于少数地区的试点企业。例如,上海、深圳分别颁布了一些有关股份公司和证券交易的地方性法规,建立了地方的证券市场监管机构。中央政府只是进行宏观指导和协调。

第二阶段,1992年10月至1998年年底,《证券法》正式颁布,国务院证券委员会和中国证监会相继成立,从分散的地方管理向集中的中央管理过渡。

第三阶段,《证券法》颁布至今,国务院撤销"证券委",其职能并入中国证监会,中国证监会在各地按照大区设立派出机构,并对地方证管部门实行垂直领导,在完全实现集中统一的监管体系下运作。

(二) 中国证券监管主体框架

我国证券监管主体由中国证监会、市场及行业自律组织组成。中国证监会为国务院直属正部级事业单位,依照法律、法规和国务院授权,统一监督管理全国证券市场,维护证券市场秩序,保障其合法运行。

市场及行业的自律组织包括以下部分:①证券交易所。②证券业协会。③社会监管机构。④省直辖市、自治区的主管部门。

(三)中国证券监管法律框架

中国证券市场的发展历史较短、缺乏经验,与证券市场发达的国家相比,立法较为滞后,法律体系也不成熟。但是,经过多年来的努力和探索,中国证券监管立法已经取得了一定成果,形成了一个初步的法律框架体系。目前,中国证券市场的国家法律、行政法规、部门规章和规范性文件共有近300多种。

其中,与证券市场相关的国家法律包括《证券法》《公司法》《证券投资基金法》《期货和衍生品法》《中华人民共和国刑法》(以下简称《刑法》)等。有关证券市场的行政法规主要有《中华人民共和国国库券条例》《国务院关于进一步加强证券市场宏观管理的通知》《股票发行与交易管理暂行条例》《企业债券管理条例》《证券交易所管理办法》等。有关证券市场的部门规章和规范性文件有《禁止证券欺诈行为暂行办法》《股份有限公司国有股权管理暂行办法》《证券公司管理办法》《证券从业人员资格管理办法》《证券发行上市保荐制度暂行办法》等。

以上三部分构成了中国证券市场法律制度的基本框架,奠定了中国证券市场规范和发展的法律基础。一个以《证券法》为核心,以国务院行政法规和国务院证券主管部门规章为补充的全国统一的证券市场法规体系已经基本形成。

二、中国证券市场现行的监管体制

中国证券市场是在借鉴国外证券市场监管成功经验并结合我国具体国情的基础上,选择以政府监管为主导的集中型监管体制模式,其主要原因如下。

(一)中国国情更适合选择集中型监管模式

我国在长期的经济发展实践中积累了丰富的以政府监管为主导的集中型经济管理经验,在借鉴国外证券市场监管经验的基础上采用集中型监管更能发挥中国证券市场监管的效率。

(二)证券市场初级阶段要求集中型监管

中国证券市场刚刚起步,基本的法律制度尚不完善,信息披露失真、操纵市场、内幕交易、欺诈、过度投机等违法行为时有发生。由一个权威的证券市场监管机构,在法律法规的框架内对证券市场行为进行集中监管,是保证证券市场平稳、健康、高效运行的必要措施。

(三)自律管理功能有限

中国证券市场发展时间较短,证券业行业自律监管经验有限,从业人员自律意识薄弱,单由行业自律组织难以有效监管整个证券行业。

三、中国证券监督管理机构

(一)国务院证券监督管理机构

我国证券市场监管机构是国务院证券监督管理机构,国务院证券监督管理机构依法对证券市场实行监督管理,维护证券市场秩序,保障其合法运行。国务院证券监督管理机构由中国证监会及其派出机构组成。

1. 中国证监会

中国证监会全称为中国证券监督管理委员会,是国务院直属机构,是全国证券期货市场的主管部门,按照国务院授权履行行政管理职能,依照相关法律法规对全国证券期货市场实行集中统一监管,维护证券市场秩序,保证其合法运行。中国证监会成立于1992年10月。

2. 中国证监会派出机构

中国证监会在上海、深圳等地共设立5个稽查局,在各省、自治区、直辖市、计划单列市共设立36个证监局。

其主要职责是:认真贯彻、执行国家有关法律法规和方针、政策,依据中国证监会的授权对辖区内的上市公司、证券/期货经营机构、证券/期货投资咨询机构和从事证券业务的律师事务所、会计师事务所、资产评估机构等中介机构的证券业务活动进行监督管理;依法查处辖区内前述监管范围的违法、违规案件,调解证券、期货业务纠纷和争议,以及中国证监会赋予的其他职责。

(二)中国证券业协会

中国证券业协会于1991年8月28日正式成立,是依法注册具有独立法人资格的全国证券行业自律管理组织。其成立的目的是适应证券市场成熟与发展的需要,通过证券业协会的自律管理,贯彻执行国务院证券主管机构的有关方针、政策和国家证券法规,发挥政府与证券经营机构之间的桥梁和纽带作用,促进证券业的开拓和发展。中国证券业协会采取会员制的组织形式,凡依法设立并经特许可以从事证券业经营和中介服务的专业证券公司、金融机构、证券交易所及其类似机构,承认协会章程,遵守协会的各项规则,均可申请加入协会,成为协会会员。中国证券业协会的主要职能是:拟定协会管理规则,加强行业管理,树立公平、公正、公开原则,维护行业信誉;统一会员的交易行为,调节会员之间的纠纷,维护市场秩序;监督、审查会员的营业及财务状况,并对会员进行奖励和处罚等。

(三)证券交易所

证券交易所既是证券交易市场,又是一个会员制自律性管理机构;既是政府与上市公司、证券商会员间的桥梁和纽带,又是上市公司、证券商会员的管理者和监督者。证券交易所主要是对证券市场的交易活动和上市公司、证券商会员实施自我管理。

目前,我国以中国证监会为主体的全国性集中统一的证券期货监管体制已初步建立。这一管理体制客观上反映了建立社会主义市场经济的要求,是按照计划与市场有机结合的标准建立起来的相对集中统一的管理体系。

第三节 证券市场监管案例

一、内幕交易

下面以英国南海公司事件[①]为例,1711年,英国的一群商人与许多贵族组建了"南海公司",目的是向南美洲进行贸易扩张。该公司获得了南美贸易专利,进行垄断经营。然而,公司成立之后的8年间,除了无休止地向南美洲贩运黑奴之外,几乎没有获得盈利。

到了1718年,英国皇家依然雍容华贵,但英国的国家债务总额已经累积到了3 100万英镑。1720年,南海公司向议会建议由他们负责承担国债,以换取若干特权。根据他们的建议,凡是持有国债者可直接换取南海公司的股票。由于议会议员大多数都收了该公司的贿赂,因此他们的建议很容易就在议会中通过了。

---

① 案例来源:王玉霞.证券投资学[M].4版.大连:东北财经大学出版社,2020.

在政府的默许下,南海公司管理层编造了一个又一个美妙的故事,说在这个地区发现了金矿、银矿、香料,可以赚钱。没有人知道南海公司到底在做什么,只知道这家公司能够赚大钱,是很好的投资对象。当时弥漫着一种狂热的气氛,人们争先恐后购买股票,就连牛顿这样正直的科学家也购买了南海公司的股票。失去理性的大众狂热,使南海公司的股价迅速飙升。据历史记载,南海公司的股票在1720年3月到9月的短短半年时间里,价格一举从每股330英镑涨到了每股1050英镑。而当时的政府成员,他们也许可以被称为最早的内幕交易者,在股价越涨越高的时候,卖掉了所持的股票。消息走漏后,立即引起股价暴跌,股价很快就跌到125英镑,使数以千计的中小投资者损失惨重。南海公司事件除了它本身给公众及社会造成了极大危害外,它的波及性影响给社会造成的危害更大。

内幕人士与政府官员的大举抛售,是南海泡沫破灭的导火索。当时的英国财政部长在南海公司的内幕交易中,为自己赚取了90万英镑的巨额利润。丑闻败露之后,他被关进了著名的英国皇家监狱伦敦塔。但是,比他更悲惨的却是那些不知情的投资人,如科学家牛顿,他在南海公司事件泡沫中的损失超过了2万英镑。事后,他不无伤感地写道,我可以准确地计算出天体的运动规律,但我却无法计算出股票市场的变化趋势。然而,比牛顿损失更大的则是英国的经济,南海公司事件泡沫的破灭让神圣的政府信用也随之破灭了,英国再没人敢问津股票。从那以后整整100年间,英国没有发行过一只股票。

二、财务造假

证券市场监管是保护投资者权益的有效方式,只有这样,才便于投资者充分了解证券发行人的资信、证券的收益和风险状况,从而使投资者能够比较正确地选择投资对象。下面以安然公司事件[①]为例。

(一)安然公司倒闭

安然公司曾经是叱咤风云的"能源帝国",2000年总收入高达1 000亿美元,位列《财富》杂志"美国500强"的第七,掌控着美国20%的电能和天然气交易,是华尔街竞相追捧的宠儿,安然公司股票是所有的证券评级机构都强力推荐的绩优股。

2001年年初,一家短期投资机构老板吉姆·切欧斯公开对安然公司的盈利模式表示了怀疑。他注意到,作为安然公司的首席执行官,斯基林一直在抛出手中的安然公司股票,而他不断宣称安然公司的股票会从当时的70美元升至126美元。而且按照美国法律规定,公司董事会成员如果没有离开董事会,就不能抛出手中持有的公司股票。这引发了人们对安然的怀疑,并开始真正追究安然的盈利情况和现金流向。到了8月中旬,人们对于安然公司的疑问越来越多,并最终导致股价下跌。8月9日,安然公司股价已经从年初的80美元跌到了42美元。

2001年10月16日,安然公司公布该年度第三季度的财务报告,宣布公司亏损总计达6.18亿美元,引起投资者、媒体和管理层的广泛关注,从此拉开了安然事件的序幕。

随后,美国证券交易委员会对安然公司及其合伙公司展开调查,要求公司自动提交某些交易的细节内容;美林和标准普尔公司调低了对安然公司的信用评级。不久,安然公司被迫承认做了假账,自1997年以来,安然公司虚报盈利共计竟达到6亿美元。

---

① 案例来源:王毅.证券投资学[M].北京:北京大学出版社,2012.

11月28日,标准普尔将安然公司债务评级调低至"垃圾债券"级。

11月30日,安然公司股价跌至0.26美元,市值由峰值时的800亿美元跌至2亿美元。

2001年12月2日,安然公司正式向破产法院申请破产保护,破产清单所列资产达498亿美元,成为当时美国历史上最大的破产企业。2002年1月15日,纽约证券交易所正式宣布,将安然公司股票从道·琼斯工业平均指数成分股中除名,并停止安然公司股票的相关交易。短短两个月,能源巨擎安然公司轰然倒地。

(二) 安达信的诚信危机

创立于1913年、总部设在芝加哥的安达信是全球五大会计师事务所之一,它代理着美国2 300家上市公司的审计业务,占美国上市公司总数的17%,在全球84个国家设有390个分公司。

安达信作为安然公司财务报告长达16年的审计者,既没审计出安然公司虚报利润,也没发现其巨额债务。而2002年1月10日,安达信公开承认销毁了与安然公司审计有关的档案。很快,安然公司丑闻转化为审计丑闻。按照美国法律,股市投资人可以对安达信在财务审计时未尽职责提起诉讼,如果法庭判定指控成立,安达信将不得不为他们的损失做出赔偿。

2001年12月,安达信因卷入安然公司丑闻而遭到解体。安达信执照上缴后,美国安达信被安永收购,而其中国香港业务则并入普华永道。

(三) 萨班斯法案的出台

美国相继曝出的造假事件严重挫伤了美国经济恢复的元气,重创了投资者和社会公众的信心,引起美国政府和国会的高度重视。萨班斯-奥克斯利法案,即萨班斯法案就是在这样的背景下出台的,法案有两处最为引人注目。

一是改进公司治理结构,强化内部控制与责任。该法案要求明确公司管理层责任,要求管理层及时评估内部控制、进行财务报告,同时加大对公司管理层及白领犯罪的刑事责任。

二是强化审计师的独立性及监督。该法案要求建立一个独立机构来监督上市公司审计、审计师定期轮换、全面修订会计准则、制定关于公司审计委员会成员构成的标准并独立负责审计师的提名、对审计师提供咨询服务进行限制等。

三、盘中虚假申报

证券异常交易行为典型案例是对当前证券市场中最为常见的异常交易行为的总结,上海证券交易所(以下简称上交所)在采取自律监管措施的同时,还将对其中情节严重、涉嫌市场操纵的异常交易行为,依法报告中国证监会严厉查处。另外,案例没有列举的行为,并不等于就是合规交易行为。对于规避监管意图明显,且多次实施,以致影响交易秩序的行为,上交所同样将依据相关规定及时采取监管措施。下面以上交所通报证券异常交易行为[①]为例。

(一) 盘中虚假申报的主要表现

证券交易中,投资者可以撤销未成交的申报,但如果其撤销申报的行为出现上交所《上

---

① 案例来源:上海证券交易所.证券异常交易行为典型案例之三——盘中虚假申报[EB/OL]. (2016-07-22)[2023-12-01]. http://www.sse.com.cn/disclosure/credibility/regulatory/case/.

海证券交易所交易规则》第6.1条第(六)项、《证券异常交易实时监控细则》第八条第(三)项等所规定的情形,则可能损害到市场上其他投资者的利益,扰乱市场交易秩序,构成盘中虚假申报的异常交易行为。

盘中虚假申报的典型特征是投资者有多次高于或低于实时最新成交价的申报,同时存在大比例撤销申报、反向交易行为。上交所在实时监控中发现,某些投资者正是通过频繁、大量的申报并撤销,来刻意影响行情系统展示的5档委托买入、卖出数量对比,造成市场买入(卖出)需求旺盛的假象,从而诱导其他投资者跟风买入(卖出),自己再伺机从中获利。盘中虚假申报的主要表现形式有两种:

一是有投资者会在连续竞价交易中以低于实时最新成交价,同时又是全市场都能看到的最优5档以内价位,频繁、大量地申报买入其已持有的股票并快速撤销。这一行为能在一段时间内人为制造出委买数量远大于委卖数量的假象,误导其他投资者以为买盘强劲以更高价格申报买入,从而达到前述投资者通过虚假申报推高或维持股票交易价格的目的。也有投资者在计划买入股票时,会预先通过大量申报卖出的方法制造市场卖压较重的假象,误导其他投资者以较低价格卖出,从而为自己低价买入创造便利。

二是有投资者在相关股票涨(跌)停时,以涨(跌)幅限制价格大量申报并频繁撤销申报,同时其自身账户并无实际成交或仅少量成交。从事该类异常交易行为的投资者通过涨(跌)幅限制价格大量申报,人为制造股票涨(跌)停价档位有大量买(卖)申报的虚假盘面信息,诱导其他投资者跟风买入(卖出),以此维持和强化涨(跌)停股票的价格走势,同时自己再撤单并反向交易获取利益。由于已经涨(跌)停的股票比其他股票更容易吸引市场关注,因此投资者利用涨(跌)幅限制价格虚假申报更容易实现误导其他投资者的目的,危害更大,是一种特殊的虚假申报行为。

盘中虚假申报、集合竞价虚假申报与强化尾市涨跌停趋势虚假申报,这三种行为都是虚假申报,都是意图通过不以成交为目的的申报影响交易秩序,获取不当利益。盘中虚假申报与集合竞价虚假申报的最明显区别在于行为发生时间不同。前者发生在交易日连续竞价阶段的9时30分到15时之间,后者发生在交易日的9时15分到9时25分之间。盘中虚假申报与强化尾市涨跌停趋势虚假申报的最大差别是前者主要表现为投资者频繁、大量地申报并撤销,而后者是在成交概率小的情况下,投资者继续大量、大额申报,并无撤销申报行为。

通常情况下,如果投资者在连续竞价阶段的交易行为及相关股票交易同时符合以下特征,即可能构成盘中虚假申报异常交易行为:①投资者在单只股票的交易中多次发生先申报后在短时间内撤销的情况。正常情况下,大多数成交意愿强烈的投资者,其申报价格会十分接近甚至是优于实时最新成交价。另有部分投资者会基于自己对股票价格走势的判断,预设一个价格进行申报。但如果投资者在单只股票的交易中,多次预设一个偏离实时最新成交价较多的价格申报,同时又在短时间内撤销,说明其成交意愿不强烈,且交易决策反复多变,可能存在虚假申报嫌疑。②投资者申报后快速撤销申报的频次较多,撤销申报数量比例较高。投资者"申报—撤销—再申报—再撤销"的频次越多,撤销申报数量占其已申报数量比例越大,其发生虚假申报行为的嫌疑越高。③投资者的申报数量或金额较大。申报数量或金额大小完全取决于投资者自身的资金或持股情况,投资者的虚假申报数量或金额越大,对市场造成的影响越明显。

另外,考虑到涨(跌)幅限制价格虚假申报的危害性更大,也是游资大户最常使用的违规手法之一,上交所对涨(跌)幅限制价格虚假申报的监管更加严格,并不强调撤销申报时间距离前次申报的时间长短问题。

(二) 某投资者盘中虚假申报买入股票案

某日9时42分21秒至14时52分59秒,某投资者以低于实时最新成交价,且处于买一至买五之间的价格累计申报买入某股票28笔共计561.67万股,累计金额3 348.46万元。累计撤销申报26笔共541.67万股,累计撤销申报金额3 229.06万元。其中,在申报后快速撤销申报的有17笔共17次,累计撤销484.59万股,占申报数量的86.28%。其中3次申报及撤销明细如图9-1所示。

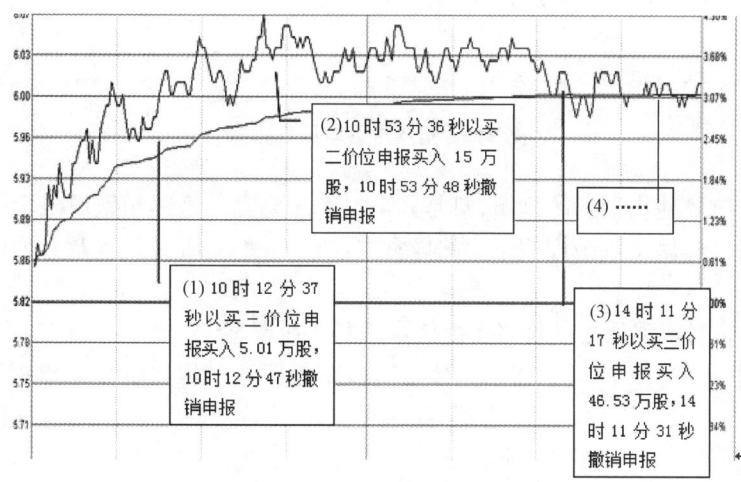

图9-1 盘中虚假申报及撤销

根据该投资者多次、大量地以低于实时最新成交价,同时又是全市场都能看到的最优5档以内价格申报买入后又快速撤销申报的行为,上交所认为其申报不以成交为目的,而是意图通过影响行情揭示的委买数量来误导其他投资者,影响了该股票的正常交易秩序,属于盘中虚假申报的异常交易行为,并对其采取了相应的监管行动。

(三) 某投资者盘中虚假申报卖出股票案

某日10时43分13秒至14时19分28秒,某投资者以高于实时最新成交价,且处于订单簿卖一至卖五之间的价格累计申报卖出某股票15笔共计259.17万股,累计金额5 246.43万元。其间,该投资者存在多次申报卖出又撤销申报的行为,在申报后快速撤销申报的有13笔共7次,累计撤销252.43万股,占申报数量的97.40%。其中3次申报及撤销明细如图9-2所示。

行为1:10时47分23秒以卖四价位申报卖出10万股,10时47分25秒以卖五价位申报卖出10万股,10时47分47秒撤销10时47分25的卖出申报,10时47分48秒撤销10时47分23的卖出申报。

行为2:10时53分25秒以卖五价位申报卖出10万股,10时53分28秒以卖五价位申报卖出10万股,10时53分46秒撤销上述2笔申报。

行为3:13时54分34秒以卖三价位申报卖出94.17万股,13时54分40秒撤销申报。

本案例中,投资者同样是通过多次、大量地在五档行情以内价位申报,又快速撤销申报

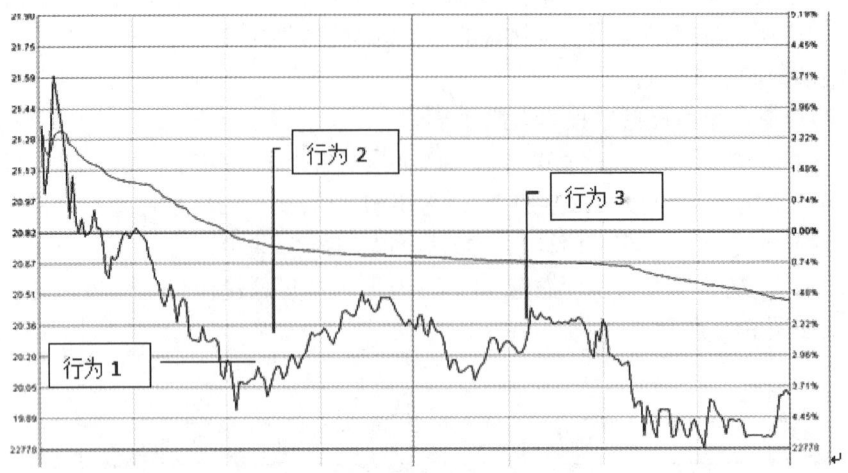

图 9-2 盘中虚假申报及撤销

的方式,意图影响其他投资者的判断,只是其申报方向为卖。这种频繁申报卖出后又快速撤销申报的行为,同样属于盘中虚假申报的异常交易行为,上交所对此也及时采取了相应的监管行动。

(四) 某投资者在涨幅限制价格上虚假申报买入股票案

某日 13 时 18 分 19 秒至 14 时 22 分 12 秒,某投资者以涨停价累计申报买入某股票 9 笔,合计 527.98 万股,撤单 522.98 万股,撤单量占申报买入量的 99.05%,且存在多次申报买入后撤销申报的行为,如图 9-3 所示。

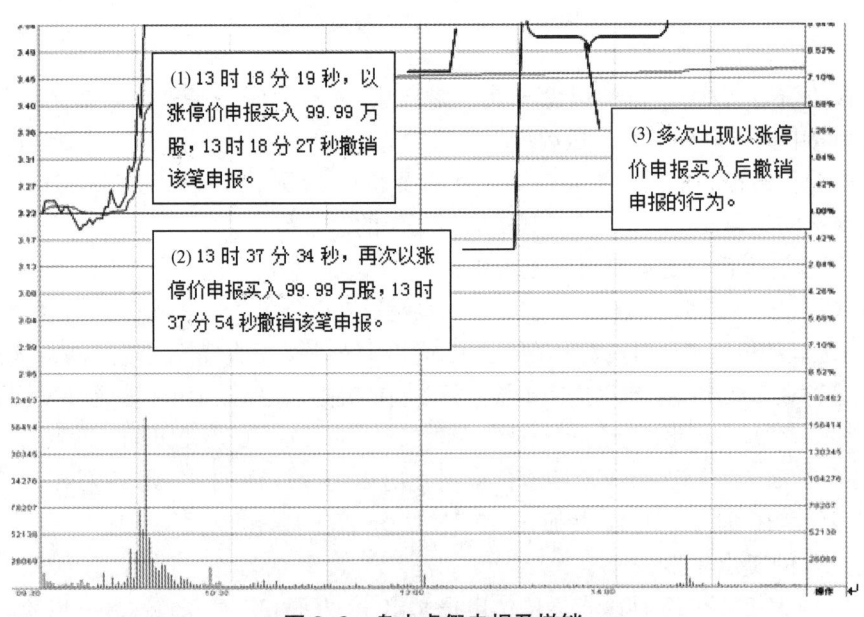

图 9-3 盘中虚假申报及撤销

经查,该投资者在当天的交易过程中,不断通过"申报买入—撤销申报"的方式,在自身证券账户不成交的情况下,人为制造涨停价档位有大量买单的盘面信息,诱导其他投资者跟风申报买入,以维持并强化股价的涨停趋势。上交所认为该投资者的上述行为,影响了该股的交易秩序,构成涨幅限制价格虚假申报的异常交易行为,并对其采取了相应的监管行动。

四、实际控制人利用关联交易"掏空"上市公司

下面以四川明星电力股份有限公司(以下简称明星电力或公司)为例①。明星电力实际控制人为了实现对上市公司资产的侵吞,恶意"掏空"上市公司,通过关联交易安排上市公司违规关联担保,伪造虚假投资交易和非法拆借上市公司资金。在本案例中,关联交易完全成为实际控制人掩盖非法目的的幌子。可以认为,明星电力是关联交易滥用和蓄意逃避证券监管最为极端的案例。

(一) 公司基本情况

明星电力是一家从事地方性水电、天然气和自来水生产及销售的企业。公司主营电力生产、开发、供销,水电工程建设,电力设备安装,电器设备、材料的生产销售,房地产开发等。

1988年3月8日,遂宁电力公司独家发起设立"遂宁电力股份有限公司"。1993年2月13日,公司更名为"四川明星电力股份有限公司"。

1993年,该公司根据国家和省、市有关文件精神,对公司的股份制试点进行了规范,并于1993年12月获国家体改委批准,成为继续向社会公开发行股票的股份制试点企业。1997年6月,该公司在上海证券交易所上市。

2002年上半年,遂宁市委、市政府决定转让所持的国有股、法人股,希望通过股权转让引进新的资本,提升该公司的实力,这为后来实际控制人周益明及其控制的明伦集团的入主提供了契机,其通过欺诈手段取得明星电力控制权后,又通过一系列或直接或间接地占用明星电力的资金、违规担保等犯罪行为掏空明星电力。

(二) 违法违规事实

1. 假借明伦集团欺诈获取明星电力控制权

2002年七、八月份,周益明得知明星电力国有股、法人股准备转让的消息后,为获取上述股权成立深圳市明伦集团有限公司,周益明任董事长,并聘任赖某等人负责办理收购明星电力股权事宜。2002年10月,赖某在周益明授权下制作出《明伦集团投资重组明星电力方案》,称明伦集团是集科技、金融、房地产等多产业的大型企业集团,注册资本1亿元,总资产50亿元,净资产20亿元;2002年12月,赖某又在周益明的指示下修改《明伦集团重组明星电力股份有限公司方案》,将明伦集团总资产修改为30亿元。该方案对股份转让价格、职工安置及发展壮大明星电力等方面的承诺进行了调整,使之符合遂宁市政府转让明星电力国有股、法人股的条件。

2003年1月,周益明聘请深圳市中喜会计师事务所为明伦集团出具2001年度和2002年度财务报告,要求会计师事务所将相关财务报告中2001年度净资产提高到10亿元以上、总资产20亿元以上,2002年度净资产要达到12亿元以上。经查,实际上截至2002年12月31日,明伦集团及控股公司的汇总财务状况的审核结果为净资产-17 106 241.13元。

---

① 案例来源:上海证券交易所公司管理部,上海证券交易所上市公司监管案例汇编(2007~2009)[M].上海:立信会计出版社,2011.

通过上述虚假手段,2003年3月20日,明伦集团受让了明星电力国有股3578万股和法人股1200万股,共计占有明星电力总股本的28.14%。由于明伦集团不具备资金、资产实力,无自有资金支付明星电力股权转让款3.8076亿元,2003年3月21日至5月20日,明伦集团以本公司及深圳市索琪实业发展有限公司、深圳市溢时丰实业有限公司等公司流动资金贷款名义,在2个月内分两轮向广东发展银行深圳市春风路支行、上海浦东发展银行深圳罗湖支行、华夏银行广州分行三家银行共计贷款4.22亿元,用于收购股权款3.8076亿元。在控股明星电力后,明伦归还三家银行贷款2.705亿元,但其中违规使用明星电力资金2亿元,剩余未归还贷款1.515亿元由上市公司明星电力担保。

2. 明伦集团非法占有明星电力资金

在取得对明星电力的控制权后,明伦集团及周益明等人,通过对外投资、非法拆借、做转口贸易、国际贸易等方式,非法占有明星电力所有的或控制、管理的资金共计4.63亿元人民币和1074万美元,其中通过对外投资方式占有3.55亿元;通过非法拆借方式占有6890万元;通过做转口贸易、国际贸易方式占有3974万元人民币和1074万美元,分别用于明伦集团及其关联企业归还银行贷款、日常经营开支和其他的投资项目。

(1) 以对外投资方式占有明星电力资金3.55亿元。

2003年8月1日,经明星电力董事会(董事会11名成员中明伦集团提名8人)审议通过,在明伦集团的操控下,明星电力投资1.5亿元注册成立了深圳市明星综合商社有限公司(以下简称明星商社)。明星商社由周益明从明伦集团派驻负责人和财务管理人员,完全掌握了明星商社资金的控制、调配权,致使明星电力对明星商社投入的1.5亿元到账后,立即被明伦集团及其关联公司占有控制。

2005年,在明星电力检查明星商社财务时,明伦集团虚构并制作了虚假的销售合同、付款委托和财务记账,致使1.5亿元资金全部被明伦非法占有。

前述董事会还审议通过增资3.7亿元(直接增资2.7亿元,担保贷款1亿元)成立了深圳市明星康桥有限公司(以下简称明星康桥)。明星电力对明星康桥投资的2.7亿元到账后,有1.5亿元被立即转入明伦集团控制的公司,随后资金被不断转出、转入。明星电力对明星商社及明星康桥的5.2亿元投资款,案发前,经遂宁市政府、明星电力追收,明伦集团以收购明星康桥股权的形式,归还明星电力1.65亿元,其余3.55亿元被明伦集团非法占有。

(2) 通过非法拆借占有明星电力所有的或控制、管理的资金6890万元。

2003年7月至2005年1月,明伦集团及周益明等人利用对明星电力及该公司绝对控股并对其资金统一管理的四川万通燃气股份有限公司、四川明星药业股份有限公司、遂宁市电力物资公司的控制权,在未经董事会和经理办公室研究的情况下,擅自将明星电力所有的或控制、管理的巨额资金拆借到与上述公司无实际业务关系的明伦集团及其控制的深圳市合讯网络技术有限公司、深圳市申润康实业发展有限公司等公司,其中大部分资金用于明伦集团归还其贷款和日常经营开支,案发前仍占有6890万元。

(3) 通过转口贸易、国际贸易占有明星电力资金39 739 830.22元人民币、10 742 597.36美元。

2004年4月,明星电力在明伦集团的安排下与香港柏银资源有限公司(以下简称柏银公司)和明伦集团控制的香港力亿有限公司(以下简称力亿公司)开展电解铜贸易业务,贸易方式为转口贸易。2004年4月18日至2005年10月9日,明星电力与柏银公司及力亿公司共做电解铜贸易19笔。从已执行完毕的15笔合同中发现,明星电力从柏银公司购进、力亿公司从明星电力购进、力亿公司销售给柏银公司的电解铜总量均为16 098.6吨;三家公司对电解铜转口贸易业务进行购销循环,业务交易中存在重复使用相同的仓单作为购销对象,这说明三家公司之间的转口贸易是虚构的销售贸易行为。最后4笔业务金额共计12 625 979.04美元,力亿公司在贸易完成后,未按合同要求将货款汇回明星电力,而是根据明伦集团付款指令将款项汇入了明伦集团及其关联公司,改变资金用途,最终实质造成明星电力10 742 597.36美元被明伦集团非法占有。

2005年年初,周益明安排杨某等人用虚假的方式注册成立天津杰超进口贸易有限公司(以下简称杰超公司),杰超公司在代理明星电力出口焦炭贸易过程中,用看假货、制假仓单的方式,将明星电力的预付款4 100万元,骗至杰超公司的账户上,后周益明等指令杰超公司将该款项转入明伦集团及其关联公司,用于明伦集团及其关联公司的经营、使用,至案发前有39 739 830.22元被非法占有。

(4)操控上市公司进行违规担保。

2005年3月、8月,明伦集团的关联企业深圳市明伦光电技术有限公司分别向华夏银行广州天河支行借款1 950万元、广州分行借款3 350万元;2005年6月深圳市日汇盛事业发展有限公司向华夏银行广州分行借款3 800万元;2005年6月,深圳市索琪实业发展有限公司向华夏银行广州分行借款2 000万元。三家公司向银行借款时,公司董事长周益明在未报告公司、未经董事会审议的情况下,违规操控明星电力为三家公司的1.11亿元借款提供了担保,承担连带保证责任。

综上,周益明等人,采取虚构事实、隐瞒真相、提供虚假资产审计报告等手段,并与银行高级管理人员勾结,违规获得银行贷款,骗取了明星电力股份有限公司28.14%的控股权后,采取多种手段,非法占有公司资金4.63亿元人民币和1 074万美元,共计约5.5亿元人民币。2006年12月1日,四川省道宁市中级人民法院一审以合同诈骗罪,判处四川明星电力股份有限公司原大股东深圳市明伦集团有限公司董事长周益明无期徒刑,并处没收个人全部财产,剥夺政治权利终身。深圳市明伦集团犯合同诈骗罪判处罚金5 000万元人民币。其余5名被告犯合同诈骗罪分别被判处有期徒刑3～5年,并处罚金10万～20万元。2007年4月四川高院维持原判。

(三)分析和建议

从明星电力的案例来看,周益民成立明伦集团并获取明星电力股权转让的主要动机,就是为了能够通过上市公司的平台,违规获取银行贷款,转移并非法占用上市公司资金。其行为外观所表现出的通过侵占上市公司资金、违规担保来"掏空"上市公司的主观意图更为强烈。想要切实解决这类关联交易案件所反映出的问题,必须从严追究法律责任。但现有规制关联交易法律制度体系还存在一定问题。

1. 关联交易立法林立分散而不成体系

目前,我国已初步形成了以《公司法》为基础与核心的规制关联交易的法律制度体系,包括《证券法》、税法、《中华人民共和国会计法》《中华人民共和国国有资产法》《中华人民共和国民法典》(合同编)《中华人民共和国破产法》《刑法》等。出于不同的立法目标,各法对关联交易都进行了规范。例如,《会计法》主要是规范会计行为,保证公司财务资料和会计记载的真实和完整;税法主要规范税收征主体之间的关系等。但是,各法没有进行恰当的分工,而是根据各自调整的范围和立法目的,割裂地对关联交易予以规制,没有形成体系合力,导致执行中无所适从。例如,在关联方的界定方面,《中华人民共和国国有资产管理法》《中华人民共和国会计法》《公司法》均有相应的范围界定,各行其是。而对关联交易的基本概念、基本原则,各法都不涉及。

2.《公司法》对关联交易规制过于原则,执行中缺乏可操作性

《公司法》对关联方和关联交易等基本概念未作规定,导致实践中对关联方和关联交易缺乏基本的判断。《公司法》的多个制度规定还不够完善,执行中缺乏可操作性。

第一,股东和董事高管的诚信义务规定过于原则,或者缺乏违法后具体的赔偿机制。《公司法》规定的董事高管的赔偿责任,在多数情况下只是一种无法实现的假设。由于我国缺乏严格的个人财产登记或监控机制,即使责任人有巨额财产,也无法掌握和追缴,即使规定再严厉的财产责任或处以再严厉的赔偿责任,也都无法实现。于是,相对于非公平关联交易所获得的巨大利益,在现有法律框架内几乎无法阻挡当事人趋利的冲动和冒险。当然,关联交易违法的低成本和软责任追究,主要不在于立法,而在于司法和执法,在于各种责任追究机制的配套和完善。

第二,缺乏违法行为的判断标准。对于如何证实违法关联交易,如何判断关联交易的公平性尚缺乏统一和具体操作性的标准,特别是公平交易标准,因为规制不公平交易行为是规制关联交易的核心。由于《公司法》并非明确规定有关公平性的判断标准,使得受害的当事人难以请求法院撤销非公平关联交易,从而得到相应的赔偿。

第三,异议股东股份回购请求权所适用的情形中,属于关联交易的情形非常少,目前只有吸收合并,没有包括重大资产重组等可能产生关联交易的全部情形。

第四,有利害关系股东的表决权排除制度的适用情形也非常有限,仅限于"公司为公司股东或者实际控制人提供担保",而实践中与股东有利害关系的事项不仅仅限于担保,还有对外投资、收购出售资产等。

第五,关联交易的事后救济措施不完善。《公司法》对关联交易的规制措施都侧重于事前预防。虽然规定了派生诉讼,控股股东、实际控制人赔偿责任,以及决议无效、可撤销制度等事后救济措施,但仅作了原则性的规定,这些措施并没有起到相应的法律救济作用。

3. 旧《证券法》未涉及关联交易的规制

2005年开始实施的旧《证券法》虽有大规模的修订,但有关规制上市公司关联交易方面的内容几乎未涉及,这不符合《证券法》作为证券市场基本法的地位和作用。从旧《证券法》对上市公司信息披露的规制来看,强调了信息的事后披露,这意味着对上市公司关联交易的监管主要集中在事后,从而大大增加了监管的成本,降低了监管的有效性。另外,旧《证券法》虽强调了对上市公司的监管,却忽视了对控股股东在关联交易中的行为的监管。自2020年3月起实施的新《证券法》加强了对上市公司监管和信息披露要求,新增了对投资者保护制度的法条和对内幕交易的管控。

4.《刑法》对违法关联交易处罚偏低

《刑法》在对违法关联交易的处罚力度上与国内同类立法相比明显偏轻。如《中华人民共和国刑法修正案(六)》中有关占有上市公司资金的"侵占上市公司资产罪"与挪用资

金罪和挪用公款罪,因对客体侵害的危害性认识上存在较大差距,使得《刑法》在处罚上差异也较大。侵占上市公司资产罪最高量刑标准是7年以下有期徒刑,挪用资金罪最高量刑标准是10年有期徒刑,而挪用公款罪的最高量刑标准是无期徒刑。在违法程度基本相同的情况下,只因身份不同,客体不同,适用的刑罚就如此不相同,这不能不说是法律体制的缺陷。

5. 行政法规未能发挥承上启下的作用

行政法规应当细化法律相关规定,起到承上启下的作用。但有关关联交易的行政法规由于制定的时间比较早,证券市场发生巨大变化后又未及时修改,导致对关联交易的定义非常简单,行文亦比较粗放,也就无从谈起对关联交易进行有效规制了。目前对上市公司关联交易的规制以证监会的部门规章、规范性文件和交易所的《股票上市规则》为主。由于部门规章、规范性文件不属于法的渊源,法院在处理关联交易案件时,只是作为参考,这样对关联交易规制的效果自然受到很大的影响。而交易所《股票上市规则》属于自治性、自律性的规范,难以从程序正义上来实现关联交易内容的实质性公正。

6. 部门规章和自律性规则层次低,发挥的作用有限

证监会在关联交易行为规制方面,发布了不少规定,其中关于上市公司被大股东占用资金和担保问题,在2003—2008年多次发文,对前述行为予以限制和禁止,甚至规定,国有控股股东违反《关于规范上市公司与关联方资金往来及上市公司对外担保等问题的若干通知》(以下简称《通知》)规定的,国有资产监督管理机构对直接负责的主管人员和直接责任人依法给予纪律处分,直接撤销职务;给上市公司或其他股东利益造成损失的,应当承担相应的赔偿责任。非国有控股股东直接负责的主管人员和直接责任人违反本《通知》规定的,给上市公司造成损失或严重损害其他股东利益的,应负赔偿责任,并由相关部门依法处罚;构成犯罪的,依法追究刑事责任。但实践中很难执行。数据显示,2005年年底,沪深两市共有396家上市公司存在456亿元资金占用;到2006年年底,只有36家上市公司存在146亿元资金占用,比起2002年的最高峰967亿元,下降84%,下降幅度明显。但问题依旧存在,剩余的占用因无力归还或股东的变更,不了了之,且相关人员并未承担相应责任和受到相应处罚。接着新的占用又出现了,如2009年又有两家公司的资金占用和担保受到交易所的公开谴责:ST锦化2007年年底被占用资金余额为1亿元;2008年年底仍有被占用资金1800万元;2008年和2009年,多次为资产负债率大于70%的公司提供担保未披露。禾嘉股份2003年的3000万元担保直至2008年11月6日才披露。由于关联方掌握了相关部门规章制度处罚的标准,规则反倒成为用来违法的工具。

交易所规制关联交易的重点在于信息披露的事前规范。上市公司拟与关联方进行关联交易,除依照证监会有关审议制度和回避制度履行相应程序外,还需按照交易所有关关联交易的披露标准和披露格式予以事前披露,交易所通过一线监管,一般能及时发现非公平关联交易,但由于交易所对非公平关联交易的事后纪律处分手段有限,除了公开谴责会影响上市公司和关联方的声誉,以及上市公司再融资申请外,低廉的违规代价根本无法抑制公司和关联人非公平关联交易的冲动。所谓的事前监管也就成了道义上的规劝,对刻意违规者倒显得束手无策了。

尽管上述明星电力的实际控制人是以合同诈骗罪判处无期徒刑。但从整个案例的角度分析,上市公司的实际控制人及其他关联方一旦蓄意脱离证券监管部门对其行为合理性的

有效监管，就能通过各种方式，实现对上市公司资产的彻底掏空。因此，研究关联交易以及监管规则，除了完善前述法律制度体系，提高刑法处罚期限和罚金金额，还应该从包括银行在内的金融系统的角度，分析制度完善方向和可操作性，用以遏制实际控制人等关联方操控上市公司蓄意违规担保、骗取银行贷款、占用上市公司资金的行为，扩大有效监管的预防范围。

课堂章节测试

班级_____ 姓名_____ 学号_____ 日期_____ 平时分_____

一、单项选择题（共5题，每题5分）

1. 证券市场监管的意义不包括（　　）。
   A. 保持良好的社会秩序　　　　　B. 提高证券市场效率
   C. 保障广大投资者权益　　　　　D. 保证融资者获得较高收益

2. 分级监管模式可分为（　　）。
   A. 二级管理和三级管理模式　　　B. 自律管理和非自律管理模式
   C. 中间型和欧陆模式　　　　　　D. 全国性和地方性管理模式

3. 《证券法》第四十六条规定，申请证券上市交易应当向（　　）提出申请，由其依法审核决定，并由双方签订上市协议。
   A. 证监会　　　　　　　　　　　B. 证券交易所
   C. 人民政府　　　　　　　　　　D. 中央人民银行

4. 证券发行时不能强行摊派，在证券交易时不能依靠行政权力强买强卖，这是指（　　）。
   A. 公正原则　　　　　　　　　　B. 公平原则
   C. 自愿原则　　　　　　　　　　D. 公开原则

5. 我国证券行业自律性管理组织是（　　）。
   A. 各省证监局　　　　　　　　　B. 各大券商
   C. 中国证券业协会　　　　　　　D. 中国证券监督管理委员会

二、多项选择题（共5题，每题5分）

1. 对证券市场进行监管需遵循（　　）。
   A. 合法原则　　　　　　　　　　B. "三公"原则
   C. 自愿原则　　　　　　　　　　D. 监督与自律相结合原则

2. 集中型证券市场监管模式的特点有（　　）。
   A. 监管者为自律性组织　　　　　B. 政府较少参与管理
   C. 监管法规全面　　　　　　　　D. 监管者具有较高地位

3. 对证券交易进行管理，需要（　　）。
   A. 防范市场风险　　　　　　　　B. 禁止内部交易
   C. 不设任何限制　　　　　　　　D. 防止交易中的蒙骗、欺诈和操纵行为

4. 公开原则是指（　　）。
   A. 主管机关必须依法公布资料　　B. 企业发行证券时，必须公布相关资料
   C. 个人买卖证券时须公布相关信息 D. 证券上市后，必须连续公布相关资料

5. 我国证券监督主体由（　　）组成。
   A. 中央政府　　　　　　　　　　B. 中国证券监督管理委员会
   C. 证券市场　　　　　　　　　　D. 行业自律组织

三、判断题(共 4 题,每题 5 分)

1. 证券市场监管是保护投资者权益的有效方式。　　　　　　　　　　(　)
2. 我国以证监会为主体的全国性集中统一的证券期货监管体制已初步建立。(　)
3. 中国证券业协会和证券交易所均采取会员制的组织形式。　　　　　(　)
4. 证券监管部门只对拟上市公司进行资格审查。　　　　　　　　　　(　)

四、简答题(共 3 题,每题 10 分)

1. 简述证券市场监管的含义。

2. 对证券市场监管,需遵循国家监管和自我管理相结合原则,如何理解?

3. 我国证券市场现行监管体制是什么?